고대 아테네 정치제도사

최자영

도서출판 신서원

저자약력

저자 최자영은 경북대학교 문리과대학 사학과 학사, 동대학교 대학원 사학과에서 석사 졸업, 박사과정을 수료하였다. 그리스 국가장학재단의 장학생으로 이와니나국립대학 인문대학 역사고고학과에서 역사학 박사학위를 받았고, 현재 포항공대 과학문화연구센터 연구원으로 있다. 저서로 『그리스문화와 기독교』(2004), 『혁명·사상·사회변동』(1991, 공저), 역서로 『러시아 마지막 황제』(1994), 그리스인 안토니스 사마라키스의 소설을 번역한 『면도』·『여권』·『거부』·『희망을 찾아서』(1997), 아리스토텔레스의 아테네정치제도 등을 번역한 『고대그리스 정치사 사료』(2003), 주요논문으로 「과두파혁명과 Theramens」(1979) 및 「Pheugontes in Andokides 80 and 107」(1992) 등이 있다.

고대 아테네 정치제도사

1995년 5월 20일 초판1쇄 인쇄
1995년 5월 25일 초판1쇄 발행
2009년 4월 20일 초판2쇄 발행

지은이 • 최자영
펴낸이 • 임성렬
펴낸곳 • 도서출판 신서원
서울시 종로구 교남동 47-2 협신빌딩 209호
전화 : 02)739-0222·3 팩스 : (02)739-0224
신서원 블로그 : http://blog.naver.com/sinseowon
등록 : 제300-1994-183호(1994.11.9)

ISBN • 89-7940-550-2

신서원은 부모의 서가에서 자녀의 책꽂이로
'대물림'할 수 있기를 바라며 책을 만들고 있습니다.
잘못된 책은 연락주세요.

고대 아테네
정치제도사

최자영

출판에 즈음하여

　그리스에서 학위를 끝내고 돌아온 지도 벌써 3년이 지났다. 그 동안은 저자 자신의 연구방향을 설정해 가면서 국내학계를 이해하는 좋은 기회였다. 지도교수 밑에서 학위를 얻기 위해 고심하던 때와는 달리 조금의 여유를 가지게 된 것이다. 아직 활발하지 못한 이 방면의 국내학계에 조금이라도 보탬이 될까 하여 큰마음 먹고 출판에 착수하면서 그리스어로 된 학위논문을 우리 말로 번역하는 데 수개월이 걸렸다.

　본서는 저자가 그리스에 있을 때 학위를 청구하였던 논문과 그 후 국내에서 발표한 논문을 모은 것이다. 그 내용은 고대 아테네 민주정과 귀족·보수세력의 온상인 아레오파고스(Areopagos) 의회의 상호관계에 관한 것이다. 이 논문에 착수하게 된 동기는 필자가 석사학위 논문으로 「과두파 혁명(411/410과 403B.C.)과 Theramenes」를 썼고 이를 통해 과두파의 동향과 함께 귀족·과두파의 온상으로 알려져 있는 아레오파고스 의회에 관심이 쏠렸다는 데 있다.

　내용은 크게 3부로 나뉘어지는데, 1부는 아레오파고스의 기원에 관한 서설적 내용이며 2부는 주로 아레오파고스가 민주정치체제 내에서 가졌던 정치적 역할에 관한 것이다. 그리고 3부는 아레오파고스가 담당했던 살인사건 재판의 언저리들에 관한 것을 묶은 것이다. 2부와 3부의 주제는 언뜻 보기에는 연관성이 적은 것 같으나, 이것은 고대사회에서 정치와 사법이 미분화되었다는 점을 생각한다면, 정치적 권위를 가진 기관이 사회에 심각한 분쟁을 야기할 수 있는 살인사건을 재판하는 사법적 권위를 겸비했다는 점에서 납득이 가는 일이다.

고대사료를 열람하는 데 편리를 주기 위해 문헌과 금석문을 모아 뒤에 부록으로 수록하였다. 각주의 처리는 될 수 있는 한 간단히 처리하려고 노력하였다. 더 상세한 주를 원하는 독자는 그리스어 원본을 참고로 할 수 있음을 밝혀둔다. 그리고 앞으로 이 과제를 바탕으로 하여 고대 그리스 역사의 정치·경제·사회 등에 관한 이해를 확대해 나갈 생각이며, 혹시 미진한 부분은 연구를 해나가는 동안 보충할 생각이다.

끝으로 논문을 완성하는 데 직접적으로 지도해 주신 그리스의 이와니나대학 사학과 명예교수로 계시는 펠레키디스(Ch. Pelekidis) 교수님과 고전언어학과의 사반디디스(G. Sabbantidis) 교수님께 감사드리며, 석사학위 때부터 박사학위까지 끊임없이 지도와 편달을 아끼지 아니하신 성균관대학교 김진경 교수님, 경북대학교의 오주환 교수님과 황해붕 교수님께도 이 자리를 빌어 다시 한번 감사를 드린다. 또 어려운 출판사정에도 불구하고 쾌히 출판을 승락해 주신 신서원의 임성렬 사장께 감사드린다.

1995년 5월 아양교 서사에서

저자 씀

[생략부호]

AC	: Antiquité Classique. Louvain.

Berichte ü.d. Verhand. d. Säch. Acad. d. Wiss. : Berichte über die Verhandlungen der Sächsischen Academie d. Wissenschaften. Leipzig.

Berliner Philol. W. Schr. : Berliner Philolgische Wochenschrift = Philologische Wochenschrift. Leipzig.

CPh	: Classical Philology. Chicago.
CQ	: Classical Quarterly. London.
CR	: Classical Review. Oxford
FHG	: Fragmenta Historicorum Graecorum. ed. C. Müller. Parisiis.
FGH	: Die fragmente der Griechischen Historiker. ed. F. Jacoby. Leiden.
GRBS	: Greek, Roman and Byzantine Studies. Durham, North Carolina.
Hesp	: Hesperia. Baltimore.
HSCPh	: Harvard Studies in Classical Philology. Cambridge.

IG, I⟨3rd ed.⟩ or IG, I³ : Inscriptiones Atticae Euclidis Anno Anteriores⟨3rd ed.⟩. ed. D. Lewis. Berolini, 1981.

IG, II~III⟨2nd ed.⟩ or IG II~III² : Inscriptiones Atticae. ⟨2nd ed.⟩ ed. I. Kirchner. Berlin, 1913~40.

IG, III : Inscriptiones Atticae Aetatis Romanae. v.3, part 1. ed. G. Dittenberger. Berolini, 1878.

Jahrb. f. kl. Philol. [Supple.] : Jahrbücher für klassische Philologie [Supplement Bände] = Jahnsche Jahrbücher für Philologie und Pädagogik. Leipzig.

Jahresb. ü. d. Fortsch. d. kl. Altertum. : Jahresberichte über die Fortschritte der klassischen Altertumswissenschaft. Begr. von C. Bursian. Leipzig.

JHS	: Journal of Hellenic Studies. London.
LCM	: Liverpool Classical Monthly. Liverpool.
Leip. Stud. Class. Philol.	: Leipziger Studien zur Classischen Philologie. Leipzig.
T.	: 아레오파고스에 관한 주요사료 (Testimony)[이 책 부록 3 참조]
MVPhW	: Mitteilungen des Vereins klassischer Philologen in Wien.

N. Jahrb. f. Philol. u. Päd. : Neue Jahrbücher für Philologie und Paedagogik = Jahnsche Jahrbücher für Philolgie und Pädagogik. Leipzig.

PCPS	: Proceedings of the Cambridge Philological Society. Cambridge U.P.
P.G.	: Patrologia Graeca. ed. J.P. Migne. Turnholti(Belgium).
RAL	: Rendiconti della Academia dei Lincei. Roma.
RBPh	: Revue Belge de Philologie et d' Histoire. Bruxelles.
RE	: Paulys Realencyclopädie der klassischen Altertumswissenschaft. ed. G. Wissoba. Stuttgart.
REG	: Revue des Etudes Grecques. Paris.
RM	: Rheinisches Müseum für Philologie. Frankfurt.
SEG	: Supplementum Epigraphicum Graecum. Leiden(Netherland).
SIG〈3rd ed.〉 or SIG	: Sylloge Inscriptionum Graecarum. Leipzig.
SO	: Symbolae Osloenses. Oslo.
Sitzungsb. d. phil.-hist. Kl. d. König. Bayer. Akad. d. Wiss.	: Sitzungsberichte der philosophisch-philologischen und historischen Klasse der Königs Bayerischen Akademie der Wissenschaften. München.
Sitzungsb. d. König. Preuss. Akad. d. Wiss.	: Sitzungsberichte der Königlichen Preussischen Akademie der Wissenschaften. Berlin.
TAPhA	: Transactions and Proceedings. American Philological Association. Pennsylvania.
WS	: Wiener Studien. Vienna.
ZPE	: Zeitschrift für Papyrologie und Epigraphik. Bonn.

목 차

출판에 즈음하여 …………………………………………………… 3
[생략부호] · 5
목차 …………………………………………………………………… 7
서문 …………………………………………………………………… 11

제 1 부

1. 아레오파고스에 관한 근대역사가들의 견해 …………………………… 31
2. 아레오파고스의 기원 ……………………………………………………… 49
   1) 아레오파고스의 기원에 관한 역사가들의 견해 · 49
   2) 에페타이의 창설시기 · 57
   3) 아레오파고스 의회와 의원들의 창설시기 · 59
   4) 아레오파고스의 재판관 · 61

제 2 부

3. 아레오파고스 의회의 구성 ……………………………………………… 73
   1) 솔론 이전의 아레오파고스 의원 · 75
   2) 솔론 이후의 아레오파고스 의원 · 83
   3) 현직 아르콘과 아레오파고스 의회와의 관계 · 98

4. 아레오파고스 의회의 권한 ·· 109
   1) 솔론시대 아레오파고스 의회 권한의 강화 · 109
   2) 민중해체에 대한 에이산겔리아 · 114
   3) 아레오파고스 의회와 민주적 정치기구들 · 119
   4) 클레이스테네스 개혁과 아레오파고스 · 122

5. 에피알테스 개혁과 아레오파고스 의회 권한의 축소 ········· 135
   1) 에피알테스 개혁과 아레오파고스 · 135
   2) 「에우메니데스」에 보이는 아레오파고스 · 145

6. 민주정부활 이후 4세기의 아레오파고스 의회 ················ 189
   1) 기원전 404/3년 이후 아레오파고스 의회의 활동 · 189
   2) 에우크라테스법과 아레오파고스 · 207

제 3 부

7. 아레오파고스의 살인재판 ·· 237
   1) 살인사건의 종류 · 237
   2) 아레오파고스 재판에서의 계획적 살인혐의 · 243

8. 아레파고스 의회와 아레오파고스 재판소 ····················· 261

결론 ·· 267

부 록

1. 아레오파고스 의회에 관한 제(諸) 명칭 ························ 277
2. 솔론의 중립금지법 ··· 289

3. 아레오파고스에 관한 주요사료 ··· 293
   1) 주요사료 목록 · 293
   2) 주요사료 · 300
4. 아레오파고스에 관한 금석문사료 ··· 353
   1) 목록 · 353
   2) 금석문 사료[연대순] · 358
5. 참고문헌 ·· 373
6. 찾아보기 ··· 383
   1) 아레오파고스에 관한 고대사료 · 383
   2) 일반 고대사료 · 385
   3) 용어 및 인명 · 393
   4) 그리스 용어 · 400

서 문

고대 아테네 정치사는 주로 민주정의 발달이라는 관점에서 조명되고 있다. 민주정의 핵심적 기관은 500인 불레(boule ; 의회)나 민회, 그리고 민중재판소 등이다. 따라서 불레의 기원, 혹은 불레와 민회 등의 권한이 어떻게 확대되어 가는가 하는 문제가 아테네 정치사의 주류를 이루어왔다. 이러한 문제들은 자연히 보수적 의회체였던 아레오파고스 의회의 기능이 감소되어 가는 과정과 연관되게 마련이었다. 그런데 불레와 민회에 연구의 초점이 있었기 때문에 아레오파고스 의회는 불레와 민회 권한의 확대 과정을 논의하는 곳에서 부차적이고 형식적으로 다루어져 왔다. 즉 민주적 성격의 불레와 민회의 권력이 강화되어 가니 상대적으로 보수적 의회체인 아레오파고스 의회의 권위가 줄어들 수밖에 없다는 것이다. 아레오파고스에 관한 집중적이고 전반적인 연구는 20세기에 들어와서도 거의 없었으며 1989년 월리스(R.W. Wallace)에 의해 나타난 저서[1]가 유일한 것이 아닌가 하고 저자는 생각한다.

  그런데 저자는 아테네 민주정의 실태를 바르게 이해하기 위해서는 재고해야 할 두 가지 점이 있다고 본다.

  그 가운데 하나는 가장 급진적 민주정이 발달되었던 기원전 5세기 후반을 제외하고는 아르콘이나 아레오파고스 의회 등의 권위가 미치는 영향이 적지 않았다는 것이다. 즉 성격이 다른 여러가지 정치기구가 어우러져 온건한 민주정을 형성하고 있었다. 아테네 정치체제를 민주정이라 할 수 있는 것은 민중이 권력을 행사하는 민회나 민중재판소가 중심을 이루었다는 것만을 의미하는 것이 아니라 정치권력이 민중의 이익을 위해 행사된다는 점도 포함한다.[2] 이 때 그 권력을 행사하는 것은 꼭 민회이어야 하는 것은 아니고 아르콘이나 그밖의 다른 정치기관이 될 수도 있다. 따라서 아테네 민주정을 민회 중심으로만 파악하는 것은 자칫 일면적이고 편협한 결과를 가져올 수 있는 것이다.

  두번째로 고려해야 할 것은 불레·민회·민중재판소의 권한확대가 언제나 아레오파고스 의회의 권한을 축소시킨 것만은 아니라는 점이다. 민주정의 발달로 여러가지 다른 성격을 가진 정치기구의 권위가 동시에 강화될 수도 있다. 그 이유는 민중이라는 개념이 부자와 대립되는 빈한한 시민들만을 대상으로 하는 것이 아니라 모든 시민을 함께 포함하기도 하기 때문이다.[3] 따라서 민주정은 귀족이나 부자와 대립되는 빈자가 정권을 잡고 배타적으로 권력을 행사하는 것만을 의미하지 않고 전체 시민집단의 공익을 위해 정치가 적극적으로 행해지는 것을 의미할 수도 있다. 여기서 전체 시민집단을 위한 정책의 시행은 자연히 여러 정치기구의 상호 협조를 가져오게 하였다. 이러한 관점에서 민주정의 발달이 반드시 아레

---

1) R.W Wallace, *The Areopagos Council, to 307 B.C.*(Baltimore/London, 1989)
2) 이 책 17쪽부터 참조.
3) 이 책 19쪽부터 참조.

오파고스 의회의 권력의 축소를 동반하는 것은 아니라고 말할 수 있는 것이다.

사실은 고대인들 사이에서도 어떤 것이 진정한 민주정체이며, 언제를 민주정의 시작으로 잡는가에 대해 각기 상이한 견해가 존재하였는데, 이것은 바로 민주정의 개념이 그렇게 간단하고 명료한 것이 아니라는 것을 보여주는 예이다. 이러한 문제점들을 고려하여 다음에서는 각 시대 아테네 민주정의 발달과정과 그에 따른 아레오파고스 의회의 권한의 추이를 관련시켜 아테네 민주정의 실태를 파악하고자 한다.

ii

아레오파고스 의회의 권력과 그 변천에 대해서 여러가지 견해가 대두되어 왔다. 그 것은 각 시대 정체(政體)의 성격이나 과두파와 민중간의 세력의 추이와 관련하에서 조명되었던 것이다. 여기서 아레오파고스 의회는 보수적인 성격을 띤다 하더라도 어디까지나 민주정체 내에 존재하였던 기구라는 점을 강조할 필요가 있다. 아레오파고스 의회의 위치를 바르게 이해하기 위해서는 아테네 정체구조 속에서 그것이 담당했던 역할을 파악해야만 하는 것이다.

『아테네 국제(國制 ; Athenaion Politeia)』[4][T.33,34,36]에는 아레오파고스 의회가 솔론(Solon) 이전부터 이미 많은 권한을 가지고 있었던 것으로 전한

---

[4] Athenaion Politeia는 Aristoteles의 저작으로 알려져 있는 것으로 이하 『아테네 국제』 혹은 Ath. Pol.라 약함. T.는 부록에 수록한 고대 사료를 의미함.

다. 역사가들은 이 기록의 신빙성을 인정하기도 하고 부정하기도 한다.

솔론 이전부터 아레오파고스의 권한이 컸다는 견해에서 아레오파고스가 귀족계층이나 과두파집단의 이익을 옹호하는 보수적 기구였으며,[5] 후대에 그 권한이 축소되어 갔던 것으로 간주된다. 그런데 언제 아레오파고스의 권한이 축소되었는가 하는 데 대해서는 각각 견해가 다르다. 그로트(G. Grote)는 솔론이 400인 불레를 창설하였지만 아레오파고스 의회의 권한은 이 때 축소되지 않고 반대로 증가되었으며, 그 뒤, 클레이스테네스(Kleisthenes)와 에피알테스(Ephialtes) 개혁들에 의해 아레오파고스의 권한이 축소된 것이라고 하였다.[6] 빌라모비츠(U.v. Wilamowitz·Möllendorff)는 이미 솔론 이전, 이미 683년 이후, 즉 1년 임기인 9명의 아르콘들이 아레오파고스 의원이 되기 시작했을 때부터 아레오파고스 의회의 권한이 점차 줄어들기 시작했다고 주장하였다.[7] 그러나 에피알테스의 개혁이 있을 때까지 아레오파고스는 법률수호권(nomophylakia)과, 9명의 아르콘을 제외한 다른 관리들에 대한 자격심사권(dokimasia)을 소유하였다고 한다. 또다른 역사가들은 630년대 킬론(Kylon)의 음모 때부터, 또는 아르콘이나 400인 불레, 민회의 권한이 증가하던 솔론시대에 아레오파고스의 권한이 축소되었다고 하기도 하고, 아니면 더욱 후대인 페이시스트라토스 가문(Peisistratidai)의 참주정과 클레이스테네스의 개혁, 기원전 487~6년 아르콘 추첨제의 도입, 에피알테스의 개혁 등에 의해 축소되었다고 생각하는 역사가들도 있다.

---

5) R.J. Bonner·G. Smith, *The Administration of Justice from Homer to Aristotle*, v.1(Chicago, 1930), pp.90~91 : R.J. Rhodes, *A Commentary on the Aristotelian Athenaion Politeia*(Oxford, 1981), pp.106~107.[바로 아래 주6)~8) 참조]
6) G. Grote, *History of Greece*(London, 1849), v.3, p.162 : v.4〈2nd ed.〉, p.200 : v.5, p.492.
7) U.v. Wilamowitz·Möllendorff, *Aristoteles und Athen*, v.2(Berlin, 1893), pp.49~50, 56, 186ff. 198.[이 책 34~35쪽 참조]

반대로 일부에서는 솔론 이전이나 솔론시대, 아레오파고스 의회의 여러가지 권한에 대한 『아테네 국제』의 기록을 거짓으로 보면서 아레오파고스 의회는 이 시대 큰 권한을 가지지 못했다고 주장하였다.[8] 더구나 월리스(R.W. Wallace)는 페르시아(Persia)전쟁시까지 아레오파고스가 정치적 권한을 행사한 사례는 존재하지 않는다는 점을 강조하였다.[9] 그러나 사료가 존재하지 않는다는 사실만으로 이 시기 아레오파고스가 권한이 약하였다는 결론을 이끌어내기는 어렵다 할 것이다.[10]

실리(R. Sealey)는 솔론시대 귀족들 상호간의 갈등 때문에, 도시국가의 처벌강제권이나 정치 권력이 그다지 강하지 않았다고 전제하였다.[11] 그리고 솔론 이후의 시대에도 민중 세력이 아직 성숙하지 않았다는 점을 지적하면서, 에피알테스 시대까지 정치적 투쟁은 주로 귀족·부유층 집단 내에서 발생한 것이며, 이질적인 사회경제적 집단, 즉 귀족·부유층과 빈곤한 민중 사이의 것이 아니라고 규정하였다. 그런데 귀족·부유층이 지지를 얻기 위해 민중세력을 이용하려 했으며, 그 결과 민중의 정치적 영향력이 증가하게 되었다는 것이다. 이러한 관점에서 실리는 아레오파고스 의회가 큰 정치적 권한이 없이, 처음에는 바실레우스에 대한, 나중에는 아르콘들에 대한 자문기관(諮問機關)이었다고 믿는다. 그러나, 아레오파고스 의회는 아르콘의 정치에 영향을 미칠 수가 있었는데 그 이유는

---

8) Ed. Meyer, *Geschichte des Altertums*, v.3〈2nd ed.〉(Stuttgart, 1937), p.608ff. : K.J. Beloch, *Griechische Geschichte*, v.1, part 1〈2nd ed.〉(Strassburg, 1912), p.321 : E. Ruschenbusch, "Phonos, zum Recht Drakons und seiner Bedeutung für das Werden des Athenischen Staates"(*Historia*, IX, 1960), pp.129~54 : R.W. Wallace, *The Areopagos Council, to 307 B.C.*, pp.76~77.[이에 관한 더 상세한 내용은 이 책 38, 43쪽부터 참조]
9) R.W. Wallace, *The Areopagos Council, to 307 B.C.*, pp.76~77.[이 책 46~47쪽 참조]
10) Wallace의 저서에 관한 최근의 서평으로는 D.M. Lewis, "The Areopagus"(*CR*, XL, 1990), pp.356~358 참조.
11) 이하 R. Sealey의 설명은 *A History of the Greek City-State ca.700~338 B.C.*(London, 1976), pp.96~97, 112, 114ff[그리고 이 책 44~46쪽] 참조.

아레오파고스 의원들 개개인이 영향력이 있는 귀족들이었기 때문이라는 것이다.
　이와 같이 아레오파고스 의회의 권한과 그 시대적 변천에 대해 여러 가지 다른 견해들이 존재한다. 이렇게 다양한 견해들은 주로 민주정체의 발전과정, 과두파와 민중 사이의 갈등 등을 어떻게 보느냐 하는 점과 관련을 가지고 있다. 여기서 아레오파고스가 어떤 권한을 가지고 있었으며 또 민주정의 발전과정에서 어떤 위치에 있었던가를 알기 위해서는 과두파와 민중 사이의 투쟁이나 아테네 정치체제의 성격에 대한 재고가 필요하다.

iii

　사료에는 솔론시대에 이미 과두파와 민중 사이의 갈등이 있었던 것으로 전하고 있다. 그러나 실리가 지적하고 있듯이, 실제로 이 시대 하류계층의 정치적 세력이 과두파에 대항할 정도로 성숙했던 것 같지는 않다. 더구나 전통적 정치체제(patrios politeia)의 성격에 대해서, 후대의 아테네인들 사이에도 상반된 견해가 존재했다. 즉 아테네인들은 그들의 전통적 정치체제를 보수적인 것으로 혹은, 민주적인 것으로 규정하기도 하였던 것이다.
　오늘날 일부에서는 솔론시대 과두파와 민중 사이의 갈등에 관한 고대 사료를 시대착오적인 것으로 간주한다. 그리고 전통적 정치체제에 관한 상반된 견해는 기원전 5세기 말엽 과두파와 민주파 사이의 정치적 갈등이 노골화되면서 조작과 선전에 의해 나타난 것이라고 생각한다.[12] 즉 보수적 정치가들은 전통적 정치체제를 과두적 내지는 온건한 것으로, 민주정치가들은 민주적인 것으로 선전함으로써, 서로 전통적 정치체제가 그들 자신이 이상으로 하는 정체와 같은 것으로 간주하였다는 것이다.[12]

그런데 저자는 민중의 정치적 세력이나 민중이 주도하는 민회가 발달하지 못한 솔론 시대에 과두파나 민중 사이의 갈등이 있었던 것으로 전하는 사료를 시대착오적인 것으로만 매도할 수는 없다고 본다. 또한 전통적 정치체제에 대해 상이한 견해가 존재하였던 것도 정치적 선전의 산물로만 간주해서는 안된다는 것이다. 솔론 시대 과두파나 민중 사이의 갈등이나 전통적 정치체제에 대한 상이한 견해가 존재한 이유를 바르게 이해하기 위해서 저자는 우선 과두파와 민중의 개념, 그리고 과두정과 민주정의 개념이 어떻게 다른가 하는 것부터 다시 한번 정확하게 규정할 필요가 있다고 생각하는 것이다.

아리스토텔레스(Aristoteles, Politika, 1289a 28)에 따르면, 정체는 왕정·귀족정·폴리테이아(politeia)의 셋으로 구분된다. 그리고 각각의 정체가 타락할 때 왕정은 참주정으로, 귀족정은 과두정으로, 폴리테이아는 민주정(democratia)으로 된다고 한다. 그런 다음, 민주정체의 종류를 열거하는 곳에서 아리스토텔레스는 아르콘의 권력을 바탕으로 한 세 가지 민주정의 종류를 다음과 같이 서술하고 있다.

1) [또다른 종류로] 관리들이 재산기준에 의해 뽑히는데, 그 재산기준은 낮다. 일정한 재산을 가진 사람이 관직에 종사할 권한이 있고 재산이 없는 사람은 종사하지 아니한다.
2) 또다른 종류의 민주정은 모든 성인 시민(anypeuthynoi)이 관직에 종사하며 법에 따라 통치된다.
3) 또다른 종류의 민주정은 시민이라면 누구나 관직에 종사하며 법에 따라 통

---

12) A. Fuks, The Ancestral Constitution(London, 1953), p.108 : E. Ruschenbusch, "Patrios Politeia" (Historia, VII, 1958), pp.398~424.

치되는 것이다.[1291b 39~1292a 4]

계속하여 아리스토텔레스는 또다른 종류의 민주정으로 민중이 세력을 가지고 있는 것에 대해 다음과 같이 적고 있다.

> 민중이 중심이 되며 법이 중심이 아니다. 이러한 민주정은 법이 아니라 투표에 의해 결정되는 조령(psephisma)이 중심이 될 때 발생한다. 이러한 상태는 선동정치가(demagogos)에 의해 야기된다.[1292a 5~7]

그런데 이러한 민주정은 민회제도와 밀접하게 관련되고 또다른 종류의 민주정, 즉 '우량한 사람들(beltistoi)'이 중심이 되는 민주정과는 반대되는 것으로 나타난다.[1292a 9] '우량한 사람들'이 권력을 잡고 있는 민주정에서는 민회제도가 필수적인 것이 아니다.

이렇게 아리스토텔레스는 민주정의 종류를 한편으로 아르콘들의 집권, 다른 한편으로 민중의 권력행사라는 점에서 달리 설정하고 있다. 그러나 과두정에 대해서는 오직 아르콘들의 권력에 관해서만 논하고 민회에 대한 언급은 없는데, 그 내용은 다음과 같다.

> 과두정의 종류로 한 가지는 관직이 재산기준에 의해 점유되므로 다수인 가난한 사람들은 참여하지 못하고, 재산을 가진 사람들만이 정치에 참여하는 것이다. 다른 종류는 관직이 재산기준에 의해 충당되고 관리들이 선거를 통하여 결원을 충당한다.[만일 이들이 자격을 가진 전체 시민 가운데서 선출한다면 이것은 오히려 귀족정적인 것이며 제한된 어떤 범위 내에서 선출한다면 과두정적인 것으로 보인다] 또다른 종류의 과두정은 자식이 아버지를 계승하는 것이다. 네번째는 이러한 전통적 세습제도가 존재하고 또 법이 아니라 아르콘들이 지배하는 경우이다. 이러한 형태의 과두정은 군주정(monarchy) 가운데서의 참주정과, 민주정의 종류 가운데 마지막으로 언급한 것과 같은 상태의 것으로, 이러한 과두정은 'dynasty'라고 불린다.[1292a 39~1292b 10]

이상에서 서술한 내용에 따르면, 민주정에서는 보다 넓은 사회계층 출신의 아르콘들이 세력을 가지거나 민회의 민중이 영향력을 행사하거나 한다. 그러나 과두정에서는 재산자격에 의해 선출되는 아르콘들이 집권하며 빈한한 계층은 참여하지 아니한다.

여기서 아리스토텔레스는 민회가 아니라 아르콘들이 집권한다 해도 민주정으로 간주한다는 것을 알 수 있다. 아르콘들이 집권을 해도 민주정으로 간주될 수 있으므로[13] 정체를 구분하는 데 있어서 누가 권력을 행사하는가 하는 것은 중요한 것이 아니다. 오히려 정치체제의 성격규정에서 중요한 요소는 아르콘들이 어떤 계층에서 유래하는가 하는 점과 그들이 누구의 이익을 위하여 정치를 하는가 하는 점이다. 위에서 말한 대로 아르콘들이 광범한 사회계층에서 나오고 민중의 공동이익을 위해 통치할 때 정치체제는 민주정이며, 지배권을 가진 소수의 아르콘들은 과두파로 간주되지 아니한다. 이 때 민중은 수동적인 참정권만을 가지게 된다. 특히, 아리스토텔레스에 의하면 민회가 존재하며 어떤 정도라도 권한을 가지고 있으면 정체는 과두정으로 규정될 수 없다. 이렇게 소수 아르콘의 집권은 과두정뿐 아니라 민주정에서도 가능하다.[14] 이와는 대조적으로 과두정의 특징은 아르콘들이 상류의 제한된 사회계층 출신이라는 점이다.

그런데 아리스토텔레스에 있어서 과두파나 과두정의 개념이 상류의 사회·경제적 계층과 관련되고 있는 반면에, '민중'과 '민주정'의 개념은 반드시 하류의 사회·경제적 계층만 관련되는 것은 아니다. '민중'은 상

---

13) 아리스토텔레스는 가끔 '민주정(demokratia)'과 '폴리테이아(politeia)'를 유사한 의미로 사용하고 있다.[참고, Politika, 1297b 24~27, "우리가 '폴리테이아'라고 부르는 것을 선인(先人 ; Proteroi)들은 '민주정(demokratia)'이라고 불렀는데, 고대의 '폴리테이아'는 물론 과두적이고 군주정적이었다."]
14) M. Lang, "Cleon as the anti-Pericles"(CPh, LXVII, n.3, 1972), pp.163~165. Lang은 선동정치가(demagogos)인 클레온(Kleon)이 과두파일 가능성이 있다고 생각하였다. 왜냐하면 페리클레스와는 반대로, 민회에서 정책을 결정하는 민중을 불신하고 아르콘의 권력을 강화할 것을 원하였기 때문이다. 그러나 아르콘의 권력강화와 민회의 약화는 과두정부에서뿐 아니라, 아리스토텔레스에 따르면 민주정부에서도 가능하다.

· 하류 계층을 모두 포함하는 것으로 나타난다. 아리스토텔레스[『정치학』, 1929a 9]는 '우량한 사람들이 주도하는 경우'도 민주정으로 분류한다. 이러한 민주정에서는 민중이 아니라 '우량한 사람들'이 집권하게 되는 것이다. 물론 하류계층이 주도하는 다른 형태의 민주정이 있지만,[15] 이것이 유일한 형태의 민주정은 아니다. 더구나 아리스토텔레스[1291b 26]는 '민중'이 다양한 사회·경제적 계층을 포함하고 있으며, 재산이 없어 정치에 종사할 여가가 없는 빈민은 '민중'중의 한 부분에 불과한 것으로 묘사하고 있다. 즉 '민중'중에는 정치에 종사할 수 있는 여가를 가진 유산자(kektemenoi)도 포함된다는 것을 의미한다. 따라서 아리스토텔레스에 있어서 '민중'이라는 개념은 빈자의 집단만이 아니라 상류와 하류의 사회·경제적 집단을 함께 포함하며 전체 자유인의 사회를 의미하는 것이다. 이와 관련된 것으로 민주정에 대한 개념도 다음과 같이 규정되어 있다.

> 민주정을, 지금 일부 사람들이 익숙해져 있는 것처럼, 단순히 민중이 주권을 잡고 있는 것이라고 규정해서는 안되며 [왜냐하면 과두정체에서나 다른 어디에서나 다수가 주권을 장악하기도 하기 때문에], 또한 과두정부를 소수가 정체의 주도권을 잡고 있는 것으로 규정해서도 안된다. 왜냐하면 전체가 1,300명이고, 이 가운데 1,000명이 부자이고, 나머지 300명에게, 이들 빈곤한 사람들이 자유인이고 다른 면에서 부유한 사람들과 유사한데도, 관직에 종사할 수 있는 권한이 주어지지 않는다면, 아무도 이들이 민주적으로 통치되고 있다고 말할 수 없을 것이다. 이와 유사하게 빈곤한 사람들이 소수이며, 다수의 부자들보다 더 강력한 권한을 장악한다면 아무도 과두정이라 규정할 수 없으며, 또한 다른 부유한 사람들이 관직에 참여하지 않는다면 과두정이라고 규정할 수 없다. 그러므로 차라리 자유인이 권력을 장악하고 있으면 민주정이며 부자가 권력을 장악할 때는 과두정이라고 말하여야만 할 것이다.[『정치학』, 1290a 30~1290b 2]

첫번째 종류의 민주정은 주로 동등성이라는 점에 입각하는 것이다. 이러한 종류의 민주정의 법에서 동등성은 빈자나 부자 가운데 아무도 더 우월하지 않고,

---
15) Aristot. Politika, 1279b 19ff, 1292a 5~7.

어느 편도 주권을 전횡하지 않고 양편이 동등한 상태를 의미한다. 자유는 민주정에서 주로 존재하며, 일부 사람들이 생각하고 있는 것처럼 동등성도 민주정에서 존재하므로 모든 사람이 정체 내에 고르게 잘 참가한다면 최선의 상태가 될 것이기 때문이다.[『정치학』, 1291b 30~37]

솔론 시대에 민회제도나 하층민의 정치적 영향력은 기원전 5세기 후반과는 달리 그다지 발달되지 못하였다. 그러나 전체사회로서의 '민중'을 위해 통치하고 특권계급 중심이 아니라는 점에서 솔론의 복합적 정치체제나 그 이전의 군주정까지도 민주적인 것으로 묘사될 수 있다.[16] 민중이 능동적 참정권을 가지고 있지 않았다 하더라도 복합적 정체나 군주정이 전체사회의 복지를 지향할 수도 있기 때문이다. 여기서 솔론 시대에 관해 사료에서 전하는 과두파와 민중 사이의 갈등도 상반된 두 사회·경제적 계층간의 대립이었다고 볼 필요는 없다. 오히려 한편에 과두적 특권계층과 다른 한편에 '민중'이라는 개념이 뜻하는 '전체사회' 사이의 이해관계 대립으로 규정할 수 있는 것이다.

이러한 사실은 특권계급에 대항하여 민중의 이익을 도모한 정치가들이 하류계층이 아니라 전통적 귀족이나 부유층 출신이었다는 점에서 증명된다.[17] 정치적 갈등이 상류계층 출신의 정치가들 사이에서 이루어졌다고 하더라도 이것은, 실리가 주장하고 있는 바와 같은 상류계층 상호간의 개인적 혹은 지역적 이해관계의 대립을 의미하는 것으로만 볼 필요는 없

---

16) Isoc. X, 36, XII, 126~9.
   Dem. LIX, 75 ; "테제우스(Theseus)가 이들을 한 곳에 정주시키고, 민주정을 수립하여 도시에 많은 사람들이 운집하였을 때 덕이 있는 사람으로 지지를 받아 예비선출된 후보자들 가운데서 민중이 그[테제우스]를 예선같이 왕으로 선출하였다."
17) J. Martin, "Von Kleisthenes zu Ephialtes zur Entstehung der athenischen Demokratie"(Chiron, IV, 1974), p.41. 기원전 4세기 아테네 정치가들이 상류계층 출신이었다는 것에 관해서는 J. Sundwall, Epigraphische Beiträge zur sozial-politischen Geschichte, Athens im Zeitalter des Demosthenes(Klio, Beiheft, 4, Leipzig, 1906), pp.73~74 참조.

다. 정치가들이 같은 상류층 출신이라 하더라도 이들 가운데는 특권계급의 이익만을 도모하려는 자도 있고 반대로 전체 민중의 이익을 지지하는 자도 있었기 때문이다. 이러한 점에서 하층민의 정치적 세력이 크게 발달하지 못했던 솔론 시대에도 과두파와 민중 사이의 갈등은 존재하였다고 말할 수 있는 것이다. 그리고 이러한 상류층 상호간의 갈등은 후대에도 계속되었다.

iv

다른 한편, 민주정과 과두정의 차이점은 국가권력의 강도에 있어서도 나타날 수 있다. 민중의 이익을 도모한다는 사실은, 아르콘들에 의해서나 민회에 의해서거나 간에, 도시국가의 정치권력을 강화하는 경향을 띠게 된다는 것이다. 반대로 과두파들은 그들 개개인의 특권이나 이익을 옹호하기 위하여 도시국가의 권력을 회피하는 경향을 지니게 된다.[18]

과두파는 종종 민주정부에 정면으로 도전하기도 했다. 기원전 415년 시실리(Sicily)원정이 실패한 후의 예외적 상황에서 일어난 411~10년의 과두파혁명, 그리고 펠로폰네소스(Peloponnesos)전쟁에 패배한 후인 404~3년의 30인 집권 등이 그것이다. 그러나 이러한 예외적인 경우를 제외하고는, 과두파들은 언제나 민주정체 내에 몸담고 있으면서 민주정책에 적극적으로 참여하지 않음으로써 그들의 저항을 표현하였다.[19] 민주정 전복위

---

18) G. de Sanctis, *Atthis*〈2nd ed.〉(Torino, 1912), p.157 : J. Martin, "Von Kleisthenes zu Ephialtes", pp.5~42.
19) Lysias, XIX, 55[388~7 B.C.] : Xen. *Ath. Pol.* I, 13~14 ; II, 14 : Dem. LVIII, 65[339~8 B.C.], etc

협이 크게 없었던 기원전 4세기에 아테네인들이 과두파나 민주파 사이의 갈등을 이야기할 때, 이것은 민주정 내부에 존재한 시민들의 과두적이거나 민주적인 성향을 의미한다. 이러한 갈등은 흔히 민중의 이익을 위해 국가권력을 강화하려는 경향과 이러한 권력의 행사로부터 해방되려 하는 과두파들의 원심적 경향사이의 대립으로 나타나는 것이다.

솔론 시대 도시국가의 정권은 귀족들 상호간의 대립으로 인하여 그다지 강력하지 못하였다. 루셴부쉬(E. Ruschenbusch)가 주장하고 있는 바와 같이 이 당시 국가권력은 아직 소극적이었다.[20] 그러나 귀족들이 상호간에 대립하였다는 사실은 반드시 이들 상호간의 경쟁으로 인해, 드 산크티스(de Sanctis) 등이 주장하고 있는 바와 같은[21] 무정부적 상태가 빚어졌다는 것을 의미하는 것은 아니다. 반대로 귀족들은 개개인의 독립적인 지위 확보에 더 큰 관심을 기울이면서, 도시국가의 권력을 잡기 위해 상호 경쟁하기보다 오히려 그러한 데 무관심하였다. 민주정부의 발달과 함께 도시국가의 정치적 권력이 증대하였고 귀족계층의 독립적 지위는 약화되게 된다.

지금까지 서술한 내용에 의하면 아르콘에 의한 강력한 정치권력의 행사는 군주정이나 과두정에서뿐만 아니라, 민주정에서도 가능하다. 민중이 아니라 아르콘들이 권력을 장악한다 해도 이들이 다양한 사회적 계층의 출신이고, 또 사회적 이익을 위해 통치할 때, 정체는 민주정이다. 정체의 종류를 구분하는 데 더 주요한 요소는 소수 아르콘이나 민중 가운데

[P. Mackendrick, The Athenian Aristocracy 399 to 31 B.C.(Martin Class. Lect. XXIII, Cambridge Mass. 1969), p.3ff 참주]

20) E. Ruschenbusch, Untersuchungen zur Geschichte des Athenischen Strafrechts(Köln, 1968), p.15 참조. 그는 이러한 상태를 'negatives Strafrecht' 규정함.
    E. Ruschenbusch, "Phonos", p.149ff : R. Sealey, A History of the Greek City-State ca. 700~338 B.C., p.112.

21) G. de Sanctis, Atthis, p.17 : R. Sealey, A History of the Greek City-State ca. 700~338 B.C., p. 114ff.

누가 정권을 장악하는가 하는 것이 아니다. 오히려 아르콘이 어느 계층 출신인가 하는 것과 정치권력이 누구를 위해 행사되는가 하는 것이다. 여기서 '과두파'라는 개념은 보통 상류의 사회·경제적 계층과 연관되지만 '민중'이라는 개념은 하류계층만을 의미하는 것이 아니라 전체사회와 관련이 된다. 이 때 과두파는 모든 시민들 즉, 전체사회에 대치되는 개념이 되는 것이다.

또한 민주정 전복의 위협이 없을 때 과두파들은 반드시 과두정부 수립을 위해 음모를 꾸민 자들을 의미하는 것이 아니라 개인의 이익을 우선으로 하여 민주정책에 능동적으로 참여하지 않은 사람들을 의미한다. 이러한 과두파와는 반대로 전체사회의 이익을 도모하고자 하는 민주정은 아르콘에 의해서건, 민중 자신에 의해서건, 강력한 정치권력이 없이는 불가능하다. 이렇게 아테네 민주정체 내에는 두 가지 다른 경향이 존재하였다. 사회적 이익보다는 개인의 이익을 추구하며 도시의 정치적 권력을 약화시키려 하는 과두파적 경향과 전체사회의 이익을 위해 국가권력을 강화하려는 민주적 경향이 그것이다.

다른 한편 아리스토텔레스는 모든 정치체제, 즉 군주정이나 과두정 [귀족정]이나 민주정이 한 사회계층의 이익만 옹호하는가 혹은 전체민중의 이익을 도모하는가에 따라 좋은 정부도 되고 나쁜 정부가 되기도 한다고 하였다.[22] 나아가 그가 생각하는 바의 좋은 정부는 부자나 빈자 가운데 어느 한 편의 이익만을 옹호하는 것이 아니다. 반대로 그는 언제나 부자나 빈자계층간의 상반된 이해의 절충을 강조하고 좋은 정체는 '복합적'인 것이라고 하였다.[23]

실제로 하나의 정치체제가 군주정이나 과두정이나 민주정 가운데 한

---

22) A.W. Gomme, *A Historical Commentary on Thucydides*, v.2(Oxford, 1956), pp.109, 379 참조.
23) Aristot. *Politika*, 1291b 30~37[이 책 20~21쪽 참조], 1297a 7ff, 1298b 18~22.

요소만으로 구성되기는 어렵다. 왜냐하면 한 정치체제 내에는 여러가지 성격의 기관들이 공존하기 때문이다. 아리스토텔레스에 따르면 솔론은 과두적 성격을 가진 아레오파고스 의회를 폐지시키지 않고 민주정의 요소를 복합한 정체를 만들었다. 솔론의 정치체제가 과두정과 민주정의 요소를 모두 포함하고 있으므로, 후대인 기원전 4세기의 저술가들은 전통적 정치체제에 대해 말할 때 개인적 견해에 따라 둘 가운데 한 가지 특성을 강조하게 된다. 솔론뿐 아니라 민주정의 초석이 된 클레이스테네스의 정체도 귀족적·보수적인 것으로 규정되기도 한다.[24] 그러나 이런 상반된 견해들을 허위조작된 것으로만 볼 필요는 없다. 다양한 견해들은 바로 한 정체 내에 여러가지 성격의 기관들이 병존하고 있었다는 것을 반영하는 것이다.

V

이와 같은 관점에서 보수적 정치기구였던 아레오파고스가 민주정체 내에서 어떤 역할을 담당하였는가 하는 것도 더 잘 이해할 수 있다. 페르시아전쟁 때까지 아레오파고스의 정치적 활동을 구체적으로 증명하는 자료가 드물지만, 이것은 윌리스가 주장하는 바와 같은, 아레오파고스가 큰 정치권력을 가지고 있지 않았다는 것을 의미하는 것은 아니다.[25] 다만 아레오파고스의 권력이 기원전 5세기 후반 민중들의 것과는 달리 능동적이

---

24) E. Ruschenbusch, "Patrios Politeia", pp.398~424.〔참고, Ploutarchos, Kimon, XV, 3 : Ath. Pol. XXIX, 3〕
25) 이 책 15쪽 주10) 참조.

아니라 소극적으로 행사되었음을 의미 할 수 있다. 다수의 아레오파고스 의원들은 자신이 속한 사회계층의 기득권과 전통적 특권을 지지하는 보수적 경향을 지니고 있었으며, 전체 민중의 이익을 도모하는 진보정책에 반대되는 입장을 취하였다. 페르시아전쟁 이전에 아레오파고스의 정치적 역할을 증명하는 사료가 드물다는 것은 바로 아레오파고스가 다른 정치기구보다 권위가 약했다는 것이 아니라 그 권력을 소극적으로 행사하였음을 의미한다. 솔론을 전후한 시대에는 아직 도시국가의 정치적 권력은 강력하게 행사되지 못하였다.

그런데 솔론 입법에 의해 아레오파고스 의회는 민주정을 보호하는 임무를 위임받게 되었다. 아레오파고스 의회는 두 가지 상반된 성향을 동시에 지니게 된 것이다. 즉 한편으로는 전통적 특권을 옹호하는 성향, 다른 한편으로는 민주정체를 보호하는 기능이다. 이렇게 아레오파고스 의회는 보수적 성격을 강하게 띠고 있었지만 민주적 정체 내의 한 기관으로 존재하였다. 특히 페르시아전쟁과 같이 도시국가의 존립이 위태로울 때, 보수파들도 더 이상 소극적으로 방관할 수 없어, 도시보호를 위하여 적극적으로 협조하기도 하였다.

아테네의 정치체제는 아레오파고스뿐 아니라 아르콘들, 민중재판소나 민회를 주도하는 민중, 400인 혹은 500인 불레 등의 여러가지 요소로 구성된다. 그리고 권력의 중심이 보수적 정치기구에 놓이기도 하고 진보적 정치기구로 옮아가기도 한다. 아리스토텔레스는 정치체제가 과두정이나 민주정이나 '폴리테이아'로 변화하는 이유는 [공로로 인해] 명성을 얻거나 혹은 어떤 아르콘의 세력이 증가하거나, 도시 구성원 한 부분의 세력이 증가함에 의한 것이라고 하였다.[26] 그 한 예로 그는 페르시아전쟁 직후에 페르시아전쟁에 공을 세운 아레오파고스의 권위가 증가하였고,

---

26) Aristot. *Politika*, 1304a 18ff.[T.47]

곧 이어 살라미스(Salamis)해전을 수행하고 아테네의 해상세력 강화에 기여한 민중세력이 증가하였다고 서술하고 있다.

　아레오파고스 의회의 세력추이는 아테네 민주정체와 도시국가 정치권력의 발달과 밀접하게 연관된다. 그런데 아레오파고스 의회는 보수적 귀족이나 상류층이 구성원의 다수를 차지했다 하더라도 민주정체의 한 부분으로 존재하였다. 이러한 점을 감안하여 저자는 본서에서 아레오파고스 의회가 민주정 발달에 반동적인 정치기구였다는 관점이 아니라, 온건민주정의 발달에 긍정적인 요소로 작용하고 있었다는 점을 강조하려 한다. 이러한 견해를 지지하고 아레오파고스 의회의 권한이 시대마다 어떻게 변화했는가를 살펴보기 위하여, 그 역사를 크게 연대순으로 서술하였고, 그에 관한 문헌과 금석문들을 모아 부록으로 달았다. 이에 앞서 1장에서는 지금까지 아레오파고스에 관해 역사가들이 관심을 둔 문제점들에 대해 간단하게 소개하였다.

제 1 부

아레오파고스에 관한 근대역사가들의 견해

1890년 아리스토텔레스의 『아테네 국제』가 발간되기까지 아레오파고스에 관한 중요한 사료는 플루타르코스(Plutarchos)[T.161~176], 아리스토텔레스의 다른 저서들[T.45~50], 폴리데우케스(Polydeukes)[T.177~183] 등이었다. 이 사료들은 주로 기원전 6세기 초반의 솔론을 전후한 시대와 기원전 5세기 에피알테스 시대에 대해 전하고 있다.

플루타르코스[T.165]는 솔론이 아레오파고스 의회에 매 해의 아르콘들이 함께 참석토록 하였다고 하고 이어서 솔론 이전에 아레오파고스 의회가 존재하였는지에 관해 견해가 일치하지 않고 있다고 적고 있다. 폴리데우케스[T.183]는 드라콘이 51명의 에페타이(ephetai)재판관을 설치하여, 아레오파고스를 포함하는 다섯 재판소에서 살인사건을 재판하도록 하였다고 하고, 그 후 솔론이 아레오파고스 의회를 살인사건을 재판하는 또 하나의 재판소로 하여 아레오파고스 재판소를 포함하는 기존의 다섯 재판소에 첨가하였다고 전하고 있다. 이로부터 역사가들은 솔론 이전 아레오파고스 의회의 존재여부나 아레오파고스 의원과 에페타이 사이의 관계, 그리고 그 권한 특히 살인사건 재판권에 대하여 관심을 기울였다.

또한 사료 T.46, 163, 164 등에서는 에피알테스 시대의 아레오파고스 권한이 축소되었다고 되어 있으므로, 역사가들은 아레오파고스 권한의 변동, 특히 에피알테스와 페리클레스 이후에 살인사건 재판권이 어떻게 변화하였는가에 대해 논의를 벌여왔다.

한편 사료가 부족한 가운데서도 일부 역사가들은 아레오파고스의 정치적 권한과 그 시대적 변동상황을 설명하려 하였다. 그로트(G. Grote)는 고대 그리스 역사에 관한 방대한 저서에서 아레오파고스를 전통적이고 보수적인 정치기구로 규정하였다.[1] 그는 아레오파고스 의회가 솔론 이전부터 존재하였으며, 솔론이 400인 불레를 창설한 다음에도 아레오파고스의 권한은 더 증가했다고 생각하였다. 예를 들어 법률수호권(nomophylakia)이나 풍기단속권 등이 그것이다. 그에 따르면 400인 불레는 주로 민회에서 토론될 안건을 예비심사(probouleuma)하는 데 불과하였다. 그런데 클레이스테네스 이후 민주정치 기구가 발달되면서 아레오파고스의 권한이 약화되기 시작하였으나 페리클레스 시대까지 그 정치적 권위는 지속되었다는 것이다.

파파미칼로풀로스(K.N. Papamichalopoulos)는 아레오파고스의 정치권력과 살인재판권에 관한 것은 물론 사회적·경제적·종교적 기능에 대해, 옛 신화시대로부터 훗날 로마시대까지에 걸쳐 문헌사료를 종합하였다.[2] 솔론 이전에 아레오파고스에서 열리던 원시적 형태의 귀족의회가 있었으나 솔론이 아레오파고스 의원의 구성방법과 그 권한을 명확하게 규정하면서부터 '아레오파고스 의회'라는 명칭이 생겨나게 되었다는 것이다. 그는 이러한 사실들을 후대인들이 오해하여 마치 솔론이 아레오파고스 의

---

1) 이하 G. Grote의 주장은 History of Greece, v.3〈2nd ed.〉, pp.161~163 : v.4〈2nd ed.〉, pp. 200~201 : v.5, p.483ff. 특히 p.492 참조.
2) 이하 K.N. Papamichalopoulos의 견해는 The Areopagos in the Ancient Athens(Athens, 1881), pp.39ff, 99ff, 103에 있음.[참고, 이 책에는 이미 17C에 Meursius의 De Areopago(Leiden, 1624)에 나오는 내용들이 많음]

회를 창설한 것처럼 생각하게 된 것이라고 했다. 그에 따르면, 아레오파고스 의원들은 솔론 이전부터 전직 아르콘 출신이었지만 솔론개혁에 의해 과거보다 더 넓은 사회적 계층에서 나오게 되었다는 것이다. 솔론 이전에는 아르콘이 귀족출신이었으나 이후에는 일정한 부를 소유한 펜타코시오메딤노이(pentakosiomedimnoi)층에서 뽑혔기 때문이다. 그는 솔론 시대에 아레오파고스의 권한이 확대되었다가, 그 뒤 에피알테스와 페리클레스 시대에 이르러 살인사건 재판권만을 제외한 많은 정치적 · 사법적 권한을 박탈당하였다고 생각하였다. 어쨌든 그는 에피알테스 이후에 대해서도 아레오파고스가 가졌던 사회적(eukosmia) · 종교적(eusebeia) 기능 등에 관한 사료들을 수집해 놓았다.

    1880년경 이집트의 사막에서 일련의 파피루스가 발견되었는데 그 속에 아리스토텔레스의 저서로 알려져 있는 『아테네 국제』가 포함되어 있었다. 1890년 케넌(F.G. Kenyon)이 『아테네 국제』를 발간함으로써 세인의 관심을 끌게 되었다. 『아테네 국제』[T.33~34]는 드라콘과 솔론 이전에 아레오파고스 의회가 여러가지 권한을 가지고 있었다고 기록하고 있다. 이 사료에 근거하여 역사가들은 아레오파고스가 정치적 의회로서 솔론 이전에 존재하였다는 것을 믿고 이 의회가 가진 살인사건 재판권뿐 아니라 정치적 권한에 대해서도 관심을 기울이기 시작하였다. 한편으로는 그 전부터 논의되어 오던 문제들, 즉 솔론 이전 아레오파고스 의원과 에페타이의 관계, 그리고 에피알테스 당시 아레오파고스 의회권한의 축소 등이 계속 논의되는 동시에, 다른 한편으로는 그 정치적 역할이 축소되어 가는 과정을 민주정 발달과정과 구체적으로 연관시키려는 시도가 강화되었다. 특히 귀족 혹은 부유한 과두파와 민중 사이의 정치적 갈등이라는 관점에서 아레오파고스와 민주정치 기구들 사이의 힘의 관계에 대해 관심을 기울였다.

길버트(G. Gilbert)와 탈하임(Th. Thalheim)은 드라콘 이전에 아레오파고스 의원들이 정치적·사법적 권한을 소유했다고 생각하였다.[3] 그런데 드라콘이 401인 불레를 창설하면서 아레오파고스 의원들로부터 권한을 박탈하였다가 솔론이 이것을 아레오파고스에 다시 환원시켰다는 것이다. 길버트는 드라콘이 모든 종류의 살인사건 재판권을 신설한 에페타이에 넘겨주고,[4] 참주에 대한 재판권은 401인 불레의 소위원회 위원인 프리타네이스(prytaneis)에게 넘겼다고 하였다. 어쨌든 그의 견해에서는 솔론 이전에 모든 살인사건 재판이 복수의 여신 에리니에스(Erinyes)의 신전이 있는 아레오파고스 언덕에서 행해지다가, 솔론 시대부터는 계획적 살인사건이 아닌 한 다른 장소에서 재판되었다는 것이다. 그리고 솔론 때부터 아레오파고스 의원들은 드라콘 이전에 가졌던 많은 권한, 예를 들면 계획적 살인사건 재판권, 법률과 정체 수호권을 회복하고 또 사법권을 강화하였는데, 특히 정부전복의 음모에 대한 재판권이 그것이다. 그는 에피알테스와 페리클레스 시대까지 아레오파고스의 정치적 권한은 축소되지 않았다고 생각하였다. 따라서 클레이스테네스의 정체는 솔론의 것보다 더 민주적인 것이기는 하지만 크게 다를 바는 없다는 것이다.

빌라모비츠는 아레오파고스 의원들이 귀족집단을 대표하였고 옛부터 강력한 정권을 소유하였다고 믿었다.[5] 그런데 이 권한은, 빌라모비츠에 따르면, 일정한 입법에 의해 부여된 것이 아니었으므로 명백하게 규정

---

3) 이하의 내용은 참고, G. Gilbert, *Handbuch der Griechischen Staatsalterthümer*, v.1(*Der Staat der Lakedaimonier und der Athener*)〈2nd ed.〉(Leipzig, 1893), pp.134ff.[특히 pp.135~6, n.2), 152, 167, n.1, pp.171~2 : Th. Thalheim, *RE*, II, part 1(1895), p.629, s.v. *Areios Pagos*].
4) 드라콘과 솔론 사이의 시기에 에페타이가 모든 살인사건을 재판하였다는 Gilbert의 견해에 대해서는 "Beiträge zur Entwicklungsgeschichte des Griechischen Gerichtsverfahren"(*Jahrb. f. klass. Philol.* Supple.XXIII, 1896), p.489ff[이 책 53~54쪽)] 참조.
5) 이하의 내용은 U.v. Wilamowitz·Möllendorff, *Aristoteles und Athen*, v.2, pp.49~50, 187ff, 198~200 참조.

되지 않고, '거의 모든 것에 대한 권위자' 혹은 '정치체제를 수호하고 감독하는 자' 등으로 모호하게 표현되고 있다고 한다. 플루타르코스가 전하고 있는 것처럼 아레오파고스 의회가 솔론 이전에 있었는가 아닌가에 대한 의혹이 존재하였던 것도 솔론 이전 아레오파고스의 권한이 일정한 입법에 의해 규정된 것이 아니었기 때문이라고 설명하였다. 이러한 아레오파고스 의회의 권한은, 아르콘직이 1년 임기로 되고 해마다 임기를 끝낸 9명 아르콘들이 아레오파고스 의원이 되게 된 683년경부터 점차 줄어들기 시작하였지만, 그 정치적 중요성은 에피알테스 시대까지 상실되지 않았다는 것이다.

빌라모비츠는 아레오파고스 의원들의 의회는 원래 아레오파고스 언덕에서만 열린 것이 아니었으므로, 처음에는 '아레오파고스 의회(the boule from the Areopagos)'라는 명칭이 없었으며, 아레오파고스는 살인사건 재판이 행해지던 하나의 신성한 장소에 불과하다고 주장하였다. 즉 살인사건을 재판하는 경우가 아니면, '아레오파고스'란 명칭이 사용되지 않고 그냥 '의회(boule)'라고만 불리었다는 것이다. '아레오파고스 의회'라는 명칭은 다른 의회[401인이나 400인 불레]가 창설되어 두 의회를 구분해야 할 필요가 있게 되었을 때 생겨난 것이라고 하였다.

살인사건 재판에 관하여 빌라모비츠는 처음에 아레오파고스 의원들이 모든 종류의 사건을 재판했을 것이라고 추측하였다. 드라콘 이전에 이미 델피니온(Delphinion)과 팔라디온(Palladion) 재판소가 생겨났지만 아레오파고스 의원들이 재판을 담당하였다는 것이다. 그런데 에페타이 재판관들은 드라콘 이전에 이미 아레오파고스 의원들의 과중한 사무를 덜기 위해서거나 혹은 그들의 권한을 제한하기 위하여, 약간의 가벼운 사건들을 재판하기 시작했으며, 드라콘 시대부터는 아레오파고스 의원들은 아레오파고스에서만, 그리고 에페타이는 다른 장소에서 살인사건을 재판하게 되었다는 것이다. 이어 빌라모비츠는 에피알테스 개혁 이후 아레오파고스 의회는 주로 살인사건 재판소로서 존재하게 되었다고 하였다.

글로이에(H. Gleue)도 또한 처음에 아레오파고스 의원들이 모든 살인사건을 재판하였다는 견해를 가졌다.[6] 그러나 빌라모비츠와는 달리, 드라콘 이전부터 아레오파고스 의원과 에페타이의 권한이 분리되어 아레오파고스 의원은 아레오파고스에서, 그리고 에페타이는 다른 재판소에서 재판하였다고 생각한다. 그런데 빌라모비츠와 같은 견해는 아레오파고스 의회'라는 명칭이 솔론 시대에 생겼고 그 전에는 그냥 의회라고만 불리었다는 점이다.

립시우스(J.H. Lipsius)도 처음에 고대적 형태의 장로회의가 있어 정치적 사무를 토론하였으나 이 의회는, 빌라모비츠의 견해와 같이, 반드시 아레오파고스에서만 회의를 개최한 것이 아니었으므로 '아레오파고스 의회'라는 명칭을 갖지 않았다고 생각하였다.[7] 이 명칭은 솔론시대 400인 불레가 창설되었을 때 두 의회체를 구분하기 위해 생겨난 것이라고 하였다. 그런데 립시우스의 견해에서는 전직 아르콘뿐 아니라 현직 아르콘들도 함께 아레오파고스 의회에 참석하였다는 점이 이색적이다.[8]

살인사건 재판에 대한 그의 견해는 처음에 에페타이가 모든 종류의 사건을 재판하였다는 것이다. 이들이 처음에는 아레오파고스에서만 재판했으나, 그 후 드라콘 이전의 어떤 시점에서, 팔라디온이나 델피니온 등 다른 장소에도 재판소가 생겨났으리라고 추정하였다. 그런데 솔론이 고의적 살인사건의 재판권을 이들로부터 아레오파고스 의원들에게 넘겨주었다고 한다.[9]

---

6) H. Gleue, *De Homicidarum in Areopago Atheniensi Iudicio*(Göttingae, 1894), pp.16~20.
7) J.H. Lipsius, *Das Attische Recht und Rechtsverfahren*(Darmstadt, 1905~15), pp.13ff, 20~21.
8) J.H. Lipsius, "Die Archonten im Areopag"(*Leipziger Studien zur klassischen Philologie*, IV, 1881), pp.151~2.
9) 이하의 내용은 J.H. Lipsius, *Das Attische Recht und Rechtsverfahren*, pp.19, 25, 42 참조.

립시우스는 에피알테스에 의해 아레오파고스 의회의 정치적 권한이 박탈되었고 이것은 기원전 4세기의 온건민주정에서도 부활되지 않았다고 하였다. 기원전 403년 온건민주정이 부활되었을 때 가결되었던 테이사메노스(Teisamenos)법[T.25]에서는, 아르콘들이 성문법을 지키는지를 아레오파고스 의회가 감독하도록 되어 있지만, 이러한 아레오파고스의 권한은 실제증거에 의하여 증명되지 않는다는 것이다. 다만 살인사건 재판권은 에피알테스나 페리클레스에 의해서도 빼앗기지 않았다고 믿었다. 이러한 립시우스의 견해는 살인사건 재판권이 이 때 아레오파고스로부터 제거되었다고 주장하는 뵈크(Böckh)와 쇠만(Schömann)의 견해[10]와는 다른 것이다. 립시우스는 다만 기원전 404~3년 30인 참주집권기에 이 재판권이 시행되지 못하였다고 한다.

   부솔트(G. Busolt)와 스보보다(H. Swoboda)는 립시우스의 견해를 추종하였으나 다음과 같은 점에서는 차이가 있다. 처음에 에페타이가 아니라 장로의회가 아레오파고스에서 살인사건을 재판했다는 것과 현직 아르콘이 아니라 전직 아르콘만이 아레오파고스 의회에 참석하였을 것이라는 점이다.[11] 한편 부솔트·스보보다는 솔론 이전, 즉 기원전 630년경 킬론(Kylon)의 음모가 있었을 때 이미 아르콘들의 권력도 상당하였다는 점을 지적했다. 이 때 아레오파고스는 아르콘들에 대한 행정감사권(euthyna)을 가지고 있었는데 이것은 솔론 개혁에 의해 민회로 이양되었으며, 그 후 에피알테스의 개혁 때까지 아르콘들이나 시민들의 다른 범법행위를 처벌하는 권한을 소지하였다는 것이다.[12] 그리고, 에피알테스에 의해 박탈된 이 권한

---

10) 이 책 242쪽 주10) 참조.

11) G. Busolt · H. Swoboda, *Griechische Staatskunde*(München, 1920/6) p.795ff, n.3과 4, p.811, n. 1, pp.847ff. 893~6, 924~926 : D.M. MacDowell, *Athenian Homicide Law in the Age of the Orators*(Edinburgh, 1963), p.40 참조.

12) G. Busolt · H. Swoboda는 에피알테스 때까지 아레오파고스가, 법률수호의 권한을 가지

은 기원전 4세기에 이르러 어느 정도 부활되었다고 한다.

이상에서 소개한 역사가들은 『아테네 국제』의 서술에 근거하여 솔론 이전부터 이미 아레오파고스가 여러가지 정치적 권한을 가졌다고 믿었다. 그러나 『아테네 국제』의 기록을 믿지 않고 아레오파고스 권한이 그렇게 크지는 않았다고 생각하는 사람들도 있다.

마이어(Ed. Meyer)에 따르면 솔론 입법이 아레오파고스와 다른 정치기구들의 상호관계를 크게 변화시키지 않았다고 한다. 처음 살인사건 재판소로 출발했던 아레오파고스 의회는 관리의 범법행위에 대한 처벌이나 법률수호, 민중해체의 혐의에 관한 재판권 등을 가지고 있었다. 그러나 정치권력은 솔론 이전에는 나우크라로이(Naukraroi)의 대표위원회인 프리타네이온(Prytaneion)이, 솔론 이후에는 400인 불레와 민회가 가지게 되었다는 것이다. 또한 아레오파고스 의회가 400인 불레와 민회의 결정을 통제할 권한이 있었는지는 증명되지 않는다고 주장하였다.[13]

카일(B. Keil)에 따르면 솔론이 정치체제 내에서 아레오파고스 의회의 권력을 명확하게 규정함으로써 결과적으로 권력을 축소시키는 결과를 가져오게 된다. 그러나 그 전 프리타네이온 재판소가 가지고 있던 정치체제 전복에 관한 고발(eisangelia)사건 재판권이 아레오파고스에 넘겨오게 되는데 이 권한은 에피알테스와 페리클레스에 와서야 없어지게 된다는 것이다.[14] 그 후 카일(1920)은 아레오파고스에 관한 연구저서에서 로마시대에 아레오파고스의 권한이 증가되었음을 논하고 금석문자료들을 많이 인용

고 있었기 때문에 민회의 결정을 기각할 수 있었다고 본다. 에피알테스 이후의 시기에 대해서는 이 책 142쪽 주24) 참조.

13) Ed. Meyer, *Geschichte des Altertums*, v.2(Stuttgart, 1893), p.354 : v.3〈2nd ed.〉(Stuttgart, 1937), pp.608~610 : K.J. Beloch, *Griechische Geschichte*, v.1, part 2〈2nd ed.〉(Strassburg, 1913), p.321.
14) 이하의 내용은 B. Keil, *Die Solonische Verfassung in Aristoteles Verfassungsgeschichte Athens* (Berlin, 1892), pp.101~106, 120, n.1 참조.

하였다.[15] 그는 기원전 403년 테이사메노스법에서 아레오파고스가 법률수호권을 가진 것으로 나타나지만 이 권한은 기원전 4세기에 실제로 증가한 것은 아니라고 주장하였다. 테이사메노스법은 바로 민중에 의해 가결된 것이며, 기원전 4세기 아레오파고스의 다른 활동도 민회의 지시에 의한 것이었지 아레오파고스 자체의 권한에 의한 것이 아니라는 점이다. 그런데 로마 지배하에서 로마인들이 아테네의 정치체제를 변화시키지 않았는 데도 아레오파고스 의원들의 권한이 증가하였는데, 이것은 마치 기원전 5세기 페르시아전쟁 이후 형식적인 정치체제의 변화없이 아레오파고스 의회의 지배권이 강화된 것과 같은 현상이라고 하였다.[16]

한편 또다른 역사가들은 이상에서 소개한 여러 견해와 비슷한 결론에 도달한다고 하더라도, 민주정 발전과정에서 과두파와 민중 사이의 갈등을 더 강조하면서 구체적으로 아레오파고스 의회 권한의 축소와 민주적 정치기구, 즉 의회(boule)·민회나 민중재판소 등의 발달을 연관지워 설명하게 되었다. 그런데 아레오파고스 의회 권한이 감소되는 구체적 시기에 대해서는 각각 견해가 다르다.

레들(A. Ledl)은 이미 솔론 시대에 아레오파고스의 권한이 크게 줄어들었다고 생각한다. 솔론 이전에 아직 '아레오파고스 의회'라는 명칭이 없었고, 그냥 '의회'로 불렸던 귀족회의가 많은 정치적 권한을 가지고 있었으나 솔론 시대부터 아레오파고스는 살인사건의 재판소에 불과했으며, 400인 불레가 정치적 권한을 소유하였다는 것이다.[17]

반면에 많은 역사가들은 아레오파고스의 권한이 축소된 시기를 더

---

15) 이하의 내용은 B. Keil, *Beiträge zur Geschichte des Areopags*(Leipzig, 1920), pp.56, 70~71 참조.
16) Keil은, 아레오파고스가 로마시대에 권력이 증가하지 않았다고 보는 A. Philippi [*Der Areopag und die Epheten*(Berlin, 1874), pp.314, 317]의 견해에 반대하였다.
17) A. Ledl, *Studien zur älteren Athenischen Verfassungsgeschichte*(Heidelberg, 1914), pp.321~2.

후기인 클레이스테네스나 에피알테스의 시대로 잡는다. 본너(R.J. Bonner)·스미스(G. Smith)는 집주(集住 ; synoikismos)가 행해진 후 아티카(Attika) 지역의 왕[혹은 首長]들이 고대적 귀족의회를 구성하였고, 이 의회가 왕 대신 권력을 장악했으며, 아르콘들이 이 의회구성원들 가운데에서 뽑혔기 때문에 정치체제는 귀족과두정적인 것이 었다고 하였다.[18] 살인사건을 재판한 에페타이도 아레오파고스 의원들로 구성되었다는 것이다. 그런데 솔론입법에 의해 아르콘 선출방법이 변화하면서 9명의 전직 아르콘들이 아레오파고스 의원이 된다는 견해이다. 그 후 아레오파고스의 권한은 클레이스테네스 시대부터 점차 축소되기 시작했는데, 클레이스테네스와 에피알테스 중간시기에 아레오파고스와 다른 정치기구들, 즉 민회나 500인 불레 등이 여러 분야에서 공동으로 권한을 행사하였다고 한다. 에피알테스 개혁으로 그 전까지 아레오파고스 의회와 다른 정치기구들이 공동으로 보유하였던 권한이 아레오파고스에서 주로 박탈되었으며, 아레오파고스는 에피알테스 이전에 독자적으로 행사하던 권한중의 일부만을 보유하게 되었다는 것이었다.

또한 본너·스미스는 원래 에페타이가 아레오파고스 의원들로 구성되었는데, 페리클레스 시대에 이들 에페타이가 가지고 있던 살인사건 재판권이 헬리아이아(Heliaia)재판소의 재판관들에게 넘어가게 된다고 하였다. 사재(私財)로 민중의 환심을 사고 있던 키몬(Kimon)에 대항함은 물론

---

18) 이하의 내용은 R.J. Bonner·G. Smith, *The Administration of Justice from Homer to Aristotle*, v.1, pp.90~91, 255~259, 270ff, 276ff, 328~330 참조. Bonner·Smith는, 아레오파고스 의회가 호머(Homer)시대 장로(長老)의회에서 발달하였다고 보는 J.W. Headlam["Notes on early Athenian history"(CR, VI, 1892), p.295]에 동의한다. 솔론 때까지 이 의회는 아레오파고스 의회라는 명칭을 가지고 있지 않았다고 믿고, 아리스토텔레스가 아레오파고스 의회라는 명칭을 솔론 이전시기에 대해서도 사용하고 있는 것은 후대인들이 솔론 이전의 장로의회와 솔론 이후의 아레오파고스 의회를 동일한 것으로 파악했다는 것을 증명하는 것이라고 하였다.

민중의 지지를 얻기 위해 페리클레스는 재판관에 대한 보수제를 도입하였다. 이에 따라 헬리아이아 재판소의 기능은 더 강화되었는데, 이 재판소 권한의 증가는 바로 민주정의 발달을 상징한다는 것이다. 그런데 에페타이라는 명칭은 후에도 잔존하여 살인사건을 재판한 헬리아이아 재판관들도 에페타이로 불리었다는 견해이다.

이런 변화에도 불구하고 아레오파고스는 여러 분야에서 그 권한을 상실하지 않았었다는 점을 본너·스미스는 강조하고 있다. 즉 에피알테스 이후에 많은 정치적 권한을 상실했지만, 그 이전에는 독점하였던 살인사건의 재판이나 불경(不敬)·생활윤리 등의 면에 있어서, 아레오파고스는 민회나 민중재판소 등의 민주적 정치기구들과 함께 그 권한을 공유하게 되었기 때문이다.[19] 또한 30인 참주정 타도 이후 기원전 4세기에 걸쳐 아레오파고스는 어느 정도 정치적 기능을 회복하였는데 그 이유는 그 즈음 아레오파고스 의회의 귀족적 성격이 거의 사라졌기 때문일 것이라고 한다. 이어 아레오파고스 의회의 살인사건 재판권은 30인 참주정시기에 공식적으로 박탈되지는 않았지만 공포정치로 인해 제대로 적용되지 못했을 것이라는 견해이다.

히네트(C. Hignett)[20]는 아레오파고스가 솔론 이전에 정치적 권력을 행사하였는데, 그 권한이 구체적으로 명기되지 않는다는 사실은 바로 아레오파고스 의회가 이 때 후대보다 더 큰 권한을 가지고 있었던 것을 증명하는 것이라고 해석하였다. 그런데 솔론 입법에 의해 아레오파고스 의회의 권한은 구체적으로 규정되고, 크게 축소된 것은 아니지만 제한되었다. 솔론에 의한 권한의 이러한 구체적 규정과 제한은 아르콘의 경우에도 마

---

19) R.J. Bonner·G. Smith, *The Administration of Justice from Homer to Aristotle*, v.1, p.257ff. Bonner와 Smith는 이러한 종류의 사건은 아레오파고스와 함께 다른 종류의 재판소에도 제출되었다고 생각하였다.

20) C. Hignett, *A History of the Athenian Constitution*(Oxford, 1952), pp.83, 89ff, 98~99, 148.

찬가지라고 하였다.[21] 그는 솔론 입법에 의해 귀족들의 특권도 제한되었는데 그 이유는 아르콘과 전직 아르콘 출신으로 구성되는 아레오파고스 의원이 귀족들뿐 아니라 이제는 부유한 사람들 중에게서도 나오게 되었기 때문이라는 것이다. 이후 아레오파고스 의회는 주로 종교적·사법적 권한을 가지게 되었고, 이것은 클레이스테네스 개혁에도 불구하고 에피알테스 개혁시까지 계속되었다는 견해이다.

데이(J. Day)와 쳄버스(M. Chambers)는 아리스토텔레스가 자신의 민주정 이론에 입각하여 『아테네 국제』를 저술하였으므로 그 내용은 객관적이지 못하다고 전제하였다.[22] 그래서 드라콘 시대에 아레오파고스가 법률수호권(nomophylakia)을 가졌다고 하는 『아테네 국제』의 기록은 옳지 못한 것으로 '법률수호'라는 용어는 기원전 411년 이후, 과두파와 민주파의 갈등이 노골화되면서 사용된 것이라고 지적하였다.[23] 그에 따르면, 옛부터 일등시민들인 전직 아르콘으로 구성된 아레오파고스 의회는 기원전 508년까지 유일한 회의체(boule)로서 권한 또한 컸으므로 '법률수호' 등의 일정한 용어로 그 기능을 규정할 필요가 없었다는 것이다.

데이와 쳄버스는 그 후 아레오파고스의 권한이 단계적으로 축소되었음을 강조하였다. 기원전 508~7년 500인 불레가 창설되면서 민중의 권한이 증가하기 시작하였으나, 민주정 발달은 공식적 입법에 의해서만이 아니라 또다른 일련의 사건들에 의해 이루어진 것이라고 생각했다. 예를 들면, 델로스동맹의 형성, 아르콘의 추첨제 등이 바로 그것이다. 또한 에피알테스의 개혁은 정치체제에 큰 변화를 가져온 것이 아니라, 아레오파고

---

21) Ibid., p.98.
22) 이하의 내용은 J. Day·M. Chambers, *Aristotle's History of Athenian Democracy* (Berkeley, LosAngeles, 1962), pp.viiiff. 130, 183, 185~6 참조.
23) Ibid., Day·Chambers에 따르면, '법률수호'라는 용어는, 법이 재정비되고 정치가들이 '전통적 정체(*patrios politeia*)'에 대해 관심을 가지게 된 기원전 411년 이후에 생겨난 것이라고 하였다.

스로부터 사법권을 박탈한 것에 불과하였는 주장이다. 즉 에피알테스는 정치체제의 획기적 변화를 원하였다 하더라도 곧 살해되었으므로 목적을 달성할 수 없었기 때문이다. 어쨌든 그의 믿음은 아레오파고스의 정치적 권한이 클레이스테네스와 에피알테스 사이에 점진적으로 제거된 이후 기원전 320년대까지 아테네의 정체 내부에는 법률수호권을 가진 정치기구는 존재하지 않았다는 데 있다.

로즈(R.J. Rhodes)는 솔론이 창설한 400인 불레와 클레이스테네스가 창설한 500인 불레는 에피알테스 개혁시까지 민회에서 토의될 안건을 예심하는 권한(probouleuma)만을 가지고 있었다고 말하고 있다.[24] 반면에 아레오파고스 의회에 대해서는 행정이나 고발(eisangelia), 400인 혹은 500인 불레 의원을 제외한 아르콘들에 대한 임용자격심사(dokimasia)·행정감사(euthyna) 등의 사법분야에서 권한을 가지고 있었다는 의견이다. 그런데 기원전 487~6년 아르콘 추첨제의 도입으로 아레오파고스의 권위가 실추되기 시작하였고, 에피알테스 개혁에 의해 아레오파고스의 대부분 권한이 500인 불레로 넘어가게 되었다고 한다.[25]

이상에서 소개한 근대역사가들은 솔론을 전후한 시대 아레오파고스 의회가 상당한 권한을 소지하였으며, 이 권한은 민주정체 발달과 반비례하여 점차 축소되었다는 생각들을 하고 있었다. 그런데 이와는 반대로 솔론 시대 아레오파고스의 권한은 도시국가의 정치권력과 함께 그다지 강하지 못했다고 믿는 역사가들도 있다.

루셴부쉬(E. Ruschenbusch)에 의하면 솔론 이전에 아레오파고스 의회는

---

24) P.J. Rhodes, *The Athenian Boule*(Oxford, 1972), pp.17, 209~210.
25) Ibid., pp.201~205, 210ff. Rhodes[ibid., p.213]는, 중요한 문제의 결정에 있어 민회의 중요성을 강조하는 A.W. Gomme(*More Essays in Greek History and Literature*(Oxford, 1962), p.178) 와는 달리, 500인 불레의 중요성을 더 강조한다. Rhodes에 따르면, 500인 불레의 의견은 민회의 결정에 영향을 주었다는 것이다.

참주협의자를 재판하는 등의 한정된 권한만을 가진다.[26] 그러나 아직 살인사건의 재판권은 없었는데, 그 이유는 도시국가의 권력이 강하지 못하여 가문에 의한 사적 보복의 관습이 지배적이었다는 것이다. 그런데 드라콘이 처음으로 계획적 살인과 비계획적 살인을 구분하는 권한을 에페타이에게 부여하였으며, 이 때부터 모든 살인사건은 계획성 여부를 조사·구분하기 위하여 재판소에 회부되게 되는 것이다. 그러나 당시에 국가의 처벌강제권이 그다지 강하지 못하였으므로, 비계획적 살인의 경우 피고가 안전하게 국외로 추방되도록 보호하는 정도였고, 계획적 살인의 경우에는 계속하여 개인적 보복이 지속되었다고 믿었다. 그런데 솔론이 계획적 살인사건의 재판권을 아레오파고스에 창설하였다는 것이다.

또한 루셴부쉬는 솔론으로부터 페리클레스에 이르는 시대의 점진적인 민주정 발전을 강조하면서 에피알테스 개혁의 중요성에 대해 의문을 표하였다.[27] 그에 따르면 에피알테스 개혁에 의해 아르콘들에 대한 자격심사(dokimasia)와 행정감사(euthyna), 그리고 반사회적 범죄에 대한 재판권이 아레오파고스로부터 제거되었다 한다. 그러나 이러한 아레오파고스 의회의 권한 축소가 민주정 발달에 얼마나 기여하였는가 하는 점은 분명치 않다는 것이다. 또한 에피알테스가 아레오파고스의 권한을 박탈한 것은 민주정 발달을 위해서가 아니라 개인적인 동기에 의한 것이었다고 풀이하였다.

실리(R. Sealey)는 솔론 시대 도시국가의 정치권력은 그다지 강하지 못하였는데, 그것은 귀족가문이나 지역상호간의 갈등 때문이라고 생각하였다.[28] 그는 정치적 변화가 부자와 빈자 사이의 대립이 아니라 부유한 귀

---

26) 이하의 내용은 E. Ruschenbusch, "Phonos", pp.134, 139ff, 143, 145, 147ff 참조.
27) E. Ruschenbusch, "Ephialtes"(Historia, XV, 1966), p.372ff.
28) R. Sealey, A History of the Greek City-State ca. 700~338B.C., pp.96~97, 112~4, 116, 157.
 〔참고, G. de Sanctis, Atthis, pp.157, 352 ; "la nota caratteristica dello stato ateniese aristo-

족집단이나 지역상호간의 갈등에 기인한 것이라고 믿었다. 만일 대립이 부유한 귀족과 빈한한 민중 사이에 일어난 것이라면, 전자는 쉽게 후자를 이길 수 있었을 것이므로 혼란을 방지하기 위한 솔론의 중재 같은 것은 필요하지 않았을 것이라는 것이다. 그런데 상호경쟁하는 부유한 귀족들이 민중을 이용하여 지지기반을 확보하고, 민중에게 정치권력을 부여함으로써 아테네 민주정이 발전하게 되었다는 견해이다. 그래서 솔론 시대에 권력은 귀족의 수중에서 부유층으로 넘어갔고, 또 클레이스테네스에 의해 개방사회(open society)로 발전하게 되었다고 한다.

이와 같이 실리는 솔론을 전후한 시대 도시국가의 정권과 사법권이 약하다는 전제하에서 아레오파고스에 대해 다음과 같이 서술하였다.[29] 아레오파고스는 처음에 왕의 자문기관이었다. 그 후 아르콘들이 권력을 잡게 되었을 때 아레오파고스 의회는 자문적(諮問的) 정치기구였음에도 불구하고 아르콘의 정책에 영향을 미쳤는데 그 이유는 아레오파고스 의원들 개개인이 유력한 귀족가문 출신이었기 때문이라는 것이다. 그리고 페이시스트라티다이 가문의 참주정치 시대에 아레로파고스 의회는 친참주적 집단으로 변화하였다. 또한 클레이스테네스 이전에는 아레오파고스 이외의 다른 의회는 존재하지 않았으며, 클레이스테네스는 아레오파고스 의회에 대항하기 위하여 500인 불레를 창설했다고 하였다. 그러나 500인 불레는, 결정권을 행사하던 민회와는 달리, 주로 민회에 회부될 안건을 예심(probouleuma)하는 권한을 가진 것이었다. 어쨌든 이 때부터 아레오파고스의 권한은 간접적으로 축소되기 시작했으며, 이어 에피알테스는 아르콘들에 대한 자격심사권과 행정감사권만을 박탈하게 된다는 것이다.[30]

---

cratico e il decentramento"라고 함]
29) R. Sealey, ibid., p.112. Sealey는 솔론시대에 400인 불레가 존재하였다는 사실도 부정한다.[Ibid., pp.120~121 참고]
30) 이 책 132쪽 참조.

실리도 루쉔부쉬처럼 에피알테스 개혁이 민주정 발달에서 끼친 영향에 대해 회의적이었으며, 또한 아레오파고스 권한은 487~6년 아르콘 추첨제가 도입되면서부터 감소하기 시작하였다는 점을 강조하였다.[31] 실리는 아테네의 정치적 발전이 상이한 사회·경제적 계층간의 갈등이 아니라 상류계층 내부의 상호갈등에 의한 것이라고 주장하였지만 어쨌든 이러한 갈등의 결과로 민중세력이 증가하고 민주정치가 발달하였다는 점을 인정한다.

『아테네 국제』가 발간된 19세기 말기부터 많은 역사가들이 솔론을 전후한 시대에 아레오파고스 의회는 과두귀족 계층을 대표하는 기구로서 크든 적든 간에 정치적 권력을 소유했다는 데 동의하였다. 그러나 최근에 월리스는 솔론 이전 아레오파고스에 관한 『아테네 국제』의 기록은 정확하지 못한 것이라고 생각하였다.[32] 그 이유는 저자의 주관적 견해와 아레오파고스 후대의 변화과정이 함께 포함되어 있기 때문이라는 것이다. 『아테네 국제』가 기록하고 있는 솔론 이전 아레오파고스 의회의 권한은 실제사료에 의해 증명되지 않는다. 따라서 솔론 이전 아레오파고스는 살인사건을 재판하는 재판소에 불과했으며 솔론이 정치체제를 보호하기 위해 처음으로 정치권력을 부여함으로써 정치적 의회(boule)로 되었다는 것이다.

솔론은 아레오파고스에 처음으로 법률수호권을 부여하였다고 한다. 법률수호권은 법의 수호와 정체보호(e tes politeias phylake)의 기능을 함께 포함하는 것이었다.[33] 그러나 월리스는 솔론이 아레오파고스 의회뿐 아니

---

31) R. Sealey, "Ephialtes"(CPh, LIX, 1964), pp.14, 18 : "Ephialtes, eisangelia and the council"(in Classical Contributions ; Studies in honour of M.E. McGregor, ed. G.S. Shrimpton & D.J. McGregor〈N.Y., 1981〉), pp.131, 133~4.
32) 이하의 내용은 R.W. Wallace, The Areopagos Council, to 307 B.C., pp.34~39, 45, 50, 68, 76~77, 79~82, 85, 108ff, 174ff 참조.

라 400인 불레도 함께 창설하였다고 믿었다. 400인 불레는 안건의 토의사항에 대한 예심을 담당했지만 이를 통해 솔론은 아레오파고스 의회보다 민회에 더 많은 권한을 부여하려 하였다는 것이다. 어쨌든 그는 아레오파고스에 부여된 정치권력은 480년 이전에 실제로 적용된 흔적이 없으며 기원전 480~462년 사이에 처음으로 아레오파고스가 정치적 영향력을 행사했다는 점을 지적하였다. 에피알테스가 아레오파고스 의회의 권한을 축소시켰다는 사실은 이 의회가 500인 불레나 민회의 권위에 방해가 되었다는 것을 증명하는 것이다. 에피알테스의 개혁에 의해 아레오파고스는 윌리스가 정체보호권과 같은 것이라고 보는 법률수호권과 또다른 사법권, 예를 들어 에이산겔리아·태만죄 등에 관한 권한을 제거당했다고 하였다. 그런데 기원전 358년경 이후부터 아레오파고스는 그 보수적 사상으로 정치계에 영향을 미쳤고 실제의 활동도 증가했다는 것이다. 그리고 기원전 4세기 말 데메트리오스 팔레레아스(Demetrios Phalereas)에 의해 불경(不敬)과 종교적 문제, 태만과 성년의 남자시민(epheboi)에 관한 아레오파고스의 권한이 증대하였다고 한다.[34]

---

33) Ibid., p.39ff. Wallace는 아레오파고스의 법률수호권이 민회의 불법적 결의나 소령을 서부하는 권한을 포함하지 않았다고 보는 Hignett의 견해[이 책 114쪽 주13) 참조]에 찬성하지 않는다.

34) Ibid., pp.120, 204ff. Wallace는 데메트리오스의 집권시기에 아레오파고스의 권한은 에피알테스 이전의 시대와 비슷한 것이라고 하였다.[ibid. p.132 참조]

2
아레오파고스의 기원

1) 아레오파고스의 기원에 관한 역사가들의 견해

솔론 이전 아레오파고스의 재판소로서의 기능을 전하는 두 가지 중요한 사료가 있다. 폴리데우케스의 언급과 플루타르코스가 전하는 사면법이 그것이다.

폴리데우케스(Polydeukes), VIII, 125[T.183] ; "에페타이의 정원은 51명이다. 드라콘이 이들을 설립하였고 귀족들 가운데 선출되게 하였다. 다섯 재판소에서 살인혐의자를 재판하였다. 솔론이 이 다섯 재판소 이외에 다시 아레오파고스 의회를 첨가하였다. 점차 에페타이 재판소는 중요성을 잃어갔다. 에페타이라고 불린 이유는, 그 이전에는 바실레우스가 비계획적 살인자로 판단한 사람을 담당하였는데, 드라콘이 이와 관련된 사건을 바실레우스가 에페타이에 위임(ephesis)하도록 함으로써 재판권을 에페타이에게 이양하였기 때문인 것으로 보인다."

플루타르코스(Ploutarchos), Solon, XIX, 3[T.165] ; "솔론이 아르콘이 되기 전에 권한을 상실한 사람들(atimoi)은 그 권한을 회복하되 다음 사항에 해당하는 사람은 제외된다 : 살해(phonos와 sphagai)[7]나 참주의 혐의로 아레오파고스로부터, 혹은 에페타이로부터 혹은 프리타네이온의 왕으로부터 유죄선고를 받고 이 법[즉 솔론의 사면법]이 공포될 때 도시를 떠나 있던 사람들이다."[2]

폴리데우케스에 따르면 살인을 재판한 다섯 재판소에 드라콘이 51명의 에페타이를 두었다고 한다. 다섯 재판소는 다음과 같다. 계획적 살해혐의를 재판한 아레오파고스, 비계획적 살해혐의를 재판한 팔라디온(Palladion), 정당한 구실의 살해혐의를 재판한 델피니온(Delphinion), 이미 살해혐의로 추방 혹은 도주한 자를 다시 재판하는 프레아토(To en Phreattoi), 그리고 살해혐의가 있는 무생물이나 동물을 재판하는 프리타네이온(Prytaneion)이다. 이어서 폴리데우케스는 솔론이 아레오파고스 의회를 또 하나의 살인사건 재판소로 기존의 다른 다섯 재판소에 첨가하였다고 서술하고 있다. 여기서 아레오파고스 의회가 살인사건 재판소로 첨가되었다고 되어 있지만 아레오파고스 재판소는 기존의 다섯 재판소 안에 포함되어 이미 솔론 이전부터 존재하였던 것으로 나타난다. 즉 아레오파고스 의회는 에페타이가 재판관이 되는 아레오파고스의 살인사건 재판소와 다른 것으로 구별되고 있는 것이다. 이러한 문제점 때문에 이 사료의 신빙성에 관해 많은 논란이 있어왔다.[3] 문제의 초점은 아레오파고스와 에페타이 제도가 언제 만들어졌는가 하는 것이었다.

플루타르코스[T.165]는 솔론이 아레오파고스 의회를 창설하였는지, 그렇지 않은지에 관해 그 생존 당시에 견해가 달랐다고 전하고 있다. 그에 따르면, 많은 사람들이 아레오파고스 의회를 창설한 것은 솔론인 것으로 생각하였다고 한다. 그 근거로는 솔론 이전에 제정된 드라콘 살인법에서

---

1) Phonos나 sphagai는 둘 다 살해에 관계되나 의미상의 차이에 관해서는 의견이 구구하므로 여기서는 함께 묶어서 살해라고만 번역하였다.
2) 참고, 페르시아전쟁 이후에 가결된 파트로클레이데스(Patrokleides)의 사면법[Andok. I, 78~79][T.24]은 솔론의 사면법과 약간의 차이점은 있지만 유사하다.
3) 이 책 바로 아래 참조.

에페타이만 언급되며 아레오파고스 의원에 대해서는 전혀 말이 없기 때문이라는 것이다. 그러나 플루타르코스는 이와 반대되는 견해가 동시에 있었다고 전하고 있다. 즉 솔론 이전에 이미 아레오파고스 의회가 존재하였다고 보는 것이다. 이러한 견해의 근거가 되는 것은 솔론의 법이 기재된 13번째의 기둥[柱] 제8조에 나오는 솔론의 사면법인데, 그 내용은 이 사면법이 공포될 때 살인이나 참주 혐의로 아레오파고스나 에페타이나 프리타네이온에서 왕으로부터 유죄선고를 받고 조국을 떠난(epheugon) 사람들은 사면에서 제외된다고 되어 있기 때문이다. 이 사면법은 아레오파고스가 솔론 이전부터 존재하면서 재판하였던 것을 증명하는 것이 된다. 그래서 플루타르코스는 솔론 이전부터 아레오파고스 의회가 존재했는지는 확실치 않으므로 각자의 판단에 맡길 수밖에 없다고 적고 있다.

    근대역사가들도 솔론 이전 아레오파고스 의회의 존재여부에 관하여 견해를 달리한다. 뮐러(O. Müller)와 베클라인(N. Wecklein)[4] 등은 솔론 이전에 아레오파고스 의회나 아레오파고스 의원들이 존재하지 않았다고 추측하였다. 이것은 플루타르코스가 전하는 "드라콘은 아레오파고스 의원들에 대해서는 말이 없고 오직 에페타이에 대해서만 언급하였다"는 내용에 근거하고 있다. 그리고 드라콘이 51명의 에페타이를 설립하였다는 폴리데우케스의 기록을 신빙성이 없는 것이라 하고, 에페타이는 그 이전부터 있었다고 믿었다. 솔론 이전의 아레오파고스는 이들 에페타이가 계획적 살인사건을 재판하던 하나의 장소에 불과하였다는 것이다. 그리고 솔론 사면법에서 에페타이 법정과 함께 언급되는 아레오파고스 법정은 아레오파고스 의회가 아니라 아레오파고스에서 개최된 예외적 법정을 가리킨다

---

4) K.O. Müller, Aeschylos, Eumeniden(Göttingen, 1833), pp.152~54, 160~63 : N. Wecklein, "Der Areopag, die Epheten und die Naukraren"(Sitzungsb. d. phil. - hist. Kl. d. König. Beyer. Akad. d. Wiss. Band III, 1873), pp.18~19, 32ff : Westermann, "Das Amnestiegesetz des Solon"(Berichte d. Verhand. d. Säch. Acad. d. Wiss. I, 1849), p.153 참조.

고 한다. 예를 들면 참주정을 시도한 킬론(Kylon)일당을 살해했던 알크마이오니다이(Alkmaionidai)가문이 귀족중에서 뽑힌 300명의 재판관에 의해 재판받았다는 사실[5]에서, 뮐러와 베클라인은 이것이 계획적 살인사건으로 아레오파고스에서 벌어진 이례적 재판이라고 추정하였다. 이들은 솔론 이전에는 아레오파고스 의회가 아니라 다른 형태의 정치적 의회가 있었다고 믿었다. 뮐러는 에페타이가 귀족출신으로 정치적인 의회의 기능을 함께 가졌던 것이라고 하고,[6] 베클라인은 나우크라로이(naukraroi)가 정치적 의회였을 것이라고 생각하였다.[7] 나우크라로이는 솔론을 전후한 시대에 4개의 부족에 각각 12개 구역으로 나뉘어져 있던 나우크라리아이(Naukrariai)에서 공공기금의 모집과 지출을 관할한 사람들이었다.[8]

립시우스도 솔론 이전에 아레오파고스가 아닌 다른 정치적 장로의회가 존재하였고, 아레오파고스에서는 다만 에페타이가 살인사건을 재판하였다는 견해이다. 그런데 에페타이는 이들 장로의회의 의원들로부터 구성되었을 가능성이 있지만 반드시 그런 것은 아니라고 하였다.[9]

이러한 견해와는 반대로 아레오파고스 의회와 의원들이 솔론 이전부터 존재하였다고 믿는 사람들도 있다. 그런데 이들 가운데 에페타이가 드라콘 이전에도 있었던가에 관해서는 입장이 다르다. 드라콘 이전에 아레오파고스 의원들과 에페타이가 함께 존재했다고 믿는 역사가들은 아레오

---

5) Ploutarchos, Solon XII, 1~3. MacDowell [*The Law in Classical Athens*(N.Y., 1978), p.28]은 이 재판이 아레오파고스 의원과 다른 귀족들이 함께 재판하였던 이례적인 것이라고 생각하였다는 점을 참조.
6) K.O. Müller [*Aeschylos, Eumeniden*, pp.152~154]는 솔론이 귀족의 특권을 축소하면서 아르콘 출신들로 아레오파고스 의원을 구성하였다고 하였다.[U. Kahrstedt, "Untersuchungen zu Athenischen Behörden, i. Areopag und Epheten"(*Klio*, XXX, 1937), pp.15~16 참조]
7) N. Wecklein, "Der Areopag, die Epheten und die Naukraren", pp.18~19.
8) *Ath. Pol.* VIII, 3 참조.
9) J.H. Lipsius, *Das Attische Recht und Rechtsverfahren*, p.23ff 참조.

2. 아레오파고스의 기원

파고스 재판소와 아레오파고스 의회를 같은 것으로 파악하는 경우가 많다. 아레오파고스 의원들이 정치적 사무와 아레오파고스의 살인사건 재판을 함께 담당했다고 보기 때문이다. 랑에(L. Lange)와 글로이에(H. Gleue) 등은 드라콘 이전에 이미 아레오파고스에서는 아레오파고스 의원들이 계획적 살인사건을 재판하였고 다른 재판소에서는 51명의 에페타이가 다른 종류의 살인사건을 재판했다고 하였다.[10] 특히 랑에는 총 60명 아레오파고스 의원중에서 해마다 번갈아 9명이 아르콘이 되고 나머지 51명이 에페타이가 되었다고 추측하였다. 이러한 두 학자의 견해는 드라콘이 51명의 에페타이를 설립하였고, 솔론이 아레오파고스 의회에 살인사건의 재판권을 부여했다는 폴리데우케스의 기록을 모두 부정하는 것이다.

다른 한편, 빌라모비츠[11]는 처음에는 아레오파고스 의원들이 아레오파고스뿐만이 아니라 델피니온이나 팔라디온 재판소에서도 재판하였다고 믿었다. 그 후 아레오파고스 의원들의 과중한 업무를 덜어주기 위해서 혹은 그 특권을 제한하기 위하여 에페타이가 생겨났다는 것이다. 즉 빌라모비츠는 드라콘 이전에는 사건의 중요도에 따라 에페타이나 아레오파고스 의원들 가운데 어느 한 쪽이 재판관이 되었다고 생각하였다. 중요한 사건은 아레오파고스 의원이, 중요하지 않은 사건은 에페타이가 재판하는 것이 된다. 그리고 드라콘 이후부터는 아레오파고스 의원은 아레오파고스에서만, 그리고 에페타이는 다른 재판소에서 재판했다고 생각하였다.

한편 쇠만(G.F. Schömann)과 길버트(G. Gilbert)[12]는 드라콘 이전에 에페

---

10) L. Lange, "Die Epheten und der Areopag vor Solon"(Abhand. d. König. Säch. Gesell. d. Wiss., philol. - hist. Kl. XVII⟨Leipzig, 1874⟩), p.208ff [Lange의 견해는 이 책 88쪽 참조] : H. Gleue, De Homicidarum in Areopago Atheniensi Iudicio, pp.16ff, 20 : F. Jacoby, FGH, v.3b, Supple.i, pp.23~25 : C. Hignett, A History of the Athenian Constitution, pp.310~11.[A. Ledl, Studien zur älteren athenischen Verfassungsgeschichte, pp.334~5 참조]

11) U.v. Wilamowitz · Möllendorff, Aristoteles und Athen, v.2, p.199.

12) G.F. Schömann, "Die Epheten und der Areopag", N. Jahrb. f. Philol. u. Päd. CXI(1875), pp.

타이는 없었고 아레오파고스 의원들이 아레오파고스에서뿐만이 아니라 다른 4개의 재판소에서도 살인사건을 재판하였다고 믿었다. 그런데 드라콘과 솔론 사이의 기간에는 에페타이가 생겨나 이들이 모든 살인사건을 재판하였다는 것이다. 이것은 드라콘이 살인사건을 재판하는 다섯 재판소에 51명의 에페타이를 재판관으로 하였다는 폴리데우케스의 기록에 근거한 것이다. 그 후 솔론이 계획적 살인에 관한 재판권만을 에페타이로부터 아레오파고스 의원들에게 다시 넘겨주었다고 하였다. 이러한 주장은 또한 솔론이 [기존의 다섯 재판소 이외에] 아레오파고스 의회를 살인사건을 재판하는 재판소로 첨가하였다고 전하는 폴리데우게스에 근거를 두고 있다.

 여기서 쇠만과 길버트는 드라콘과 솔론 사이에 아레오파고스 재판소와 아레오파고스 의회를 별개의 제도로 구분하였다는 것을 알 수 있다. 즉, 드라콘과 솔론 사이에 아레오파고스 의원들은 정치적 사무를 담당한 반면 에페타이가 아레오파고스에서 살인재판을 담당하였다고 봄으로써 아레오파고스 의원들이 담당한 정치적 의회와, 에페타이가 살인사건을 재판한 아레오파고스 재판소를 다른 것으로 파악하였던 것이다.

 또다른 역사가들은 드라콘이나 솔론 이전에는 아레오파고스 의회가 있었다는 것을 인정하면서도 그 기능에 대해서는 위에서 소개한 학자들과는 달리 상당히 약하였던 것으로 추정한다. 이들 가운데서도 견해가 각각 다른데 일부에서는 아레오파고스 의회 등에 의해 행사되는 국가권력은 약하여 드라콘 때까지 살인사건에 대한 재판권이 없었으며 드라콘이 에페타이를 만듦으로써 비로소 이에 관한 재판이 행해지게 되었다고 생각한다. 반면에 다른 일부에서는 아레오파고스 의회가 살인사건만 재판

153~65 : G. Gilbert, "Beiträge zur Entwicklungsgeschichte des Griechischen Gerichtsverfahrens", 487ff. 특히 490 : Handbuch der Griechischen Staatsalterthümer, v.1, p.135, n.2.[이 책 34쪽 참조]

하고 다른 권한은 없었던 것으로 추측하는 것이다.

　루셴부쉬[13]는, 솔론 이전에 도시국가의 사법권은 약하였다고 전제하고 고의적 살인사건은 국가가 재판하고 처벌한 것이 아니라 개인적인 보복이 허용되었다고 생각하였다. 비고의적 살인에 관해서는 드라콘에 의해 비로소 에페타이가 살인이 고의적인지 비고의적인 것인지를 판결하게 되었으며, 비고의적인 것으로 판단되는 것은 피고가 국경 밖으로 안전하게 추방되도록 하는 정도로만 국가의 공권력이 개입했다고 주장하였다. 아레오파고스가 고의적 살인사건을 재판하게 된 것은 그 후 솔론 입법에 의해서라는 것이다.

　가가린(M. Gagarin)[14]도, 드라콘 시대에 아직 아레오파고스는 살인재판을 하지 않았다고 생각하였다. 또한 드라콘살인법에서는 드라콘 당시에 에페타이가 다른 종류의 살인사건은 물론 고의적 살인사건도 재판하였던 것이 증명된다고 믿었다.[15] 그런데 드라콘 이후 언제인가, 아마 솔론 시대에 데모스테네스[XXIII, 22][T.82]에 보이는 것과 같은 보충적인 입법을 통하여 아레오파고스는 고의적 살인사건을 재판하는 권한을 가지게 되었다는 것이다. 나아가 솔론의 사면법에서 이 법이 공포되기 이전에 이미 재판을 한 것으로 나타나고 있는 아레오파고스는 아레오파고스 의회를 지칭하는데 이 아레오파고스 의회는 살인이 아니라 참주의 혐의를 재판한 것이라고 주장하였다.[16] 또한 가가린은 51명의 에페타이는 아마 아레오파고스 의원들의 일부였을 것이라고 가정하기도 하였다.

---

13) E. Ruschenbusch, "Phonos", pp.143~145.
14) M. Gagarin, *Drakon and early Athenian Homicide Law*(New Heaven/London, 1981), p.130ff, 135~7.[R. Sealey, "Ephialtes", p.21, n.17 : "The Athenian courts for homicide"(*CPh*, LXXVIII, 1983), pp.287~90 참조]
15) 다만 프리타네이온에서 재판한 살인사건은 에페타이가 재판하지 않았을 가능성이 있다고 하였다.
16) 비슷한 견해를 가진 E. Ruschenbusch에 대해서는 이 책 69쪽 참조.

이러한 견해와는 반대로 최근에 윌리스는 솔론 이전의 아레오파고스 의원과 에페타이를 같은 것으로 파악하였다. 솔론 이전 아레오파고스는 주로 살인사건을 재판하는 재판소였으며, 정치적 의회가 아니었다고 주장하였다.[17] 드라콘 이전에 아레오파고스 의원들은 부귀한 사람들로 구성되었고 아레오파고스에서 모든 종류의 살인사건을 재판하였는데, 드라콘이 아레오파고스 의원의 수효를 51명[18]으로 늘리고 살인사건을 재판하는 재판관이라는 의미로 에페타이로 명명하였다는 것이다. 아레오파고스 의원이자 에페타이인 이들은 아레오파고스에서 고의적 살인사건을, 그리고 다른 재판소에서 다른 종류의 살인사건을 재판하였다. 그런데 아레오파고스 의회에서 재판할 때는 보통 아레오파고스 의원으로 불린 반면, 다른 재판소에서 재판할 때는 에페타이로 불렸다고 하였다. 이어서 솔론 입법 이후 아레오파고스 의원들은 전직 아르콘들로 구성되게 되었으며, 이 의회는 비로소 약간의 정치적 권한을 가지게 되었다고 주장했다.[19] 그리고 에페타이는 이들 아레오파고스 의원들로부터 선출되게 되었다는 것이다.

이상과 같이 폴리데우케스와 플루타르코스의 사료를 두고 여러가지 견해가 제기되어 왔다. 여기서 야기되는 문제점은 다음의 세 가지로 요약될 수 있다. 즉 1)에페타이의 창설시기, 2)아레오파고스 의회와 의원들의 창설시기, 3)아레오파고스에서의 재판관에 관한 것이 그것이다. 다음에서는 이러한 문제점을 중심으로 살펴보고자 한다.

---

17) R.W. Wallace, *Areopagos Council, to 307 B.C.*, pp.14~22.
18) 드라콘 이전 아레오파고스 의원의 구성에 관한 Wallace의 견해는 이 책 88~89쪽 참조.
19) R.W. Wallace[*The Areopagos Council, to 307 B.C.* p.34]는 솔론 이전에는 아레오파고스 언덕이 아니라 프리타네이온에서 귀족회의가 열렸고 여기에 아르콘들도 참가했다고 생각하였다. 그는 솔론 이전에 아레오파고스가 권력을 가지고 있었다고 전하는 아리스토텔레스의 기술은 신빙성이 없다고 본다.

2) 에페타이의 창설시기

위에서 소개한 것처럼, 에페타이가 생긴 시기에 관해 두 가지 견해가 있다. 드라콘 이전부터 있었다는 견해와 드라콘에 의해 창설되었다는 견해가 그것이다. 드라콘이 에페타이를 창설하였다는 견해는 폴리데우케스의 기록에 근거를 둔 것이다. 그러나 저자는 드라콘이 다섯 재판소에 51명의 에페타이를 구성하였다는 폴리데우케스의 기록은 드라콘이 에페타이 제도를 창설했다는 의미가 아니라 51명의 제한된 수효를 기존의 에페타이 제도에 도입한 것으로 해석할 수도 있다고 생각한다. 이것은 이미 드라콘 이전에 팔라디온 재판소의 재판관들이 에페타이로 불리었다는 기록이 전하고 있기 때문이다. 아티스(Atthis) 역사가 클레이데모스(Kleidemos)에 따르면,[20] 아르고스(Argos) 사람들이 트로이(Troy)에서 돌아오는 길에 트로이에서 가져온 아테나 여신상(Palladion)을 안고 아티카의 항구로 들어오게 되었는데, 아테네 사람들이 이들을 적으로 오인하여 공격·살해하였다. 이 비고의적 살인사건을 재판하기 위하여 아테네인 50명과 아르고스인 50명으로 100명의 재판관이 구성되었는데 이들이 에페타이로 불리었다는 것을 다음과 같이 적고 있다.

> 아가멤논의 후손[아르고스인]들이 당한 불행한 사건을 재판하기 위하여 50명의 아테네인과 50명의 아르고스인들이 재판하게 되었다. 이들 재판관들은 두 편으로부터 함께 구성되었기 때문에(dia to par' amphoteron ephethenai) 에페타이(ephetai)라고 불리었다. 그리고 재판소의 명칭은 팔라디온[아테나 여신상]을 따라서 지었다.

---

20) Kleidemos, FGH, n.323, F.20. 참고, 같은 사건에 대해 폴리데우케스[VIII, 118][T.182]는 이 사건을 재판한 재판관이 에페타이로 불리었다는 언급은 하지 않고 있다.

클레이데모스의 전승은 그대로 믿을 수는 없지만 적어도 후대인들이 에페타이에 대해 어떤 개념을 가지고 있었던가 하는 것을 나타내고 있음은 분명하다. 즉 드라콘이 51명의 에페타이를 만들기 이전에 이미 에페타이가 존재하였고, 그 수효도 일정하지 않았으며, 사건에 따라 임의로 조정되었다는 것이다. 일반적으로 에페타이는 51명으로 알려져 있지만[21] 사료에 전하는 수효는 일정하지 않다. 티마이오스(Timaios)에 따르면 50명, 조나라스나 데모스테네스의 주석(Scholia)에는 80명으로 되어 있다.[22] 또한 에페타이에 대해 언급하는 다른 여러 사료에서 그 수효를 밝히지 않고 있다.[23]

나아가 저자는 드라콘 때부터 에페타이의 수효가 51명으로 정해졌다는 사실은 국가재판권의 증대와 제도화를 나타내는 것이 아닌가 하고 생각한다. 사건의 경중에 관계없이 51명의 에페타이가 재판하므로 더 많은 재판관이 동원될 필요가 없기 때문이다.[24] 에페타이의 권위에 관하여 조

---

21) [T.183].[참고, IG, I〈3rd. ed.〉 104, line 17, 19, 24~25]
22) Timaios, *Lexicon Platonkon*, s.v. *ephetai* ; "50명으로 드라콘 이후 살인사건의 재판관들이다".
  Zonaras, s.v. *ephetai*[p.926] ; "80명의 신사들로 재판을 담당하였다. 에페타이로 불린 이유는 살인에 관해 재판하였기 때문이다.[혹은 이들에게 재판받으면 다른 재판소로의 항소가 불가능하였기 때문이다]"
  Dem. XXIII, 37, *Scholia*, Cod. Bav. ad Dem.(p.98 R.)[L. Lange, "Die Epheten und der Areopag vor Solon," p.200, n.23에서 재인용], "*ephetai* ; 50세 이상의 남자들로 80명이었고 살인에 관한 재판을 담당하였다."
23) *Scholia*, Dem. XXIII, 37 ; "*ephetai*는 재판관이다".
  Harpokration, s.v. *ephetai* ; "데모스테네스의 [아리스토크라테스를 비난하는] 연설에서 살인에 관해 재판하는 자들로 … 에페타이로 불리었다." Photios, s.v. *ephetai* ; "50세 이상의 남자들로 고귀하고 품위가 높은 자들이다. 살인에 관한 재판을 담당하였다. 에페타이의 재판소라고 불리었다".[*Etymologikum Magnum* 참고]
  Souda, s.v. *ephetai* ; "살인에 관한 재판을 담당하였고 … 에페타이라고 불리었다".
  Bekker, v. I[*Lex. Seg.*], p.188[*Dikon Onomata*], s.v. *ephetai* ; "고귀한 품성을 가지며 50세 이상이 된 신사들로 살인에 관한 사건을 재판하였다."

나라스(Zonaras)는 다음과 같이 전하고 있다.

> 에페타이라고 불렀다. 살인사건에 관한 것을 재판하기 때문이었다. [혹은 이들 재판관에게 위임된(ephesis) 사건은 다른 재판소로의 위임이 불가능하기 때문이었다.]25)

어쨌든 에페타이의 수효는 드라콘 이후에도 상황에 따라 변화했을 가능성이 없지 않다. 사료에 언급되는 에페타이의 수효가 일치하지 않은 것이 바로 이 때문이 아닌가 한다.

3) 아레오파고스 의회와 의원들의 창설시기

아레오파고스 의회와 의원들이 솔론 이전에 존재했는지에 대해서도 의견이 다르다. 에페타이가 드라콘 이전이거나 드라콘에 의해서거나 간에[26] 아레오파고스 의원들보다 늦게 생겼다고 믿는 역사가들은 대개의 경우 원래 아레오파고스 의원들이 정치적 사건과 모든 종류의 살인사건을 함께 담당하였다고 생각한다. 반대로 아레오파고스 의원이 솔론 이전에는 존재하지 않았다는 견해의 사가들은 아레오파고스는 에페타이가 살인사건을 재판하던 성스러운 장소라 하고, 폴리데우케스의 기록을 근거로 하여 솔론이 아레오파고스 의회제도를 창설했다고 생각하였다.[27]

---

24) E. Ruschenbusch, "Phonos", p.147ff 참조.
25) 이 책 58쪽 주22) 참조.
26) 드라콘 이전이라고 보는 견해는 이 책 52~53쪽과 U.v. Wilamowitz · Möllendorff, Aristoteles und Athen, v.2, p.199 참조. 드라콘 이후라는 견해는 이 책 53~54쪽 참조.
27) 이 책 51~52쪽 참조.

그러나 저자는 에페타이가 드라콘 이전부터 존재했듯이 아레오파고스 의회도 그 전부터 있어왔다고 믿는다. 솔론이 아레오파고스 의회를 또 하나의 살인법정으로 첨가(proskatestese)하였다는 폴리데우케스의 기록은 반드시 솔론이 아레오파고스 의회를 새로이 창설했다는 것을 의미하는 것은 아니라는 것이다. 오히려 이것은 솔론이 기존의 아레오파고스 의회에 살인사건 재판권을 다시 부여하였다는 것을 의미할 수 있다. 즉, 폴리데우케스의 기록은 기존의 아레오파고스 의회가 또다른 기능을 취득한 것을 의미한다는 것이다. 드라콘의 살인법에서 아레오파고스 의원은 거론되지 않고 오직 에페타이만 언급된다고 하는 플루타르코스의 기록 [Solon, XIX, 2][T.165]도 또한 이 시대 아레오파고스 의원들이 존재하지 않았던 것을 증명하는 것은 아니다. 드라콘의 살인에 관한 법은 모든 살인사건을 종합적으로 언급하는 것이 아니라 그 당시 변동된 사항만을 다루고 있기 때문이다. 더구나 그 때 아레오파고스 의원들이 존재했다 하더라도 아직 살인재판을 담당하지 않았다는 것을 의미할 수도 있다.[28]

저자의 견해에 따르면 폴리데우케스의 기록은 다음과 같은 내용으로 요약될 수 있다. 드라콘이 51명의 제한된 수를 기존의 에페타이 재판관제도에 도입했으며, 그 후 솔론이 기존의 아레오파고스 의회에 살인사건 재판의 기능을 부여하였다는 것이다. 폴리데우케스가 전하는 것은 솔론 이전에 아레오파고스 의회가 존재하지 않았다는 것이 아니라 그 이전부터 아레오파고스 의회와 아레오파고스 살인사건 재판소가 두 가지 별개의 제도로 존재하였음을 시사하고 있다.[29] 다시 말하면 솔론 이전에 아레오

---

28) 이 책 68쪽 참조.
29) 아레오파고스 재판소와 아레오파고스 의회를 구분하는 것에 대해 J.W. Headlam, "Notes on early Athenian history"(CR, VI〈1892〉), 297 참조. Headlam에 따르면, 솔론의 사면법에 언급되는 아레오파고스는 아레오파고스 의회가 아니라 아레오파고스 재판소라고 본다.
  A. Andrewes["A growth of the Athenian State"(CAH, v.3, part 3〈2nd ed.〉, ed. J. Boardman·N.G.L. Hammond〈London, 1982〉, p.365]는 아레오파고스가 권한이 줄어 살인사건

파고스를 포함한 다섯 재판소에서 에페타이가 살인사건을 재판하였으며, 솔론에 의해 기존의 아레오파고스 의회가 살인사건을 재판하는 또 하나의 법정으로 첨가되었다는 것이다.

4) 아레오파고스의 재판관

드라콘이나 솔론 이전에 아레오파고스에서 살인사건을 재판한 재판관이 아레오파고스 의원이었는지, 아니면 에페타이였는지에 관해서 상이한 견해가 있어왔다는 것은 위에서 소개하였다. 솔론 이전에 아레오파고스는 에페타이가 살인사건을 재판하던 하나의 장소에 불과하다고 믿는 역사가들도 있고[30] 반면에 아레오파고스 의원들이 재판하였으므로 에페타이가 재판하던 재판소와 다르다는 견해도 있다. 다만 아레오파고스를 에페타이와 무관한 것으로 믿는 역사가들 가운데는 아레오파고스에서 정치와 재판을 담당한 것이 아레오파고스 의원들이라고 하기도 하고, 아직 아레오파고스 의원이라는 명칭이 없었던 귀족의회 의원들이었다고 하기도 한다.[31]

재판소가 되었을 때도, 언제나 '[아레오파고스]의회'라고만 불렸다고 주장하였다. 그러나 저자는 후대에도 '아레오파고스 재판소(to en Areio Pago dikasterio)'라는 명칭도 쓰였다고 믿는다.[Lysias, VI, 14[T.144] : Dem. XXIII, 65[T.83] 참조]
30) 이 책 51~52쪽 참조.
31) 후자의 견해로는 참고, U.v. Wilamowitz・Möllendorff와 H. Gleue [이 책 35~36쪽] : G. Busolt・H. Swoboda, *Griechische Staatskunde*, p.795, n.4와 p.811, n.1 : J.H. Lipsius, *Das Attische Recht und Rechtsverfahren*, p.14 : A. Ledl, *Studien zur lteren athenischen Verfassungsgeschichte*, p.321.

아레오파고스 재판소에서 재판관이 누구였던가에 대해 이렇게 역사가들의 견해가 다르다. 그런데 저자는 에페타이와 아레오파고스 의원들이 모두, 그리고 그 외 또다른 사람들도 아레오파고스에 관련이 있을 수도 있다고 생각한다. 드라콘이 아레오파고스를 포함하는 다섯 재판소에 51명의 에페타이를 구성하였다는 것은 앞에서 언급했듯이 기존의 에페타이에 51명의 수효를 제도화했다는 것을 의미할 수도 있다. 즉 그 이전에는 에페타이가 아닌 재판관들도 있었다든지, 아니면 에페타이의 수효가 일정하지 않았을 가능성이 있는 것이다. 그리고 드라콘이 아레오파고스에서 51명의 에페타이가 재판하게 하였다 하더라도, 솔론 이후에는 이 곳에서 에페타이만이 재판관이었다고 말할 수가 없게 된다. 솔론이 에페타이에 의한 아레오파고스 재판소 이외에 아레오파고스 의회를 살인사건 재판소로 첨가하였다고 폴리데우케스가 전하고 있기 때문이다.

학자들이 아레오파고스 의회와 재판소를 다른 제도로 파악하는 예가 있었다. 앞에서 소개한 쇠만과 길버트는 드라콘에 의해 51명의 에페타이가 만들어졌다는 폴리데우케스의 기록에서 드라콘과 솔론 사이의 시기에 에페타이가 다른 4개의 재판소뿐 아니라 아레오파고스에서도 살인재판을 담당하였다고 생각한다.[32] 이들은 이 때 에페타이가 재판을 담당한 아레오파고스 재판소는 아레오파고스 의원들이 정치를 토론한 아레오파고스 의회와는 다른 것으로 보는 것이다. 그런데 이들 두 학자들에 의한 아레오파고스 의회와 아레오파고스 재판소 사이의 구분은 오직 드라콘과 솔론 사이의 시대에 한정된 것으로, 드라콘 이전이나 솔론 이후의 시대에 대해서는, 아레오파고스 의원이 아레오파고스에서, 에페타이는 다른 4종류의 재판소에서 재판을 담당하였다고 함으로써, 아레오파고스 의회와 아레오파고스 재판소를 동일한 것으로 파악했다.

---

[32] 이 책 54쪽 참조.

그러나 저자는 앞에서 말했듯이 솔론 이후에도 아레오파고스에는 의회와 재판소의 두 가지 종류의 제도가 있었을 가능성이 있다고 생각한다. 이러한 사실을 뒷받침하는 것으로 후대에 기록된 다음과 같은 몇 가지 사료를 들 수 있다.

데모스테네스는 「아리스토크라테스에 대한 비난」에서 살인사건의 재판과 관련하여 '아레오파고스 의회'[T.82]와 '아레오파고스 재판소'[T.83]를 별도로 언급하고 있다. 전자는 살인을 했는지 아니했는지가 명확하지 않은 경우의 재판에 관련이 있고 후자는 어머니를 살해한 오레스테스의 경우와 같이 살인을 한 것이 명확할 때 살인행위가 유죄인지 무죄인지를 가려내는 것에 관련이 있다.

또한 『아테네 국제』 LVII, 3[T.42]에서도 살인사건의 재판에 대하여 '아레오파고스에서'와 '아레오파고스 의회'를 다음과 같이 별도로 언급하고 있다.

> 계획적으로 죽이거나 상해한 데 관해 살인과 상해재판이 '아레오파고스에서' 있다. 그리고 [약물을] 주어서 죽인 데 대해 약물재판과 불에 타는 것(pyrkaia)에 관한 재판이 있다. 이것은 오직 '[아레오파고스] 의회'만이 재판한다.

위의 데모스테네스와 『아테네 국제』에 나오는 내용의 해석에 관한 문제는 마지막 7장에서 다시 다루어지게 될 것이다.[33]

기원후 2세기의 루키아노스(Loukianos)도 아레오파고스 언덕에서 벌어진 두 가지 종류의 재판소를 구분하여 언급하고 있다. 모든 아테네인으로부터 재산에 따라 추천된 사람들이 재판관이 되어 여러가지 종류의 사건을 재판하는 아레오파고스 재판소[T.133]와 아레오파고스 의원이 재판관이 되어 살인사건을 재판하는 아레오파고스 의회[T.139]가 그것이다. 또한 루키아노스는 아레오파고스 재판소에서의 재판관의 수효가 '범죄의 종류'

---

33) 이 책 241와 243쪽부터 참조.

에 따라 달랐다고도 말하고 있다.[T.134]

여기서 아레오파고스는 에페타이뿐만이 아니라 그 외 다른 재판관들도 관련이 있었다고 가정해 볼 수 있다. 이러한 견해와 연관이 있는 것으로 솔론의 사면법에 관한 문제를 들 수 있다. 솔론의 사면법에는 솔론 이전에 행해진 것으로 아레오파고스와 에페타이에 의한 재판이 각각 별도로 언급되고 있다. 이것은 에페타이가 재판하지 않은 아레오파고스 법정이 존재하였다는 것을 의미한다. 솔론 이전에 에페타이가 아레오파고스에서 재판하였다고 보는 베스터만과 립시우스는 솔론의 사면법에서 에페타이와 별도로 언급되고 있는 아레오파고스는 에페타이가 재판한 아레오파고스 법정과는 다른 특별재판소였다고 주장했다.[34] 사건의 중요도에 따라 재판관이 달라서 중요한 사건에 대해서는 에페타이가 아닌 재판관들이 아레오파고스에서 재판할 수도 있었다는 말이다.

솔론의 사면법에서 에페타이와 별도로 언급되는 것이 '아레오파고스 의원들'이 아니라 '아레오파고스'라는 점에 대해 레들은 솔론 이전에 아레오파고스에서 열린 의회에 참석했던 사람들은 아직 '아레오파고스 의원들'이라고 불리지 않고 그냥 '의원들'이라고 불렸기 때문에 사면법에서도 '아레오파고스 의원들'이 아니라 그냥 '아레오파고스'라고 호칭되고 있다고 주장했다.[35]

그러나 한 가지 주의해야 할 점은 뒷날 페르시아전쟁 후에 공포된 사면법에서도 '아레오파고스 의회'가 아니라 그냥 '아레오파고스'라는 표현이 사용되고 있다는 점이다. 즉 이 때는 아레오파고스 의회가 분명히 '의회'로 불렸는데도 사면법에 '아레오파고스 의회'가 아니라 '아레오파고스'로 되어 있기 때문이다. 따라서 솔론 이전에 아레오파고스 의원들이

---

34) Westermann, "Das Amnestiegesetz des Solon", pp.156~8 : J.H. Lipsius, *Das Attische Recht und Rechtsverfahren*, p.23ff.
35) A. Ledl, *Studien zur älteren Athenischen Verfassngsgeschichte*, p.319ff.

'의원'이라는 호칭을 갖지 않았기 때문에 솔론의 사면법에 '아레오파고스'로 되어 있다는 레들의 견해는 설득력이 적다. 저자는 사면법에서 '에페타이'와 구분되고 있는 아레오파고스의 재판관들이 반드시 아레오파고스 의원 혹은 귀족의회 의원일 필요는 없다고 생각한다. 솔론의 사면법에서 '아레오파고스 의원'이 아니라 '아레오파고스'로 표현되고 있다는 사실은 아레오파고스에서는 아레오파고스 의원뿐 아니라 다른 사람들도 재판관이 될 수 있었다는 사실을 나타내는 것이 아닌가 한다.

신화적인 오레스테스의 재판에 관하여 기원전 4세기 데모스테네스[XXIII, 66][T.83]는 아레오파고스의 재판관들이 12신(神)이었다고 적고 있다. 즉, 아레오파고스 의원이 아닌 것이다. 신화로부터 역사적 사실에 관한 결론을 이끌어낼 수는 없지만 적어도 당시 아테네 사람들은 중요한 살인 사건의 재판에 아레오파고스 의원들만이 재판하였다고 보지는 않은 것으로 생각할 수 있다. 아레오파고스는 살인사건을 재판하던 하나의 성스러운 장소였으며, 그 재판관이 반드시 에페타이 혹은 의원들만으로 구성되었다는 증거는 없는 것이다.

여기서 저자는 아레오파고스의 재판관이 여러가지 명칭으로 불렸다는 점을 주의할 필요가 있다고 생각한다. 리시아스(Lysias)의 세 연설문인 III[시몬에 대한 비난], IV[상해혐의에 관해서], VII[신성한 올리브 나무의 보호에 관해]은 아레오파고스 의회에서 벌어진 재판인데, 여기서 재판관들은 '오! 의회 여러분(Oh, boule!)'이라고 불린다. 그러나 아레오파고스 재판관들에 대한 또다른 명칭들이 있다. 즉 '아티카의 민중들', '아테네 신사들', '신사 재판관들'[36] 등이 그것이다. 이러한 명칭들이 반드시 아레오파고스 의원을 가리킨다고 할 수는 없다.

---

36) '아티카의 민중들'은 Aischyl. *Eum.* 681[T.18] : Hellanikos, *FGH*, 323a, F.22[T.106], 참조. '아테나이 신사들'은 Loukianos, XXIX, 26[T.178] : Hellanikos, *FGH*, 323a, F.22[T.106] 참조. '신사 재판관들'은 Loukianos, XXIX, 16, 17[T.178]을 참조.

아레오파고스 의원과 에페타이의 관계에 대해서도 다양한 견해가 제시되어 왔다. 즉 에페타이가 아레오파고스 의원들로 구성되었는가 아닌가 하는 문제이다. 이 문제에 관한 사료로는 필로코로스(Philochoros)가 전하는 다음과 같은 기록이 있다 :

> "… 그 후에 아레오파고스 의회(the boule from the Areopagos)"가 더 많아졌다. 이에 귀족가문(eupatrides) 이외에도 부유하고 덕망이 있으며, 명성을 가진 사람들 51명으로 구성되었다.[T.198b]

일부에서는 이 사료에 언급되고 있는 51명의 아레오파고스 의원 재판관들이 바로 51명의 에페타이였다고 주장했다. 51명이라는 수효가 일치하기 때문이다.[37] 그리고 에페타이는 아레오파고스 의원들로 구성된 것이라고 믿었다.[38] 그러나 이 사료에서는 51명의 아레오파고스 의원 재판관들이 에페타이였다는 것은 증명되지 않는다.[39] 아레오파고스 의원도 에페타이가 될 수는 있었겠지만 모든 에페타이가 아레오파고스 의원들로만 구성되었다는 것을 증명하는 것은 아무 데도 없다. 사료에서 아레오파고스 의원과 에페타이는 상호 관련없이 언급되고 있는 것이다. 야코비는 에페타이가 아레오파고스 의원들로 구성되었다는 견해를 부정하면서 에페

---

37) T.183과 *IG*, I(3rd ed.), 104, line 17, 19, 24~25.[이 책 58쪽과 주21) 참조]
38) G.F. Schömann, "Die Epheten und der Areopag", p.160 : G. Smith, "Dicasts in the Ephetic courts"(*CPh*, XIX, 1924), 356 : R.J. Bonner · G. Smith, *The Administration of Justice from Homer to Aristotle*, v.1, pp.99~100 : U. Kahrstedt, "Untersuchungen zu athenischen Behörden, i. Areopag und Epheten", p.15 : A.R.W. Harrison, *The Law of Athens*, v.2 [Pocedure] [Oxford, 1971), p.42, n.1 : R.W. Wallace, *The Areopagus Council, to 307 B.C.*, p.102.[참고, U. Kahrstedt 는 솔론 이전에 아레오파고스 의원과 에페타이는 같은 것이었으며, 솔론 이전에는 아직 아레오파고스 의원이라는 호칭이 없었다고 하였다]
39) F. Jacoby, *FGH*, v.3b, Supple.ii, p.108, n.32 : MacDowell, *The Athenian Homicide Law*, p.52.
   Jacoby는 Maximos가 Philochoros와 Androtion를 잘못 이해하여 하여 정확하게 기록하지 못했다고 전제하였다.

타이는 오히려 아레오파고스 의원들의 권한을 제한하기 위해 생겨났다고 하였다.[40]

에페타이가 아레오파고스 의원들로만 구성되었다는 것은 증명되지 않는다. 필로코로스가 전하는 51명의 재판관들은 반드시 에페타이일 필요는 없으며, 사료에 기술된 대로 아레오파고스 의원들로 구성된 재판관들이었다. 더욱이 에페타이는 살인사건의 재판관이었는데 위의 사료에 언급되는 아레오파고스 의원 재판관들은 살인사건 재판에만 관련된 것이 아니라 또다른 종류의 사건에도 관련되었을 가능성이 있다. 이 사료와 연결되어 있는 또다른 사료[FGH, 328, F.20][T.198a]에서는 아레오파고스 의원들이 거의 모든 과실과 위법사항을 재판하였다고 기록되어 있기 때문이다. 야코비는 이 두 사료들을 확실성이 없다는 것을 인정하면서, 기원전 594~3년 즉, 솔론 시대의 것으로 추정하고 있다.

위에서 소개한 클레이데모스의 기록[41]에 아르고스인들을 실수로 죽였던 아테네인들을 재판한 팔라디온의 에페타이는 아르고스인 50명과 아테네인 50명으로 구성되었다. 여기에 나오는 50명의 아르고스인들은 아레오파고스 의원이 아니었던 것이 분명하다. 이 수효는 신화전설에 불과한 것이므로 사료로서의 가치가 없을지 모르나 적어도 후대의 아테네인들이 에페타이에 대해 어떤 개념을 가지고 있었던가 하는 것을 보여주는 것이 된다. 즉 아레오파고스 의원이 아니었던 사람들도 에페타이가 되었다는 것이다.

지금까지 서술한 바에 의하면 다음과 같은 결론이 나온다. 정치적 아레오파고스 의회와 살인사건을 재판한 아레오파고스 재판소가 드라콘

---

40) Ibid.[K. Latte, "Mord"(RE, XVI, part 1, 1933), p.281 참조]
41) Kleidemos, FGH, 323, F.20.[이 책 57쪽 참조]

이전부터 별도의 제도로 존재하였다. 솔론 이전에 아레오파고스 의원들로 구성되는 의회는 아직 살인재판을 담당하지 않았다. 한편 아레오파고스 재판소에서의 재판관은 아레오파고스 의원들로만 구성되었다는 증거는 없으며 드라콘 이후부터는 51명의 에페타이가 재판을 담당하였다. 그리고 이들 에페타이가 아레오파고스 의원들로만 구성되었다는 증거도 없다. 후에 솔론은 아레오파고스 의원들의 의회를 또 하나의 살인사건의 재판소로 첨가하였다.

솔론의 사면법에 에페타이와 함께 언급되는 것이 '아레오파고스 의원'이 아니라 '아레오파고스'라는 사실은 아레오파고스 의원뿐 아니라 다른 사람들도 아레오파고스에서의 재판관이 되었다는 사실을 반영하는 것이다. 폴리데우케스의 기록에는 드라콘에 의해 51명 에페타이가 아레오파고스 재판소에서 살인사건을 재판한 것으로 되어 있지만 예외적인 경우에는 다른 사람들이나 혹은 더 수많은 사람들이 재판관을 구성할 수도 있었을 것이다. 또한 솔론의 사면법에 나오는 아레오파고스는 솔론 이전에 살인혐의를 재판하는 아레오파고스 재판소뿐 아니라 정치적인 권한을 가지고 참주의 혐의에 관해 재판한 아레오파고스 의회를 함께 의미할 수도 있다. 사면법에서 언급되는 참주혐의에 대한 재판은 아레오파고스에도 관련할 수도 있기 때문이다.[42]

사면법의 조문에서 언급되는 죄목과 재판소의 연관관계에 관해서도 견해가 각각 다르다. 일부에서는 죄목과 재판소를 순서대로 연관지워서 제일 마지막에 언급되는 죄목인 참주에 관한 재판은 마지막에 언급되는 재판소인 프리타네이온에 관련된 것이라고 추측하기도 한다.[43] 반면에 루

---

42) R.J. Bonner・G. Smith, The Administration of Justice from Homer to Aristotle, v.1, pp. 108~110 : C. Hignett, A History of the Athenian Constitution, p.90 : D.M. MacDowell, The Law in Classical Athens, pp.28~29.
43) L. Lange, "Die Epheten und der Areopag vor Solon", p.235 : J.H. Lipsius, Das Attische Recht

2. 아레오파고스의 기원   69

센부쉬와 가가린은 참주혐의는 아레오파고스가 재판한 것이라고 주장했다.[44] 루쉔부쉬는 솔론 사면법의 내용은 '키아스토 스케마(chiasto schema)'[45]에 의해 다음과 같은 관계를 가진 것으로 이해하였다:

아레오파고스   에페타이와 프리타네이온
                                         살해
참주

이에 따르면 아레오파고스는 참주의 혐의를, 에페타이와 프리타네이온은 살인사건을 재판하는 것이 된다. 즉 솔론 이전에 아레오파고스는 살인사건을 재판하지 않았고 다만 참주의 혐의와 같은 약간의 정치적 사건을 재판하였다는 것이다. 그러나 저자는 재판소와 사건의 종류가 반드시 순서대로나 '키아스토 스케마' 등의 일정한 형태로 연관된 것은 아니라고 생각하며 각 종류의 범죄는 각각의 재판소에 다 연결될 수도 있다고 생각한다.

---

    und Rechtsverfahren, p.23 : R.W. Wallace, The Areopagos Council, to 307 B.C., p.22ff.
44) E. Ruschenbusch, "Phonos", p.134 : Gagarin, Drakon and early Athenian Homicide Law, p.130.
45) 앞부분의 구성성분 가운데 제일 마지막 낱말이 뒷부분의 첫낱말과 연결이 되고 앞부분의 제일 첫낱말이 뒷부분의 제일 마지막 낱말과 연결이 되는 형태를 말함.

제 2 부

3 아레오파고스 의회의 구성

 아레오파고스 의회가 어떤 사람들로 구성되었는가 하는 것이 문제가 되어왔다. 이것은 솔론을 기준으로 하여 그 이전과 이후로 나누어 생각해 볼 수 있다.
 먼저 솔론 이전 아레오파고스 의회의 구성에 대해 두 가지 상반된 견해가 있다. 하나는 아레오파고스 의원은 아직 행정감사를 통과한 전직 아르콘(archon)이 아니라 귀족가문 출신으로 구성되었다는 것이다.[1] 이러한 견해는 플루타르코스[*Solon*, XIX, 1][T.165]가 전하는 "솔론이 처음으로 매해의 아르콘들로 하여금 아레오파고스 의회에 참가하도록 하였다"는 기록에 주로 근거를 두고 있다. 이 견해는 1890년 『아테네 국제』가 발간되기 전에 유행하였던 것이다. 두번째 견해는 『아테네 국제』가 발간되면서부터 유행하게 되었는데, 솔론 이전에 이미 행정감사를 통과한 전직 아

---

[1] K.O. Müller, *Aeschylos, Eumeniden*, p.152f. : G.F. Schömann, "Die Epheten und der Areopag", p.161 : K.J. Beloch, *Griechische Geschichte*⟨2nd ed.⟩(Strassburg, 1913), v.1, part 2, p.324 : U. Kahrstedt, "Untersuchungen zu Athenischen Behörden,i. Areopag und Epheten", p.16 : F. Jacoby, *FGH*, v.3b, Supple.i(Leiden, 1954), pp.115~6 : Supple.ii(Leiden, 1954), p.111, n.44 와 p.108, 33 : C. Hignett, *A History of the Athenian Constitution*, p.99.

르콘들이 아레오파고스 의회를 구성하였다는 것이다.[2] 이 견해는 『아테네 국제』(III, 6)[T.33]에 있는 문장을 "[because] the election of the archons was by birth and by wealth, from whom the Areopagites were appointed"라고 해석해내는 데 바탕을 두고 있다.

또한 드 산크티스(G. de Sanctis)와 벨로흐(G. Beloch)는 전직 아르콘들이 아레오파고스 의원이 되는 것은 솔론에 의해 갑자기 완성된 제도가 아니라, 솔론이 과거로부터의 관습을 제도화하거나 혹은 그러한 관습을 처음으로 도입한 것이라고 생각하였다.[3]

반면에 솔론개혁 이후에 대해서는 앞에서 언급한 플루타르코스의 기록에 근거하여 9명의 전직 아르콘들이 아레오파고스 의회를 구성하였다는 견해에 거의 모든 역사가들이 동의하고 있다.[4]

또다른 한 가지 문제점은 전직 아르콘과 같이 현직 아르콘도 아레오파고스 의원이 되었는가 하는 점이다. 대부분의 역사가들은 전직 아르콘만이 의회의 의원이 되었다고 생각한다. 그러나 립시우스는 몇 가지 사료[5]에 근거를 두고, 행정감사를 통과한 전직 아르콘뿐 아니라 현직 아르콘들도 아레오파고스에 함께 참석했다고 주장하였다.[6] 반대로 행정감사를 통과한 전직 아르콘들만 아레오파고스 의원이 되었다고 믿는 맥도웰(D.M. MacDowell)은 립시우스가 인용하고 있는 사료를 다르게 해석하면서 이러

---

2) U.v. Wilamowitz · Möllendorff, Aristoteles und Athen, v.2, p.41, 49~50, 198 : Ed. Meyer, Geschichte des Altertums, v.2, p.354 : Th. Thalheim, "Areios Pagos", p.629 : G. Buslot · H. Swoboda, Griechische Staatskunde, pp.795~6 : H.T. Wade · Gery, "Eupatridai, Archon, and Areopagus" (CQ, XXV, 1931), 78ff 참고 ; A.R.W. Harrison, The Law of Athens, v.2 [Procedure], p.23 : P.J. Rhodes, A Commentary on the Aristotelian Athenaion Politeia, p.108.
3) G. de Sanctis, Atthis〈2nd ed.〉, p.145 : G. Beloch, Griechische Geschichte, v.1, part 2, p.321.
4) 이 책 83쪽부터 참조.
5) Dem., LIX, 80~83[T.92] : Lysias, VII, 25[T.145], XXVI, 11~12[T.149].
6) J. Lipsius, "Die Archonten im Areopag", 151f : Das Attische Recht und Rechtsverfahren.

한 견해를 반박하였다.[7] 예를 들어 리시아스 (VII, 25)[T.145]의 'nine archons ⋯ or some others from the Areopagos'는 립시우스의 견해와는 반대로 현직 아르콘들이 'some others from the Areopagos'에 속하지 않았다는 것을 증명한다는 것이다. 이러한 그의 견해는 'nine archons(현직 아르콘들)'가 'some others'와 마찬가지로 'from the Areopagos'에 관계된다고 보는 립시우스의 견해와는 반대가 되는 것이다.

이와 같이 아레오파고스 의회의 구성에 관해 견해가 일치하지 않기 때문에 다음과 같은 문제점들을 재고해 볼 필요가 있다. 즉 솔론 이전이나 이후 아레오파고스 의원들은 어떤 자격을 가진 사람들로 구성되었는가, 그리고 현직 아르콘들은 아레오파고스 의회와 어떤 관련을 가지고 있었는가 하는 것이다.

1) 솔론 이전의 아레오파고스 의원

솔론 이전에 아레오파고스 의원들이 전직 아르콘들로 구성되었는가 하는 문제는 분명하게 해결되고 있지 않다. 위에서 언급한 것같이 『플루타르코스 솔론전』(XIX, 1)과 『아테네 국제』(III, 6)의 두 사료가 전하고 있는 내용이 서로 모순되는 것처럼 보이기 때문이다. 즉 플루타르코스에는 솔론이 해마다 아르콘들로 하여금 아레오파고스에 참석하도록 하였다고 되어 있는 데 대해, 『아테네 국제』의 내용은 솔론 이전에도 전직 아르콘들

---

7) D.M. MacDowell, *Athenian Homicide Law in the Age of the Orators*, p.40.〔참고, L. Cohn (*Berliner Philol. Wochenschr.* XLIV, 1893), p.1397 : G. Busolt · H. Swoboda, *Griechische Staatskunde*, p.795, n.3〕

이 아레오파고스 의원이 된 것처럼 일반적으로 풀이되어 있기 때문이다.

그런데 『아테네 국제』가 발견되기 전에도 랑에(L. Lange)는 솔론 이전에 아레오파고스 의원들이 이미 전직 아르콘들이었다고 주장하였다.[8] 그는 아레오파고스 의원은 60명이었는데 이들로부터 해마다 9명의 아르콘이 선출되었기 때문에 아레오파고스 의원은 모두 전직 아르콘 출신이 된다고 생각했다. 그 후 솔론이 새로운 방법으로 아르콘을 선출하게 하고 또 이들 전직 아르콘으로부터 아레오파고스 의원을 구성하게 되었다는 것이다.[9] 이 이론은 매우 자의적인 것이지만, 그는 만일 솔론이 처음으로 전직 아르콘들로써 아레오파고스 의원을 구성했다면 과거의 아레오파고스 의원들을 갑자기 전직 아르콘들로 교체하는 것이 어려웠을 것이라는 점을 중시하였다. 이러한 문제점 때문에 많은 역사가들은 아레오파고스 의원들이 이미 솔론 이전부터 행정감사를 통과한 9명의 아르콘들이었다고 믿으며, 그 가운데 일부는 솔론시대의 변화를 다음과 같이 설명하려는 이도 있다. 즉 솔론 이전에는 아레오파고스 의원이 될 9명의 아르콘들은 에우파트리데스 신분으로부터 나왔는데, 솔론의 개혁에 의해 부유한 사람들(pentakosiomedimnoi)로부터 나오게 되었다는 것이다.[10]

그러나 솔론 이전부터 아레오파고스 의원들이 전직 아르콘이었다는 견해를 가진 역사가들이 그 근거로 삼고 있는 『아테네 국제』(III, 6)의 기록은 이러한 견해를 지지하는 데 약간의 문제점을 지니고 있다고 저자는 생각한다. 위에서 말했듯이 학자들은 드라콘 이전의 아레오파고스에 대한 이 귀절을 다음과 같이 해석하고 있다.

[because] the election of the archons was by birth(aristinden) and by wealth

---

8) L. Lange, "Die Epheten und der Areopag vor Solon", p.208ff.
9) Ibid., p.191.
10) L. Lange, "Die Epheten und der Areopag vor Solon", p.210f : H.T. Wade · Gery, "Eupatridai, Archons and Areopagus", p.78.

(*ploutinden*) from whom the Areopagites were appointed(*kathistanto*).

이들은 'from whom'이 선행사 'the archons'를 받는다고 봄으로써 이 관계 절이 아레오파고스 의원은 전직 아르콘들로 구성된 것을 의미하는 것이라고 생각하였다. 그런데 만일 'from whom'이 선행사 'the archons'를 받는다면 전직 아르콘뿐 아니라 현직 아르콘들도 아레오파고스 의원이 된다는 사실을 배제할 수 없다고 저자는 생각한다. 아르콘들이 임기를 끝냈다거나 행정감사를 통과했다거나 하는 등의 표현이 문장에 없기 때문이다.[11]

또다른 문제점은 『아테네 국제』의 III, 6과 VIII, 2에 있는 내용의 상관관계에 관한 것이다. 『아테네 국제』(VIII, 2)에는 솔론에 의해 아르콘의 임명방법이 변화하였다는 내용이 나온다. 즉 솔론 이후에는 각 부족에서 민중에 의해 10명씩 뽑혀서 구성된 40명의 후보자들 가운데 10명의 아르콘을 추첨한다는 것이다. 그런 다음 아래와 같은 내용이 이어진다.

> 이렇게 솔론은 9명의 아르콘들에 대해 입법하였다. 그런데 솔론 이전에는 아레오파고스 의회(the boule in the Areopagos)가 소집되어 적당하다고 생각되는 사람들을 그 해의 관리로 임명하였다.[T.35]

여기에는 솔론 이전에는 아레오파고스 의회가 9명의 아르콘 등을 임명하였다고 하고 있다.

솔론 이전부터 9명의 전직 아르콘이 아레오파고스 의원이 되었다고 보는 역사가들 가운데는 이러한 『아테네 국제』(VIII, 2)의 내용을 신빙성이 없는 것으로 보는 이도 있다. 위에서 소개하였듯이 III, 6의 내용이 전직 아르콘들로 아레오파고스 의원이 구성되는 것을 의미한다고 생각했던 학

---

11) '전직'이라는 것을 분명하게 표현하는 예로 참고, Aristot. *Politika*, 1272a 31~5 ; "전직 kosmos로부터(*kekosmekoton*)" : ibid., 1297b 13~14 ; "전직 hoplites로부터(ek ton hopliteukoton)".

자들은 이것이 아레오파고스 의회가 9명의 아르콘을 임명하였다는 VIII, 2의 내용과 서로 모순된다고 생각했기 때문이다.

립시우스는 색다른 해결책을 제시하였다. VIII, 2에 있는 '9명의 아르콘들에 대해(peri ton ennea archonton)'라는 표현이 '관직들에 대해(peri ton archon)'로 수정되어야 하고, 따라서 그 의미는 "솔론 이전에 아레오파고스 의회는 9명의 아르콘을 제외한 다른 관직을 선출하였다"는 내용이 된다는 것이다.[12] 그러나 이러한 립시우스의 견해는 반드시 타당한 것은 아니다. 왜냐하면 '관직(arches)'이라는 표현에는 9명의 아르콘들도 포함될 수 있기 때문이다.[13] 또한 빌라모비츠는 '9명의 아르콘들에 대하여(peri ton ennea archonton)'라는 표현이 없어져야 한다고 보았다. 그 이유는 그 앞에서 9명의 아르콘뿐 아니라 회계관들(tamies)에 관한 것도 언급되기 때문이라는 것이다.[14] 그러나 로즈(P.J. Rhodes)는 이 표현을 없애야 할 필요는 없다고 생각한다.[15] 회계관들에 대한 언급은 9명의 아르콘들을 설명하기 위해 인용되고 있으며 내용은 언제나 9명의 아르콘들에 대한 것이기 때문이다.

부솔트(G. Busolt) · 스보보다(H. Swoboda)는 『아테네 국제』(VIII, 2)의 내용을 신빙성이 없는 것이라고 하고, 이것은 기원전 4세기 아티스(Atthis) 역사가인 안드로티온(Androtion)의 저서에서 따온 것으로서, 이소크라테스(Isocrates)의 집단에 속했던 안드로티온은 과거 아레오파고스 의회의 중요성을 사실보다 과장한 것이라고 생각하였다.[16]

---

12) Lipsius, Das Attische Recht und Rechtsverfahren, p.13과 n.48.
13) U.v. Wilamowitz · Möllendorff, Aristoteles und Athen, v.1, p.49, n.15.〔Busolt · H. Swoboda, Griechische Staatskunde, p.796과 n.1 참조〕
14) U.v. Wilamowitz · Möllendorff, Aristoteles und Athen, v.1, p.49, n.15.〔참고, G. Kaibel(Stil und Text der Athenaion Politeia des Aristoteles〈Berlin, 1893〉, pp.140~1)은 Wilamowitz의 견해에 대해 회의적이었다〕
15) P.J. Rhodes, A Commentary on the Aristotelian Athenaion Politeia, p.149.

3. 아레오파고스 의회의 구성 **79**

다른 한편 웨이드·제리(H.T. Wade·Gery)는 문제가 되고 있는 위의 두 귀절의 내용을 조화시키려고 하였다.[17] 먼저 그는 "아레오파고스 의회 (the boule in the Areopagos)가 소집되어"라는 표현은 아레오파고스 의원들만 모인 것이 아니라, 영향력을 가지고 있던 다른 귀족들(eupatridai)도 함께 모였다는 것을 뜻한다고 생각했다. 또한 솔론 이전부터 이미 전직 아르콘 출신들로 아레오파고스 의원이 구성되었다고 전제하고는, 전직 아르콘들인 아레오파고스 의원들은 아레오파고스에 소집된 귀족들(eupatridai) 가운데 미래에 아레오파고스 의원이 될 9명의 아르콘들을 선출한 것이 되는 것이다.

이와 같이 『아테네 국제』(III, 6)과 (VIII, 2)의 상관관계에 대해 문제점이 지적되어 왔다. 그런데 III, 6의 내용을 앞에서 저자가 말한 것처럼, 전직 아르콘이 아레오파고스 위원을 구성한다는 의미로 풀이하지 않는다면 이런 문제는 사라지게 된다. 즉 솔론 이전에는 아레오파고스 의원들이 9명의 아르콘을 임명하였다는 VIII, 2의 내용을 그대로 받아들일 수 있게 되는 것이다. 여기서 저자는 III, 6의 내용은 전직 아르콘들이 아레오파고스 의원이 되었다는 사실을 의미하지 않는다는 점을 강조하려 한다. 먼저 위에서 지적한 대로 이 문장에는 아르콘들이 임기를 끝낸 전직자들이라는 것이 표현되어 있지 않다는 점을 주의해야 한다.

또한 이와니나대학의 고전언어학 교수인 사반디디스(G.P. Sabbantidis) 교수도 동의한 바에 따르면, 『아테네 국제』(III, 6)의 문장은 지금까지 역사가들이 해석해 온 것과는 다르게 해석될 가능성을 지니고 있다. 첫째로, 관계대명사 'from whom'이 'the archons'에 관계하지 않고, 부사인 'by birth (aristinden) and by wealth(ploutinden)'에 관계할 수 있다는 것이다. 즉 이들

---
16) G. Busolt·H. Swoboda, *Griechische Staatskunde*, p.796과 n.2.
17) H.T. Wade·Gery, "Eupatridai, Archons and Areopagus", pp.77~78.

부사에서 추출되는 명사적 용법의 형용사 'the aristocratic and the rich'에 관계한다.[18] 두번째로, 역사가들이 수동의 의미(were appointed)로 해석하는 동사 'kathistanto'는 수동의 뜻뿐 아니라, 중간 태로서 목적격을 요구하는 능동의 의미로 사용될 수 있다는 점이다.[19] 그러면 이 문장은 "the election of the archons was by birth(aristinden) and by wealth(ploutinden), from whom[the aristocratic and the rich] the Areopagites appointed[the archons]라는 의미가 된다. 이 때 관계절의 의미는 일반적으로 해석해 온 것과 같은 "아레오파고스 의원들이 아르콘들로부터 임명되었다"라는 뜻이 아니라, 반대로 "아레오파고스 의원들이 귀족과 부자들 가운데서 [아르콘들을] 임명하였다"는 뜻이 된다. 이러한 해석은 『아테네 국제』(VIII, 2)의 "아레오파고스 의회가 소집되어 관직에 적당한 사람들을 선출하였다"는 내용과도 잘 부합한다. 이와 같이 『아테네 국제』(III, 6)의 문장은 9명의 아르콘들이 임기를 끝내고 행정감사를 통과한 후 아레오파고스 의원이 되었다는 사실을 의미하는 것으로 볼 수 없다.

나아가 위 III, 6의 의미를 전후 맥락 속에서 고려해 볼 수도 있다. 이 문장 첫부분에는 원인을 표현할 때 주로 사용되는 단어 'gar'가 있다. 그 앞부분에서 아레오파고스 의회의 권한이 컸음을 언급하고 있으므로 'gar'가 있는 문장은 그 앞 문장과 관련하여 아레오파고스의 권한이 어떻게 컸는가를 보충설명하는 것이다. 즉 아레오파고스 의원들이 아르콘을 임명하는 권한을 가지고 있었으므로 아레오파고스의 권한이 강하였다는 것

---

18) '의미에 따른 지시(Schema kata to nooumeno)'의 한 형태라는 것이다.
19) 동사 'kathistamai'가 능동의 의미로 사용된 예는 참고.
    Aischylus, *Eumenides*, 704~6[T.18]; "이 의회체를 ··· 땅의 수비군으로 임명한다(touto bouleuterion ··· phrourema ges kathistamai)."
    Xenophon, *Anabasis*, III, i, 39; "마땅한 사람들로 아르콘들을 임명하고 ··· 다른 군인들도 모집을 하십시오(···katastesesthe tous archontas, hosous dei, ···kai tous allous stratiotas syllegete ···)."

3. 아레오파고스 의회의 구성 81

을 보충설명하는 것으로 볼 수 있다.

그 뒤에 "이 때문에 여러 관직중에서 오직 이것 [즉 아레오파고스 의원]만이 종신직으로 지금까지 [즉 아리스토텔레스 시대까지] 남아 있다"라는 문장이 있다. 로즈는 인과적 관계를 나타내는 낱말 '이 때문에 (dio)'가 사용되고 있지만 왜 아레오파고스 의원들이 종신직으로 남아 있는가의 이유는 분명하게 언급되고 있지 않다고 하였다.[20] 그리고 아마 그리스인들이 전직 아르콘으로 구성된 의회는 종신직이었던 것으로 생각하였을 것이라고 가정하였다. 그러나, 앞에서 언급한 바와 같이 그 앞의 문장은 아레오파고스 의원이 전직 아르콘들로 구성되었다는 것을 분명하게 의미하고 있지 않다.

펠레키디스(Ch. Pelekidis)교수는 'gar'로 시작되는 문장이 조금 틀려 있을 가능성이 있다고 본다. 즉 처음에는 "the election of the archons was by birth(aristinden) and by wealth(ploutinden), from whom[즉 the archons] the Areopagites were appointed for life, for this reason only this [magistrate] among the magistrates remains for life until now"였는데 생략필법(haplographia)에 의해 앞의 'for life'를 생략하였을 가능성이 있다는 것이다. 어쨌던 이러한 해석들은 'appoint(kathistanto)'라는 동사를 수동으로 해석하지 않고 능동의 의미로 목적격을 요구하는 중간형태의 동사로 본다면 그 의미를 상실한다.

여기서 저자는 왜 아레오파고스 의원만이 종신직으로 남아 있게 되었는지에 관해 새로운 해석의 가능성이 있다고 본다. 그 앞의 내용을 전체적으로 훑어보면, "이 때문에 여러 관직중에서 이 관직만이(dio kai mone ton archon)"라는 표현이 관직 테스모테타이(thesmothetai)와 관련하여서도 사용되고 있다는 것을 알 수 있다. 즉 "이 때문에 여러 관직중에서 테스

---

20) P.J. Rhodes, *A Commentary on the Aristotelian Athenaion Politeia*, p.108.

모테타이만이 1년임기 이상으로 된 적이 없다"고 되어 있다.[「아테네국제」, III, 4] 그 이유는 그 앞에서 설명해 온 다른 관직, 즉 바실레우스(basileus)·폴레마르코스(polemarchos)·수석아르콘(archon eponymos)과 관련되어 있다. 이 세 아르콘은 과거에 종신직이었다가 후에 10년임기로, 그 후 다시 1년임기로 변화하였다. 그러나 테스모테타이만은 이들이 1년임기로 변한 다음 생겨났기 때문에, 1년임기 이상으로 된 적이 없다는 것이다.

같은 표현 "이 때문에 이 관직만이(dio kai mone ton archon)"가 아레오파고스 의원만이 종신직으로 남아 있는 사실에 대해서도 사용되고 있다. 그 이유도, 위에서 언급한 테스모테타이의 경우처럼, 이 문장의 앞에서 설명된 9명 아르콘들과의 관계에서 생각할 수 있다. 즉, 그 앞에서 9명 아르콘의 임기가 어떻게 1년이 되었는가를 설명하고 있으므로, 아레오파고스 의원만이 종신직으로 남아 있게 된 이유는 바로 그 앞에서 설명된 다른 9명 아르콘들의 임기가 1년직으로 되었기 때문인 것이다.

이상에서 논술한 내용을 종합하면, 『아테네 국제』(III, 6)은 솔론 이전에 전직 아르콘들이 아레오파고스 의원이 되었다는 것을 증명하는 것이 아니라, 반대로 아레오파고스 의원들이 아르콘들을 부귀한 사람들로부터 선출하였다는 것을 의미하는 것이 된다. 이러한 해석은 그 뒤 『아테네 국제』(VIII, 2)의 내용과도 부합한다. 즉, 솔론 이전에 아레오파고스 의회가 소집되어, 9명의 아르콘을 포함한 다른 관직자들을 매해 임명하였다는 것이다. 뿐만 아니라, 솔론이 9명의 아르콘들로 하여금 아레오파고스 의회에 참석하도록 하였다는 플루타르코스[Solon, XIX, 1]의 내용과도 모순이 없어진다.

따라서 솔론 이전에 아레오파고스 의원들은 부귀한 출신이었을 것이나 이들이 모두 전직 아르콘들이었다는 것을 분명히 증명하는 사료는 없다. 그 후 솔론이 9명 아르콘들로 하여금 아레오파고스 의회에 참석하게끔 하였다.

2) 솔론 이후의 아레오파고스 의원

플루타르코스[T.165]에 따르면, 솔론은 아레오파고스 의회(the boule in the Areopagos)에 매해의 아르콘들이 참석하도록 하였다(systesamenos)고 한다. 일부에서는 이 문장이 솔론에 의해 아레오파고스 의회가 창설된 것을 의미하는 것으로 해석하기도 한다.[21] 그러나, 이 문장은 아레오파고스 의회제도의 창설을 의미하는 것으로 보기는 어렵다. 분사 'systesamenos'는 의회제도의 창설이라기보다 아레오파고스 의회의 구성방법의 변화를 의미하는 것으로 볼 수도 있기 때문이다. 즉 솔론 이전에는 귀족출신들로 의회가 구성되었으나 솔론 이후에는 해마다 아르콘 출신들이 이 의회에 참석하게 되었다는 것을 의미한다는 것이다.[22] 또한 'systesamenos'라는 표현은 반드시 과거의 아레오파고스 의원들이 솔론 이후 자격을 상실하였다는 것을 의미하는 것은 아니며 이들이 매해의 아르콘들과 함께 아레오파고스 의회에 참석하였던 가능성을 배제하지 않는다는 말이다.[23]

솔론 시대부터 해마다 아르콘들이 아레오파고스 의회에 참석함으로써 이 의회의 성격이 변화하게 되었다. 더구나 아르콘들은, 솔론 이전에는 부귀한 사람들 가운데서 아레오파고스 의회에 의해 임명되었으나, 솔

---

21) N. Wecklein, "Der Areopag, die Epheten und die Naukraren", pp.18~19, 32ff.[이 책 47쪽 참조]
22) F. Jacoby, FGH, v.3b, Supple.i, pp.115~6.[Supple.ii, p.111, n.44, p.108, n.33 참조]
23) G.F. Schömann["Die Epheten und der Areopag", p.161]에 따르면, 솔론 이전에 아레오파고스 의원이었던 사람들은, 그들이 죽어서 사라질 때까지, 솔론 이후부터 아레오파고스 의원이 되기 시작한 전직 아르콘들과 함께 의회에 동참했다고 하였다. 로마의 원로원 내에 두 종류의의원들이 있었던 것에 대해서는 이 책 97~98쪽 참조.

론 이후에는 새로운 선출방법에 의해 임명되었다. 『아테네 국제』(VIII, 1)에 의하면 각각의 부족이 10명의 후보자를 선출하고 이들 가운데 9명의 아르콘들이 추첨되었다. 피선거기준도 달라져, 과거의 부귀한 사람들이 아니라 주로 재산을 기준으로 하여, 즉 펜타코시오메딤노이(pentakosiomedimnoi) 계층이나 혹은 히페이스(hippeis) 계층까지 포함한 가운데에서 선출되었다. 따라서 아레오파고스 의회에 참석할 수 있는 자격이 솔론 이후에는 더 확대된 것이다. 또한 아르콘들이 모든 부족으로부터 나왔기 때문에 각 부족의 이해가 비교적 골고루 반영되게 되었다. 따라서 솔론의 개혁은 아레오파고스 의회 내에서 관습적 특권에 기반하고 있던 전통적 귀족들의 세력을 약화시키는 것이었다.

그런데 부귀한 전통적 가문출신의 아레오파고스 의원들은 영향력이 줄어들기는 하였지만, 솔론의 개혁 이후 의원으로서의 자격을 상실하였는지 아닌지 하는 것은 분명치 않다. 아리스토텔레스[『정치학』 1273b 35~1274 a3][T.45]에 따르면, 솔론은 과두적 요소로서 솔론 이전부터 존재한 아레오파고스 의회, 귀족적 요소인 선출된 관직들, 그리고 민주적인 민중재판소 등을 합하여 복합적 정체를 구성하였다고 함으로써, 아레오파고스 의회의 전통적 성격이 존속하였음을 밝히고 있다.

또한 기원전 4세기의 저술가였던 이소크라테스[VII, 37][T.122]는 과거 아레오파고스 의원들의 특성에 대해 "좋은 가문출신이며, 덕과 지혜가 출중한 사람들"이었다고 적고 있다. 그리고 이러한 과거의 아레오파고스 의회를 아르콘 출신자들이 참가한 그 생존시의 것과 비교하면서 다음과 같이 서술하고 있다.

> 그리고, 누구든지 오늘날 행해지고 있는 것으로부터 과거에 이 제도가 어떠했는가를 짐작할 수 있다. 지금 관리선거와 관리 자격심사에 관한 모든 것이 무용지물이 됨으로써 다른 사무에서는 참을 수 없을 정도로 일처리를 하는 관리들도 아레오파고스에 올라갈 때는 그들의 본성을 억제하고 그들 자신의 나쁜 성

질보다 합법성에 준하는 것을 볼 수 있다. 두려움이 이 비천한 사람들을 지배하는데 이것은 이 장소에 남겨진 덕과 지혜에 대한 추억으로부터 나온다.[VII, 38]

이 글에서 이소크라테스 시대에는 아르콘들이 아레오파고스 의회에 참석하였다는 것을 알 수 있다. 그러나 이것은 귀족출신의 아레오파고스 의원이 이 시대에 존재하지 않았다는 것을 반드시 의미하는 것은 아니다. 즉 "관리들이 아레오파고스에 올라갈 때"라는 표현은 아레오파고스 의회에 반드시 이들만이 참석하였다는 것을 의미하는 것은 아니라는 것이다.

이와 관련하여 현존하는 사료들이 아레오파고스 의원들의 특징에 대해 전직 아르콘이라는 것이 아니라 부귀나 덕을 강조하고 있다는 점에 주의할 필요가 있다. 이 사료들은 다음과 같다.

> 아리스테이데스(Aristeides), XIII, 193[T.31]; "내가 생각하기로 아레오파고스 의회를 본 사람은 더 이상의 귀족적 인상을 주거나 더 이상의 명예를 가진 것이 없다고 말할 것이다."
>
> 아테나이오스(Athenaios), *Deipnosophistes*, VI, 255f[T.3]; "키프로스(Kypros)에 있는 모든 군주들은 아첨하는 귀족계층이 유용하다는 것을 인정한다. 이들을 거느리는 것은 완전히 참주적인 것이다. 그리고 저명한 아레오파고스 의원들을 제외하고는 아무도 누가 아레오파고스 의원인지 그 수도 모습도 알지 못한다."
>
> 막시모스(Maximos Homologetes), *Prologos eis ta tou Agiou Dionysiou in the Patrologia Graeca*, v.4, pp.16~17[T.150]; "…다음과 같은 것을 아는 것이 필요하다. 아레오파고스 의회는 모든 사람들로 구성된 것이 아니라 아테네인들 가운데 가문과 부와 덕에 있어 월등한 자들로 구성되었다."
>
> 수다(Souda), s.v. *Areopagites*[T.186]; "차이가 있다. 그리고 아레오파고스 의원은 엄한 얼굴을 하고 매우 위풍이 있고 조용하다."

아레오파고스 의원들의 부귀나 덕성·위엄 등에 대해 언급하고 있는 이상의 사료들은 로마와 비잔틴(Byzantine) 시대에 쓰여진 것들이므로 이러한 특성들이 정확하게 어느 시대에 관한 것인가 하는 것은 말하기 어렵다.

그런데 기원 7세기 비잔틴의 한 신부 막시모스(Maximos Homologetes)가 기원전 4세기경에 저술하였던 안드로티온(Androtion)과 필로코로스(Philochoros)의 것으로 인용하고 있는 단편[FGH, 328, F.20][T.198]에는 아레오파고스 의원들의 재판관으로서의 역할과 관련하여 다음과 같이 기록되어 있다.

> 아테네에서는 9명의 아르콘에 임명된 사람들로부터 아레오파고스 의원 재판관들이 구성되어야 한다(ek gar ton ennea kathistamenon archonton Athenesin, tous Areopagitas edei synestanai dikastas)고 안드로티온(Androtion)이 그의 아티스 역사 두번째 책에서 언급하고 있다. [FGH, 324, F.4] 그 후 아레오파고스 의회(the boule from the Areopagos)가 더 많아져서(pleionon gegonen) 이에 잘 알려진 사람 51명으로 구성되었는데 이것은 에우파트리다이 이외에도 알려져 있듯이 부와 덕에 있어 월등한 자들로부터였다고 필로코로스(Philochoros)가 그의 아티스 역사 세번째 책에서 전하고 있다.

이 내용이 어느 시기에 관한 것인지는 분명치 않다. 야코비에 따르면 안드로티온의 두번째 아티스 역사는 귀족정부와 클레이스테네스의 정체를,[24] 그리고 필로코로스의 세번째 아티스 역사는 크레온(Kreon, 683~2 B.C.) 혹은 솔론 시대부터 기원전 462~1년까지를 서술하고 있다.[25] 야코비는 위의 단편을 확실성이 없다는 것을 인정하면서 솔론 시대인 594~3년경으로 추정하였다.

안드로티온의 단편 "ek gar ton ennea kathistamenon archonton Athenesin, tous Areopagitas edei synestanai dikastas"를 해석하는 데는 어려움이 있다. 대과거(parakeimenos) 부정사인 'synestanai(구성하다)'는 목적격을 요구

---

24) F. Jacoby, FGH, v.3b, Supple. i, p.104.
25) Ibid., pp.253~254.

하는 경우['임명한다', '선출한다'는 의미]도 있고 하지 않는 경우['임명된다', '선출된다'는 의미]도 있다. 또한 부정사 'synestanai'의 주어가 무엇인가에 대해서도 의견이 다를 수 있다. 따라서 해석은 다음과 같이 세 가지 경우가 가능하다. 먼저 'synestanai'가 목적격을 요구하는 경우로 두 가지 해석이 가능하다. 첫째, 'synestanai'의 주어가 'Areopagitas'일 수 있는데 이 때 해석은 "아테네에서 아레오파고스 의원들이 재판관들을 선출된 9명의 아르콘들로부터 임명하여야 한다"가 된다.[26] 둘째, 의미상의 주어로 부정대명사 '어떤 사람[들]〈tina(s)〉', 즉 '아테네인들'이 내포되어 있다고 보면 "아테네에서는 아테네인들이 9명의 아르콘에 임명된 사람으로 아레오파고스 의원들을 재판관으로 임명하여야 한다"로 해석된다. '재판관(dikastas)'들은 첫번째의 해석에서는 부정사 'synestanai'의 목적어가 되며, 두번째 해석에서는 'synestanai'의 목적어인 'Areopagitas'의 술어(kategoroumeno)가 된다. 세번째의 해석은 동사 'synestanai'가 목적격을 요구하지 않는 것으로 보고 그 주어로는 '아레오파고스 의원 재판관들(tous Areopagitas … dikastas)'로 두는 것이다. 그러면 해석은 "아테네에서 아레오파고스 의원 재판관들은 임명된 9명의 아르콘들 가운데 구성되어야만 하였다"가 된다.

필자는 세번째 해석을 받아들인다.[27] 그 이유는 이 단편을 인용하고 있는 저자 막시모스는 위 사료를 인용하는 곳에서 아레오파고스 의원 디오니시오스(Dionysios)의 행적을 기록하고 있으며 그의 재판관으로서의 역할이 훌륭하였다는 점과 일반적으로 아레오파고스 의원들의 재판권이 컷음을 함께 언급하고 있기 때문이다.[28] 이 곳에는 디오니시오스의 행적에

---

26) F. Jacoby, FGH, v.3b, Supple.ii, p.108, n.32 참고.
27) 참고, J.W. Headlam, "Notes on early Athenian History", p.252 : R.J. Bonner · G. Smith, The Administration of Justice from Homer to Aristotle, v.1, p.100.
28) Maximos Homologetes, Prologos eis ta tou Agiou Dionysiou, in Patrologia Graeca, v.4, pp.

관해 "위대한 디오니시오스는 그 당시 아레오파고스 의원으로 의회토론에 참가하였고 재판관으로서도 공명정대하였다"고 기록이 되어 있는데 이것은 아레오파고스 의원들이나 재판관으로서의 그 활동이 달랐다는 사실을 의미하는 것이다.

랑에(L. Lange)는 비잔틴 시대에 기록된 이 사료는 정확성이 없는 것으로 평가하면서 사료의 내용을 조금 다른 각도에서 해석하려 하였다.[29] 그에 따르면 안드로티온의 언급은 솔론 때부터 해마다 새로운 아르콘들에 의해 아레오파고스 의원들이 증가하게 된 것을 묘사하는 것이며, 그 뒤의 필로코로스가 언급하고 있는 51명의 수효는 솔론 이전시대에 관한 것으로 51명의 에페타이와 관련이 있다고 하였다. 그는 솔론 이전에 아레오파고스 의원은 60명이었는데, 이 가운데 9명의 아르콘이 임명되었고 나머지 51명이 에페타이 재판관이 되었다고 주장하였던 것이다.[30]

랑에의 견해와는 반대로 에페타이가 아레오파고스 의원이었다는 사실은 이 사료나 다른 사료에서나 아무데도 증명되지 않는다. 또한 51명으로 수효가 일정하였다는 사실은 필로코로스가 여기서 언급하고 있는 "아레오파고스 의원 재판관들이 9명의 아르콘에 임명된 사람들로부터 구성되었다"는 사실보다 더 후기에 속한 것으로 되어 있다. 또한 랑에의 견해와는 달리 안드로티온이 전하는 바는 아레오파고스 의원 전체가 전직 아르콘으로 구성되었다는 것을 의미하는 것으로 보기 어렵다. '9명의 아르콘에 임명된 사람'이라는 표현에는 현직인지 전직인지 하는 분명한 구분이 없으며, 감사를 통과했다는 사실도 언급되어 있지 않다. 그래서 월리스는 이 단편이 처음에 아레오파고스 의원들이 전직 아르콘이 아니라 현직 아르콘들이나 혹은 그들 가운데 일부로 구성된다는 것, 그 후 드라콘

16~17.[T.150]
29) L. Lange, "Die Epheten und der Areopag", p.202ff.
30) 이 책 53쪽 참조.

이 의원들의 수효를 51명으로 늘였는데, 이 때 이들은 아직 전직 아르콘이 아니라 부귀(富貴)한 사람들이었음을 의미하는 것으로 풀이하였다.[31]

한편 다음과 같은 것도 생각해 볼 수 있다. 만일 전체 아레오파고스 의원들이 9명의 아르콘 출신이었다면 "아레오파고스 의원 재판관들이 9명의 아르콘에 임명된 사람들로부터 구성된다"는 사실이 "되어야 한다[edei 즉 must]"라는 단어로 강조될 필요가 없었을 것이라는 점이다. 이러한 표현은 아레오파고스 의원들 가운데 9명의 아르콘에 임명된 적이 없는 사람들도 있었음을 암시하는 것이라고 볼 수 있다. 여기서 안드로티온이 언급하는바, 9명의 아르콘에 임명된 사람들로 구성된 '아레오파고스 의원 재판관'들이 반드시 전체 아레오파고스 의원들을 의미하는 것은 아니라는 점도 고려할 필요가 있다.

필로코로스의 단편에 관하여, 일부 역사가들은 그가 아레오파고스 의원들과 51명의 에페타이를 혼동하여 기록하였거나 혹은 에페타이 재판관이 51명이었으므로 필로코로스가 전하는 51명의 아레오파고스 의원이 바로 에페타이였다고 생각한다.[32] 그러나, 아무데도 에페타이가 아레오파고스 의원[혹은 의원 재판관]들과 관련이 있었다는 것을 전하는 사료는 없으며, 이 두 가지는 엄연히 구분되어야 할 것이다.[33]

맥도웰(D.M. MacDowell)은 필로코로스의 단편에 언급되고 있는 51명의 재판관이 에페타이였다는 견해를 부정한다.[34] 이 사료에는 에페타이에 대

---

31) R.W. Wallace, Areopagos Council, to 307 B.C., pp.14~15. 아레오파고스 의원이 증가하여 51명이 되었다는 또다른 견해는 D.M. MacDowell, Athenian Homicide Law in the Age of Orators, pp.51~52[이 책 바로 아래] 참조.
32) 에페타이가 아레오파고스 의원과 같은 것이라고 보거나 혹은 그 일부라고 보는 견해에 대해서는 이 책 66쪽 주38) 참조.
33) F. Jacoby, FGH, v. 3b, Supple. ii, p.108, n.32[이 책 66쪽 참조] : D.M. MacDowell, Athenian Homicide Law in the Age of the Orators, p.52.
34) D.M. MacDowell, Athenian Homicide Law in the Age of the Orators, p.52.

한 언급이 전혀 없기 때문이다. 그러나 맥도웰은 이 사료가 아레오파고스 의원들이 처음에는 더 소수였는데 점차 증가되어 51명이 된 것을 증명하는 것이라고 하였다. 이러한 그의 견해도 사료에 의해서 증명되지 않는 일방적인 추측에 불과하다. 또한 이 사료에 '많아졌다(pleionon gegonen)'라는 술어의 주어는 맥도웰이 해석하고 있는 바와 같은 '아레오파고스 의원'이 아니라, '아레오파고스 의회(the boule from the Areopagos)'라는 것을 주의할 필요가 있다. 증가된 것은 아레오파고스 의원들이 아니라 '아레오파고스 의회'였다는 점이다. 즉, 이 문장은 아레오파고스 의원들이 증가되었다는 것이 아니라 아레오파고스 의회가 더 잦아지게 되었다는 것을 의미하는 것으로 해석할 수 있다. 아레오파고스 의회가 잦아져 매번 많은 아레오파고스 의원들이 모일 수가 없었으므로 51명의 소위원회가 구성될 수 있다는 것이다.

이미 카일(B. Keil)은, 이 사료와는 관계없이, 아레오파고스 의회가 소위원회나 소수의 대표자들에 의해 자주 그 기능을 행사했다고 주장하였다.[35] 그 이유는 아레오파고스 의회에는 500인 불레의 소위원회인 프리타네이스(prytaneis) 같은 것이 없었기 때문이라는 것이다. 카일은 아레오파고스의 소위원회나 대표자들의 예로 다음의 세 가지 사료를 들고 있다.

i) 에피알테스가 정치체제를 해체하려 한다는 혐의를 두고, 음모를 밝히기 위해 테미스토클레스(Themistocles)는 [아레오파고스] 의원들 가운데 <u>선발된 사람들</u>을 에피알테스의 집으로 데리고 갔다.[『아테네 국제』 XXV, 3][T.38]

ii) [Lysias의 「신성한 올리브나무에 대한 변명」에서 피고는 원고에 대해 다음과 같이 말하고 있다] 당신이 말하는 대로 내가 신성한 올리브나무를 뽑아 없애는 것을 당신이 보았을 때 9명의 아르콘들과 또다른 <u>약간의 아레오파고스로부터의 사람들</u>을 데리고 왔다면, ….[Lysias, VII, 22][T.145]

---

35) B. Keil, *Beiträge zur Geschichte des Areopags*, p.76, n.113.

3. 아레오파고스 의회의 구성 **91**

ⅲ) 모든 젊은 시절은 감독자(sophronistes)와 '청년을 위한 아레오파고스의 [소]위원회'의 감독을 받는다.[Platon, Axiochos, 367A][T.159][36]

월리스에 따르면, 데모스테네스, LIV, 28[T.90]에서도 또한 아레오파고스 의회의 소위원회가 나타난다.[37] 여기에서 상해혐의와 관련하여 원고는 피고가 피고 자신의 무죄를 증명하기 위한 아무런 조처도 취하지 않았다고 비난하고 있다. 원고에 따르면, 피고는 자신의 노예를 심문받도록 넘겨주고 '아레오파고스 의원들 가운데 몇 명'을 불러야 했을 것이라고 주장하고 있다. 그 이유는 만일 원고가 죽었다면 재판은 아레오파고스 의원들에 의해 행해졌을 것이기 때문이라는 것이다. 또한 월리스에 따르면, 데모스테네스, XVIII, 135[T.80]에서도 아레오파고스의 소위원회의 예가 나타난다고 한다. 이 때 데모스테네스는 아이스키네스(Aischines)를 친 마케도니아주의자로 비난하면서, "아레오파고스 의회는 민중들로부터 델로스(Delos) 성사(聖事)를 돌보도록 권한을 위임받고는, 사자(使者)였던 아이스키네스를 히페레이데스(Hypereides)로 교체하였다"고 하고 있다. 이 때 이 문제와 관련하여 의논하였던 사람들(synedreusantes) 가운데 4명의 증인 이름이 열거되는데 월리스는 이들이 아레오파고스 의원들이었다고 보는 것이다. 어쨌든 이 부분은 후대인이 첨가한 것으로 그 진가가 의심받기도 하는 것이다.

이와 같이 경우에 따라 아레오파고스 의회의 소위원회가 활동한 점을 감안한다면, 안드로티온과 필로코로스의 단편들은 다음과 같은 것을 의미한다고 볼 수 있다. "과거에 아레오파고스 의원 재판관들은 아레오파고스 의원들 가운데서 9명의 아르콘에 임명된 적이 있는 사람들로부터

---

36) B. Keil(ibid.)은 금석문 IG, II〜III〈2nd ed.〉, 1990, line 19[이 책 부록3, A 32a 참조.]에서도 아레오파고스의 소위원회의 예가 나타나 있는 가능성을 제시하였다.
37) R.W. Wallace, The Areopagos Council, to 307 B.C., p.122.

구성되었다. 그 후 필로코로스가 전하고 있듯이 아레오파고스 의회가 잦아지게 되자, 에우파트리다이이거나 혹은 그 외에도 부와 덕에 있어 월등한 자들로부터 51명의 아레오파고스 의회[소위원회]가 형성되어 기능을 발휘하였다"는 것이다. 따라서 안드로티온과 필로코로스의 단편은 모든 아레오파고스 의원들이 전직 아르콘이었다는 사실을 증명하지 않는다. 반대로 아레오파고스 의원들은 에우파트리데스이거나 부귀한 자들이었다고 되어 있는 것이다.

이상의 사료들이 말하고 있는 아레오파고스 의원들의 부귀와 덕성은 전직 아르콘들에게 완전히 부합하는 것은 아니다. 아르콘의 선출방법이 변화된 솔론 이후에도 아르콘들은 상당한 기간동안 계속 상류층 출신중에서 나왔겠지만, 후대로 갈수록 더 광범한 사회계층에서 나오게 되었다. 기원전 487~6년에는 데모스(demos)인들이 선출한 후보 가운데서, 아르콘들은 부족별로 추첨되게 되었고, 기원전 457년에는 아르콘의 후보자격이 제우기타이(zeugitai) 계층으로 확대되었다.[38] 『아테네 국제』(VII, 4, XLVII, 1)에 따르면, 기원전 4세기에 아직 가장 빈곤한 시민계층인 테테스(thetes)가 관직에 임하는 것을 금지하는 솔론법이 형식적으로 유효하였지만, 가난한 시민들은 아무도 테테스 출신이라는 것을 밝히지 않았다고 한다. 따라서 후대에는 모든 아르콘들이 부귀하거나 덕성을 가진 것은 아니었을 것이므로,[39] 아레오파고스 의원들의 부귀나 덕성에 관해 전하고 있는 이상의 사료들은 아르콘 출신자들에 관련하는 것이라고 보기 어렵다.

아레오파고스 의원들이 도시행정에 참가한 것을 보여주는 한 사료가

---

38) Ath. Pol. XXII, 5, XXVI, 2 참조.
39) S.B. Smith, "The Establishment of the Public Courts at Athens"(*TAPhA*, LVI, 1925), pp.113~4 : H.T. Wade · Gery, "Eupatridai, Archons and Areopagus", pp.80~81 : J. Day · M. Chambers, *Aristotle's History of the Athenian Democracy*, pp.129~30, 180, 185, 201 : P.J. Rhodes, *The Athenian Boule*, p.200.

3. 아레오파고스 의회의 구성 **93**

있다.『아테네 국제』(XXV, 2)[T.38]에는 다음과 같은 내용이 나온다.

> 에피알테스는 헌정을 개혁(462~1B.C.)하기 이전에 이미 많은 아레오파고스 의원들을 그들의 행정한 바에 대해 비난하면서 개인적으로 제거하였다.[혹은 사형시켰다]

웨이드・제리(H.T. Wade・Gery)는 아레오파고스 의원들의 행정과실에 대한 비난은 임기를 마친 아르콘들에 대한 감사와 관련된 것이라고 주장하였다.[40] 그러나 이 견해는 타당성이 없다. 만일 전직 아르콘이 아르콘으로서의 행정과실 때문에 유죄로 판결되면, 아레오파고스에 올라갈 수 없게 되므로, 아레오파고스 의원으로 간주될 수 없기 때문이다. 따라서『아테네 국제』의 언급은 전직 아르콘의 감사와 관련된 것이 아니다. 부솔트는 아레오파고스 의원이 개인적으로, 아레오파고스 의회에서 부과한 아테나 사원에 납부될 벌금징수를 위임받은 경우, 혹은 건축에 관한 아레오파고스 소위원회의 구성원으로 금전을 취급하는 경우, 공금횡령죄로 고발되는 경우가 있을 수 있다고 생각하였다.[41] 그러나, 빌라모비츠와 히네트 등이 주장하는 것처럼, 이 구절은 반드시 아레오파고스 의원으로서의 책임에 대한 과실이 아니라, 다른 일반적 행정과실에 관련된 것일 수도 있다.[42] 즉 이것은 아레오파고스 의원들이 다른 사람과 마찬가지로 도시 행정에 참여하였음을 보여주는 것이며, 전직 아르콘이 아레오파고스 의원이 되었다는 사실을 증명하는 것이 아니다.

여기서 주목할 만한 한 가지 사실은 현존하는 대부분의 사료에서 전직[혹은 현직][43] 아르콘들이 아레오파고스 의회[혹은 의원들]에 단순히

---

40) H.T. Wade・Gery, *Essays in Greek History*(Oxford, 1958), p.177.
41) G. Busolt, *Griechische Geschichte*, v.3, part 1, p.263, n.1.
42) U.v. Wilamowitz・Möllendorff, *Aristoteles und Athen*, v.2, p.94 : C. Hignett, *A History of the Athenian Constitution*, p.195.
43) 이 책 98쪽부터 참조.

'올라갔다(anebainon)' '합쳐졌다(prosetithento)' 혹은 '동참하였다(meteichon)'고 표현되고 있다는 것이다. 그리고 전직 아르콘들이 아레오파고스 의원이 되었다는 것을 분명하게 언급하는 사료는 많지 않다. 감사를 통과한 전직 아르콘들은 아레오파고스 의회에 참석할 권한을 종신으로 부여받았다는 의미에서 아레오파고스 의원(Areopagites)으로 간주될 수 있을 것이다. 그러나 당대의 아테네인들은 이들이 아레오파고스 의원이 되었다고 표현하지 않고, 보통 [감사를 통과한 전직] 아르콘들이 아레오파고스 의회 [혹은 의원들]에 '올라갔다' '합쳐졌다' 혹은 '동참하였다'고 표현하였다. 전직 아르콘이 아레오파고스 의원이 되었다고 전하는 사료는 두 가지인데 이것은 둘 다 후대에 기록된 주석(Scholia)들로 데모스테네스(XX, 484, 14)에 대한 주석(Scholia)[T.94]과 아이스키네스(Aischines)(I, 19)에 대한 주석(Scholia)[T.16]이다.

아레오파고스 의회 [혹은 의원들]에 '올라갔다' '합쳐졌다' 혹은 '동참하였다'는 표현들은 이들만으로 아레오파고스 의회가 구성되었다는 것이 아니라, 기존의 아레오파고스 의원들이 존재하고 있음을 의미하고 있다. 기존의 아레오파고스 의원들 가운데는 그 전 해까지의 전직 아르콘들이 있다고 할 수 있다. 그러나 적어도 솔론 입법 당시, 처음으로 매해의 아르콘들이 아레오파고스 의회에 참석하기 시작했을 때, 기존의 아레오파고스 의원들은 전직 아르콘들로만 구성된 것은 아니었을 것이다.[44] 그리고 그 당시 전직 아르콘 출신이 아닌 아레오파고스 의원들이 자격을 상실하였다는 기록이 전하지 않으므로, 이들이 솔론 이후에는 존재하지 않았다고 확실하게 말할 수가 없는 것이다.

아르콘 출신이 아레오파고스 의회에 동참했던 솔론 이후에, 아레오

---

44) 귀족출신인 아레오파고스 의원들이 죽어서 다 없어질 때까지 전직 아르콘들과 합석하였을 것에 관해서는 이 책 83쪽 주23) 참조.

파고스 의회가 이들만으로 구성되었는지, 혹은 다른 부귀한 계층출신의 의원들이 있었는지 하는 것은 분명하지 않다. 그런데 후대 로마 지배기에 관한 몇 가지 사료는, 아레오파고스 의원이 감사를 통과한 전직 아르콘들과 반드시 관계를 가진 것은 아니라는 것을 보여준다. 키케로(Cicero, Pro Balbo, III)[T.60]에 따르면 로마시민들도 아레오파고스 의원에 임명되었던 것으로 나타난다. 기원 343년 히메리오스(Himerios, Logos, XXVII)[T.118]는 아카이아(Achaia)의 프로콘술(proconsul)이었던 '스킬라키오스(Skylakios)에게 감사하는 글'에서 자신을 아레오파고스 의원에 임명해 준 스킬라키오스에 대해 감사하고 있다. 따라서 기원 4세기 중엽 아레오파고스 의원들은 아카이아의 프로콘술에 의해 임명되기도 하였다는 것을 알 수 있다. 한 로마인 갈리에누스(Gallienus)는 아테네의 아르콘으로 있었는데, 아테네 시민권을 얻기를 원했고, 또한 아레오파고스 의원이 되기를 원하였다.[45] 이러한 사실은 전직 아르콘이 감사를 통과한 후 절로 아레오파고스 의원이 된 것이 아니라는 것을 보여준다. 두 로마인 프로콘술, 즉 225~250년경의 클라우디우스 일리리우스(Klaudius Illyrius)[IG, II~III〈2nd ed.〉, 3689~3690]와 루피우스 페스투스(Rhouphius Phestus)[IG, II~III〈2nd ed.〉, 4222]도 아레오파고스 의원이었다.

또한 174~175년 마르쿠스 아우렐리우스(Marcus Aurelius) 황제가 아테네인들에게 보낸 서신이 금석문으로 남아 있는데 여기에는 아레오파고스 의원이 가문이나 부에 따라 선출된 것이 나타난다.[46] 즉 3세대 원칙(trigonia)에 적합한 사람이어야 하는데 이러한 원칙이 '옛부터의 관습'으로 언급되고 있다. 3세대 원칙은 조부나 부친이나 본인이 '해방인'이 아니어야 한다는 것이다. 마르쿠스 아우렐리우스 황제는 합법적으로 아레오파

---

45) Trebellius Pollius, *Gallieni duo*, 11, 3~5[T.190 ; 306 A.D.경].
46) J.H. Oliver, *Greek Constitutions of Early Roman Emperors from Inscriptions and Papiri* (Philadelphia, 1989), n.184, line 27~30, 57~81 특히 58~60.[이 책 부록 3, B42 참조]

고스 의원이 되었다는 것을 증명하지 못한 노스티모스 디오니시오스(Nostimos Dionysios)가 아레오파고스 의원으로 계속 남아 있을 것인가에 대해 퀸틸리우스(Quintilius) 형제가 결정하도록 지시하고 있다.[47] 퀸틸리우스 형제는 그 당시에 아카이아의 로마인 총독이었던 것으로 사가들은 추측하고 있다.

한편 역사가들이 콤모두스(Kommodus) 통치기(180~196 A.D.) 인명목록(人名目錄)의 금석문자료[48]를 바탕으로 하여 추정하는 바에 의하면 이 때 아레오파고스 의원의 수효는 91~104명 정도였다.[49] 역사가들은 이 수효가 전직 아르콘들의 가상적 수효와 일치하지 않는다는 것에 동의하고 있다. 만일 아레오파고스 의원들이 전직 아르콘들로 구성되었다면 그 수효는 더 많았을 것이기 때문이다.

이러한 사료들이 있음에도 불구하고 역사가들은 로마 시대에도 아레오파고스 의원은 전직 아르콘 출신이었다고 계속 주장한다.[50] 카일(B. Keil)은 콤모두스 통치기 인명목록에 나오는 아레오파고스 의원의 수효가 적으므로, 로마시대 아레오파고스 의원은 모든 전직 아르콘이 아니라 수석 아르콘과 바실레우스의 두 아르콘만으로 구성되었을 가능성을 제시하였다.[51] 그는 플루타르코스(Pericles, IX, 3~4)[T.164]가 전하는 것으로, "9명의 아르콘들이 옛부터 추첨되었고(klerotai ···hesan), 추첨된 후 자격심사를 받은 사람들이 아레오파고스에 올라갔다(anebainon)"에서 '추첨되었고'와 '올라

---

47) Ibid., line 27~30.
48) D.J. Geagan, The Athenian Constitution after Sulla. Hesperia, Supple. XII(Princeton, 1967), pp. 164~70[IG, II~III⟨2nd ed.⟩, 1999, 2003, 2339 참조].
49) D.J. Geagan, The Athenian Constitution after Sulla, pp.56~57 참조.
50) W.S. Ferguson, "Researches in Athenian and Delian Documents, III"(Klio, IX, 1909), pp. 328~330 : B. Keil, Beiträge zur Geschichte des Areopags, pp.82~87 : J.H. Oliver, "Areopagites" (Hesperia, XXVII, 1958), p.46.
51) B. Keil, Beiträge zur Geschichte des Areopags, pp.82~87.

갔다'의 표현들이 과거시제로 사용되고 있음을 강조하였다. 즉 이러한 사실은 플루타르코스가 생존했던 로마 시대에 적용되는 것이 아니라는 점이다. 한편 올리버(J.H. Oliver)는 카일의 견해와 달리 로마 시대에도 계속 아레오파고스 의원은 감사를 통과한 모든 전직 아르콘들로부터 구성되었다고 가정하였다.[52] 위에서 언급한 인명목록의 금석문자료에서 유추되는 91~104명의 수효와 관련하여, 올리버는 6명의 테스모테타이들은 보통 고령자들이었으므로 퇴직 후 오래 생존하지 못하였으므로, 아레오파고스 의원들은 주로 나머지 3아르콘들로 구성되었을 것이라고 풀이하였다. 어쨌든 이러한 역사가들의 추측과는 달리 로마시기 아레오파고스 의원이 전직 아르콘 출신이었다는 사실을 증명하는 사료는 존재하지 않는다.

지금까지 서술한 바를 종합하면, 사료에서는 솔론 이전이나 로마 시대의 아레오파고스 의원은 반드시 전직 아르콘이 아니라 가문이나 부를 기준으로 하여 구성되었음이 드러난다. 솔론 이후의 고전기에 아르콘 출신들이 아레오파고스 의회에 참석하였지만 아레오파고스 의회가 이들만으로 구성되었는가 하는 것은 분명치 않은 것이다. 플루타르코스가 전하는 "솔론이 해마다 아르콘들을 아레오파고스 의회에 합석시켰다"는 것을 제외하고는 아레오파고스 의원의 성분변화에 대해 전하는 사료가 없다. '합석시켰다'라는 표현은 그 해의 전직 아르콘들만으로 아레오파고스 의회가 구성되었다는 것을 반드시 의미하는 것은 아니다. 또한 아레오파고스 의원들의 특성에 관한 여러 사료에서는, 어느 시대에 관한 것인지는 정확하게 알 수 없지만, 부귀나 덕에 대해 언급하며 전직 아르콘이었다는 사실을 들고 있지 않다는 것은 주목할 만하다.

덧붙여 로마시대의 한 예를 비교적 견지에서 들고자 한다. 로마의 원로원 의원들에 대한 공식적 칭호는 '파트레스 콘스크립티(patres cons-

---

52) J.H. Oliver, "Areopagites", p.46.

cripti)'였다. 모밀리아노(A. Momigliano)에 따르면, 이 명칭은 로마 원로원 내에 두 가지 다른 종류의 의원, 즉 '파트레스(patres)'와 '콘스크립티(conscripti)'가 존재하였다는 것을 증명한다고 한다.[53] '파트레스'는 전통의 귀족 가문 출신이며, '콘스크립티'는 일정한 관직을 지내고 행정과실로 유죄선고를 받지않은 사람들 가운데 선출되었다는 것이다. 로마공화정이 발달하면서 원로원이 될 수 있는 관직의 종류가 더 다양해지고 '콘스크립티'의 수효가 증가하였지만 '파트레스'는 근절되지 않고 존속하였다.

3) 현직 아르콘과 아레오파고스 의회와의 관계

플루타르코스[Solon, XIX, 1][T.165]는 "[솔론이] 아레오파고스 의회(the boule in the Areopagos)를 해마다(each year〈kat' eniauton〉)의 아르콘들로 함께 구성하였고, 또 솔론 자신이 아르콘직에 있었으므로 아레오파고스에 함께 참석하였다"고 전하고 있다. 많은 학자들은 이 말이 솔론 시대 전직 아르콘이 아레오파고스 의원이 되기 시작한 것을 의미하는 것이라고 생각하였다.[54] 그러나 필자는 '해마다(each year〈kat' eniauton〉)'라는 표현이 반드시 임기를 끝냈다거나 회계감사를 통과했다는 의미를 내포하고 있는 것이 아니라는 점을 지적하려고 한다. 말하자면 이 구절은 전직 아르콘만이 아니라 현직 아르콘도 아레오파고스 의회에 참가하였다는 사실을 배제하지 않는다.

---

53) A. Momigliano, Entretiens sur l'Antiquité Classique, XIII(1966), p.204. [H. Volkmann, Kleine Pauly, s.v. Senatus ; v.5, p.105 참조]
54) 이 책 73쪽 주1) 참조.

현직 아르콘도 아레오파고스에 참석한 것처럼 보이는 사료가 또 있는데, 그것은 데모스테네스의 22번째 연설문 「안드로티온(Androtion)에 대한 비난」에 딸려 전해 오는 '설명문(Hypotheses)[T.97]'이다. 여기에는 다음과 같은 내용들이 나온다.

i) 일부 변론가들이 전하듯이 해마다(each year⟨kat' etos⟩) 9명의 아르콘들이 아레오파고스 의회(the boule in the Areopagos)에 첨가되었다. 다른 일부 변론가들은 6명의 테스모테타이만이 첨가되었다고 한다.

ii) …테스모테타이들은 …1년 동안(a year⟨ton eniauton⟩) 통치한다. 그리고 다시 1년 후에(after the year⟨meta ton eniauton⟩) 그 해 잘 통치했는가를 심사받고, 잘 통치한 것으로 생각되는 사람은 아레오파고스 의원들의 의회에 첨가된다.

위 i)은 현직 아르콘에 관한 설명 가운데 나오는 것인데, 현직의 9명 아르콘들[혹은 6명의 테스모테타이들]이 아레오파고스 의회에 동참하였음을 의미하면서, '해마다(kat' etos)'의 9명 아르콘들이라고 표현하고 있다.

이어 ii)에는 임기를 끝내고 감사를 통과한 테스모테타이들이 아레오파고스 의회에 첨가되었다는 것을 뜻하면서 '1년 후에(meta ton eniauton)' 라는 표현을 사용하고 있다. 또다른 사료 폴리데우케스[VIII, 118][T.182]에는 "해마다(kath' hekaston eniauton) 아르콘들이 감사를 받은 뒤에 아레오파고스 의원들에 첨가되었다"라고 하고 있다. 이 두 사료의 '감사를 받은 뒤에'라는 표현에서 임기를 끝낸 아르콘이라는 것을 알 수 있으나, '해마다'라는 표현 자체는 반드시 임기를 끝냈다는 의미가 아님을 알 수 있다. 따라서 위에서 소개한 플루타르코스[Solon, XIX, 1]에 나오는 아레오파고스 의회에 동침된 '해마다(kat' eniauton)'의 아르콘들도 현직 아르콘들을 포함한다고 볼 수 있다.

전직뿐 아니라 현직 아르콘들도 아레오파고스 의회에 참석하였다는 관점에서 주목할 만한 사실은, 몇 가지 사료에서 아레오파고스에 참석한 아르콘들에 대해 '감사를 통과한 전직 아르콘'이라고 하지 않고 '[관리임용의] 자격심사를 거친 사람들(dokimasthentes)'이라고 표현하고 있다는 점이다. 크세노폰에는 재판소로서의 기능과 관련하여, 다음과 같이 적고 있다.

> 아레오파고스 의회는 [관리임용의] 자격심사를 받은 사람들(dokimasthentes)로부터 구성되지 않습니까?[Apomnemoneumata, III, v, 209][T.155]

또한 플루타르코스에는 다음과 같은 내용이 나온다.

> 이 사람 [페리클레스]은 아르콘이나 테스모테타이나 바실레우스나 폴레마르코스에 추첨된 적이 없었기 때문에 아레오파고스 의회에 동참하지 못하였다. 이 관직들은 옛부터 추첨되었고, 추첨된 후 [관리임용의] 자격심사를 거친 사람들이 아레오파고스 의회에 올라갔다[Pericles, IX, 3-4][T.164][54]

자격심사(dokimasia)는 임기를 시작하기 전에 자격이 합당한가의 여부를 심사하는 것[55]이며 임기를 끝낸 후의 '행정감사(euthyna)'와는 다른 것이다. 그러므로 이상의 두 사료에서 언급되고 있는 아르콘들은 반드시 전직 아르콘이 아니라 현직 아르콘도 포함한다고 볼 수 있다.

또한 리시아스의 연설문에는 수석 아르콘이 된 에완드로스(Euandros)의 임용자격 심사와 관련하여 다음과 같이 기록되어 있다.

> 이 후 언제까지나 아레오파고스에서 모든 중요한 사무에 대해 주도권을 행사할 것입니다.[XXVI, 11][T.149]

립시우스(Lipsius)는 이 연설문이, 아르콘의 임용자격 심사와 관련되어 언급되고 있으므로, 이 귀절은 현직 아르콘도 또한 아레오파고스 의회에 참석

---

54) 그 외에도 Dem. Scholia, XX, 484, 14[T.94] 참고.
55) Ath. Pol. LV, 2 참조.

했던 것을 증명하는 것임을 지적하였다.[56]
또한 이소크라테스는 다음과 같이 적고 있다.

> [이소크라테스 생존 당시] 아르콘들의 선출과 자격심사에 관한 법들이 소홀히 되어[57] 관리들은 다른 사무에서는 참을 수 없을 정도로 일처리를 하는 데도, 아레오파고스에 올라갈 때는 그들의 좋지 못한 성질을 억제하고 그 곳에 남겨진 덕과 지혜를 존중한다.[VII, 38][T.122]

이 구절에서도 아레오파고스에 올라간 아르콘들이 '임기를 끝낸 전직자'라는 언급이 없이 관리에 선출되고 임용자격 심사를 거친 사람들과 관련되어 있다. 로즈는 '임용자격심사(dokimasia)'라는 용어와의 관계를 말하지는 않았지만 어쨌든 여기서 언급되고 있는 아레오파고스에 올라간 아르콘들은 현직 아르콘일 가능성이 있음을 지적하였다.[58]

현직 아르콘이 아레오파고스에 관련되고 있는 구체적인 예는 살인사건 재판에 관한 아르콘 바실레우스의 권한에서 찾아볼 수 있다. 바실레우스는 고의적 살인혐의에 관한 사건을 아레오파고스에 회부하고 재판하였다.[59] 이 때 바실레우스가 투표할 수 있는 권한이 있었는지 아닌지에 관해서는 역사가들의 의견이 일치하지 않고 있다.[60]

한편, 위에서 소개한 리시아스의 연설문에서는 수석아르콘이 될 에

---

56) J.H. Lipsius, "Die Archonten im Areopag", p.152.
57) *Ath. Pol.* VII, 4, XLVII, 1, LV, 3 참조.
58) P.J. Rhodes, *A Commentary on the Aristotelian Athenaion Politeia*, p.675.
59) *Ath. Pol.* LVII, 4[T.42] : Polydeukes, VIII, 90[T.180]. [참고, Antiphon, VI, 42 : J.W. Headlam, "Notes on early Athenian History", p.297 : J.H. Lipsius, *Das Attische Recht und Rechtsverfahren*, pp.17~18 : D.M. MacDowell, *Athenian Homicide Law in the Age of the Orators*, p.38. 그 외에 팔라디온 재판소에서의 바실레오스의 재판에 관해서는 Dem. XLVII, 68~69를 참조]
60) 투표권이 있다는 견해는 J.H. Lipsius, *Das Attische Recht und Rechtsverfahren*, pp.17~18 참조. 반대로 없다는 견해는 D.M. MacDowell, *Athenian Homicide Law in the Age of Orators*, 38 참조.

완드로스의 임용자격 심사와 관련하여 다음과 같이 적혀 있다.

> … 살인사건을 재판하는 사람이 그 자신이 바로 아레오파고스 의회에 의해 재판받아야 한다는 것, 그리고, 더구나 이 사람이 관을 쓰고 재산상속인과 고아들에 대한 —그 자신이 어느 정도 고아를 발생시킨 원인이 되었음에도— 결정권을 가지는 것을 민중들이 본다면 어떻게 될까요?[XXVI, 12][T.149]

여기서 '살인사건을 재판하는 사람'이 현직 아르콘에 관한 것인지 아니면 임기를 끝낸 후의 권한에 관련하는지 하는 것은 분명치 않다. 그러나 그 뒤에 이어지는 고아에 관한 권한은, 『아테네 국제』(LVI, 6~7)에서도 나타나듯이, 현직 수석 아르콘의 직무이다. 앞에서 지적했듯이 이 귀절이 현직 아르콘도 아레오파고스 의회에 참석하였다는 것을 증명하는 것이라고 본다면, '살인사건을 재판하는 사람'이라는 표현도 현직 수석 아르콘에 관한 것일 수도 있는 것이다. 여기서 위에서 소개한 크세노폰[T.155]의 구절을 다시 한번 상기할 필요가 있다. 즉 재판기능과 관련하여 아레오파고스 의회는 [임용자격] 심사를 받은 아르콘(dokimasthentes)으로 구성됨이 그것이다.

립시우스는 데모스테네스[LIX, 83][T.92]에서도 현직 아르콘이 아레오파고스에 참석한 것이 증명된다고 생각하였다.[61] 9명의 아르콘이 종교적 제사와 관련하여 아레오파고스로 올라갔는데 거기서 테오게네스(Theogenes)의 신성모독에 관한 문제가 거론되었다. 테오게네스는 바실레우스를 지냈는데, 적법한 아테네 시민 출생이 아닌 네아이라(Neaira)의 딸을 부인으로 삼았고, 그녀로 하여금 제사를 관장토록 하였으므로, 신성모독으로 고발되었다. 테오게네스는 부인의 출생에 대해 알지 못하였다고 변명하고, 아레오파고스에서 내려오는 즉시 부인을 집에서 쫓아버렸으며, 그를 기만하여 부인을 소개해 준 스테파노스(Stephanos)를 모종의 위원회로

---

61) J.H. Lipsius, "Die Archonten im Areopag", p.152.

부터 축출하였다. 필리피(A. Philippi)는 아레오파고스로 올라간 이 9명의 아르콘들은 임기를 막 끝낸 사람들로 아레오파고스 의원이 되기 위하여 올라간 것이라고 주장하였다.[62] 그러나 립시우스에 따르면, 테오게네스가 아레오파고스에서 내려왔을 때 아직 스테파노스를 축출할 권한을 갖고 있었으므로 그는 전직이 아니라 현직 아르콘이었다는 것이다.[63]

이렇게 하여 현직 아르콘들도 전직 아르콘과 같이 아레오파고스 의회에 참석하였던 것으로 볼 수 있다. 그러나 이 사실은 이들이 반드시 '아레오파고스 의원'이라는 명칭으로 불렸다는 것을 의미하는 것은 아니다. 즉 아레오파고스의회[혹은 의원]에 '올라간다(anabaino : aneimi)' '동참한다(metecho)' '합쳐진다(prostithemai)'의 표현들은 반드시 주체가 아레오파고스 의원이라거나 그러한 신분을 획득한다는 사실을 의미하는 것이 아니라, 단순히 아레오파고스 의회[혹은 의원]에 참석한다는 것을 의미할 수 있다는 것이다.

여기서 이러한 표현들이 사용되고 있는 사료들을 다음과 같이 세 범주로 나누어 볼 수 있다. 즉 i) 전직 아르콘에 관한 것, ii) 현직 아르콘에 관한 것, iii) 전직인지 현직인지 하는 것이 분명치 않는 것이 그것이다.

i) 전직 아르콘에 관한 것

데모스테네스, XXII, Hypotheses[T.97b]; "[테스모테타이들은] 1년 후에 다시 그 해 잘 통치했는가에 대해 심사를 받고 만일 바르게 통치한 것으로 드러나면 아레오파고스 의원들의 의회에 첨가된다."

폴리데우케스, VIII, 118[T.182]; "9명의 아르콘들은 해마다 행정감사를 통과한 후 아레오파고스 의원들의 의회에 합쳐진다. 노천에서 [살인사건을] 재판한다."

베커(Bekker), *Anecdota Graeca*, I, 311, 9[T.56]; "아레오파고스에 관하여 : 이것은 살

---

62) A. Philippi, *Der Areopag und die Epheten*, p.166.
63) J.H. Lipsius, "Die Archonten im Areopag", p.152.

인에 관한 재판, 그리고 약물과 불에 탄 것 등을 재판하는데 여기에는 잘 통치한 테스모테타이로 감사를 통과한 사람들이 올라갔다."

ii) 현직 아르콘에 관한 것

데모스테네스, XXII, Hypotheses[T.97b] ; "약간의 변론가들이 말하고 있듯이 매해 9명의 아르콘들이 여기[아레오파고스 의회]에 합쳐졌다. 약간의 다른 변론가들은 오직 6명의 테스모테타이만이 합쳐졌다고 한다."

데모스테네스, XXIV, 22[T.84] ; "[불법적인 것으로 문제가 된 법률에 관련하여] 만일 프리타네이스(Prytaneis)들이 규정대로 민회를 소집하지 않거나 의장들이 규정대로 처리하지 않을 때, 프리타네이스들은 각각 1천 드라크마의 벌금을 아테네 신전에 바쳐야 하고 의장들은 1백 드라크마의 벌금을 아테나 신전에 바쳐야 합니다. 그리고 이들에 대한 고발은, 관직자 가운데 누가 공적 채무가 있으면서 관직에 있는 것과 같은 경우, 테스모테타이들에게 행해집니다. 테스모테타이들은 고발된 자들을 법에 따라 재판소로 이양하는데 이것을 게을리하면 법의 수정을 방해한 자로 간주되어 아레오파고스에 올라가지 못합니다."

데모스테네스, XXVI, 5[T.86] ; "한편으로 관직자들 가운데 누가 [민회에서] 비난 받게(apocheirotonia) 되면 당장 집무를 중지하고 관리가 쓰는 관을 벗게 됩니다. 다른 한편 테스모테타이들은 아레오파고스에 올라갈 수 없게 되고 당신들 [민중재판소의 재판관들]의 결정에 복종하여야만 합니다."

데모스테네스, LIX, 80[T.92] ; "제식이 거행되어 9명의 아르콘들이 정해진 날들에 아레오파고스에 올라갔을 때 곧바로 그 곳에 아레오파고스 의회(the boule in the Areopagos)가, 신성에 관한 다른 모든 사무에도 도시의 중요한 위치에 있음으로 하여 …"

필로코로스, FGH, 328, F.64[T.199] ; "아르콘들이 관을 쓰고 아레오파고스로 올라간다. 법률수호자들(nomophylakes)은 흰 두건을 두르고 9명의 아르콘들 반대편 자리에 앉아서 아테나 여신에 대한 제식을 주관한다."[64]

---

64) W.S. Ferguson["The Laws of Demetrius of Phalerum and their Guardians"(Klio, XI, 1911), p. 275, n.4]은 '관을 쓴' 아르콘은 전직 아르콘을 의미한다고 주장하였다. 실제로 아테네인

iii) 전직인지 현직인지 분명하지 않는 것

『아테네 국제』, LX, 3[T.43]; "아르콘은 1년간의 산물[올리브 기름]을 모아서 아크로폴리스(Akropolis)의 회계관들에게 납부한다. 그리고 모든 양(量)을 회계관들에게 납부하기 전에는 아레오파고스에 올라가지 못한다."

플루타르코스, Solon, XIX, 1[T.165]; "[솔론은] 해마다 아르콘들이 아레오파고스 의회에 참석하도록 하였으며 솔론 자신도 또한 아르콘직에 있었으므로 이에 동참하였다."

플루타르코스, Pericles, IX, 3~4[T.164]; "[민중을] 이용하여 아레오파고스 의회를 공격하였는데, 그[페리클레스]는 추첨을 통하여 [수석]아르콘이나 테스모테타이나 바실레우스나 폴레마르코스를 뽑힌 적이 없었으므로 아레오파고스 의회에 동참하지 못하였다. 이 관직들은 옛부터 추첨으로 뽑혔고 자격심사를 받은 사람들은 아레오파고스로 올라간다."

리시아스, XXVI, 11[T.149]; "만일 그[에완드로스]가 이 관직[수석 아르콘]에 오르면 자의로 통치할 것이며, 이후 언제까지나 아레오파고스에 참가하여 모든 중요한 사무에서 통제권을 행사할 것입니다. 그러므로 당신들은 다른 관직에서 보다 이 관직의 자격심사(dokimasia)를 더 엄격하게 하여야 할 것입니다."

크세노폰, Apomnemoneumata, III, v, 20[T.155]; "오, 페리클레스! 아레오파고스 의회에는 자격심사를 받은 사람이 참가하는 것이 아닌가?"

이소크라테스, VII, 38[T.122]; "지금 관리선거와 자격심사에 관한 것이 무용화됨으로써 다른 사무에서는 참을 수 없을 정도로 일처리를 하는 관리들도 아레오

들은 직책을 훌륭히 끝낸 아르콘들에게 관을 수여하기도 하였다. 그러나, 아테네인들은 관을 여러가지 경우에 썼고 '관을 썼다'는 사실은 반드시 '전직'을 의미하는 것은 아니다. 축제 때 관을 쓴 경우는 참고, Phanodemos, FGH, 325, F.11. 관을 쓴 현직 아르콘의 경우는 참고, Ath. Pol. LVII, 4[T.42]; "왕은 재판을 할 때 관을 벗는다": Dem. XXVI, 5[T.86]; "…아르콘 가운데 누가 고발당하면, 즉각 직책을 그만 두고 관을 벗는다 …": Aischines, I, 19; "아테네 사람 가운데 누가 간음을 하면, 9명의 아르콘이 될 수 없다. 내 생각에 그 이유는 이 관직이 관을 쓰는 것이기 때문이다."

파고스에 올라갈 때는 그들의 본성을 억제하고 그들 자신의 나쁜 성질보다 합법성에 의거하는 것을 볼 수 있습니다. 공포가 이 비천한 자들을 지배하는데 이것은 이 장소에 남겨진 덕과 지혜에 대한 추억으로부터 나옵니다."

이소크라테스, XII, 154[T.124] … ; "[스파르타(Sparta)의 리쿠르구스(Lycourgos)는] 모든 사무를 감독하는 장노의 선출이, 그들 스스로 말하고 있듯이 우리들[아테네인] 조상들이 아레오파고스에 올라가는 사람들에 대해 시행한 것과 같이, 신중하게 이루어지도록 입법하였으며, 더구나 우리들의 의회[아테네의 아레오파고스 의회]가 가지고 있는 것과 같은 세력을 이 장로들에게 부여하였습니다."

이상에서 열거한 바와 같이 '올라간다' '동참한다' '합쳐진다'의 표현들이 현직이나 전직 아르콘에 대해 사용되고 있다. 특히 현직 아르콘들에 대해 사용될 때는, 반드시 이들이 아레오파고스 의원이란 명칭으로 불리었다는 [혹은 되었다는] 것을 의미하는 것은 아니다. 이것은 아레오파고스에 '올라간다'라는 표현이 전직이나 현직 아르콘에게만이 아니라 일반 시민들에게도 사용되는 것으로부터도 증명된다. 리시아스[X, 11][T.146]에 한 원고는 부친을 살해했다고 비난함으로써 고발한 피고에 대해 다음과 같이 말하고 있다.

이 사람은 태만과 무기력으로 인해 아레오파고스에도 [살인사건의 재판과 관련하여] 올라가지(anabebekenai) 못한 것으로 나[즉 원고]는 생각합니다.

또한 '올라간다'라는 동사는 아레오파고스뿐 아니라 아크로폴리스에 대해서도 사용되고 있다.[65] 따라서 '올라간다'라는 표현이 반드시 어떤 자격을 획득하는 의미로 쓰인 것은 아니라는 것이다.

실제로 현직 아르콘과 아레오파고스 의회 사이의 협력을 보여주는 예들이 있다. 리시아스[VII, 22][T.145][66]에 의하면 "9명의 아르콘과 또다른

---

65) Demetrios Phalereas, *FGH*, 228, F.5 : Philochoros, *FGH*, 328, F.67.

아레오파고스로부터의 사람들"이 신성한 올리브 나무를 보호하는 권한을 가지고 있었다. 또한 데모스테네스[LIX, 80][T.92]에 따르면, 9명의 아르콘들이 제식과 관련하여 아레오파고스에 올라갔을 때 아레오파고스 의회가 열렸고, 거기서 테오게네스의 신성모독 문제가 거론되었다. 또한 후의 헬레니즘(Hellenism) 시대와 로마 시대에 속하는 금석문에는 현직 아르콘들과 "아레오파고스 의회에서 파견된 사자(使者)"들이 함께 기록되고 있는데,[67] 이것은 현직 아르콘과 아레오파고스 의회간의 모종의 협력이 이루어지고 있었던 것으로 볼 수 있다.

한 가지 덧붙여 언급해 둘 것은 아레오파고스에는 전직이나 현직 아르콘뿐 아니라 법률수호자들(nomophylakes)[68]이나 일반 시민들이 올라가기도 하였다는 사실이다. 필로코로스[FGH, 328, F.64][T.199]는 법률수호자들이 아레오파고스로 올라갔다는 것을 다음과 같이 전하고 있다.

> 아르콘들은 관을 쓰고 아레오파고스에 올라갔다. 법률수호자들은 흰 두건을 두르고 아르콘들의 맞은편에 앉아서 아테나(Athena)여신에 대한 제식을 주관한다.

아노니무스 아르겐티넨시스(Anonymus Argentinensis)의 필사본에서도 또한 테스모테타이들과 법률수호자들이 분명치는 않지만 아레오파고스와 어떤 관계를 가지고 있는 것처럼 보인다.[69]

더구나 기원전 4세기 후반 시민이 아레오파고스 의원들과 함께 회합

---

66) Ath. Pol. LX, 2~3[T.43] 참조.
67) SIG⟨3nd ed.⟩, 697 : IG, II~III⟨2nd ed.⟩, 1077, 1717, 1718, 1720, 1721, 1722, 1723, 1728, 1736.
68) Philochoros, FGH, 328, F.64[T.199].
69) B. Keil, Anonymus Argentinensis(Strassburg, 1902)[U. Wilcken, "Der Anonymus Argentinensis" (Hermes, XLII, 1907), p.412에서 재인용]. Wilcken은 테스모테타이들이 아레오파고스에 참석하였다고 본다. J. Starker [De Nomophylacibus Atheniensium(Breslau, 1880), p.11ff ; W.S. Ferguson, "The Laws of Demetrius Phalerum and their Guardians", p.275, n.4에서 재인용]는, Philochoros의 단편[FGH, 328, F.64][T.199]을 근거로, 테스모테타이와 법률수호자들이 아레오파고스에 올라갔다고 생각하였다.

한 예가 있다. 아이스키네스(Aischines, I, 81~84)[T.9]에 따르면, "아레오파고스 의회(the boule in the Areopagos)가 민중과 자리를 함께 하였다." 여기서 아레오파고스 의원이었던 아우톨리코스(Autolykos)가 연설하는 가운데 시민이 조롱하면서 웃었을 때 피란드로스(Pyrrhandros)가 시민들을 질책하면서 다음과 같이 말하였다.

> 아레오파고스 의회(the boule from the Areopagos)가 함께 자리하고 있는데 웃다니 부끄럽게 생각하지 않습니까?

아레오파고스 의회와 민중이 합석한 이 회의의 장소가 어디였는가 하는 것은 문제가 될 수 있다. 주의할 점은 민회는 반드시 프닉스(Pnyx)에서만 열렸던 것은 아니고, 다른 장소에서도 열리곤 하였다. "민중과 함께 자리하였다(prosodon poioumenes pros ton demon)"라는 표현은 반드시 아레오파고스 의회가 민중의 민회가 열리는 장소로 갔다는 것을 의미하는 것이 아니라 단순히 합석하였다는 것을 의미한다. 따라서 이들이 합석한 이 집회장소는 아레오파고스일 가능성도 있는 것이다. 위의 '아레오파고스에서(in the Areopagos)'라는 표현이 바로 그것을 뒷받침한다. 반대로 아레오파고스 의회(the boule from the Areopagos)가 민회가 열리는 곳으로 가서 함께 참석한 경우에는 "having the boule from the Areopagos in the demos (ten ex Areiou Pagou boulen echontes en to demo)"라 하여 'in the demos'라고 표현되기 때문이다.[70] 후대 신약성경 사도행전[XVII, 19 : 21~22 : 33~34][T.127]에 전하는 바에 따르면 아테네인들은 파울(Paul)이 새로운 종교[기독교]에 대해 하는 연설을 듣기 위하여 아레오파고스로 올라갔는데 이들 가운데에는 한 아레오파고스 의원 디오니시오스와 한 여인 다마리스(Damaris) 등이 있었다고도 한다.

---

70) Ploutarchos, *Phokion*, XVI, 3.[T.168]

4 아레오파고스 의회의 권한

1) 솔론 시대 아레오파고스 의회 권한의 강화

솔론입법이 아레오파고스에 미친 영향에 대해서는 견해가 각각 다르다. 솔론 개혁이 이 제도에 크게 영향을 미쳤다고 생각하기도 하고 그렇지 않은 것으로 보기도 한다.

그 영향이 크지 않다고 생각한 역사가들 가운데서도 두 가지 상이한 견해가 있다. 솔론을 전후한 시대에 아레오파고스 의회의 세력의 강약에 대해 견해를 달리하기 때문이다.

하나는 솔론 이전에 아레오파고스의 세력은 크지 않았고 솔론의 개혁에 의해서도 증가하지 않았다고 하는 주장이다. 마이어(E. Meyer)는 아레오파고스는 그 권위가 약히였고, 솔론의 개혁에 의해시도 400인 불레의 소위원회 위원들(prytaneis)과 민회가 정권을 행사하였다고 믿었다.[1] 더구나

---

1) Ed. Meyer, *Geschichte des Altertums*, v.2, p.354, v.3, pp.608~610.[이 책 38쪽 참조] 마이어는 솔론 이전에는 나우크라로이들이 정권을 행사하였다고 한다.

루셴부쉬(E. Ruschenbusch)와 실리(R. Sealey)는 아레오파고스뿐 아니라 솔론 시대 국가의 권력 자체가 강하지 않았다고 생각하였다.[2]

다른 하나는 위의 견해와는 반대로 솔론 이전에 아레오파고스의 권한이 강하였으며 솔론개혁에 의해서도 크게 감소되지 않았다는 것이다. 빌라모비츠에 따르면, 드라콘과 솔론의 입법에 의해서 아레오파고스의 권한이 일부 제한되기는 하였지만 민중과 400인 불레는 솔론의 개혁 직후에는 아직 아레오파고스의 권위를 능가하지 못했다고 주장하였다.[3]

한편 솔론의 개혁이 아레오파고스의 권위에 미친 영향이 크다고 생각하는 역사가들이 있다. 이들 가운데서도 의견이 각각 다르다. 일부에서는 아레오파고스 의회의 권한이 증가하였다고 하기도 하고, 반대로 강했던 권한이 축소되어 아르콘들·민회·헬리아이아 재판소 등으로 넘어갔다고 주장하기도 한다.[4]

이렇게 솔론시대 아레오파고스의 권한에 관해 여러가지 상반된 견해가 있어왔다. 이 시대 아레오파고스 의회의 활동에 관한 사료가 충분하지 않아 자연히 추측이 차지하는 범위가 크기 때문이다. 솔론을 전후한 시대 아레오파고스의 권한에 대해 전하는 주요사료는 『아테네 국제』이다. 이 곳에는 솔론 이전시대(T.33)처럼 솔론 이후에도 아레오파고스가 법률수호 등의 기능을 가진 것으로 나타나 있다.[5] 이 사료에 근거하여 저자는, 그 전부터 있어온 법률수호(nomophylakia)와 정치체제 보호(e phylake tes politeias)에 관한 아레오파고스 의회의 권한이 솔론의 입법에 의해 강화되었

---

2) 이 책 43쪽 부터 참조.
3) 이 책 34~35쪽 참조. V. Ehrenberg [*From Solon to Socrates*(London, 1968), p.67]도 또한 솔론시대에 아레오파고스 의회와 민회, 아르콘들 사이의 권력관계에서는 큰 변화가 일어나지 않았다고 한다.
4) 증가되었다고 추측하는 학자들은 G. Grote[이 책 32쪽] : G. Gilbert와 Th. Thalheim[이 책 34쪽]. 감소되었다는 견해는 G. Busolt·H. swoboda[이 책 37쪽] : A. Ledl[이 책 39쪽].
5) 이 책 바로 아래 부분 참조.

을 가능성이 있다는 점을 지적하고자 한다.

아레오파고스의 법률수호와 정체보호에 관한 권한의 구체적 변화과정은 『아테네 국제』의 다음과 같은 기록에서 살펴볼 수 있다.

   a. 드라콘 이전의 시대 : "아레오파고스 의원들의 의회는 법을 수호하고 도시의 많고 중요한 사무를 처리하는 권한을 가졌으며, 질서를 어지럽히는 모든 사람들을 벌하고 벌금을 징수하는 데 절대적 권한을 가지고 있었다."[T.33]

   b. 드라콘 시대 : "아레오파고스 의회는 법을 수호하고 관리들이 합법적으로 통치하도록 감독하였다. 그리고 억울함을 당한 자는 해당되는 법조문을 지적하면서 아레오파고스 의원들의 의회에 고소(eisangellein)할 수 있다."[T.34]

   c. 솔론시대 : "[솔론은] 아레오파고스 의원들의 의회로 하여금 법률을 수호하도록 하였다. 따라서 아레오파고스 의원들의 의회는 그 이전과 같이 정체의 수호자였으며, 또한 다른 많고 중요한 정치적 권한을 보유하였다. 또 잘못한 사람을 조사하고 벌금을 부과하고 벌하는 데 절대적 권한을 가지고 있었다. 또한 징수의 이유를 밝히지 않고도 징수금을 아크로폴리스(Acropolis)로 거두어들였다. 또한 민중을 해체하는 데 공모한 혐의자들을 재판하였는데 솔론은 이들에 대해 에이산겔리아법을 마련하였다."[T.36]

위의 세 사료에서 아레오파고스는 드라콘 이전부터 법률수호권을 가지고 있었고, 드라콘과 솔론 입법에 의해서도 이것이 보존되었다는 것을 알 수 있다. 이렇듯 법률수호권은 아레오파고스가 전통적으로 가진 권한, 즉 '파트리아(patria)'로 간주될 수 있다.[6]

야코비(Jacoby)와 월리스(Wallace)는 드라콘 이전에는 성문법이 존재하지 않았기 때문에 아레오파고스의 법률수호권도 드라콘 이전에는 존재하지 않았다고 믿었다.[7] 월리스는 『아테네 국제』(III, 6)[T.33]의 드라콘 이전에

---

6) Diod.[T.100] 참조.
7) F. Jacoby, *FGH*, v.3b, Supple.i, p.113 : R.W. Wallace, *The Areopagos Council, to 307 B.C.*, pp. 45, 59~60.

아레오파고스가 법률수호권을 가지고 있었다는 기록은 시대착오적인 것으로 실제로 이 내용은 솔론 이후에 해당한다고 주장하였다. 즉 '법률'이라는 개념은 드라콘 이전이 아니라 솔론 이후에 나타난 '정치체제 수호권(e phylake tes politeias)'에 관련한다는 것이다.

그러나 이 법률수호권은 성문법에만 한정된 것이 아니라 관습이나 불문법에도 적용될 수 있다는 점에 주의할 필요가 있다.[8] 성문법이 없었던 시대에는 더욱더 그러하다. 더구나 불문법에 대한 법률수호권은 아레오파고스로 하여금 어느 정도 입법의 여지까지 갖게 하였다는 점도 고려하여야 한다. 불문법을 보호하고 해석함으로써, 새로운 규정을 만들 수 있는 소지가 있었기 때문이었다. 이것은 특히 민주정이 발달하기 이전, 그리고 기원전 4세기에서와 같이 입법자들(nomothetes)에 의한 입법절차가 수립되기 이전에 그러하였다. 오스트왈드는 기원전 411~403년 법률의 재정비가 이루어지기 전, 그리고 기원전 403년 아르콘들에게 성문법만을 지키도록 하는 법률이 생기기 전에 불문법의 중요성은 더 컸다고 생각하였다.[9] 또한 법률수호권은 정치적인 면뿐만 아니라 사회·종교 등의 분야에 광범하게 적용된 것으로 보인다. 즉 태만[T.166], 신성모독[T.92, 145, 204], 윤리와 청년교육[T.122, 159] 등에 관한 것이 그것이다.

---

8) Dem. XXIII, 70[T.83].[참고, G.F. Schömann · J.H. Lipsius. G.F. Schömann, *Griechische Alterthümer*⟨4th ed.⟩, v.1⟨*Das Staatswesen*⟩(Berlin, 1897), p.357 ; [아레오파고스의 권한에 관하여] "zum nicht geringen Theile sich mehr auf Gewohnheitsrecht als auf gerchriebenes Gesetz gründeten"이라고 함 : R. Hirzel, *Agraphos Nomos*(Leipzig, 1900 : *Abhandl. d. König. Sach. Gesellsch. d. Wisensch., phil. -hist. Cl.*, XX, n.1), p.44 : *Nomos and the Beginnings of the Athenian Democracy*(Oxford, 1969), pp.20~54 : M. Ostwald, "Was there a concept 'agraphos nomos' in classical Greece ?"(in *Exegesis and Argument : Studies in Greek Philosophy presented to G. Vlastos*, ed. E.N. Lee, A.P.D. Mourelatos & R.M. Rorty, Phronesis Supple. I, 1973, Assen Van Forcum), 94.

9) M. Ostwald, *The Unwritten Laws and the Ancestral Constitution of Ancient Athens*(Diss. Columbia U., 1952), p.189.

어쨌든 솔론 이전에는 국가권력이 후대보다 약하였고, 사법권도 더 소극적이었을 가능성이 있다.[10] 루쉔부쉬는, 도시국가의 사법권은 솔론 이후에 더 강화되었다고 주장하였다.[11] 그렇다면 법률수호에 관한 아레오파고스의 사법권도 솔론 이전보다 그 후에 더 강화되었다고 할 수 있는 것이다.

이러한 관점에서 『아테네 국제』에 있는 드라콘 이전과 솔론 시대에 관한 내용을 상호 비교할 필요가 있다. 드라콘 이전에 아레오파고스 의회는 법을 수호하고 도시의 많고 중요한 사무들을 처리하는 권한을 가졌으며, 질서를 어지럽히는 사람들을 벌하고 벌금을 징수하는 데 절대적인 권한을 가지고 있었다고 되어 있다. 반면에 솔론 시대에는 과거부터 소유해 온 정치체제를 보호하는 권한 이외에도 다른 많고 중요한 정치적 권한을 보유하였다(dieterei)고 한다. 이 "다른 많고 중요한 정치적 권한들"이 그 이전부터 아레오파고스 의회가 가지고 있던 것인지 아닌지는 명백하지 않다. 동사 '보유하다(diatero)'는 이 권한이 과거에서부터 계속된 것인지 솔론 시대에 획득된 것인지를 구분하는 데 도움을 주지 않는다. 그러나 '정치적(politikon)'이라는 용어가 솔론 시대에 대해 처음으로 사용되고 있으므로, 아레오파고스가 관계하고 있던 "도시 내의 많고 중요한 사무들", 즉 정치적인 것뿐 아니라 사회적 · 종교적 사무 등을 포함하는 업무 가운데 특히 정치적 기능이 솔론 시대에 강화되었음을 의미하는 것으로 해석할 수는 있다.[12] 또한 아레오파고스 의회는 민중을 해체하는 데 공모한

---

10) E. Ruschenbusch, *Untersuchungen zur Geschichte des Athenischen Strafrechts*, p.15 ; 'negatives Strafrecht'라고 표현함 ; R. Sealey, *A History of the Greek City-States ca 700~338 B.C.*, p.112.
11) E. Ruschenbusch, *Untersuchungen zur Geschichte des Athenischen Strafrechts*, p.15.
12) B. Keil[*Die Solonische Verfassung in Aristoteles Verfassungsgeschichte Athens*(Berlin, 1892), 104~105]은 "다른 많고 중요한 정치적 권한들을 가졌다"는 표현은 아레오파고스가 옛부터 가진 권한에 관한 것이며 아레오파고스 의회 권한의 증가는 *Ath. Pol.* VIII, 4[T.36]에

혐의자들에 대한 에이산겔리아를 재판하는 전에 없던 권한을 가진 것으로 되어있다.[13]

이외에도 역사가들은 아레오파고스 의회가 클레이스테네스나 에피알테스 시대까지 아르콘들에 대한 임용자격심사(dokimasia)와 임기가 끝난 후의 행정감사(euthyna)와 회계감사(logos) 등의 권한을 소유하였다고 믿기도 한다. 그러나 아레오파고스가 이러한 권한을 가지고 있었다는 것을 증명하는 명확한 사료는 거의 없으며, 이에 대한 역사가들의 견해도 서로 일치하지 아니한다.

2) 민중해체에 대한 에이산겔리아

아레오파고스는 솔론 이전에도 이후와 마찬가지로 에이산겔리아(고발조처)에 관한 권한을 가진 것으로 되어 있지만 구체적인 내용상 차이가 있다는 점을 지적할 수 있다. 『아테네 국제』에 따르면 이미 드라콘 시대에 아레오파고스 의회는 억울한 일을 당한 사람들을 위해 에이산겔리아 사건을 재판하는 권한을 가지고 있었던 것으로 나타난다. 그러나 민중을 해체하는 혐의에 대한 에이산겔리아는 솔론이 처음으로 만들었다고 되어

언급되는 재판권에서 나타난다고 생각하였다.
13) C. Hignett [A History of the Athenian Constitution, pp.127~8, 208~9]는, 아레오파고스가 위법한 아르콘들과 정체를 전복하려는 음모자들을 재판하는 권한을 가지고 있었으나, [민회의] 불법적 결정이나 조령을 거부하는 권한은 가지고 있지 못했다고 주장하였다. 반대로 Wallace [The Areopagos Council, to 307 B.C., p.59ff]는 아레오파고스의 법률수호권은 법과 정치체제의 보호에 관련하고 있으므로 민회의 불법적 결정을 무효화할 수 있는 권한을 포함하는 것이라고 하였다.

있다.[T.36] 저자는 에이산겔리아에 관한 아레오파고스 의회 권한의 이러한 증가가 바로 정치체제를 적극적으로 보호하고 각 정부기관의 기능을 강화하려 했던 솔론의 의도를 보여주는 것이 아닌가 하고 생각한다.

많은 학자들은 『아테네 국제』에 근거하여, 아레오파고스 의회가 드라콘이나 솔론 시대부터 에이산겔리아에 관한 재판권을 가지고 있었다는 것을 인정한다.[14] 그런데 한센과 맥도웰은 이러한 『아테네 국제』의 기록은 신빙성이 없는 것으로 솔론이 민중해체에 관한 에이산겔리아 재판권을 아레오파고스 의회에 부여하였다는 것은 사실이 아니라고 믿는다.[15] 이들은 민중해체에 대한 에이산겔리아는 후대에 창설된 것이지만 솔론 시대의 것으로 가탁되었다는 것이다. 이러한 이론의 근거로서 '민중해체'라는 표현은 주로 기원전 [5세기나] 4세기에 와서야 사용되며, 솔론 시대의 정치체제에 대한 위협은 보통 '참주정'으로 표현되고 있다는 점을 들고 있다.

한센(H. Hansen)은 솔론 시대 아레오파고스 의회가 몇 가지 부정사건을 재판하였지만 에이산겔리아법은 이 때 아직 존재하지 않았을 것이라고 추측하였다. 솔론 시대 아레오파고스가 에이산겔리아 사건을 재판하였다는 『아테네 국제』의 기록은 기원전 4세기의 저술가들이 솔론을 더 민주적인 정치가로 윤색하기 위하여 창조해낸 허구라고 믿었다.[16] 한센에 따르면, 에이산겔리아 제도는 민주적인 것이므로 민주정이 발달되었던 클레이스테네스 시대에 창조된 것이며, 처음부터 아레오파고스가 아니라 민회나 재판소에서 담당하였다는 것이다.

---

14) U.v. Wilamowitz · Möllendorff, *Aristoteles und Athen*, v.2, p.190 : C. Hignett, *A History of the Athenian Constitution*, p.90 : P.J. Rhodes, "*Eisangelia in Athens*"(JHS, XCIX, 1979), p.104.
15) M.H. Hansen, *Eisangelia*〈Odense U. Class. Stud. VI〉(Odense, 1975), pp.17~19 : D.M. MacDowell, *The Law in Classical Athens*, pp.28~29.
16) M.H. Hansen, *Eisangelia*, pp.17~19.

반면에 로즈는 『아테네 국제』의 기록이 전혀 근거없는 것은 아니라고 생각한다.[17] 그는 솔론 시대 정치체제에 대한 위협이 주로 '참주정 수립'[18]으로 표현되고 '민중해체'라는 표현은 기원전 4세기에 와서야 흔하게 사용된다는 점을 인정하였다. 그러나 그는 솔론 시대 아레오파고스가 민중해체에 관련된 모종의 재판권을 가지고 있었다고 생각하였는데, 그 이유는 이 당시 반참주적 경향이 강하였기 때문이라는 것이다. 여기서 로즈는 '민중해체'를 '참주정 수립'과 같은 개념으로 파악하고 있다는 것을 알 수 있다. 이어서 그는 이러한 재판절차에 대해 에이산겔리아라는 표현 자체가 솔론 시대에 이미 사용되었는지 아닌지 하는 것은 중요한 문제가 아니라고 하였다.

이러한 로즈의 견해가 전적으로 옳은 것은 아니다. '민중해체'와 '참주정 수립'을 언제나 같은 개념으로 파악할 수는 없기 때문이다. '민중해체'는 민중세력의 붕괴를 의미하며, 이것은 반드시 참주정 수립에 의해서만 이루어지는 것은 아니다. 즉 민중해체가 그 다음의 결과로 참주정 수립을 동반할 수 있다는 점에서 두 용어는 비슷한 것이 될 수도 있다. 그러나 민중해체가 반드시 참주정 수립을 동반하는 것은 아니며, 과두정이 수립될 수도 있는 것이다.[19]

더구나 솔론 개혁이 이루어지던 당시에는 과두파의 위협이 참주보다 더 컸다는 점을 지적할 필요가 있다.[20] 솔론 입법은 참주의 위협을 방지하기 위한 것이 아니라, 빚에 쪼들리는 민중을 해방시키기 위한 것이었다. 『아테네 국제』(V, 1-2)에는 "많은 사람들이 소수를 위해 종살이 하였으므로 민중은 상류층에 대항하였고, 분쟁이 극심해지고 서로 간의 대립이

---

17) P.J. Rhodes, "*Eisangelia in Athens*", p.104.
18) 『아테네 국제』, XVI, 10 참조.
19) 이 책 211~212쪽 참조.
20) *Ath. Pol.* II, V, VI 참조.

장기간에 걸쳤으므로 이들은 함께 중재자로서 솔론을 아르콘으로 뽑아 정사(政事)를 그에게 위임하였다"고 하고, 또 같은 책(VI, 2)에 따르면, 솔론의 입법은 소수 부유층에 대한 부채에 허덕이는 민중을 해방시키고 민중과 상류계층(gnorimoi) 사이의 분쟁과 내란을 방지하기 위한 것이었다고 한다. 즉 솔론입법은 참주출현을 방지하기 위한 것이 아니라 일부 부유층의 특권을 제한하기 위한 것으로 나타난다. 따라서 참주로부터의 위협을 전제로 하는 것이 아니라는 것을 알 수 있다. 『아테네 국제』(XI, 2)에는 오히려 솔론이 민중이나 상류층 가운데 어느 한편과 결탁함으로써 참주가 될 수도 있었지만 그렇게 하지 않았으므로 두 편 모두로부터 미움을 받았다고 한다.

솔론은 매우 연로했을 때 페이시스트라토스의 참주정에 항거하였다 (561~60 B.C.)고 전한다.[21] 그러나, 이 사실은 솔론 입법 당시에 이미 참주파의 위협이 강했다는 것을 반드시 의미하는 것은 아니다. 페이시스트라토스의 참주정은 솔론 입법 이후에 진척된 정치·사회적 변화의 결과로 간주할 수도 있기 때문이다. 더구나 아테네 민중은 페이시스트라티다이 가문의 초기 참주정에 대해 호의적이었고, 또한 이 시기 반참주법은 관대한 것이었다고 전한다.[22]

기원전 636년 혹은 632년 아크로폴리스를 장악하려 했던 킬론(Kylon)의 음모[23]는 아테네에서의 참주정 수립의 첫번째 시도로 간주된다. 그러나 실패로 끝난 킬론의 음모는 이 시기 참주정 수립의 위협이 존재하였

---

21) Ath. Pol. XIV, 2 : Ploutarchos, Solon, XXX, 4.
22) Ath. Pol. XVI, 10 참조.
23) J. Beloch[Griechische Geschichte, v.1, part 2, p.302ff]는 킬론의 음모를 솔론 이후인 550년 경에 일어난 것으로 보고 있으나 이러한 견해는 일반적으로 받아들여지지 않고 있다. 이 문제에 관한 여러가지 견해에 대해서는 H. Bengtson, Griechische Geschichte〈5th ed.〉 (München, 1977), p.120, n.2 참조.

다는 사실뿐 아니라 참주적 집권에 대한 반발이 상당히 강하였다는 것을 함께 의미한다. 특히 분권을 지향하고 국가권력에 복종하기를 거부하는 과두파들에게는 어떤 정도로든지 국가 정치권력의 증가는 참주적인 행위로 간주될 수 있다. 킬론의 시도가 실패하였다는 것은 바로 반참주적인 기풍이 얼마나 강하였는가 하는 것을 반영한다.[24] 위에서 말하였듯이, 솔론 시대에는 오히려 과두파의 세력이 참주위협보다 더 컸던 것이다.[25] 따라서, 저자는 '민중해체'에 대한 솔론의 에이산겔리아법도 또한 이러한 과두파들의 위법이나 국가권력으로부터의 이탈을 제지하려는 목적으로 만들어진 것이 아닌가 한다.

솔론은 정치체제를 보호하는 권한, 즉 민중해체에 대한 에이산겔리아 재판권을 아레오파고스 의회에 부여하였다. 이 시대 아레오파고스 의회는 여러 정치기구들 가운데 상대적으로 그 권위가 컸기 때문이었다. 솔론은 아레오파고스 의회의 구성원들을 변화시켰고, 거기에다 정치체제를 보호하는 새로운 기능을 부여하였다. 그러나 과두파들의 세력은 강하였고, 또한 여전히 상류계층으로 구성되던 아레오파고스 의회[26]는 솔론과 민중의 기대에 부합하지는 못했다. 따라서 민중해체에 관한 에이산겔리아법도 잘 활용되지 못하였으므로 마치 존재하지 않은 것과 같았는지도 모른다. 따라서 일부 역사가들은 『아테네 국제』의 분명한 증거에도 불구

---

24) 같은 식으로 과두파의 정체에 대한 위협이 크게 존재하지 않았던 기원전 4세기 과두파에 대한 두려움이 전보다 더 자주 언급되고 있는 이유를 생각해 볼 수 있다. 이것은 실제로 과두파의 반(反)민주적 경향이 존재하였다는 것뿐 아니라 과두파에 반대하는 민중의 세력이 더 강하였다는 것을 의미하기도 한다.[기원전 4세기 '민중해체'라는 개념이 더 흔하게 사용된 데 대해서는 이 책 115쪽 참조]
25) '민중해체'라는 개념이 과두적 경향뿐 아니라 참주적 경향을 함께 포함할 수도 있다는 점에 관해서는 이 책 213쪽 참조.
26) 참고, H.T. Wade·Gery, "Eupatridai, Archons and Areopagus", p.78 : G.L. Cawkwell, "nomophylakia and the Areopagus"(JHS, CVIII, 1988), p.6ff.

하고 솔론 시대에는 이 법이 존재하지 않았던 것으로 생각하게 되었다.

3) 아레오파고스 의회와 민주적 정치기구들

 이상에서 서술한 내용에 따르면, 솔론 개혁에 의해 정치체제를 보호하는 아레오파고스의 권한은 강화되었다. 여기서 보수적 정치기구였던 아레오파고스의 기능이 강화되었다는 사실이 솔론 개혁의 민주적 성격과 어떻게 부합하는가 하는 것이 문제로 남는다. 여기서 저자는 아레오파고스뿐 아니라 또다른 정치기구들, 즉 아르콘·민중재판소〔혹은 400인 불레〕 등의 기능도 함께 증가되었다는 점을 지적하려고 한다.[27] 이 시대 정치체제의 변화에 대해 아리스토텔레스는 솔론이 "제한되지 않은 극도의 과두정(oligarchian lian akraton)을 해체하고 여러가지 요소를 복합한 민주정을 수립하였다"고 한다. 여기서 아레오파고스 의회는 과두적인 것이며, 선출된 아르콘들은 귀족적, 민중재판소는 민주적인 요소라고 그는 규정하고 있다.[T.45]
 여러가지 성격의 정치기구 권력이 동시에 강화되었다는 사실은 솔론이 국가의 집권적 권력을 전반적으로 강화하려 하였다는 점에서 이해가 가능하다. 즉 솔론 이전의 이른바 '제한되지 않은 극도의 과두정'은 반드시 과두파들이 강력한 정치권력을 중앙에서 행사하였다는 것을 의미하는 것은 아니다. 선동석 특권을 소유한 과두파들은 분권적 경향으로 인하여 도리어 국가권력을 약화시키고 질서를 어지럽히는 결과를 가져왔다. 과

---

27) G. Grote, *History of Greece*, v.3, p.162 : v.4, p.200 참조.

두파들은 그들 개개의 독립적 지위와 특권을 유지하기 위해 집권적 권력으로부터 이탈하려는 경향을 가지고 있었기 때문이다. 솔론 이전에 귀족들로 구성되었던 아레오파고스 의회는 이러한 귀족들 상호간의 알력이나 혹은 귀족들과 국가 정치권력 사이의 이해관계를 조정하는 역할을 맡았을 가능성이 있다.

솔론은 정치기구의 기능과 권력을 강화하려 하였다. 이제는 귀족들 상호간의 타협뿐 아니라 더 광범한 시민들 사이의 협조가 필요하였고, 또한 더 강력한 국가권력이 요구되었기 때문이었다. 이것은 증가된 외부와의 전쟁에서 시민들의 적극적 협조를 얻어내거나 당시의 증가된 사회·경제적 문제점들을 해결하기 위해서는 불가결의 것이었다.

따라서 솔론은 민주적 기관뿐 아니라 보수적인 아레오파고스 의회에 대해서도 협조를 구하였다. 그는 의원들의 구성방법을 변화시켜 그 성격 변화를 도모하면서 귀족이 아닌 아르콘 출신들도 이 의회에 참석하게 하였던 것이다. 솔론 시대부터 아르콘들은 일정한 부를 소유한 사람들 가운데 선출된 후보자들 중에서 추첨되었다고 한다.[28] 의원들의 구성이 변화함으로써 과거에 의회를 구성하던 특권귀족들의 영향력이 자연히 감소되기 시작하였다. 또한 솔론은 아레오파고스 의회의 정치적·사법적 기능을 강화하고 특히 민주정체를 보호하는 역할을 부여하였다. 솔론이 아레오파고스 의회의 구성에 변화를 주고 새로운 기능을 부여하여 면모를 일신하였기 때문에, 플루타르코스가 전하고 있는 것처럼, 아레오파고스 의회가 그 이전부터 있었는지, 솔론에 의해 창설되었는지에 관해 상반된 견해가 존재했는지도 알 수가 없다.[29] 이러한 혼동은 솔론에 의한 아레오파고스 의회의 성격변화가 중요성이 컸고 인상적이었다는 것을 의미할 수

---

28) 참고, Ath. Pol. VII, 3 : H.T. Wade · Gery, "Eupatridai, archons and Areopagus", p.78.
29) Cicero[T.58] 참조.

도 있는 것이다.
　그런데, 솔론의 의도와는 달리 아레오파고스 의회는 민주정책에 능동적으로 협조하지 아니하였다. 전통적 특권계층이 다수를 차지했던 아레오파고스 의회는 영향력이 컸다고 하더라도, 자신의 이해관계가 직접 걸려 있는 경우가 아니면 적극적으로 활동하지 않았다는 뜻이다. 말하자면 이익을 직접 위협받는 예외적 경우, 예를 들어 외적이 침입하는 경우를 제외하고는, 오히려 자신의 전통적 특권을 옹호하고 개인적 이익을 보호하는 데 주로 그 영향력을 이용하였다.
　월리스는 아레오파고스 의회의 권한에 관한 『아테네 국제』[T.33, 34, 36]의 내용들이 주로 재판기능에 관한 것임을 지적하고 또한 페르시아전쟁 때까지는 아레오파고스 의회의 활동에 대한 증거자료가 존재하지 않는다는 점을 강조하였다.[30] 따라서 아레오파고스는 중요한 정치적 기관이 아니었다는 결론이다. 그러나, 저자는 아레오파고스의 기능이 주로 재판권에 관한 것이라든지 정치적 활동에 대한 증거자료가 없다는 사실은, 월리스의 견해와는 반대로, 아레오파고스가 반드시 정치에 대한 발언권이 없거나 적었던 것을 의미하는 것은 아니라고 믿는다. 권력을 소유하고 있었다고 하더라도 소극적 경향 때문에 그것을 적극적으로 행사하지 않았을 가능성도 있는 것이다.
　어쨌든, 국가권력을 강화하려 한 솔론의 노력은 보수적 기구와 민주적 정치기구들의 기능을 함께 강화하는 것으로 귀착된다. 여러가지 상이한 성격의 정치기구들의 상호협조를 목적으로 하였던 것이다. 그 한 예로 솔론 시대 [행정]감사권은 아레오파고스 의회와 민중이 함께 가지고 있었던 것으로 보인다. 『아테네 국제』[T.36]에 따르면 아레오파고스 의회가 죄가 있는 자들을 감독하였다(euthynen)고 하고,[31] 아리스토텔레스의 『정

---
30) R.W. Wallace, The Areopagos Council, to 307 B.C., pp.76~77.

치학』(1274a 15)에서는 민중이 관리를 선출하고 감사(euthynein)하는 권한을 가지고 있었다고 한다.[32] 아레오파고스 의회와 민중이 소유한 감사권이 어떻게 달랐는가 하는 것을 알 수는 없지만, 국가사무를 원활하게 추진하기 위하여 여러 다른 성격의 정치기구, 즉 과두적이거나 민주적인 정치기구들이 상호 협조하였다고 생각할 수는 있다. 여기에서 솔론의 정치체제는 과두적 · 귀족적 · 민주적 요소가 복합되어 있었다는 아리스토텔레스의 언급을 다시 한번 강조해 두고자 한다.

4) 클레이스테네스 개혁과 아레오파고스

클레이스테네스 개혁에 의해 아레오파고스 의회의 권력이 감소되었음을 증명하는 사료는 없다. 그러나 많은 역사가들은 클레이스테네스 개혁이나, 혹은 그 영향으로 인해 아레오파고스 의회의 권한이 감소되었다고 믿는다. 드 산크티스(G. de Sanctis)는 이미 그것이 페이시스트라토스의 참주정에 의해 실제로 감소되었다가 그 후 클레이스테네스와 에피알테스 입법에 의해 공식적으로 축소되었다고 생각했다.[33] 에렌버그(V. Ehrenberg)

---

31) 참고, M. Ostwald, *From Popular Sovereignty to the Sovereignty of Law*(Berkeley/Los Angeles/London, 1986), p.518. 이 사료에 근거하여 Ostwald는 아레오파고스 의회가 솔론 시대부터 에피알테스의 시대까지 행정감사권(euthyna)을 가지고 있었다고 주장한다.
32) 참고, G. Grote, *History of Greece*, v.3, p.161 : G. Busolt · H. Swoboda, *Griechische Staatskunde*, pp.422, 847. Busolt · Swoboda는 아르콘들을 감독하고 위법한 아르콘들을 처벌하는 권한을 가지고 있었지만, 임기가 끝난 아르콘들에 대한 행정감사권(euthyna)은 민회가 가지고 있었다고 전제하였다. 그러나 Wallace [*The Areopagos Council, to 307 B.C.*, pp. 53~54]는 아레오파고스가 아르콘들에 대한 행정감사권을 가지지 않았다고 생각하였다.
33) G. de Sanctis, *Atthis*, pp.152~153, 353, 409~410.

에 따르면 클레이스테네스 이후의 500인 불레 창설과 에피알테스의 개혁에 의해 아레오파고스 의회의 권한이 500인 불레와 민중재판소로 넘어가게 된다.[34] 본너(R.J. Bonner)·스미스(G. Smith)는 클레이스테네스로부터 에피알테스에 이르는 시대에 아레오파고스 의회의 권력이 단계적으로 축소되었다는 점을 강조하였다.[35]

아레오파고스 권한이 축소되는 과정에서, 민중해체에 대한 에이산겔리아(eisangelia) 재판권이 클레이스테네스 개혁에 의해 아레오파고스로부터 박탈되었는가에 대한 논란이 있었다. 『아테네 국제』에 따르면, 이미 드라콘 시대에 아레오파고스는 에이산겔리아 사건을 재판하였고 솔론 때부터는 민중해체에 대한 에이산겔리아 사건도 재판하게 되었다고 한다.[36] 이 사료에 근거하여, 전통적 견해에서는 아레오파고스 의회가 드라콘이나 솔론 시대부터 에이산겔리아 사건을 재판하였고 에피알테스의 개혁에 의해 이 권한이 민회·500인 불레·민중재판소 등으로 넘어가게 되었다고 믿는다.[37]

그런데 기원전 5세기 전반, 참주혐의나 도시국가의 이익을 배반한 것 등 민중의 이익을 손상시킨 몇 가지 사건들이 아레오파고스가 아니라 민회 혹은 민중재판소에서 재판된 것을 보여주는 사료가 있다.[38] 그래서 립시우스·마이어와 부솔트·스보보다 등은 민중해체에 관한 에이산겔리아 재판권이 클레이스테네스에 의해 아레오파고스로부터 민회와 재판

---

34) V. Ehrenberg, *From Solon to Sokrates*, pp.93, 206.
35) R.J. Bonner·G. Smith, *The Administration of Justice from Homer to Aristotle*, v.1, pp. 255~257. 이들은[ibid. p.257] 에피알테스가 아레오파고스 의원들에게 개인적으로 행한 공격으로 아레오파고스 의회의 권위가 약화되었다고 생각했다.
36) 이 책 114쪽부터 참조.
37) U.v. Wilamowitz·Möllendorff, *Aristoteles und Athen*, v.2, p.190 : P.J. Rhodes, "Eisangelia in Athens", p.105ff : *The Athenian Boule*, pp.199, 201.
38) 이 책 바로 아래 참조.

소로 넘어간 것이라고 주장하였다.[39] 더구나 한센은 에이산겔리아 재판절차는 클레이스테네스에 의해 창설되면서, 처음부터 아레오파고스에서가 아니라, 민회나 재판소에서 재판되었을 것이라고 추측은 하였다.[40] 한센은 다음에 열거한 다섯 가지 사건이 에이산겔리아에 관계되는 것으로 민회나 재판소에서 재판되었다고 한다. 그것은 1) 밀티아데스(Miltiades)가 케르손네소스(Chersonesos)에서 참주정치를 하였다는 혐의(489 B.C.), 2) 밀티아데스가 파로스(Paros) 원정에 실패하여 아테네인을 기만했다는 죄(489 B.C.), 3) 히파르코스(Hipparchos)가 국가를 배반한 죄(480~460 B.C.), 4) 테미스토클레스가 국가를 배반한 죄(467~6 B.C.), 5) 키몬이 수뇌한 혐의(463~2 B.C.)이다.[41]

이와 같이 클레이스테네스 이후에 에이산겔리아에 대한 재판권을 누가 가지고 있었는가에 대해 의견이 다르다. 또한 이 문제는 다음 사료의 해석과도 연관을 가진다. 『아테네 국제』[T.38]가 전하는 한 일화에 따르면, 테미스토클레스는 에피알테스와 그 이외 몇몇 아테네인들이 '폴리테이아(politeia)'를 해체하려 하는 것을 아레오파고스 의원들에게 일러주려 하였다는 것이다. 이 일화는 에피알테스 개혁 이전에 아레오파고스가 아직 정치체제의 보호에 관한 권한을 가지고 있다는 것을 의미한다. 에피알테스 개혁이 있기까지 아레오파고스가 민중해체에 관한 에이산겔리아 재판권을 가지고 있었다고 믿는 역사가들은 이 일화를 사실로 간주한다.[42] 반면에 클레이스테네스 시대부터 이 권한이 민회나 민중재판소로 넘어갔다는

---

39) J.H. Lipsius, *Das Attische Recht und Rechtsverfahren*, pp.179~181 : Ed. Meyer, *Geschichte des Altertums*, v.3, p.746 : G. Busolt · H. Swoboda, *Griechische Staatskunde*, p.884.
40) M.H. Hansen, *Eisangelia*, p.19 : 이 책 115쪽 참조.
41) M.H. Hansen, *Eisangelia*, pp.69~71(n.1~5) 참조.
42) U.v. Wilamowitz · Möllendorff, *Aristoteles und Athen*, v.1, pp.140~43 : J.E. Sandys, *Aristotle's Constitution of Athens*〈2nd ed.〉(London, 1912), p.108 : U.N. Ure, "When was Themistocles last

견해의 역사가들은 이 일화를 거짓으로 생각한다. 그리고 그 근거로 테미스토클레스는 이미 기원전 471년에 도편·추방되었고 에피알테스 개혁당시(462~1B.C.)에는 아테네에 없었다는 것이다.[43]

한편 빌라모비츠와 본너·스미스는 이 일화를 실화로 보면서, 다만 이것이 에피알테스의 개혁이 있던 기원전 462~1년경이 아니라 테미스토클레스가 추방되기 전에 일어났던 일이라고 생각하였다.[44] 본너·스미스는, '에피알테스가 아레오파고스 의원들 개개인의 행정과실을 비난하면서 그들을 제거한 것'[T.38]은 갑자기 일어난 것이 아니라 점진적으로 행해진 것이라는 점을 지적하였다. 따라서 이것은 테미스토클레스가 추방되기 이전에 그와 에피알테스의 협조하에 일어난 것이며, 기원전 462~1년의 개혁은 에피알테스만에 의해 수행되었다는 것이다. 그리고 민중이 재판한 사례들과 에피알테스의 일화를 종합하여 기원전 507~462년 사이에는 아레오파고스 의회와 민중이 함께 에이산겔리아 재판권을 가지고 있었다고 결론지었다.[45] 실리도 이러한 견해를 받아들이면서, 에이산겔리아 제도는 형식적 입법에 의해서라기보다 관습에 의해 서서히 발달하였다는 점을 강조하였다.[46] 즉, 에이산겔리아 재판은 솔론 이전부터 관습적으로 아레오파고스가 맡았으며, 또한 아레오파고스로부터 이 재판권이

---

in Athens ?"(*JHS*, XLI, 1921), p.165ff : M. Lang, "A note on Ithome"(*GRBS*, VIII, 1967), p.273 : 참고, Isok. VII, Hypothesis[T. 125] : Cicero, *Epistolae ad. Fam.* V, xii, 5 ; "*Cuius studium in legendo non erectum Themistocli fuga redituque tenetur?*"

43) G. Mathieu[*Aristote, Constitution d'Athènes*, v. 1(Paris, 1915), pp.64~6, 119~20]는 과두파의 선전으로, J.H. Schreiner [*Aristotle and Perikles(SO*, Supple. XXI, 1968), pp.63~77 : "Athenaion Politeia, 23~28"(*LCM*, III, 1978), pp.213~14]는 Androtion으로부터의 전승으로, T. Reinach["Aristote ou Critias"(*REG*, IV, 1891), p.150ff.] : J.H. Lipsius[*Das attische Recht und Rechtsverfahren*, p.35] : G. de Sanctis[*Atthis*, pp.408~410] 등은 비역사적 사실로 간주한다.
44) U.v. Wilamowitz·Möllendorff, *Aristoteles und Athen*, v.1, pp.140~143, 149, 152 : R.J. Bonner·G. Smith, *The Administration of Justice from Homer to Aristotle*, v.1, pp.254~5.
45) R.J. Bonner·G. Smith, *The Administration of Justice from Homer to Aristotle*, v.1, pp.299.

박탈되는 것도 에피알테스 개혁이 아니라 그 이전부터 서서히 이루어진 것이라고 믿었다. 그러므로 기원전 5세기 전반 에이산겔리아 재판은 아레오파고스 의회와 민회 어느 곳에서나 가능하였다는 것이다.

한편 로즈는 에피알테스 개혁 때까지 아레오파고스가 에이산겔리아 재판권을 가지고 있었다는 전통적 견해를 다시 옹호하였다.[47] 그에 따르면 기원전 5세기 초반에 일어난 여섯 가지 재판중에 테미스토클레스와 키몬의 사건은 아레오파고스에서, 그리고 다른 네 가지 사건은 헬리아이아 재판소에서 재판되었다고 생각하였다.[48] 여섯 가지 재판이란 위에서 한센이 들고 있는 다섯 가지 재판과 프리니코스(Phrynichos)에 대한 재판을 말하고 있다. 프리니코스는, 기원전 493년경의 비극작가였는데, 아테네의 밀레토스(Miletos) 공격의 실패를 비극의 소재로 하여 쓰라린 기억을 상기시켰다는 죄목으로, 아테네인들로부터 1천 드라크마의 벌금형을 받았다고 한다.[49]

그런데 사료상에는 이들 사건 가운데 테미스토클레스의 재판만이 에이산겔리아인 것으로 언급되고 있다는 점을 로즈는 지적하였다.[50] 또한 그는 『아테네 국제』에 의거하여 테미스토클레스가 친 페르시아주의로 아레오파고스로부터 재판을 받게 될 뻔하였을 때 오히려 이 의회의 권한을 박탈하기를 원하였다는 점, 그리고 '폴리테이아'를 해체하려는 공모자들을 아레오파고스 의원들에게 고발하려 한 사실들을 중시하였다. 따라서 로즈는 민중의 이익을 저해하는 중요한 사건을 민중이 재판하였다고 하더라도, 에이산겔리아에 대한 재판권은 에피알테스 개혁 때까지 아레오

---

46) R. Sealey, "Ephialtes, eisangelia, and the council", p.129.
47) P.J. Rhodes, "*Eisangelia* in Athens", pp.104~5.
48) Ibid. 104~5. Rhodes는 이 헬리아이아 재판소는 민회일 가능성이 있다고 생각한다.
49) Herodot. VI, xxi, 2 참조.
50) Krateros, *FGH*, 342, F.11 '테미스토클레스를 비난하는 *eisangelia*'라고 되어 있다.

4. 아레오파고스 의회의 권한 **127**

파고스가 가지고 있었다고 믿었다.

  로즈는 테미스토클레스에 대한 에이산겔리아 재판이 아레스파고스에서 있었던 것이라고 하지만 이것이 그가 말한 대로 아레오파고스에서 행해진 것인지 하는 것은 분명치 않다는 점을 저자는 지적하고자 한다. 크라테로스(Krateros)는 이 사건을 에이산겔리아 재판이라고 하고 있으나 아레오파고스라는 것은 언급하고 있지 않기 때문이다. 그러나 테미스토클레스와 에피알테스 사이에 벌어진 일화를 전하고 있는 『아테네 국제』가 기원전 4세기에 적혀진 것이므로, 4세기 아테네인들은 5세기 초반에 아레오파고스가 도시의 배반이나 '폴리테이아'의 해체에 관해 모종의 권한을 가졌던 것으로 믿었음을 알 수 있다. 친 페르시아 혐의로 아레오파고스 의회로부터 재판받게 된 테미스토클레스는 바로 이러한 재판권을 이 의회에서 제거하기 위하여, 에피알테스를 이용하여, 음모를 꾸몄다고 로즈는 주장하고 있는 것이다.

  반면에 참주협의나 민중의 이익을 저해하는 사건들이 이미 기원전 5세기 전반에 민중에 의해 재판되기도 하였던 것은 앞에서 들고 있는 몇 가지 예에서 알 수 있다. 여기서 아레오파고스 의회와 민중이 모두 정치체제나 민중의 이익을 훼손하는 사건을 재판하였다는 사실에 대해 저자는 다음과 같은 점을 지적하고자 한다. 즉 민중의 이익을 훼손한 데 관한 모든 사건이 에이산겔리아로 재판되었는지는 확실치 않으며, 또한 그렇다고 하더라도 에이산겔리아 재판에는 여러가지 종류가 있었고 종류에 따라 재판소가 달랐을 가능성이 있다는 점이다. 기원전 4세기 히페레이데스(Hypereides)는 에이산겔리아가 적용되는 죄목을 다음과 같이 전하고 있다.

> 만일 누가 …아테네 민중을 해체하거나 …민중을 해체하는 데 동조하거나, 도당을 짓거나, 도시나 함선이나 육군이나 해군을 배반하거나, 변론가로서 매수되어 아테네 민중에게 최선의 것을 충고하지 않는 사람이 있다면 ….[51]

그런데 히페레이데스가 살던 기원전 4세기뿐 아니라 기원전 5세기나 그 이전에도 여러가지 종류의 에이산겔리아가 있었다고 생각할 수 있다. 아레오파고스가 '민중'이나 '폴리테이아'의 해체에 관한 에이산겔리아 사건을 재판하였다는 사실은 아레오파고스가 모든 종류의 에이산겔리아 사건을 재판하였다는 것을 의미하는 것은 아니라고 저자는 생각한다. 즉, 민회나 민중재판소가 다른 종류의 에이산겔리아 사건을 재판하였다는 사실을 배제하지 않는다는 말이다.

아테네의 정치체제는 여러가지 성격의 기구로 구성되었다 : 과두적 · 귀족적, 그리고 민주적인 것 등이 그것이다. 이 다양한 성격의 기구들은 대립하기도 했겠지만[52] 협조도 하였을 것이다. 솔론시대에 아레오파고스 의회와 민중이 함께 행정감사(euthyna)에 대한 권한을 나누어 가졌듯이, 클레이스테네스와 에피알테스 사이의 시기에 에이산겔리아에 관한 권한을 아레오파고스 의회와 민중이 종류에 따라 나누어 담당하였다는 것은 불가능한 일이 아니다.

어쨌든 클레이스테네스 개혁 이전에 민회나 민중재판소가 국가적 범죄나 에이산겔리아 사건을 재판하였던 예는 전하지 않는다. 클레이스테네스 개혁으로 민중의 정치적 발언권이 증대하였고, 6천명의 정원으로 구성된 민회가 민중의 이익을 위협하는 정치가를 추방할 수 있는 권한을 갖게 되었다.[53] 참주혐의자에 대한 것이 그 한 예이다. 클레이스테네스 시대의 이러한 민중의 권한확대는 물론 페이시스트라토스 참주정을 통하여

---

51) Hypereides, III [Hyper Euxenippru], 7~8: 참고, Polydeukes, VIII, 51ff. : Harpokr. s.v. eisangelia[Souda, s.v. ei. 222] : Lex. Cant : s.v. eisangelia : Platon, Politeia, Scholia, 565C : 이 책 220쪽 이하.

52) 특히 페르시아전쟁 직후 정치적 발전에서 이들 사이의 대립의 중요성을 강조하는 것으로는 E. Meyer, Geschichte des Altertums, v.3, p.610 : J. Martin, "Von Kleisthenes zu Ephialtes zur Entstehung der Athenischen Demokratie", p.41 참조.

53) Ath. Pol. XXII. 참고, G. Busolt · H. Swoboda, Griechische Staatskunde, pp.884~995

민중의 정치적인 권한이나 도시국가의 공권력이 증대한 데에 크게 기인한다.

그런데 일부 역사가들은 정족수 6천명의 민회가 도편추방을 할 수 있었다는 것은 정체보호권이 아레오파고스 의회로부터 민중에게 넘어간 것이라고 생각하였다.[54] 그러나 '정치체제 보호'라는 개념이 상당히 포괄적이며 전통적 관습이 강했던 사회라는 점을 감안한다면 참주에 대한 재판권만을 '정체보호'의 개념과 직결시키는 것은 문제가 있다 할 것이다.

카노노스(Kannonos) 조령에는 민중에 대한 범법행위를 민중이 재판하도록 다음과 같이 규정하고 있다.

> 카노노스의 조령은 매우 엄한 것으로 이에 따르면, 만일 누가 아테네 민중에 대해 잘못을 범하면 민중에게 넘겨져 재판받게 되고 잘못한 것으로 유죄판결이 나면 땅구덩이로 던져져 죽음을 당하고 그 재산의 1/10은 신전에 납부되고 나머지는 몰수된다.[Xen. Hell. I, vii, 20][55]

이 조령이 제정된 연대가 언제인지는 확실치 않으나 히네트는 이것을 클레이스테네스 시대로 추정하고 있다.[56] 또한 에피알테스가 아레오파고스 의원들을 개별적으로 비난하고 제거하였을 때 민중의 지지에 기반하고 있었으며, 마침내 아레오파고스의 정치적 권한을 박탈하게 된 그의 개혁 자체도 민중의 결정에 의한 것이었다는 사실은 에피알테스 개혁이 있기 이전에 이미 민중의 권한이 증가하였다는 것을 의미한다.[57]

---

54) 참고, Ed. Meyer, *Geschichte des Altertums*, v.2, p.804 : J. B. Bury·R. Meiggs, *A History of Greece*〈4th ed.〉(London, 1975), p.164 : A.E. Raubitschek, "The origin of Ostracism"(*AJA*, LV, 1951), pp.221~29.
55) Aristophanes, Ekklesiazousai, 1089~90.
56) C. Hignett, *A History of the Athenian Constitution*, pp.154~5, 304~5[참고, G. Busolt·H. Swoboda, *Griechische Staatskunde*, p.884, n.1 : R.J. Bonner·G. Smith, *The Administration of Justice from Homer to Aristotle*, v.1, pp.205~8].
57) R.J. Bonner·G. Smith, *The Administration of Justice from Homer to Aristotle*, v.1, p.257 참조.

클레이스테네스 시대에 민중의 정치적 권한이 증가한 예로 히네트는 클레이스테네스 개혁 이후 민중은 사형을 언도할 수 있는 권한을 가지게 되었다는 점을 지적하였다. 그리고, 정치체제 전복을 포함하는 몇 종류의 재판에서 사형을 언도할 수 있는 아레오파고스의 전통적 권한은 상실되지 않았으나 아레오파고스의 결정은 민중의 재가를 받아야만 하게 되었다고 주장하였다.[58] 그러나 히네트의 견해와는 달리, 이 시대 아레오파고스의 결정이 민중의 재가를 받아 효력을 발생하였다는 것을 증명하는 사료는 없다. 오히려 저자는 클레이스테네스 이후에 아레오파고스 의회와 민중은 각기 다른 종류의 사건들에 대해서 최종적 결정권을 행사하였다고 믿는다. 이 시대에는 전통적인 권위의 아레오파고스 의회와 성장하는 민중의 세력이 함께 아테네의 정치체제를 구성하고 있었다는 점을 감안해야 할 것이다. 이를 뒷받침하는 것으로서, 페르시아전쟁 이후 아레오파고스의 권위와 민중의 세력이 함께 증가하였다고 사료에 기록되어 있는 점을 들 수 있다. 『정치학』[T.47]에서 아리스토텔레스는 다음과 같이 적고 있다.

> 과두정이나 민주정이나 '폴리테이아'로 변화하는 이유는 명성을 얻거나, 관직이나 도시 내의 한 집단이 세력을 얻기 때문이다. 이렇게 하여 페르시아전쟁에서 명성을 얻은 아레오파고스 의회가 정체를 더 엄격하게 만든 것으로 생각되었고, 해병으로 종사한 대중이 살라미스(Salamis)해전의 승리를 가져오고, 또 이 때문에 해상지배권을 획득하였으므로 민주정의 세력을 더 강하게 하였다.

『아테네 국제』[T.37]에도 아레오파고스 의회의 권위는 페르시아전쟁 이후에 강화되었고 17년간 정치체제 내에서 주도적 지위를 장악하였다고 되어 있다.[59] 동시에 민중세력의 증가에 대해서도 "이 시기 아테네인들은

---

58) C. Hignett, A History of the Athenian Constitution, p.154.
59) [T.38] 참조.

4. 아레오파고스 의회의 권한 **131**

전쟁을 치르면서 그리스인들 가운데 명성을 얻었고 라케다이모니아 (Lakedaimonia) 사람들의 반대를 무릅쓰고 해상지배권을 장악하였다"고 하였다. 이어서 민중의 세력을 배경으로 하여 아리스테이데스(Aristeides)와 테미스토클레스(Themistokles)가 민중의 보호자로 등장하였다고 한다. 테미스토클레스는 전술에 능했고 아리스테이데스는 정치에 능하고 정의로움에서 누구보다 탁월하였다. 이 때문에 아테네인들은 한 사람을 장군으로, 다른 한 사람을 정책의 조언자로 이용하였다고 하고 있다.

로즈는 위의 아리스토텔레스의 『정치학』과 『아테네 국제』에 두 가지 다른 입장의 견해가 반영되어 있다고 전제하고 아리스토텔레스가 상반된 내용의 자료들을 잘 처리하지 못하여 이러한 모순이 남게 되었다고 주장하였다.[60] 그러나 월리스는 이러한 사료를 기원전 462~1년 이전에 아레오파고스와 민중의 세력이 공존하였던 증거로 삼는다. 그리고 에피알테스의 개혁은 바로 공존하는 이들 두 세력의 갈등에 의해 빚어진 것이라고 생각하였다.[61] 다른 한편 데만(M.A. Deman)은 페르시아전쟁 시 아레오파고스 의회와 민주적 정치기구들이 서로 협력하여 외적의 침입에 성공적으로 대항했음을 강조하였다.[62]

살라미스 해전의 승리에 대해서도 두 가지 다른 내용이 전한다. 아리스토텔레스에 따르면, 아레오파고스 의회가 해병들에게 8드라크마씩 지불하여 살라미스 해전을 승리로 이끌었다고 한다.[63] 그런데 클레이데모스[T.128]는 이 작전이 테미스토클레스의 지략에 의한 것이었다고 전한다.

---

60) P.J. Rhodes, "Athenaion Politeia 23-8"(LCM, I, 1976), pp.147~154, 참고, A Commentary on the Aristotelian Athenaion Politeia, p.79.
61) W.R. Wallace, "Ephialtes and the Areopagos"(GRBS, XV, 1974), p.266 : The Areopagos Council, to 307 B.C., p.79.
62) M.A. Deman, "Le régime de l'Areopage de 493 462 av. J.C."(RBPh, XXXII, 1954), p.1300.
63) [T.37][T.47] 참조.

일부 역사가들은 이 다른 두 가지 사료가 상반된 정치적 경향을 가진 사람들에 의해 조작된 것이라고 생각하였다.[64] 그러나, 저자는 다른 내용을 전하는 이 두 사료는 보수파와 민주파 등의 모든 아테네인들, 즉 아레오파고스 의회나 테미스토테클레스와 같은 정치가들이 살라미스의 승리를 위해 협조한 것을 보여주는 것이라고 믿는다. 후대인들은 정치적 경향에 따라 이들의 공로중 어느 한쪽을 강조할 수도 있다. 그러나 이들 사료에서 전하는 상이한 내용이 전적으로 조작된 것이라고 볼 필요는 없는 것이다.

에피알테스 개혁 이전에 아레오파고스 의회와 민중의 세력이 함께 존재하였지만 아레오파고스 의회의 결정이 민중의 재가를 받아 효력을 발생하였던 증거는 없다. 아레오파고스 의회와 민중은 사건의 종류와 경우에 따라 각기 최종적인 결정권을 행사하면서, 국가의 존립을 위해 협조하거나 혹은 의견의 충돌을 빚기도 하였을 것이다. 빌라모비츠는 에피알테스 이전에 민중이, 기원전 490년에 일어난 밀티아데스에 대한 재판에서와 같이, '민중을 기만한 죄' '모반죄' 등에 대해 재판하였다는 것을 인정하면서, 로마에도 여러가지 다른 관청이 동시에 같은 권한을 가지고 있었다는 점을 지적하였다.[65]

지금까지 말한 것을 종합하면, 솔론 이후나 클레이스테네스 이후부터 아레오파고스 의회의 권한이 점차 줄어들기만 하였다고 단정할 수가 없다. 민중의 세력이 점차 증가하였지만 아레오파고스 의회는 전통적 권위를 유지하였고 페르시아전쟁을 계기로 그 기능을 더 강화하기도 하였던 것이다. 아테네 정치체제 내에서는 언제나 여러가지 성격의 기구들이 공존하였고 시대에 따라 권력의 중심이 변화하였다. 아리스토텔레스가

---

64) W.R. Wallace, *The Areopagos Council, to 307 B.C.*, pp.78, 157, 193 : F. Jacoby, *FGH*, v.3b, Supple.i, p.82.
65) U.v. Wilamowitz · Möllendorff, *Aristoteles und Athen*, v.1, p.190.

전하고 있는 것처럼 페르시아전쟁 이후 공로를 세운 아레오파고스 의회가 17년간 권력을 행사하였으나 동시에 살라미스해전의 승리를 가져온 해병 대중의 세력이 강화되면서 기원전 5세기 후반의 급진민주정이 발달할 수 있는 기틀을 마련하게 되었다. 마침내 기원전 462~1년경에 이르러 민중의 결정에 의해 정치적 권한이 박탈되었을 때 아레오파고스 의회는 비로소 정치계에서의 영향력을 상실하게 된다.[66]

---

66) R.J. Bonner・G. Smith, *The Administration of Justttice from Homer to* 참조.

5
에피알테스 개혁과
아레오파고스 의회 권한의 축소

1) 에피알테스 개혁과 아레오파고스

『아테네 국제』[T.38]에는 에피알테스 개혁(462~1B.C.)에 대하여 다음과 같이 적혀 있다.

> [에피알테스는] 먼저 많은 아레오파고스 의원들을 각각의 행정과실에 대해 고소하여 제거하였고, 그 후 콘논(Konon)이 아르콘이던 해(462~1B.C.)에 '폴리테이아'를 보호하던 모든 '부가적 권한(epitheta)'을 아레오파고스로부터 빼앗아 500인 불레와 민중[민회], 그리고 민중재판소에 넘겨주었다.

여기에는 아레오파고스가 가지고 있었던 정치체제[폴리테이아] 수호의 권한이 '부가된 권한'으로 표현되고 있다. 따라서, 역사가들은 '부가적 권한'이나 '폴리테이아 보호' 등의 개념이 어떤 관계를 가지고 있는가에 대해 논란을 벌여왔다.

말 그대로 '부가된 권한'은 아레오파고스가 상대적으로 늦게 획득한 권한으로, 전통적으로 소유한 권한 즉 '파트리아(patria)'와 대조적인 것으로 생각할 수 있다.[1] 일부 역사가들은 아레오파고스로부터 제거된 것이 '부가적 권한'이었다는 기술은 민주파들의 견해를 반영하고 있는 것이라고 주장하였다.[2] 즉, 아레오파고스가 전통적으로 많은 정치적 권한을 소유하였다는 사실을 인정하지 않으려는 민주정치가들이 아레오파고스의 권한은 후대에 [불법적으로] 부가된 것이라는 인상을 주려 하였다는 것이다.

아레오파고스의 권한이 원래 컸고 솔론 이전부터 점차 축소되었다고 믿는 빌라모비츠는 '부가적 권한'이라는 수식어는 후대의 민주정치가들에 의해 위조된 용어라고 단정하였다.[3] 빌라모비츠는 『아테네 국제』의 기록에는 다음과 같은 모순이 존재한다고 생각하였다 : 즉, '부가된 권한'이 솔론시대부터 아레오파고스가 가진 강력한 권한을 의미하며 그 이전의 '전통적 권한'[4]과 다른 것이라면, 드라콘 이전시대에 관해 『아테네 국제』에 적힌 "법을 지키는 권한을 지니고 있었고 도시 내의 많은 중요한 사무들을 처리하였다"는 기술은 오류가 된다는 것이다. 반대로 드라콘 이전시대에 관한 이러한 기술이 옳은 것이라면 에피알테스는 아레오파고스가 옛부터 소유한 '전통적 권한'을 박탈한 것이 되므로 '부가적 권한'을 박탈하였다는 『아테네 국제』의 표현은 잘못된 것이라고 하였다.

---

1) '부가적 권한(epitheta)'과 '전통적 권한(patria)'에 관한 기록으로는, 참고, Harpokration, s.v. epithetous heortas[T.54] : Bekker, v.1(Lexica Segueriana), p.252 ; "부가적 권한 ; 법에 의해 의회에 처음부터 주어진 것이 아니라 부가된 것"이라 함.
2) U.v. Wilamowitz · Möllendorff, Aristoteles und Athen, v.2, pp.186~7 : G. Busolt · H. Swoboda, Griechische Staatskunde, p.894, n.4 : G. Mathieu, Aristote, Constitution d'Athènes, p.116 : C. Hignett, A History of the Athenian Constitution, pp.195~198 : K.J. Dover, "The political aspect of Aeschylus, Eumenides"(JHS, LXXVII, 1957), p.234 : J.H. Schreiner, Aristotle and Perikles(SO, Supple. XXI, 1968), p.63 : P.J. Rhodes, The Athenian Boule, p.202.
3) U.v. Wilamowitz · Möllendorff, Aristoteles und Athen, v.2, pp.186~7.[이 책 34~35쪽 참조]
4) 빌라모비츠는 이것이 살인사건에 대한 재판권으로 아레오파고스가 옛부터 가졌고, 또 에피알테스의 개혁 이후에도 소유하였던 권한을 의미한다고 본다.

그러나 야코비는 아레오파고스가 부가적 권한을 획득하였다는 『아테네 국제』의 기록에 신빙성을 둔다. 그리고 그는 '전통적 권한'과 구분되는 '부가적 권한'이 반드시 솔론에 의해서가 아니라 솔론 이전시대에 획득된 권한을 가리킬 수도 있다고 보는 것이다.[5] 그 한 예로『아테네 국제』에는 '부가적 권한'이라는 표현이 솔론 이전 아르콘 세력의 증가에 관련하여 사용되고 있다고 지적하였는데 그 내용은 다음과 같다.

> 이 아르콘들[바실레우스·폴레마르코스·수석아르콘] 가운데 수석 아르콘이 제일 나중에 생겼는데, 수석 아르콘은 바실레우스와 폴레마르코스가 가진 것과 같은 전통적인 것에 속하는 권한은 아무것도 갖지 않고 다만 '부가된 권한(epitheta)'만을 행사한다. 따라서 이 관직은 부가된 권한에 의해 권위가 증가되어 뒤늦게 중요성을 갖게 되었다."[『아테네 국제』(III, 3)]

한편 실리는 아레오파고스의 법률수호권을 '전통적인 권한'으로 규정하고 에피알테스 개혁 이후에도 아레오파고스는 이 권한중의 일부를 계속 보유하였다고 믿었다.[6] 그는 '법률수호'의 개념은 모호한 것으로 '정체보호'라는 개념과 큰 차이가 없다고 생각하였다. 그에 따르면, 에피알테스 개혁에 의해서 아레오파고스 의회로부터 제거된 것은 관리임용자격심사권과 행정감사권(euthyna)뿐이라는 것이다. 즉 에피알테스 개혁 이후에도 아레오파고스는 법률수호권을 보유하고 있었기 때문에, 30인 참주정이 끝난 404/3년에 통과된 테이사메노스법에 아르콘들이 법률을 준수하는지를 아레오파고스 의회가 감독하도록 규정하고 있는[T.25] 것은 바로 에피알테스의 민주정을 부활시키려는 노력을 보여주는 것이라고 믿었다.[7]

---

5) F. Jacoby, *FGH*, v.3b, Suppl. ii, p.106, n.20.[v.3b, supple.i, p.23, ii, p.20, n.11. 참조] 그러나 다른 곳에서 Jacoby는 '부가적 권한'이 페르시아전쟁 이후의 아레오파고스 의회의 영향력의 증대를 의미할 가능성도 있다고 하였다.[이 책, 140쪽, 주14) 참조]
6) R. Sealey, "Ephialtes", p.19ff. : "Ephialtes, *eisangelia* and the council", pp.133~4.

이러한 실리의 견해는 사료에서 전하고 있는 바와 잘 일치하지 않는다. 에피알테스에 의해 아레오파고스로부터 제거되어 민회·500인 불레·민중재판소 등으로 넘어간 '부가적 권한'은 '정치체제의 수호(e tes politeias phylake)'에 관한 것인데, 이것은 행정감사권(euthyna)과 회계감사권(logos)보다 더 포괄적인 개념으로 이해해야 할 것이다. 에피알테스 개혁은 보수파와 민중간의 정치적 갈등에서 적지 않은 중요성을 가지는 것이었다.[8] 더구나, 기원전 4세기의 민주정은 에피알테스 개혁에 의해 나타난 기원전 5세기 후반의 민주정보다는 더 온건한 것이었으며, 이 때 아레오파고스의 활동도 더 증가된 것으로 나타난다.[9]

실리의 견해와는 달리, 포들레키(A.J. Podlecki)는 '법률수호'와 '정체보호'의 개념을 구분하면서, '법률수호권'은 아레오파고스가 솔론 이전부터 가지고 있었던 권한이며, '정체보호권'은 '부가적 권한'으로 솔론 시대부터 소유하게 된 것이라고 생각하였다.[10] 저자는 정치체제 수호에 관한 '부가적 권한'은, 포들레키가 주장하고 있는 바와 같이, 솔론 시대에 강화되고 증가된 정치적·사법적 권한으로 볼 수 있지 않을까 한다. 물론 드라콘 시대에도 이미 아레오파고스 의회의 권한이 적지 않았다는 것은 가능한 일이다. 앞에서 말하였듯이 『아테네 국제』[T.34]에 아레오파고스 의회가 아르콘들의 법준수 여부를 감독하고 억울한 사람들의 에이산겔리아를

---

7) R. Sealey, "Ephialtes", p.11ff.
8) G. Gilbert, Handbuch der griechischen Staatsalterthümer, v.1, pp.171~172 : Th. Thalheim, RE, 2, part 1, s.v. Areios Pagos, p.630 : J.H. Lipsius, Das Attische Recht und Rechtsverfahren, p.37 : F. Jacoby, Atthis(Oxford, 1949), p.37 : C. Hignett, A History of the Athenian Constitution, p.148 : P.J. Rhodes, The Athenian Boule, p.208ff.
9) 이 책 189쪽부터 참조.
10) A.J. Podlecki, The Political Background of Aeschylean Tragedy(Ann Arbor, 1966), p.96ff. Podlecki에 따르면, 정체보호의 권한은, Ath. Pol.가 전하고 있듯이, 에피알테스의 개혁에 의해 아레오파고스로부터 제거되었고 반면에 법률수호권은 페리클레스에 의해 박탈되어 '법률수호자들(nomophylakes)'에게로 넘어가게 되었다고 한다.

재판하는 권한을 가지고 있었음을 밝히고 있기 때문이다. 그러나 이것은 솔론 때에 와서 더 구체화되고 강화되었다고 볼 수 있다.[11] 특히 '민중해체'에 관한 에이산겔리아의 재판권이 그러한 예이다.

그러나, 여기서 저자는 솔론의 입법에 의해 아레오파고스뿐 아니라 다른 정치기구들의 기능도 함께 강화되었다는 점을 아울러 강조하고자 한다. 아리스토텔레스가 언급하고 있는 것처럼, 솔론은 과두적[아레오파고스] · 귀족적[선출된 아르콘] · 민주적[민중재판소] 요소를 섞어 복합적 정체를 구성하였기 때문이다. 그런데 다양한 정치기관의 기능이 함께 강화되었으므로 아레오파고스의 권한만이 '부가적 권한'으로 묘사될 필요는 없었는지도 모른다. 그러므로 일부 역사가들이 주장하고 있는 것처럼, 후대에 민주파에 속한 정치가나 저술가들이 아레오파고스로부터 정체수호권을 제거하는 것을 정당화하기 위하여 '부가적 권한'이라는 점을 강조하였을 가능성도 있다.[12]

어쨌든, 아레오파고스 의회가 솔론에 의해 부여된 정체수호권을 어느 정도 적극적으로 행사하여 왔던가 하는 것은 분명치 않다. 사실 솔론 이후의 혼란기, 페이시스트라티다이 가문의 참주정, 클레이스테네스의 민주적 개혁 등으로 이어지는 변동 속에서 아레오파고스는 그 기능을 행사할 기회를 갖지 못하였다. 페르시아전쟁시 처음으로 아레오파고스의 역할이 나타난다. 『아테네 국제』에는 "페르시아전쟁 이후 아레오파고스 의회가 다시 강력해져 도시를 통치하였는데 합법적으로 권력을 획득한 것이 아니라 살라미스 해전의 승리를 거두는 데 공이 있었기 때문이었다"라고 하여, 페르시아전쟁 이후 아레오파고스 의회의 권한이 합법적인 질

---

11) R.J. Bonner · G. Smith, The Administration of Justice from Homer to Aristotle, v.1, p.257. 이들은 '폴리테이아를 보호하는 부가적 권한'은 '정치체제 수호권(general oversight of the constitution)', 즉 아레오파고스의 행정력과 그와 관련된 재판권이라고 규정하였다.
12) 이 책 135~136쪽 참조.

차없이 증가되었다고 기록되어 있는데,[13] 이에 근거하여 일부 역사가들은 아레오파고스의 부가적 권한이 바로 페르시아전쟁 이후에 나타난 권한의 강화를 의미할 수도 있다고 생각한다.[14]

더구나, 아레오파고스 의회는 보수적 경향의 기구였으므로, 아레오파고스가 행사한 '정체수호'의 기능은 후대 민주정이 발달된 시대에 민중에 의해 행사된 것과는 그 성격이 다를 수 있다는 점을 주의할 필요가 있다. 에피알테스가 정체보호의 권한을 아레오파고스 의회로부터 민중에게 넘겼을 때 이 권한이 소속된 기관만 변화된 것이 아니라 정체수호의 성격 자체가 변화하게 되었을 것이라는 점이다. 즉, 민중의 이익을 위해 더 적극적으로 권력이 행사되었을 가능성이 있는 것이다. 에피알테스와 페리클레스는 진보적인 민주주의자로 알려져 있다. 특히 페리클레스는 민회나 민중재판소 등을 통해 민중의 정치적 참여를 조장하였다. 특히 중요한 정치적 안건에 관한 결정권[apophase]이 이 때 민회로 넘어가게 되었다. 민중의 이러한 권한은 아레오파고스가 그 권위를 유지하던 보수적인 정치체제에서는 존재하지 않았던 것이다. 저자는 중요한 국사(國事)에 관한 결정권 등이 아레오파고스에서 민회로 넘어가게 된 사실이 바로 아레오파고스로부터 '부가된 권한'을 제거한 것으로 표현하게 된 것이 아닌가 하고 생각한다.[15]

에피알테스 개혁에 의해 아레오파고스 의회는 정치적인 권한을 상실하게 되었다. 그러나 아레오파고스 언덕에서는 아레오파고스 의원이 참석하지 않은 채 집회가 계속된 것으로 보인다. 필로코로스에 따르면, 에

---

13) Ath. Pol., XXIII[T.37]. 참고, Aristoteles, Politika, 1304a 20[T.47].
14) F. Jacoby, FGH, v.3b, Supple.ii, p.20, n.11[Jacoby의 다른 의견에 대해서는 이 책 137쪽 참조] : P.J. Rhodes, A Commentary on the Aristotelian Athenaion Politeia, p.287.
15) Ploutarchos, Perikles[T.164] : Kimon[T.163] 참조.

5. 에피알테스 개혁과 아레오파고스 … **141**

피알테스가 살인사건 재판권만을 제외하고, 아레오파고스 의회(the boule from the Areopagos)의 권한을 모두 제거하였을 때 아레오파고스에는 관(冠) 을 쓴 9명의 아르콘[혹은 테스모테타이]과 7명의 법률수호자(nomophylakes) 들이 회합하였다고 한다.[16] 법률수호자들은 법이 준수되는가의 여부를 감독하였고, 아레오파고스뿐 아니라 500인 불레나 민회에도 참석하여 위법적 결정이 나지 않도록 감시하였다는 것이다. 퍼거슨(Ferguson)은 필로코로스가 전하고 있는, 아레오파고스에 올라간 '관을 쓴 9명의 아르콘들'은 현직이 아니라 전직 아르콘을 의미한다고 생각했다.[17] 그러나, '관을 쓴' 이란 표현은 반드시 전직 아르콘을 의미하는 것은 아니며, 현직 아르콘들이나 그 외 다른 경우에도 사용되고 있다.[18] 스타커(J. Starker)와 카일(B. Keil)은 아노니무스 아르겐티넨시스(Anonymus Argentinensis)[T.26]의 사료에 근거하여 법률수호자들이 테스모테타이와 함께 아레오파고스에 올라갔다고 믿었다.[19]

일부에서는 아레오파고스 의회의 권한상실과 법률수호자 제도의 창설이 가지는 상관관계에 대해 논하였다. 콘나헤르(D.J. Conacher)는 법률수호의 개념이 에피알테스에 의해 법률수호자들이 창설되었을 때 발생한 것이며, 그 전에 아레오파고스가 법률수호권을 가지고 있었다는 사실은 불확실한 것이라고 생각하였다.[20] 그러나 법률수호자들이 창설되었다는 사실은 그 전부터 아레오파고스가 법률수호권을 가지고 있었다는 사실과

---

16) Philochoros, *FGH*, 328, F.64a~b[T.199].
17) W.S. Ferguson, "The laws of Demetrius of Phalerum and their guardians", 275, n.4.
18) 이 책 104쪽 주64) 참조.
19) J. Starker, De *Nomophylacibus Atheniensium*, p.11[W.S. Ferguson, "The laws of Demetrius of Phalerum and their guardians", 275, n.4에서 재인용] : B. Keil, *Anonymus Argentinensis* [U. Wilcken, "Der Anonymus Argentinensis"(*Hermes*, XLII, 1907), p.412에서 재인용][이 책 203쪽부터 참조]
20) D.J. Conacher, *Aeschylus' Oresteia : A Literary Commentary*(Toronto, 1987), p.218.

모순되는 것이 아니다.[21] 7명의 법률수호자들은 아레오파고스 의원들이 정치적 권한을 상실한 후 그 보충적 제도로서 생겨났을 가능성이 있다. 법률수호권이 아레오파고스 의회로부터 법률수호자들에게 넘어가게 되었다는 사실은 오히려 법률수호의 기능 자체가 변질된 것을 보여주는 것이라고 저자는 생각한다.

7명의 법률수호자들의 권한은 아레오파고스의 그것과 결코 동일한 것이 아니다. 이들은 관리들로 도시국가의 행정조직에 속하여 있고, 또 기존의 법준수 여부를 감독하게 된다. 그러나 아레오파고스 의회의 법률수호권은 성문법뿐 아니라 불문법에도 관련하는 것으로[22] 7명의 법률수호자들의 권한보다 훨씬 광범하였다. 불문법에 관한 법률수호권은 새로운 해석과 법규정을 마련할 수 있는 가능성을 지니는 것이었기 때문이다. 7명의 법률수호자의 창설은 아레오파고스 의회의 정치적 권위의 약화를 상징하고 민주적 정치기구들의 권력증가를 의미하는 것이었다.

일부 역사가들은 아레오파고스 의회의 법률수호권 상실과 '위법고발제도(graphe paranomon)'의 창설을 상호 관련이 있는 것으로 풀이한다. 비노그라도프(P. Vinogradoff)와 코크웰(G.L. Cawkwell)은 에피알테스가 아레오파고스로부터 법률수호권을 박탈하여 법률수호자들에게 주었는데, 이들은 곧 폐지되고 대신 '위법고발제도'가 신설되었다고 생각하였다.[23] 반면에 다른 역사가들은 아레오파고스 의회가 법률수호권을 상실하였을 때 바로 '위법고발제도'가 생겨났다고 주장하기도 한다.[24] 또한 립시우스는 법률

---

21) F. Jacoby, *FGH*, v.3b, supple.i, p.339.
22) 이 책 112쪽 참조.
23) P. Vinogradoff, *Outlines of Historical Jurisprudence*, v.2(London, 1922), p.136ff : G.L. Cawkwell, "Nomophylakia and the Areopagus"(*JHS*, CVIII, 1988), p.3.
24) J.H. Lipsius, *Das Attische Recht und Rechtsverfahren*, pp.36~37 : G. Busolt · H. Swoboda, *Griechische Staatskunde*, pp.895~6 : G. Glotz, *La cité grecques*(Paris, 1928), p.190 : R.J. Bonner · G. Smith, *The Administration of Justice from Homer to Aristotle*, v.1, p.267.

수호자들이 민회에서 행해진 불법적 결의사항을 재판소로 넘기는 권한을 가지고 있었는데, 이것을 '위법고발제도'라고 하였다.[25] 그러나 아레오파고스 의회나 법률수호자들의 법률수호권과 '위법고발제도'의 상호관계를 증명하는 사료는 없다. 법률을 보호하는 조처는 '위법고발제도'뿐 아니라 또다른 절차들이 있었다. 에이산겔리아(eisangelia)·프로볼레(probole)·행정감사(euthyna)·아포그라페(apographe) 등이 그것이다.[26] 즉 '위법고발제도'는 아테네인들이 기존의 법률을 보호하기 위해 만든 여러 절차들 가운데 하나에 불과하였다. '법률수호'의 개념은 '위법고발제도'보다 더 광범하고, 더 모호한 개념으로 이 둘은 서로 상응하는 것이 아니다.

에피알테스가 아레오파고스 의회로부터 '부가적 권한'을 제거한 후에도 아레오파고스 의회는 계속하여 '전통적 권한(patria)'을 보유하였다.[27] 이 '전통적 권한'은 처벌권은 제한적이었으나 사회풍기나 종교적 규범, 또한 살인사건 재판, 외적으로부터의 국가보호 등에 관련하는 것이었다. 아레오파고스 의회에 남아 있던 이러한 기능은 넓은 의미의 법률수호권의 일부에 속하는 것으로서, 물론 민주적 정책과 상반되지 않는 범위 내에서 허용되었을 것이다. 따라서 에피알테스 개혁 이후의 민주정체에서도 아레오파고스는 전통적인 법률수호권의 일부를 보유하였다고 말할 수 있다.

기원전 5세기 후반의 아레오파고스 의회의 활동에 관해 사료에 전하

---

25) J.H. Lipsius, *Das Attische Recht und Rechtsverfahren*, p.36.
26) M.H. Hansen, *Eisangelia*, p.9 참조.
27) Philochoros[T.199] : Lysias[T.145]. Dem.[T.92]. 또다른 분야의 권한에 관하여 이 책 282쪽부터 참조.[R.J. Bonner·G. Smith, *The Administration of Justice from Homer to Aristotle*, v.1, p. 257ff : R. Sealey, "Ephialtes", p.11ff : G.L. Cawkwell, "Nomophylakia and the Areopagus", pp. 1~22 참조]

는 것이 많지는 않으나 다음과 같은 것이 있다. 클레메스 알렉산드레우스 (Klemes Alexandreus)[T.129]에 따르면 아이스킬로스는 아레오파고스 의회에서 재판받았다고 한다.[28] 그 이유는 극장에서 공개되어서는 안되는 은밀한 [엘레우시스의] 제식에 관한 것을 흉내내었기 때문이었다. 아이스킬로스는 그것을 흉내내려 한 것이 아니라 그에 관해 잘 알지 못하고 한 짓이라고 변명하였다고 한다. 헤라클레이데스 폰티코스(Herakleides Pontikos) [T.111]는 아이스킬로스가 아레오파고스 의원들의 고발로 민중재판소에서 재판을 받고 무죄판결을 받았다고 전한다. 키케로(Cicero)[T.57]에 따르면, 신(神)이 소포클레스(Sophokles)의 꿈속에 나타나, 헤라클레스(Herakles)의 신전에서 물건을 훔친 도둑을 현시(顯示)하였다. 소포클레스는 아레오파고스 의회에 이에 대한 정보를 제공하였고 아레오파고스 의회는 도둑을 체포하였다. 또한 플루타르코스[T.175]에 따르면, 무신론자였던 에우리피데스(Euripides)는 신에 대한 자신의 견해를 감히 말하려 하지 않았는데, 아레오파고스를 두려워하였기 때문이었다는 것이다.

또한 아레오파고스 의회가 전쟁시에 국가의 존립을 위하여 활동한 사례가 있다. 리시아스에 따르면, 아레오파고스 의회는 펠로폰네소스전쟁 말기 아르기누사이(Arginousai) 패전 이후 도시를 구하기 위하여 노력하였다고 한다.[29] 이러한 사례는 마치 페르시아전쟁시 아레오파고스 의회가 다른 정치기구들과 같이 도시의 방어를 위하여 협력하였던 것과 같은 것이라 할 것이다.

이와 같이 아레오파고스의 활동에 관한 몇 가지 사례들이 있지만,

---

28) R.W. Wallace, The Areopagos Council, to 307 B.C., p.107 참조. 그는 아레오파고스 의원들이 종교적 문제에 관해 단순히 의견을 제시할 수는 있었지만 재판할 권한은 없었다고 생각하였다.
29) R.J. Bonner · G. Smith, The Administration of Justice from Homer to Aristotle, v.1, p.276 : J. Martin, "Von Kleisthenes zu Ephialtes", p.33.

진보적 민주정이 발달하였고 해상지배권을 확보하고 있던 기원전 5세기 후반의 아테네에서는 보수적인 아레오파고스 의회의 활동은 다른 시대보다 훨씬 더 비중이 약하며 전반적으로 부진하였던 것이 사실이다.

2) 「에우메니데스」에 보이는 아레오파고스

(1) 「에우메니데스」에 관한 제설(諸說)과 문제점

i

「에우메니데스(Eumenides)」는 아이스킬로스의 삼부작 「오레스테이아[「아가멤논」·「코에포로이〈祭酒를 붓는 사람들〉」·「에우메니데스」]」의 마지막 극이다. 오레스테스는 아버지, 아르고스의 왕 아가멤논을 살해한 어머니 클리타이메스트라를 죽인다. 태양의 신이며 남성의 신인 아폴론이 망설이는 오레스테스에게 용기를 불어넣어 아버지를 위한 복수로 어머니를 죽이게 한다. 그 후 오레스테스는 복수의 여신인 에리니에스(Erinyes)에게 쫓겨다닌다. 에리니에스는 어머니를 죽인 오레스테스를 징벌하려 한다. 서로 입장을 달리하는 아폴론과 복수의 여신 에리니에스는 문제해결을 위해 마침내 지혜의 여신 아테나에게 재판을 일임하고, 아테나는 아테네에 옛부터 있어온 살인사건 재판소인 아레오파고스에서 사건을 재판하게 된다. 아레오파고스 재판관들의 표결은 가부 동수였다. 이 때 여신 아테나는 마지막으로 결정적 투표권을 행사하면서 오레스테스를 무죄로 판결한다. 에리니에스는 재판결과에 불만을 가지고 불평하나 마침내 승복하고 에우메니데스가 된다. '에우메니데스'는 "저주의 마음을 버리고 축복의 마음을 가진" 복수의 여신 에리니에스를 의미한다. 작품 「에우메니데스」는 어머니를 살해하고 난 다음 오레스테스가 에리니에스에게 쫓겨다니면서부터 아레오파고스에서 재판받은 다음까지의 줄거리이다.

「에우메니데스」의 주제에 관한 학자들의 의견은 크게 세 가지로 나눌 수 있다. 첫째, 당시의 정치적 갈등을 반영한다는 것, 둘째, 남녀간의 사회적 권한의 투쟁이라는 것, 셋째, 일관된 주제를 갖지 않은 비구성적 작품이라는 것 등이다.

ii

먼저 정치적 갈등을 반영한다는 견해에서는 에리니에스와 오레스테스 사이의 갈등이 보수적 정치가와 민주정치가 사이의 반목을 반영하는 것으로 말해 왔다. 즉 오레스테스의 입장을 옹호하는 아이스킬로스의 정치적 견해는 에리니에스의 입장에 상반되는 것이 된다. 그런데 일부에서는 아이스킬로스를 보수적 정치가로, 다른 사람들은 민주적 견해를 가진 정치가로 규정하는 등 각기 다른 견해가 있어왔다.

아이스킬로스를 보수적 정치가로 보는 학자들은 아이스킬로스가 아레오파고스 의회를 상당한 권한을 가진 '법률수호자'로 두려 하고 당시의 에피알테스 개혁에 의한 아레오파고스 의회 권한의 삭감에 반대하는 입장에 있었다는 것이다.[30] 반대로 민주정치가로 규정하는 학자들은 아이스킬로스가 「에우메니데스」에서 에피알테스의 민주적 개혁을 지지하고 있다고 말한다.[31] 아레오파고스가 살인사건 법정으로 묘사되고 있는 것은

---
30) A. Sidwick [*Aeschylus, Eumenides*(Oxford, 1887), p.25 : A.J. Podlecki, *The Political Background of Aeschylean Tragedy*(Ann Arbor, 1966), p.85에서 재인용]의 견해는 아이스킬로스가 보수적이고 과두적인 견해의 소유자라는 것이다.[참조, K.O. Müller, *Aeschylus Eumeniden*, p. 115ff]

31) G. Grote, *History of Greece*, v.5, p.494, n.1(~p.495) : B. Drake, *Aeschyli, Eumenides, The*

5. 에피알테스 개혁과 아레오파고스 ··· **147**

당시 에피알테스 개혁으로 다른 정치적 권한을 상실하고 살인사건 재판소로만 남았기 때문이라는 것이다. 또한 아이스킬로스가 당시 민주정치가들에 의해 이루어진 아르고스와의 동맹도 지지하였는데 그 이유는 아르고스의 왕자 오레스테스가 아테네의 아레오파고스에서 재판받는 것으로 나타나기 때문이다.

「에우메니데스」의 주제에 관한 두번째 견해는 남성과 여성 사이의 갈등이 반영되어 있다는 점이다.[32] 그러나 여기에도 견해의 차이가 있다. 그 가운데 하나는 오레스테스의 무죄방면이 결혼생활에서 남성이 가지는 사회적 혹은 심리적 특권을 상징하는 것으로 풀이하는 것이다.[33] 오레스테스는 아테나 여신의 도움으로 무죄방면되는데, 아테나는 어머니의 배를 빌리지 않고 제우스의 머리에서 탄생되었기 때문이다. 반면에 가가린 (M. Gagarin)은 남성의 승리가 아니라 양성(兩性)의 동등한 권한이 인정됨으로써 갈등이 끝나게 된다고 생각하였다.[34] 오레스테스를 옹호하는 아폴론은 말싸움에서 에리니에스를 압도하지 못하였다. 또한 아테나 여신이 어머니를 갖지 않는다는 사실은 남성의 우월을 인정하는 것이 아니라 오히려 혈연적 유대의 의미를 부정하는 것이라고 결론지었다. 에리니에스가

Greek Text with English Notes(Cambridge, 1853), p.73 : F. Jacoby, FGH, v.3b, Supple.i, pp. 22~25
: ii, p.26f : K. Dover, "The political aspect of Aeschylus, Eumenides"(JHS, LXXII, 1957), pp.230~27 : C.W. Macleod, "Politics and the Oresteia"(JHS, CII, 1982), pp.128~9 : R.W. Livingstone, "The problem of the Eumenides"(JHS, XXXV, 1925), pp.124~5.

32) G. Thomson, The Oresteia of Aeschylus, v.1⟨abridged ed.⟩(Amsterdam, 1966), pp.7, 46, 51, 55 : R.P. Winnington · Ingram, "Clytemnestra and the vote of Athena"(JHS, LXVIII, 1948), pp.132f, 146f〔rep. in Studies in Aschylus(London, 1983), pp.208~16〕: M. Gagarin, Aeschylean Drama, pp.87f, 95f, 191f : F. Zeitlin, "The Dynamics of Misogyny : Myth and Myth-Making in the Oresteia"(Arethusa, XI, 1978), pp.156f, 172~3〔D.J. Conacher, Aeschylus' Oresteia : A Literary Commentary(Toronto, 1987), p.212에서 재인용〕.

33) G. Thomson, The Oresteia of Aeschylus, v.1⟨abridged ed.⟩, pp.46f, 55 : R.P. Winnington · Ingram, "Clytemnestra and the vote of Athena", pp.132f, 146f.

34) M. Gagarin, Aeschylean Drama, pp.78, 87~105〔특히 95~6, 103〕, 191f.

상징하는 여성의 권한도 무시된 것이 아니다. 오히려 아테네의 번영을 위한 여신 에리니에스의 축복과, 오레스테스의 약속으로 인한 아르고스와의 군사적 동맹에서의 남성의 역할이 서로 잘 조화되고 있다는 것이다.[35] 다른 한편 자이트린(F. Zeitlin)과 콘나헤르(D. Conacher)는 오레스테스 즉 남성의 승리를 인정하면서도 여성의 패배를 타의가 아니라 자의적인 승복에 의한 것임을 주장하였다.[36]

그런데 일부에서는 작품 에리니에스와 오레스테스 사이의 갈등을 정치적인 것으로 규정하는 것은 무리라고 말하고 있다. 극은 대립하는 양편, 즉 한편에 에리니에스, 다른 한편에 아폴론과 오레스테스가 서로 화해하는 것으로 끝을 맺는데, 만일 갈등이 정치적인 것이었다면 이렇게 완전한 화해로 끝을 맺기가 곤란하기 때문이다.[37]

저자는 이 작품이 당시의 현안에 관한 아이스킬로스의 정치적 관심을 반영하고 있다는 점을 인정하고 있지만, 에리니에스와 오레스테스 사이의 갈등이 당시의 정치적 반목을 나타내며, 이것이 작품「에리니에스」의 주제를 이루고 있다는 견해에는 찬성하지 않는다. 또한 남녀 양성간의 갈등이라고 하는 견해에도 찬성하지 않는다. 극중에서 대립하는 두 편은 오레스테스의 징벌에 관해서는 견해를 달리 하였으나 언제나 반목하였던 것이 아니기 때문이다. 작품의 앞 부분에서 이들은 자주 협조하였다.[38] 브라운(A.L. Brown)에 따르면 제우스가 트로이의 왕 프리아모스를 징벌하려고 복수의 여신 에리니에스를 트로이로 보냈을 때 여신 아테나가 이들과

---

35) Ibid., p.78.
36) F. Zeitlin, "The dynamics of Misogyny", pp.156~7〔D.J. Conacher, *Aeschylus' Oresteia*, pp. 168~9, 212에서 재인용〕: D.J. Conacher, *Aeschylus' Oresteia*, pp.168~9, 212.
37) 이 책 149~150쪽 참조.
38) A.L. Brown, "The Erinyes and the Oresteia : Real Life, the supernatural and the stage"(*JHS*, CIII, 1983), p.27ff.

협조했다.³⁹⁾ 이 같은 협력은 「아가멤논」과 「코에포로이」에서 볼 수 있다. 또한 「에우메니데스」의 작품 끝에 신들은 다시 화해하고 협력한다.⁴⁰⁾ 따라서 작품의 주제가 양편 사이의 대립이며, 이것이 정치적 파당이나 남녀성 사이의 반목을 상징한다고 보기에는 무리가 있다.

iii

일부에서는 작품의 구성이 짜임새나 통일성이 없다는 점을 지적하기도 한다. 데니스톤(J.D. Denniston)·파즈(D. Page)는 아이스킬로스가 종교나 도덕에 관한 깊이있는 사고나 원칙을 갖지 못했다고 단정하였다.⁴¹⁾ 아가멤논은 제우스의 명령으로 트로이를 원정하였고, 아르테미스의 명령으로 딸 이피게네이아를 포세이돈신에게 제물로 바치는 등, 신들의 지시에 따랐는데도 그 아버지가 지은 죄 때문에 징벌받았다는 것이다.⁴²⁾ 따라서 아이스킬로스는 진보된 도덕이나 종교의 개념을 가지지 못하였고 정의(正義)는 신이 인간에게 지우는 운명에 불과한 것이 된다. 브라운도 이러한 견해에 동조하면서 일관성있는 종교적 견해가 반드시 작품에 나타나야 할 필요는 없다고 하였다.

그러나 저자는 신들의 변덕으로 인해 인간의 운명이 일방적으로 농락당하는 것이 이 작품의 주제라고 생각하지는 않는다. 인간행위가 신의 사주에 의해 이루어지지만 그로 인해 초래된 상황에 대한 개인의 반응과

---

39) Ibid.[Aischlos, *Eum.*, 397~402참조]
40) 이 책 170쪽부터 참조.
41) J.D. Denniston · Page, eds. *Aeschylus, Agammemnon*(Oxford, 1957), pp.xiii~xvi.[A. Lesky, "Decision and Responsibility in the Tragedy of Aeschylus"(*JHS*, LXXXVI, 1966), p.85 참조]
42) J.D. Denniston · Page, eds. *Aeschylus, Agamemnon*, pp.xxi-xxvi. 두 사람에 따르면 아감멤논은 그 아버지가 저지른 행위에 의해 벌을 받았으며, 인간은 언제나 신의 사주에 의해 죄를 짓고 있다고 하였다.

그 운명은 각각 다르게 전개되기 때문이다. 인간의 운명은 신이 일방적으로 결정지워 버리는 것이 아니라 스스로의 행동에 따라 변화될 수 있다. 이 같은 점이 오레스테스의 경우에서 찾아진다.

가가린은 「오레스테이아」의 주제가 연쇄적인 보복이라고 단정하였다. 저자는 연쇄적 보복은 「아가멤논」과 「코에포로이」에는 해당되지만 「에우메니데스」와는 관련이 없다고 생각한다. 「아가멤논」과 「코에포로이」에서는 클리타이메스트라가 아가멤논을 죽이고 오레스테스가 클리타이메스트라를 죽이고 있으나 「에우메니데스」에서 에리니에스는 오레스테스에게 보복할 수 없었기 때문이다. 따라서 왜 아가멤논과 클리타이메스트라는 보복을 당했는데 오레스테스는 보복을 당하지 않았는가 하는 것이 「오레스테이아」의 주제가 아닌가 하는 것이다.

브라운은 작품의 구성상에 전후가 모순된다고 말하였다. 「아가멤논」과 「코에포로이」에서 보이는 연속적 살해의 비극적 상황은 「에우메니데스」의 마지막 에리니에스들에 의한 축복의 기원과 조화되지 않는다는 것이다.[43] 리빙스톤(R.W. Livingston)의 견해도 작품의 끝 350행에 나타나는 화해분위기는 그 전 양편의 갈등을 중심으로 하는 작품의 흐름에 부합되지 않으므로 통일을 기하기 위해서는 마지막 350행이 제거되어야 한다는 것이다.[44] 그럼에도 저자의 견해는 바로 「에우메니데스」 앞 부분에 보이는 양편의 갈등이 작품의 마지막에 화해로 귀결되어 가는 과정이 바로 그 주제가 아닌가 하는 생각이다.

iv

위에서 소개하였듯이 「에우메니데스」의 주제에 관해 다양한 견해가

---

43) A.L. Brown, "The Erinyes and the Oresteia", p.32ff.
44) R.W. Livingstone, "The problem of the Eumenides", pp.123~4.

있다. 여기서 저자는 「에우메니데스」가 당시 아테네의 정치·사회적 상황을 어떻게 반영하고 있는가를 재정리하려 한다. 에리니에스와 오레스테스 사이의 갈등이 아니라 반대로 작품의 끝에 에리니에스와 오레스테스가 화합해 가는 과정에서 아이스킬로스의 진의를 찾으려는 것이다. 일부에서는 양편이 화해하는 「에우메니데스」의 마지막 부분이, 「오레스테이아」의 앞부분에 보이는 갈등의 흐름에 모순된 것이라고 보았으나, 저자의 생각에는, 갈등을 극복하는 화해과정을 통하여 사회의 현안문제에 대한 하나의 해결책을 아이스킬로스는 제시하고 있다고 보고 있는 것이다. 화해의 과정에서 나타나는 아레오파고스 의회의 역할에 초점을 맞춤으로써 당시의 에피알테스 개혁에 의해 초래된 정치적 변화에 대한 아이스킬로스 입장이 밝혀질 수 있을 것이다. 또한 아테네와 오레스테스의 고향 아르고스와의 관계에서 아이스킬로스의 대외정책 입장도 엿볼 수 있으리라 믿는다.

(2) 속죄하는 오레스테스

i. 오레스테스가 에리니에스의 보복을 당하지 않은 이유

오레스테스가 무죄가 된 데 대해서 제우스의 의사가 크게 작용했음을 강조하는 이도 있다.[45] 그러나 저자의 생각에 중요한 것은 오레스테스의 석방에 누구의 힘이 더 컸는가 하는 점이 아니라, 아가멤논과 클리타이메스트라가 죽음을 당할 때는 관여하지 않던 제우스·아폴론·아테나 등의 신들이 왜 오레스테스를 위하여 간섭하게 되었나 하는 것이다. 오레스테스의 경우는 아가멤논과 클리타이메스트라의 경우와 무엇이 다른가?

---

45) S. Ireland, "Aeschylus"(GR : New Surveys in the Classics, No. XVIII, 1986), p.12.

코만(J. Coman)은 아가멤논과 클리타이메스트라가 '오만(hybris)'을 범했으나 오레스테스는 오만을 범하지 않았다고 하였다.[46] 오레스테스는 스스로 원해서가 아니라 제우스의 뜻을 대변하는 아폴론의 사주와 위협에 의해 어머니를 살해하였기 때문이다. 그러나 레스키(A. Lesky)는 「오레스테이아」에 등장하는 인물의 행동이 신에 의해 지워진 운명뿐 아니라 인간의 자발적 의사에 의한 것이라는 점을 강조한다.[47] 즉 어머니를 살해한 오레스테스의 행위는 신의 사주뿐 아니라 자발적 의사에 따른 것이기도 하므로 오레스테스는 무죄가 될 수 없다는 것이다. 또한 오레스테스뿐 아니라 아가멤논과 클리타이메스트라의 행동도 신의 뜻뿐 아니라 스스로의 뜻에 따른 것임을 지적하였다. 따라서 오레스테스를 아가멤논이나 클리타이메스트라로부터 구분짓는 것은 신의 뜻에 따랐는가, 자발적으로 행동하였는가 하는 것이 아닌 것이다.

여기서 저자는, 오레스테스가 아가멤논이나 클리타이메스트라와 갖는 차이점이 바로 「에우메니데스」의 주제이며, 이것은 바로 다음과 같은 점에 있다고 생각한다. 즉 아가멤논과 클리타이메스트라의 경우에는 에리니에스의 추적을 받지도 않았고 명예나 호화로운 생활을 포기하지도 않았으나, 오레스테스는 에리니에스의 추적을 받으면서 아르고스에서의 왕위를 버리고 속죄를 위해 방랑길을 택하였다는 점이 바로 그것이다.

오레스테스가 모친 살해행위를 정당시하였는가 아니면 죄의식을 가졌는가에 대해서도 견해가 다르다. 일부에서는 에리니에스가 바로 오레스테스의 죄의식을 상징하는 것으로 풀이한다. 그러나 다른 일부에서는 오레스테스가 자신의 행위를 변명하고 정당화하기 때문에 에리니에스는 그의 죄의식이 아니라 오레스테스와 대적하는 객관적 존재로 간주한다.

전자의 견해를 지지하는 빌라모비츠에 따르면, 「코에포로이」의 끝부

---

46) J. Coman, L'Idée de la Némésis chez Eschyle(Paris : Lib. Felix Alcan, 1931), p.228.
47) A. Lesky, "Decision and Responsibility in the Tragedy of Aeschylus"(JHS, LXXXVI, 1966), p.85.

분에 나타나는 에리니에스는 오레스테스의 양심을 상징한다.[48] 패소한 후에도 이들은 계속하여 오레스테스를 추적하기 때문이다. 더크손(H.J. Dirkson)도 오레스테스는 모친살해의 정당성을 회의하였다고 믿는다.[49] 그러나 솔름센(F. Solmsen)은 에리니에스를 객관적인 형태를 가진 존재라고 하고 오레스테스 의식의 한 형태라는 것을 부정한다.[50] 또한 스미스(H.W. Smyth)의 견해에서는 오레스테스의 심리적 고통은 죄의식에서 오는 것이 아니라 단순히 전례없는 가공할 보복의 행위 자체에서 나오는 것이었다.[51] 나아가 브라운(A.L. Brown)은, 오레스테스가 모친살해의 사실을 뉘우치지 않고 정당화하고 있으며, 에리니에스도 죄의식이나 복수의 정신 등 추상적

---

48) U.v. Wilamowitz · Möllendorff, Griechische Tragödien, v.2(Berlin, 1919), p.247 : H.J. Dirkson, Die Aischyleische Gestalt des Orest(Nürnberg, 1965), passim, 특히 pp.16~18 : M. Class, Gewissenregungen in der Griechischen Tragödie(Hildesheim, 1964), pp.46~8.[A.L. Brown, "The Erinyes and the Oresteia", p.16, n.21에서 재인용]
49) H.J. Dirkson, Die aischyleische Gestalt des Orest, passim, 특히 pp.16~18.[Brown, "The Erinyes and the Oresteia", p.24, n.59]
참고, 오레스테스가 자신의 행위에 대해 죄의식을 갖거나 정당성을 의심하였던 예로는 다음의 같은 것이 있다:
Or. 그녀[클리타이메스트라]가 죄를 범했나 범하지 않았나?[Choe., 1010]
Or. 당신들은 보지 못하지만 나는 보고 있오.
나는 도망을 가오, 여기서 더 이상 머무를 수가 없오.[Choe., 1061~2]
Or. 저주받은 자를 자비로 받아들여 주시오.[Eum., 236]
Or. 살인을 했다는 것을 나는 부인하지 아니하오.
그러나 내가 저지른 살해가 당신[아폴론 신] 생각에
정당한지 아니한지 판단하여 주시오. 내가 그대로 말하겠오.[Eum., 611~613]
50) F. Solmsen, Hesiod and Aeschylos(N.Y., 1949), p.186, n.34.[참고, K.O. Müller, Aeschylos, Eumeniden, pp.184~186 : K. Reinhardt, Aischylos als Regisseur und Theologie, pp.135~40 : J. Jones, On Aristltle and Greek Tragedy(London, 1962), p.104 : A.L. Brown, "The Erinyes and the Oresteia", p.13, n.1, 3, 4]
51) H.W. Smyth, Aeschylean Tragedy(Cambridge, Mass., 1924 ; rep. N.Y., 1969), p.203[A.L. Brown, "The Erinyes and the Oresteia", p.16, n.21에서 재인용][R.D. Dawe, "Inconsistency of plot and character in Aeschylus"(PCPS, CLXXXIX, ns. 9, 1963), p. 58]

인 개념을 상징하는 것이 아니라고 주장하였다.[52]

저자는 모친살해는 불가피하였던 것이므로 이에 대해 오레스테스는 후회하지 않는다는 점을 인정한다. 아버지를 위해, 그리고 아폴론의 사주와 복수의 여신 에리니에스의 위협에 의해 복수를 행했기 때문이다. 그러나 에리니에스가 오레스테스의 죄의식과는 무관하다고 보는 견해에는 동의하지 않는다. 모친살해를 후회하지는 않는다 하더라도 오레스테스는 가슴 아파하고 그것이 죄라는 것을 인정한다고 저자는 생각하기 때문이다. 그는 저지른 행위가 불가피했음을 변명하고 있지만 속죄를 원하였다. 오레스테스가 죄의식을 가지지 않았더라면, 아르고스에서의 모든 생활을 포기하고 델포이로 속죄의 길을 떠날 필요가 없었을 것이다.

ii. '속죄를 기다리는 죄인'과 '속죄를 끝낸 사람'과의 차이

오레스테스가 속죄를 하는 과정에 관해 약간의 문제점이 있다. 도우(R.D. Dawe)는 「에우메니데스」의 구성이 일관성이 없다고 전제한다.[53] 238행에서 오레스테스는 방랑의 고행을 통하여 속죄를 한 것으로 나타나나 그 후 283행[54]에서는 속죄하는 사람으로 아폴론 신전에 제물을 바쳤다고 되어 있다. 아폴론이 오레스테스를 속죄시켰다면 무엇 때문에 오레스테

---

52) A.L. Brown, "The Erinyes and the Oresteia", pp.16(n.21), 19, 22ff. 28. Brown에 따르면 에리니에스는 「코에포로이」의 끝에 오레스테스의 정신착란 속에서 나타나며, 이 환상적 에리니에스는 「에우메니데스」에서 실제 모습으로 등장한다고 한다. 그는 다른 신들과 마찬가지로 에리니에스도 실제 모습으로 극의 구성에 참여하고 있다는 점을 강조하면서 죄의식을 상징하는 것이 아니라는 것이다.〔참고, F. Solmsen, Hesiod and Aeschylos(N.Y., 1949), p.181 : R.D. Dawe, "Inconsistency of plot and character in Aeschylus", pp.21~62. 또한 참고, Ag., 1186ff : Choe., 269ff, 283, 402, 651, 924ff : Eum., 29, 210~12, 421〕
53) R.D. Dawe, "Inconsistency of plot and character in Aeschylus", p.58ff : D.J. Conacher, Aeschylus' Oresteia : A Literary Commentary, p.147.
54) 이 책 156쪽 참조.

스는 속죄를 위하여 여러 곳을 방황하였을까? 도우는 오레스테스의 행위가 정당하다고 하더라도 기원전 5세기 대중들은 모친살해를 완전한 무죄로 간주하기가 어려웠기 때문에 이러한 혼동이 나타나게 된 것이라고 믿었다.

아무튼 일부에서는 오레스테스가 이미 속죄를 마쳤으므로 더 이상 속죄를 구하는 입장이 아닌 것으로 보고 237행을 "나는 더 이상 속죄자가 아니며"로, 그리고 445행을 "속죄하는 자도 아니고"로 풀어낸다.[55] 그러나 저자의 견해로는 이 때 오레스테스는 속죄하려는 마음을 갖기는 하였지만 아직 속죄를 마친 상태가 아니었다. 따라서 위의 두 싯귀를 "속죄를 아직 마치지 못하였다"라는 뜻으로 다음과 같이 해석할 수 있다.

> Or. 아테나 여신이여, 아폴론의 지시로
> 나 여기 왔오. 저주받을 자를 자비로 받아들여 주시오.
> <u>나는 아직 속죄를 인정받지 못하였지만</u>
> 피묻은 손을 그대로 가지고 있는 것도 아니오.
> 내 죄의 흔적은 무디어지고 낡아버렸다오
> 여러 장소와 길을 떠나 방황하는 동안.[Eum., 235~9]
>
> <u>속죄한 사람(prostropaios)도 아니고</u> 또한 저주의 손을 가진 사람도 아닌
> 나는 당신의 신상 밑에 엎드려 있오.[Eum., 445~6]

여기서 저자는 속죄의 과정이 개인의 심적 상태에만 관한 것이 아니라 객관적으로 사회의 승인을 얻음으로써 끝이 난다는 점을 지적하려 한다. 오레스테스가 사회적으로도 속죄를 인정받았다면, '도망자'의 입장으로서 아테나 여신이 주관하는 재판을 기다릴 필요가 없었을 것이다. 283행에서 오레스테스가 자신을 아직도 속죄하고 있는 죄인으로 표현하고

---

55) 참고, D.J. Conacher, *Aeschylus' Oresteia*, p.147 : A.J. Podlecki, *The Political Background of Aeschylean Tragedy*, p.87.

있는 것도 그 때문이 아닐까.

> Or. 내 손에 묻은 피가 옅어지고 사라진다.
> 어머니를 살해한 저주가 사라져 없어진다.
> 저주가 아직 머무를 때 신 아폴론의 제단에
> 돼지새끼를 제물로 바쳐서 속죄를 구하였도다.[Eum., 280~283]

뮐러(K.O. Müller)에 따르면, 이 때 오레스테스는 '속죄(expiation)'와 '정화(purification)' 사이의 단계에 있었다고 한다.[56] 오레스테스는 여러 곳을 방랑하면서 속죄하였으나 아직 속죄를 끝내지 못하였다. 왜냐하면 복수의 여신 에리니에스의 동의를 얻어내지 못하였기 때문이다.[57] 이러한 관점에서 「에우메니데스」 445행부터 오레스테스가 한 말을 풀어서 쓰면 다음과 같다.

> 나는 '속죄하는 사람'이나 완전히 '속죄를 마친 사람(prostropaios)'은 아니다. 그러나 저주받은 손을 가지고 있지는 않다. '속죄를 마친 사람'이 되려는 나는 아직도 손에 흉기를 들고 있다. 또한 아폴론의 예언에 따라 육지와 바다를 여행하면서 많은 곳과 많은 사람들에게 속죄하였다. '죄인'의 상태에서 벗어나기 위해 나는 아테나 여신의 판결을 기다린다.

그런데 '속죄를 기다리는 자'로서의 오레스테스의 태도는 아가멤논과 클리타이메스트라·아이기스토스 등과는 너무나 다르다는 점에 주의

---

56) K.O. Müller, Aeschylus Eumeniden, pp.134~5[R.D. Dawe, "Inconsistency of Plot and Character in Aeschylus", p. 58 참조] 오레스테스가 델포이에 있었을 때는 아직 속죄를 마친 상태가 아니라는 견해에 대해서는 참고, D.J. Conacher, Aeschylus' Oresteia, p.177, n.12 : R.R. Dyer, "The evidence of purification ritual at Delphi and Athens"(JHS, LXXXIX, 1969), pp.38~56. Conacher는 Eum., 205 'protrapesthai'를 다같이 'to seek purification'으로 해석한다. 이 같은 견해에서는 이 단어가 Eum., 41과 234, 237에서 각각 다른 의미를 가지는 것이 된다. 그런데 그의 견해에서는 오레스테스가 델포이 신전에서 탄원할 때는 속죄를 마친 상태가 아니었으나 아테네에서 재판이 일어나기 전 언젠가 속죄를 마친 것이 된다.
57) Aischylos, Eum., 462ff, 468ff.

할 필요가 있다. 후자의 아가멤논 등은 보복을 행한 후에 자신의 행위에 대한 어떠한 죄의식도 느끼지 않고 자신의 행위를 정당화하고 생을 향락한다.[58] 먼저 아가멤논과 클리타이메스트라 사이의 대화에서 그러한 것을 엿볼 수 있다. 아가멤논은, 만일 [트로이의 마지막 왕] 프리아모스가 이겼다면 "광영을 누렸을 것"이라고 하였고, 클리타이메스트라는, 큰 명성은 질투를 불러일으키고 차례로 사라져가게 된다고 말한다.

> Kl. 만일 프리아모스가 이겼다면 어떠했으리라 생각하오?
> Ag. 내 생각에 그는 아름다운 수가 놓인 천 위에서 광영을 누렸을 것이오.
> Kl. 그렇다면 세인의 비난을 두려워 마시지요.
> Ag. 그러나 세인의 여론은 큰 힘을 가지고 있는 것이오.
> Kl. 질투의 대상이 되지 못하는 자는 매력이 없는 자예요.
> Ag. 승리하려는 것은 여자다운 것이 아니오.
> Kl. 행복에 겨운 승리자는 누구나 다시 다른 것에 굴복하게 된답니다.
> Ag. 당신이 찬양하는 것이 그 따위 승리요?
> Kl. 내 말을 들어요, 내게 승리를 넘겨 주시지요.
> Ag. 아무튼, 얼른 사람을 시켜
>   걸을 때 노예같이 봉사한 나의 신발을 풀게 하시오.
>   내가 주단을 밟고 지나갈 때
>   어떤 신도 질투의 눈길로 나를 겨누지 말기를 원하오.[Ag, 935~47]

아가멤논은 프리아모스에게 보복한 그의 행위를 정당화한다. 또 딸 이피게네이아를 포세이돈에게 제물로 바친 자신의 행위에 대해서도 변명한다.[59] 그러나 자신에 대해서는 신들이 질투하지 말 것을 바라면서 영예를 향유한다.[60] 아이기스토스와 클리타이메스트라도 또한 아가멤논을 죽

---

58) W, Headlam, *Agamemnon of Aeschylus*(N.Y., 1925), p.33f 참조.
59) Ag. 오, 어떻게 내가 동맹국을 저버리고
   이탈자가 될 수 있는가![Ag., 213~4]
60) Ag. 내가 주단을 밟고 지나갈 때
   어떤 신도 질투의 눈길로 나를 겨누지 말기를 원하오.[Ag., 946~47]

인 보복행위를 정당화하지만 그들 자신은 보복당하지 않기를 기원하고 생의 기쁨을 누린다. 하지만 그들은 보복은 꼬리를 물고 연쇄적으로 일어난다는 것을 알고 있다.

아이기스토스와 클리타이메스트라가 보복행위를 정당화하며 차지한 영예를 향유하는 모습을 보여주는 귀절은 다음과 같다:

> Kl. 내 자식을 위한 정의의 신과
> 운명의 여신[아테]과 복수의 여신의 이름으로
> 나는 그[아가멤논]를 죽였다.[Ag., 1432~3]

> Kl. 나는 그[아가멤논]가 부당한 죽음을 당했다고는
> 생각치 않는다.
> 그는 자신의 기만에 의해 집안을 파멸시키지 않았던가!
> 그에게서 낳은 내 아이,
> 그렇게 울던 이피게네이아를 죽였기 때문에
> 마땅한 보복을 당한 것이다.
> 저승에 가서도 그는 큰소리를 치지 못하게 하라.
> 그는 그가 저지른 행위에 의해
> 죽음으로 값을 치루었기 때문이다.[Ag., 1521~9]

> Ai. 정의의 심판이 내리는 날의 밝은 빛이여,
> 이제 나는 말할 수 있다. 사람을 징벌하는 신이
> 저 높은 곳에서 지상의 죄를 감독하고 있다는 것을.
> 복수의 여신 에리니에스가 짠 천 속에서
> 이 사람[아가멤논]이 여기 죽어 누워 있는 것을, 그리고
> 그 아버지가 저지른 행위에 대해 대가를 지불한 것을 보는도다.
> [Ag., 1577~82]

> Ai. 정의의 심판을 받은 자를 보고 있노라면,

Ag. 당신과의 이런 대화에 지쳤으므로
  나는 주단[영광을 상징함] 위를 걸어 집으로 들어가려 하오.[Ag., 956~7]

죽음도 가치있는 것으로 생각된다.[Ag., 1610~11]

Ai. 그의 재물로 나는 도시를
지배한다. 누구든지 불복하는 자는
멍에를 지게 되어 살찐 고삐없는 말같이
되지 못하리라.[Ag., 1638~41]

Kl. 우리는 당연한 것을 행하였을 뿐이요.[Ag., 1658]

연쇄적 보복의 위험이 따른다는 것을 알리는 코러스[무창단]의 경고와 이것을 알면서도 피하려는 요행심, 그리고 차지한 명예를 향유하려는 클리타이메스트라의 태도는 다음과 같은 귀절에서 엿볼 수 있다 :

Cho. 아이기스토스여, 악의에 찬 오만을 나는 좋아하지 않소.
당신은 자의로 이 사람을 죽이고
혼자서 처참한 살해를 모의하였다고 말하고 있구려.
나는 분명히 당신 스스로가 세인의 비난과
그들이 던지는 돌에 의해
죽을 것이라는 것을 예언하노라.[Ag., 1610~6]

Cho. 아마 오레스테스는 빛을 따라
운명을 쫓아 이 곳으로 와서
너희 한 쌍을 죽이고 승리자가 될 것이다.[Ag., 1646~8]

Cho. 오, 모든 사람들이 칼을 내리칠 준비를 하도록 하시오.
Ai. 내 손도 또한 칼을 뽑아 죽음을 서슴지 않는다.
Cho. 당신은 자신의 죽음을 재촉한다고 말하는구료. 우리는 운명을 결정하오.
Kl. 아니요, 여보세요, 또다른 불상사를 우리는 원치 않소.[Ag., 1651~4]

Ai. 당신의 무지로 인해 징벌을 면하는 은혜를 내게 내리도록 하오.
Cho. 암탉 옆에 있는 수탉처럼 대담하게 큰소리를 치시는구려.
Kl. [아이기스토스를 보고] 그들이 하는 험담에 신경쓰지 마세요.
나와 당신은 이 집의 주인이 되어 살아가도록 해요.[Ag., 1670~3]

오레스테스의 태도는 이들의 것과는 너무나 판이하다.[61] 어머니를 죽일 때 그는 망설였으나 아폴론의 사주에 의해 마침내 어머니를 죽인다. 오레스테스는 어머니의 살해가 일어나서는 안될 일이라는 것을 알고 있다.[62] 그리고 그는 연쇄적 보복이 자신에게도 미칠 것을 알고 그러한 운명을 피하는 요행을 바라지 않는다. 그래서 아르고스에서의 호화로운 생활을 모두 버리고 방랑을 시작했던 것이다.[63] 또한 자신이 저지른 행동의 정당성을 의심하면서 다만 아폴론의 지시와 아버지를 위한 보복 때문에 불가피하게 어머니를 죽였다고 변명한다. 어머니를 죽이게 된 어쩔 수 없는 이유에 관한 변명과 함께 그러한 행위에 의해 초래되는 저주를 받아들일 각오가 되어 있음이 다음과 같은 싯귀에서 나타난다.

    Or. 그들이 한 맹세는 변치 않고 있다.
        불쌍한 내 아버지를 죽이기 위해 함께 맹세하였고
        둘이서 함께 죽기로도 맹서하였다.[Cho., 977~979]

    Or. 올바르게 말하여 그것을 무엇이라고 불러야 하나?
        짐승을 잡는 덫. 죽은 자를
        덮는 천? 오히려 사냥하는 데 쓰는 그물 같은 것이거나
        사람의 발을 얽는 천 같은 것이라고
        말할 수 있으리라.
        이러한 것은 이방인을 속여 돈을 빼앗고
        계교로 많은 사람을 죽이고
        기쁨을 누리는 자나 얻을 수 있는 것이겠지.
        그런 여자와 같은 집에 살지 않게 하시고
        나 자신도 자식없이 죽게 하시기를.[Cho., 997~1006]

---

61) E.R. Dodds, "Morals and politics in the 'Oresteia'"(PCPS, CLXXXVI, 1963), p.30 참조.[rep. The Ancient Concept of Progress(Oxford, 1973), pp.43~63]
62) Choe., 930 ; "… 당신[클리타이메스트라]도 당해서는 안되는 일을 당해야 하오."
63) Or. 나는 방랑하는 이 땅의 이방인이며,
    살아서나 죽어서나 오명을 뒤에 남기오.[Choe., 1042~3]

오레스테스 자신의 행위에 대한 죄의식이나 심적 고통을 보여주는 귀절은 다음과 같다.[64]

> Or. [클리타이메스트라는] 죄를 범했나 범하지 않았나?[Choe., 1010]

> Or. 나는 내가 저지른 행위와 징벌과 온 집안을 위해 애통해 하오.
> 나의 승리는 좋지 않은 재앙을 초래하는 것이오.[Cho., 1016~7]

> Or. 지금 나를 보세요.
> 나무 가지와 화환을 들고
> 지구의 중심 아폴론 신전으로,
> 그리고 불멸의 밝은 불을 향해 탄원자가 되러 가오.
> 혈육을 살해한 도망자가 되어서.[Cho., 1034~1038]

이와 관련하여 「에우메니데스」의 첫부분에서도 델포이 신전에서 속죄를 청하는 오레스테스의 모습을 여제사장은 다음과 같이 묘사하고 있다.

> Pyth. 나는 옴팔로스[지구의 배꼽] 옆에 신의 저주를 받은 자가
> '속죄를 청하는 자'의 자리에 앉아 있는 것을 본다.
> 피가 뜯는 손에는 막 빼든 칼과
> 고귀한 올리브 나무가지를
> 커다란 흰 양털로 짠 긴 천으로
> 곱게 싸들고 있는 것을 본다.[Eum., 40~45].

여기서 저자는 「에우메니데스」에서 오레스테스가 에리니에스에게 보복을 당하지 않은 이유는 바로 그가 죄의식을 가졌기 때문이라고 믿는다. 그가 죄의식을 느끼고 있었다는 점이 「오레스테이아」의 앞 부분에 나타나는 다른 인물들과는 다른 점이다. '속죄하는 사람'으로서의 오레스테스는 아폴론의 지시에 따라 방랑길을 떠났고 에리니에스는 이러한 오

---

64) 이 책 153쪽 주49) 참조.

레스테스에게 마음대로 보복할 수가 없었다. 이러한 사실은 아폴론과 에리니에스 사이의 대화 등에서 나타난다. 아폴론의 방해로 에리니에스가 마음대로 보복하지 못하게 된 것을 보여주는 귀절은 다음과 같다 :

   Cho. 당신[아폴론]에게 탄원하는 자,
       신을 무시하고 어머니에게 몹쓸 짓을 한 자를 위하여
       [당신은] 신이면서도 어머니를 죽인 자를 빼앗아갔오.
       이것을 누가 바르다고 말하겠오?[Eum., 151~4]
   Ap. 속죄를 위해 내 신전으로 오도록 내가 그에게 말하였오.
   Cho. 그래서 여기까지 그를 쫓아온 우리를 모독하려 하오?
   Ap. 나의 신전까지 범하는 것은 바르지 못하오.
   Cho. 그러나 우리는 명령을 받고 이 곳으로 왔는데요.
   Ap. 무슨 권리로? 너무나 건방지군.
   Cho. 우리는 어머니를 죽인 자들을 그들의 집에서 쫓아냈다오.
   Ap. 남편을 죽인 아내는 그러면 어떻게 해야겠오?[Eum., 205~11]

   Ap. 나는 나에게 탄원하는 자를 도와 구원하려 하오.
       만일 내가 속죄를 구하는 자를 버린다면
       그 분노는 신에게나 사람에게나 무서운 것이 될 것이오.[Eum., 232~4]

   Cho. 오, 어머니인 밤이여,
       죽은 자와 산 자에게
       보복을 행하도록 나를 낳은 어머니, 내 말 좀 들어보오,
       레토의 아들[아폴론]이 나를 모욕하여,
       어머니를 죽인
       자를 빼앗아
       속죄하게끔 하였오.[Eum., 321~7]

에리니에스는 오만한 사람에게 언제나 보복하였는데, 이것은 다음과 같은 대화에서 알 수 있다.

Cho. 사람의 영광은 온누리에 가득한 것으로 자만하지만
   땅 밑으로 떨어지고 불명예 속으로 사라져가네.
   검은 옷을 입은 우리들의 공격과
   우리들 발로 추는 보복의 춤에 의해.[Eum., 368~71]

Cho. 정의의 신을 숭배하라.
   명리를 쫓아 신을 무시하는 발로
   그를 불명예스럽게 하지 말라.
   당신이 벌을 받을 것이니라.[Eum., 539~43]

Cho. 조용하고도 적의에 찬 분노로
   자만하는 자를 파멸시키는도다.[Eum., 935~7]

 이와 같이 저자는 오레스테스와 다른 극중인물들 사이의 차이점을 다음과 같은 점에서 찾으려 한다. 아가멤논이나 클리타이메스트라·아이기스토스는 자신의 입장만을 옹호하였다. 그러나 오레스테스는 아버지를 위해 불가피하게 어머니에게 보복하였으나 어머니를 죽인 것이 죄라는 것을 인정했던 것이다. 즉 상반되는 이해관계를 고려하였고 결국 이것이 대화를 통하여 해결될 수 있는 길을 마련할 수 있었다는 점이다.
 스메르텐코(C.M. Smertenko)는 삼부작 「오레스테이아」의 주제를 델포이 신전에서 이루어지는 오레스테스의 속죄라고 믿는다.[65] 그리고 이 속죄는 과거 킬론의 음모 때 신전에서 탄원하는 킬론 일당을 끌어내어 무참하게 죽여 신성모독죄를 범한 알크마이오니다이 가문의 속죄요, 그에 대한 용서를 의미하는 것이라고 하였다. 그러나 도드스(E.R. Dodds)가 바르게 지적하고 있듯이, 델포이의 역할은 작품의 구성에서 그다지 중요한 것으로 부각되지 않는다.[66] 오히려 델포이 신전에서의 속죄는 그 효력이 크지 않아서 오레스테스는 또다른 지역을 방황하면서 속죄를 위한 고행을

---

[65] C.M. Smertenko, "The political sympathies of Aeschylus"(JHS, LII, 1932), pp.233~35.
[66] E.R. Dodds, "Morals and politics in the Oresteia", p.23.

계속하였던 것이다.[67] 따라서 작품의 주제를 당시의 정계에서 영향력 있던 한 가문의 위상에 관련시키는 것은 너무 편협한 소치가 될 것이다.

오레스테스는 다른 사람과 같이 죄를 저질렀으나 자신의 행위를 정당화하고 자위하는 '오만(hybris)'을 범하지 아니하였다. 오히려 그는 불가피했던 행위였지만, 자신의 죄를 인정하고 속죄를 위해 노력하였다. 에리니에스는 오레스테스에 대한 보복을 감행하지 못하였다. 오레스테스가 '속죄를 청하는 자'가 되어 '탄원자'를 보호하는 신 아폴론의 도움을 받고 있었기 때문이다. 그리고 재판을 통하여 아테나 여신의 도움으로 승소하게 된다. 반대로 아가멤논과 클리타이메스트라는 '오만'으로 인해 징벌당하였다. 자신의 이익과 정의만을 고집할 때는 상호 충돌이 야기되게 마련이며 평화적 해결방법은 존재할 수 없게 된다. 민주정이 발달하고 사회적·정치적 생활이 더 복잡해짐으로써, 아이스킬로스는, 과거의 혈연적 집단을 중심으로 하는 좁은 범위의 도덕이 아니라, 새로운 사회적 문제의 해결방법을 제시하고 있다. 그러나 민중의 결정이 아니라 사회에서 명망 있는 사람들의 회의체에서 새로운 사회적 준거를 결정하는 권한을 가져야 한다는 것을 강조한 점에서 아이스킬로스의 보수성이 나타난다고 할 것이다.

(3) 아레오파고스 재판의 의미

오레스테스에 대한 아레오파고스에서의 투표는 가부동수였고 오레스테스는 여신 아테나의 최종적 판결에 의해 무죄방면된다. 학자들은 아레오파고스의 재판관들과 여신 아테나 가운데 누가 오레스테스의 무죄판

---

67) A.J. Podlecki, The Political Background of Aeschylean Tragedy, p.87ff.

결에 더 큰 영향을 미쳤는가에 대해 의견을 달리하고 있다. 일부에서는 가부동수가 아테나의 표까지 포함하고 있다고 믿는다.[68] 반면에 다른 학자들은 가부동수가 아테나의 표없이 이루어진 것이며 아네나의 역할은 투표의 결과를 포고하는 것에 불과하였다고 주장하기도 한다.[69]

여기서 저자는 둘 가운데 어느 것이 오레스테스의 무죄석방에 더 중요한 영향을 미쳤는가 하는 것은 중요한 것이 아니라는 입장이다. 중요한 것은 재판은 아테나 여신에게 위탁되었고 아테나는 아레오파고스를 재판소로 선택하였다는 점이다. 결국 이 둘은 모두 오레스테스의 무죄방면에 없어서는 안되는 요소들이었다. 아이스킬로스가 이들을 통하여 무엇을 상징하려고 했던가 하는 것을 찾는 것이 더 의미있는 일이 될 것이다.

아레오파고스는 살인사건을 재판한다. 아레오파고스가 살인사건 재판소로 나타나고 있는 데서 일부에서는 이 작품이 아레오파고스의 정치적 권한을 축소시켜 살인사건 재판소로 격하시킨 에피알테스의 개혁에 대한 아이스킬로스 지지를 반영하는 것이라고 주장하였다.[70] 그러나 저자는 오레스테스의 경우를 재판한다는 사실 자체가 아레오파고스의 권위가 컸음을 의미한다고 생각한다. 기원전 4세기에는 모친살해는 불법이었기 때문에[71] 아레오파고스가 아니라 흔히 아르콘이나 다른 재판소에서 재판받고 처벌되었기 때문이다.[72]

---

68) G. Hermann, Aeschyli Tragoediae(Leipzig, 1852), v.2, pp.623~29 : U.v. Wilamowitz・Mollendorff, Aischylos-Interpretationen(Berlin, 1914), pp.183~5 : P. Groneboom, Commentary on Eumenides(Groningen, 1952), pp.201~2 : M. Gagarin, "The vote of Athena"(AJPh, XCVI, 1975), pp.121~127.
69) K.O. Müller, Aeschylos Eumeniden, pp.158~9 : A.W. Verall, The Eumenides of Aeschylus (London, 1908), pp.XXV~XXX : H. Lloyd・Jones, The Eumenides by Aeschylus(Englewood Cliffs, 1970), p.58.[M. Gagarin, "The vote of Athena", p.121, n.2, 3 참조]
70) 이 책 146쪽 주31) 참조.
71) Isok., XII, 122.
72) Aischines, I, 9 : Lex. Seg.(Lexeis Rhetorikai), p.250.[이 책 258쪽 참조]

아레오파고스에서 재판된 살인사건에서는 피고는 살해한 사실 자체를 부정하거나 혹은 고의적으로 살해한 사실이 없다는 것을 맹서하여야 하는데,[73] 오레스테스는 반대로 그의 죄를 인정하면서 그러한 맹서를 하지 않으려 한다.[74] 오레스테스는 모친살해의 죄를 인정하고 '속죄를 청하는 자'가 되었다. 그는 다만 왜 모친을 살해하게 되었던가를 변명할 뿐이다. 아버지를 위한 복수와 아폴론의 사주가 그것이다. 이 사건을 아레오파고스가 재판하게 되는 것은 바로 아레오파고스의 권한이 축소되기 이전에 가능한 것이다. 전대미문의 사건에 대한 판결권은 에피알테스에 의해 권한이 축소된 아레오파고스 의회의 기능과는 관련이 없다.

오레스테스는 모친살해가 죄라는 것을 인정하지만 아버지를 위한 복수로 어머니를 살해한 것이 불가피하였다는 점을 들어 변명하고 있다. 오레스테스에 대한 재판은 두 가지 상반하는 이해관계의 대립이 어떻게 해결되는가를 보여준다.[75] 남편을 살해한 클리타이메스트라와 어머니를 살해하려 하는 오레스테스 사이의 상반되는 이해관계는 다음과 같은 둘 사이의 대화에서 나타난다.

> Kl. 우리는[자신과 아이기스토스] 당연한 것을 행하였을 뿐이요.
> [즉 남편 아가멤논을 살해한 행위에 대해][Ag., 1658]
>
> Or. 죽여서는 안될 사람을 죽였오, 그러니 당신도
> 당해서는 안되는 일을 당해야 하오.[Choe., 930]

아레오파고스는 이 두 가지 상반되는 이해관계를 사적 보복이 아니라 재판이라는 평화적 절차를 통해 해결하는 역할을 맡는다.[76] 아레오파

---

73) 이 책 243쪽부터 참조.
74) Aischylos, Eum., 429f.[J.F. Davies, The Eumenides of Aeschylus(Dublin, 1885), Appendix, pp. 207~9 참조]
75) A.J. Podleki, The Political Background of Aeschylean Tragedy, p.69ff.

고스는 새로운 종류의 분쟁에 대해서 객관적인 준거를 제시하는 권위를 가진 것이다.

다음에는 오레스테스의 석방에서 아테나 여신의 역할에 관한 문제가 있다. 가가린은 아레오파고스가 에리니에스의 패배를 판가름하지 못하였다는 점을 강조하였다. 투표결과가 가부동수였기 때문이다.[77] 또한 가가린은 남성을 지지하는 아폴론도 에리니에스에 대해 승리하지 못했다고 생각하였다. 아테나 여신만이 문제에 대한 해결책을 제시하였다는 것이다. 그러나 아테나가 어머니없이 태어났다는 것과 어머니를 살해한 오레스테스를 무죄방면했다는 사실은 남성의 우월을 상징하는 것이라기보다 혈연관계의 의미를 부정하는 것이라고 주장하였다.[78]

저자는 가가린의 입장과 같은 노선에서 아레오파고스는 혈연적 유대를 넘어서 그밖에 다양한 이해관계를 협의하고 평화적으로 해결하는 기구였다는 점을 부각시키려 한다. 혈연관계에 입각한 정의와 도덕은 폐쇄적인 전통사회에서 유효하나 광범한 폴리스 사회에서는 통용되기 어렵다. 여기에 속한 여러 가문집단들의 이해관계가 서로 다르기 때문이다. 이러한 방법은 사적 보복에 의한 무정부적 상태보다 훨씬 발전된 것으로 평화적인 방법으로 문제를 해결하게 되는 것이다. 그런데 아이스킬로스는 문제를 해결하는데, 재판권을 행사하는 것이 민중이 아니라 명망있는 사람들이어야 한다고 생각하였다.[79] 여기에 과도한 민중의 정치적 권한의 확대에 반대하고 전통적 아레오파고스의 권위를 인정한 아이스킬로스의 보수성이 나타난다. 아레오파고스의 권한에 관해 아이스킬로스는 아테나

---

76) Aischylos, *Eum.*, 693~94.[E.R. Dodds, "Notes on the Oresteia", p.20, n.1 참조]
77) M. Gagarin, *Aeschylean Drama*, p.103.
78) Ibid., pp.103~104.
79) 鄭在媛, "Orestes의 釋放과 Zeus의 法(Dike)"(『서양고전학연구』, 제4집, 1990), pp.42, 50 참조.

여신의 입을 빌어 다음과 같이 언급하고 있다:

> Ath. 무정부적이지도 참주적이지도 않은 것
> 이것[아레오파고스 의회]을 나의 시민들이 유지하고
> 경배하도록 하시오.
> 공포를 도시 밖으로 완전히 몰아내지도 말 것이오.
> 아무것도 두려워하지 않는 사람 가운데 누가 올바른 사람이 되겠오?
> 두려움 속에서만이
> 당신네는 당신네 도시를 안전하게 지켜나갈 것입니다.
> 이것은 어떤 민족도, 스키티아 사람들의 왕국에도
> 없는 것이외다.
> 이 회의체, 명리에 물들지 않고
> 권위를 가지며, 즉각 징벌하며, 잠자는 이들을 위해
> 늘 깨어 이 땅을 지키는 수비대를 설립하오. [Eum., 696~706][T.18]

한편 오레스테스가 무죄방면되었다는 사실은 아레오파고스의 전통적 권한이 후대 민주정이 발달된 시대보다 더 강했던 것을 의미한다. 즉 경우에 따라 사적 보복이라는 전통적 권한을 긍정적인 것으로 인정하고 있기 때문이다. 이것은 에리니에스의 복수의 역할이 중단되지 않고 계속된다는 것을 의미하기도 한다. 이러한 사회에서는 사건이 고정된 법률에 따라 획일적으로 처리되기보다, 개인의 판단과 행동의 기준이 더 다양하고 자유롭다는 것을 알 수 있다.

개인의 판단과 행동의 가치가 존중되는 사회에서는 자연히 다양한 도덕과 정의의 개념이 존재할 수 있다. 이 때 상대편의 입장을 무시하고 이해하지 못하는 경우에는 대화의 가능성이 열려 있지 않으므로 보복을 통하여 분쟁을 해결할 수밖에 없게 된다. 아가멤논·클리타이메스트라와 아이기스토스의 경우가 대표적인 예이다. 보복의 여신인 에리니에스는 자기 자신의 입장만을 옹호하는 사람에게 보복을 행하며 이것은 사적 보복의 형태를 취한다. 그러나 상호간의 대립되는 입장을 이해하고 인정하

는 사람에게는 대화를 통하여 분쟁을 해결할 수 있는 가능성이 있다. 오레스테스가 바로 그러한 예로 그는 사적 보복을 당하지 않고 아레오파고스 재판과정을 통하여 방면된다.

아이스킬로스의 작품 속에서 아레오파고스는 무정부적인 사적 보복을 무제한으로 인정하고 있지도 아니하며, 또한 획일적인 법률을 적용하거나 민중의 독단에 의해 문제를 해결하려 하지도 않는다. 상반된 이해관계는 명망있는 아테네 시민들의 아레오파고스 의회를 통하여 해결되어야 한다는 견해이다.

그런데 에리니에스의 보복과 아레오파고스 재판은 방법은 다르지만 모두 도시에 정의와 징벌의 실현을 담당한다는 데서 공통점을 가진다. 「에우메니데스」에서는 에리니에스와 아레오파고스의 역할에 대해 유사한 용어를 쓰고 있다. 먼저 아레오파고스에 관하여 "나[아테나 여신]는 이 회의체, 잠든 자들을 위해 늘 깨어 이 땅을 지키는 수호자를 설립한다"고 하며,[80] 에리니에스에 대해서는 '도시의 수호자'[81]로 묘사하고 있는 것이다.

에리니에스의 보복이 인정되고 아레오파고스의 재판에 의해 오레스테스가 무죄방면된다는 사실은 아레오파고스의 권위를 한층 더 강한 것으로 묘사하려 한 아이스킬로스의 저의를 나타낸다. 민주정이 발달된 기원전 4세기에는 모친살해가 법적으로 금지되어 있었으므로 아레오파고스는 이러한 사건을 재판한다든가 피고를 무죄방면할 만한 권한이 없었다. 사건은 법률에 따라 획일적으로 처리되었던 것이다.

---

80) Aischylos, *Eum.*, 705f.[이 책 168쪽 참조]
81) Aischylos, *Eum.*, 949.

(4) 재판 후의 에리니에스

i. '복수'의 역할을 계속하는 에리니에스

에리니에스는 마침내 에우메니데스로 변화하고 오레스테스를 징벌하지 않는다는 데 동의하였다. 이 때 에리니에스가 아폴론과 아테나, 오레스테스에게 패하여 자신의 '보복의 혼'을 상실하였는지에 관해 의견이 다르다. 많은 학자들은 에리니에스가 복수의 기능을 상실하고 도시에 축복과 행복을 가져오는 에우메니데스가 되었다고 생각한다.[82] 그러나 로이드 존즈(H. Lloyd·Jones)는 이러한 견해에 반대하면서 아레오파고스에서의 가부동수의 투표는 에리니에스가 결코 패하지 않았다는 것을 의미하며, 그들의 '보복'의 역할은 아테나의 판결 이후에도 계속되었다고 믿는다.[83] 가가린도 또한 에리니에스가 만일 졌다면 판결 후 아테나 여신이 그들을 설득하기 위해 그렇게 노력할 필요가 없었을 것이라고 하면서 에리니에스는 패배하지 않았다는 점을 강조하였다.[84]

이들의 견해에 따르면, 오레스테스에 대한 보복은 포기하였지만 에리니에스는 보복의 혼을 상실한 것은 아니다. 여기서 눈여겨 볼 수 있는 것은 「에우메니데스」의 앞 부분에서 아폴론이 에리니에스와 다툴 때, 에리니에스가 자신의 신전을 들어오지 못하도록 할 뿐, 에리니에스가 가진 보복의 역할 자체를 부정하고 있지는 않다는 점이다.[85] 여신 아테나도, 에

---

82) W. Headlam, "The last scene of the Eumenides"(JHS, XXVI, 1906), p.272 : U.v. Wilamowitz·Mollendorff, Aischylos Interpretation(Berlin, 1914)[D.J. Conacher, Aeschylus' Eumenides, p.176, 8에서 재인용] : K. Reinhardt, Aischylos als Regisseur und Theologie(Bern, 1949), p.154ff.
83) H. Lloyd Jones, The Justice of Zeus(Berkeley/Los Angeles, 1971), p.94.
84) M. Gagarin, Aeschylean Drama, p.78.
85) Aischylos, Eum., 185~95 : Choe. 269ff.[A.L. Brown, "The Erinyes and the Oresteia", p.28 참조]

리니에스가 비록 오레스테스에게는 보복하지 못하였지만, 그들의 보복의 역할이 계속됨을 인정한다.[86] 에리니에스 자신도 아테나 여신을 적으로 생각하지 않았으므로 그녀가 재판관이 되어 공정하게 판단할 것이라고 생각한 것이다. 재판이 있기 전에 아테나 여신이 에리니에스에게 묻는다 : "내가 판정을 하도록 할까요?"[Eum., 434] 에리니에스는 "왜 아니요, 당신의 고귀함과 고귀한 태생을 존경하오."[Eum., 435]라고 대답한다. 아테나 여신이 에리니에스의 보복의 역할이 계속됨을 인정하며 그들의 역할이 도시의 번영을 위해 없어서는 안될 것으로 높이 평가하고 있는 것은 다음과 같은 귀절에서 나타난다 :

    Ath. 내가 당신들[에리니에스]에게 진심으로 약속하오.
         당신네는 이 정의로운 땅에 사당을 갖고 머물며,
         그 곳의 빛나는 보좌에 앉아
         시민들의 존경을 받을 것이오.[Eum., 804~807]

    Ath. 당신네 분노를 나는 감수하오. 당신네는 나보다 더 연로하므로
         나보다 더 지혜로울 것이오.[Eum., 848~9]

    Ath. 당신이 다른 곳으로 떠난다면,
         이 땅에서 사랑받을 것입니다. 나는 말하지요,
         더 영광스런 때가
         이 시민들에게 있을 것이며, 당신네는
         이 에레크테오스 건물 옆에 성스러운 사당을 가지며,
         남녀의 행렬이 끊이지 않고 그 곳을 방문할 것이오.[Eum., 851~6]

    Ath. 전쟁은 외국인과 하는 것이니, 그 때
         명예를 걸고 싸우는 사에게 복 있으라.
         그러나 집안 새들의 싸움을 원치 않소.

---

86) Aischylos, *Eum.*, 698ff.〔참고, A.L. Brown, "The Erinyes and the Oresteia", p.28 : 鄭在嬡, "Orestes의 釋放과 Zeus의 法(Dike)", pp.47, 50〕

당신네가 원한다면 다음과 같은 것을 내게서 얻으리라.
선의를 행하고 선의를 받으며 명예롭게
신이 가장 사랑하는 이 땅에서 함께 거하라.[Eum., 864~869]

Cho. 아테나 여신이여, 어떤 위치를 내가 차지한다고 약속하였오?
Ath. 모든 슬픔에서 벗어났다는 것을 인정하시오.
Cho. 인정하지요, 내게는 어떤 명예가 남나요?
Ath. 당신네가 없이는 어떤 집안도 번창하지 못하리오.
Cho. 내가 그런 능력을 가지도록 당신이 한단 말이오?[Eum., 892~896]

Ath. 이들[에리니에스]을 조심하지 않는 사람은
어디서 생명을 위협하는 재앙이 닥칠지 알지 못하오.
조상의 옛 죄과로 인해
불행이 다가오며
큰소리치는 사람은
조용하고도 악의에 찬 분노에 의해 멸망하게 된다오.[Eum., 932~937]

Ath. 나는 당신네[에리니에스] 저주의 말을 지지하오.[Eum., 1021]

ii. 에리니에스의 보복의 역할

저자는 에리니에스가 오레스테스에 대한 보복을 포기하고 동시에 오레스테스에게 무죄석방의 판결을 내린 아테네의 안녕을 기원하지만 복수의 기능을 상실한 것은 아니며 다만 그 적용의 범위가 제한된다는 점을 지적하려 한다.

앞에서 말한 바와 같이, 아폴론은 에리니에스가 자신의 영역에만 침범하지 말도록 요구하였다. 이와 마찬가지로 아이스킬로스는 여신 아테나의 부탁의 말과 에리니에스의 화답을 빌어 보복의 혼이 도시 내부가 아니라 외부의 적, 더 나아가 전 그리스의 적에 대해서 적용될 것을 권하고 있다.[87] 에리니에스들은 적을 파괴함으로써 도시를 외부의 적으로부터 보호하는 역할을 맡은 것이다.[88] 그들의 이러한 보호가 없이는 도시의 안전은 유지될 수 없다.[89] 에리니에스와 아테나가 주고 받는 대화에는 도시의 안녕을 기리고 도시 내에서 에리니에스들이 좋지 못한 상태를 유발하지 않는다는 내용이 담겨 있다:

> Cho. 악의에 찬 상쟁이
> 도시 내에 일어나지 말도록
> 나는 기원하오.
> 먼지가 시민의
> 검은 피를 마시지 말게 하고
> 분노에 찬 보복으로 살해하여
> 도시를 파멸시키지 말라.
> 한 마음으로 사랑하고,
> 한 마음으로 미워하게 하여.
> 세상의 많은 저주를 없이 하리라.
> Ath. 은혜로운 말을 하는 법을
> 알았나요?
> 이들의 무서운 얼굴에서
> 나의 시민들에게 커다란 이익이 있음을 봅니다.[Eum., 976~991]

한편 도시 내에서도 경우에 따라 에리니에스의 보복이 적용되기도

---

87) Aischylos, *Eum.*, 851~ 869.[이 책 175쪽 참조], 916~920.[참고, D.J. Conacher, *Aeschylus' Oresteia*, p.205ff, : 이 책 176쪽 주91]). E.R. Dodds["Morals and Politics in the Oresteia", p.24] 는 976~987행에 도시 내에 상쟁이 일어나지 말도록 기원하는 것을 당시 에피알테스의 피살과 그에 따른 과두파와 민주파 사이의 갈등의 위험을 시사한 것으로 풀이하였다. 그러나 지자는 이러한 구체적인 관련보다는 일반적으로 내내적인 평화와 내외적인 투쟁의 미덕이 대조되는 것으로 풀이한다.
88) Ath. 자, 들으시오, 이 땅의 수호자들이여.[Eum., 949]
  Ath. 전쟁이 일어났을 때
      이익을 도시에 가져오리니.[Eum., 1008~9][Eum., 777 참조]
89) Aischylos, *Eum.*, 895ff.

한다. '큰소리치는 자[즉 만용을 부린 자]'[Eum., 936]의 경우가 그러하다. 마치 아가멤논이나 오레스테스의 어머니 클리타이메스트라, 그녀의 정부(情夫) 아이기스토스와 같은 사람들에게 보복이 허용된다고 말할 수 있을 것이다.[90]

iii. 에우메니데스가 된 에리니에스

또한 저자는 에리니에스가 오레스테스에 대한 보복을 단념하고 에우메니데스가 되었지만, 결코 축복을 가져오는 능력을 지니지는 못하였다는 점을 지적하고자 한다. 복수의 여신들은 보복을 중단했다고 하더라도 결코 적극적으로 행복한 상태를 실현할 수 있는 능력이 없었다는 점이다. 에리니에스의 능력은 저주하고 보복하는 것이다. 다음과 같은 싯귀가 그것을 보여준다.

> Cho. 이 땅에서 나는 명예를 잃었고
> 슬픔에 젖도다. 아,
> 불명예를 당한 보복으로
> 내 가슴에서 독을 내뿜으리라.
> 땅은 독을 견디지 못하리.
> 식물도 열매도 자라지 않고
> 독이 땅 위에 퍼져
> 인간을 멸하리라.[Eum., 810~17]

경우에 따라 에리니에스는 이러한 저주와 보복을 중단할 수는 있다. 에리니에스로 하여금 저주하지 말도록 종용하는 아테나 여신의 부탁은 다음과 같다.

---

90) 이 책 158쪽부터 참조.

Ath. 내 말을 들어 저주를 중단하도록 하시오.
당신네는 재판에서 진 것이 아니오, 가부동수였기 때문이오.
당신네의 불명예가 아니오.[Eum., 794~796]

Ath. 당신네들 화내지 말고 분노가 이 땅을 채우지
않도록 진정하시오, 또한
독한 이슬을 뿌려 곡물이 때도 되기 전에
말라버려 흉년이 되도록 하지 마시오.[Eum., 800~3]

Ath. 당신네는 명예를 잃은 것이 아닙니다.
여신들이여, 그러한 분노로 이 땅을 황폐케 하지 마시오.[Eum., 824~5]

Ath. …내 말을 들어,
이 땅에 열매가 번성하지 않을 것이라는
저주의 말을 내뱉지 마오.
쓰라린 분노를 잠재우게 하시오.
당신은 존경을 받으면서 나와 함께 거할 것이오.
이 넓은 땅에서 나는 첫 과일과
출산하거나 결혼할 때 훌륭한 제물을 받을 것이며
당신은 언제나 나의 충고에 감사하리라.[Eum., 829~36]

Ath. 내 땅에 피묻은 흉기를 들여오지 마시오. 그것은
젊은이를 해치고
술없이도 그들을 흥분시키게 되오.
싸우는 수탉이 가슴을 물어뜯는
상잔의 악의를 우리 동족에게
불어넣지 마시오.[Eum., 858~63]

Ath. 이제 당신은 신의있는 친구를 이 땅에서 얻을 것이오.
Cho. 내가 이 땅을 위해 무엇을 기원하기를 원하니요?
Ath. 악의에 찬 승리를 거두려고 생각지 마시오.
바람이 부는 곳에서는 어디서나, 땅에서도, 바다에서도,
그리고 하늘에서도.[Eum., 901~905]

Ath. 좋지 못한 것은
　　　우리에게서 멀리하고 …[Eum., 1007~8]

그런데 에리니에스는 행복을 가져다 주고 실현하는 능력을 가진 것으로는 보이지 않는다. 다만 에리니에스의 저주가 중단된 곳[91]에서는 행복한 상태가 도래할 수 있기 때문에, 이러한 의미에서 에리니에스들은 에우메니데스라고 불릴 수 있을 것이다.

극중[Eum., 774]에서 오레스테스는 아르고스인들에 대해서도 '호의를 가진 자(에우메네스테로이: eumenesteroi)'라는 용어를 사용하고 있다. 아르고스 사람들이 아테네를 침입하지 않는다고 약속하였기 때문이었다. 아르고스 사람들은 아테네에 적극적으로 번영을 가져다 주는 것은 아니지만 아테네를 침입하지 않으며 번영을 방해하지 않는다는 의미에서 '에우메네스테로이'인 것이다.

극의 마지막 부분에 에리니에스는 도시를 저주하지 않겠다는 결심과 도시의 행복에 대한 기원을 표현하고 있다. 도시의 행복을 기리면서 이들은 '기원한다', '노래한다' 등의 동사로 표현하고 있다. 아테나도 에리니에스에게 도시의 행복을 '기원해 주세요'나 '존중하세요'라고 부탁하고 있는 것이다. 에리니에스들은 언제나 행복을 기원하는 역할을 맡고 있으며 그것을 직접 실현시킬 능력이 있는 것으로 나타나지 않는다.

Cho. 나는 기원합니다.
　　　태양의 밝은 빛이
　　　땅 위의 생명에

---

91) Cho. 아테나와 함께 있기를 택하오.
　　　이 도시를 저주하지도 않을 것이오.
　　　전능한 제우스와 아레스가 함께
　　　신의 수호자로 있는 곳,
　　　그리고 전 그리스 신들의 제단을 지키는 곳.[Eum., 916~20]

풍만하고 유익한 것을 불어넣기를.[Eum., 921~6]

Cho. 나무를 말리는 바람은 불지마오
　　나의 호의를 표하오.
　　풀잎의 싹을 말리는 찌는 듯한 바람은
　　이 땅의 경계를 넘어 불어오지 마오.
　　열매를 영글게 하지 않는 무서운 병으로
　　결실을 없애지 마오.
　　나는 은혜로운 세상이 되기를 기원합니다.
　　풍요로운 땅 위에는
　　두 배의 새끼가 나고,
　　알맞은 때에 그들을 살찌우게 하라.
　　그리하여 풍요한 땅에서 나는 생산물로
　　신이 부여한 좋은 선물을 찬양하게 하라.[Eum., 938~948]

Cho. 악에 지칠 줄 모르는
　　도시 안에 싸움이 일어나지 않도록
　　나는 기원하도다.[Eum., 976~78]

Ath. 진홍빛 정장을 하고
　　불빛을 환하게 밝히도록 하시오.
　　우리 땅을 방문한 이들 무리가 기뻐하여
　　자손이 번성할 것을 기원한 것 같이.[Eum., 1028~31]

[행진하는 합창단]
　　집으로 가세요, 연로하고 거룩한,
　　밤의 자식들이여, 친절한 수행을 받으면서 가세요.
　　좋은 말로 기원하시오.
　　땅 속 태고의 동굴에 거하면서
　　많은 존경과 제물을 받으리니,
　　당신네 모두 좋은 말로 기원해 주시오.[Eum., 1034~39]

콘나헤르(D.J. Conacher)는 에리니에스가 인간의 행복과 불행을 관장함으로써 마침내 이 여신들의 역할이 '운명의 여신[모이라(Moira)]'와 동일하게 된다고 믿었다.[92] 운명의 여신들은 저주의 운명을 바꿀 수 없지만 에리니에스들은 성격을 바꾸어 축복을 가져오는 에우메니데스가 될 수 있다는 것이다. 그러나 콘나헤르의 견해와는 반대로, 저자는 에리니에스가 행복을 적극적으로 실현할 수 있는 능력을 가진 것은 아니라고 생각한다. 다만 이들이 저주를 멈추지 않은 상태에서는 어떠한 행복도 실현될 수 없다는 점에서, 이들은 행과 불행에 모두 관련하고 있다고 말할 수는 있는 것이다.

반면에 행복을 적극적으로 실현하는 것은 운명의 여신[모이라]의 능력으로 나타난다. 운명의 여신들이 사람의 운명을 바꾸어 행복을 가져온 예는 다음의 귀절에서 보인다.

> Cho. 페레스의 집에서도 당신[아폴론]은 이 같은 짓을 했오.
> 운명의 여신 모이라를 설득하여 죽을 운명의 사람들을 죽지 않도록 했지 않소.[Eum., 723~724]

운명의 여신 모이레스와 복수의 여신 에리니에스는 불행과 죽음을 가져오는 데 대개 함께 영향력을 행사한다. 이들은 또한 신 제우스의 의사에 준하여 행동한다. 브라운은 제우스・모이레스・에리니에스는 서로 협력하여 불행을 초래하거나 보복을 행한다고 지적하였다.[93] 에리니에스는 제우스의 의지에 반하여 저주나 보복을 행할 수 없는 것이다. 또한 에리니에스가 저주를 중단하면, 모이레스는 행운과 다산의 축복을 내릴 수 있다. 여기서 에리니에스는 언제나 운명의 여신과 협조할 뿐 아니라 그들에게 복종한다. 이것은 다음과 같은 귀절에서 나타난다.

---

92) D.J. Conacher, *Aeschylus Oresteia*, p.173.[*Eum.*, 959~67]
93) A.L. Brown, "The Erinyes and the Oresteia", pp.27~28[*Eum.*, 172, 334ff, 392, 723, 959ff 참조]

Cho. 위대한 운명의 여신들이여,
　　　신의 힘을 빌어
　　　정의가 실현되는도다.
　　　악의있는 말은 같은 것으로 보복받게 된다.
　　　정의의 여신은 빚을 진대로 갚게 하여
　　　살인은 살인으로 보복받게 한다.
　　　행한 대로 다시 보복을 당한다.[Choe., 306~314]

Cho. 이것이 운명의 여신이 하는 일이다.
　　　운명의 실을 자아 우리를 옭아맨다.
　　　운명에 따라 사람들은
　　　혈육끼리 인다.[Eum., 334~7]

Cho. 내 입에서 신의 동의하에
　　　운명의 여신들이 내린 명령을 들을 때
　　　그것을 존경하고
　　　두려워하지 않는 사람이
　　　어디 있을까? 내가
　　　옛부터 가진 특권이
　　　아직도 존재하고, 불명예를 당하지도 않는다,
　　　비록 내 거처는 땅 밑 햇빛이 들지 않는 곳에 있지만.[Eum., 389~396]

Cho. 오, 성스런
　　　운명의 여신들이여,
　　　같은 어머니에게서 난 우리 자매여,
　　　올바르게 운명을 배분하고
　　　모든 가정에 함께 거하면서
　　　언제나 정의롭게
　　　처신하는
　　　신들 가운데 가장 명예로운 여신들이여.[Eum., 960~967]

극중에서 에우메니데스가 된 에리니에스는 적극적으로 번영을 실현하지는 못한다 하더라도 도시를 외부의 적으로부터 방어하는 역할을 맡는다. 외부의 적에 대해 방어하고 보복하지 못하면 도시의 안녕과 행복은 있을 수 없는 것이다.[94] 이러한 점에서 에리니에스는, 시민들을 저주하지 않고 언제나 시민의 동맹자로 머문다.[95]

따라서 에리니에스·에우메니데스는 두 가지 성질을 동시에 가지고 있다. 도시의 안녕과 행복을 위하여 경우에 따라 저주와 징벌을 내리기도 내리지 않기도 한다. 작품 「에우메니데스」에서 에리니에스가 에우메니데스로 화하고 오레스테스에 대한 보복을 포기하였다 하더라도 복수의 여신으로서의 무서운 면모를 상실한 것은 아니다. 그들은 보복의 역할을 도시 외부의 적에 대해 계속하게 된다. 이와 관련하여 아테나는 다음과 같이 말한다.

> 이들의 무서운 얼굴에서
> 나의 시민들에게 커다란 이익이 있음을 봅니다.
> 그들이 호의를 가지고 있듯이 당신들이 호의를 가지고
> 그들을 존중하면 당신네 땅과 도시를 바르게 이끌어 갈 것이오
> 〔Eum., 990~993〕

V. '에우메네스테로이'인 아르고스 사람들과 아이스킬로스의 대외정책

일부에서는 아이스킬로스가 당시 민주정치가들에 의한 아르고스와의 동맹을 지지하는 입장이었다고 믿는다.[96] 야코비와 도드스는 아이스킬로스가 민주정치가들의 호전적 대외정책을 지지하였다고 주장하였다.[97]

---

94) Eum., 864~9, 895~7.[이 책 172쪽 참조]
95) 도시 내의 갈등을 지양하고 외부의 적과의 싸움에 복수와 징벌의 정신을 적용하려는 에리니에스의 결심에 관해서는 Eum., 916~920[이 176쪽 주91)] 참조.
96) 이 책 147쪽 참조.

이러한 것은 「에우메니데스」 292~7행과 398~402행 등에서 리비아·플레그라이아(Phlegraia ; 오늘날의 칼키디케 지방)·스카만더(Scamander ; 트로이 지방) 등의 외지(外地)가 언급되는 것에서 알 수 있다는 것이다.[98]

그러나 저자의 견해는 아이스킬로스의 대외정책이 적극적 팽창정책이 아니라 도시국가의 방어를 기본입장으로 하고 있다는 것이다. 대외적인 원정은 다만 부당한 경우에 대한 보복적 조처와 관련된다. 트로이에 대한 그리스인의 원정은 트로이 왕자 프리아모스의 그리스인에 대한 방자하고 모욕적인 행위에 대한 보복으로 감행된 것이었다.[99] 292행 이하에서 나타나는 리비아에 대한 아테네인의 원조는 그 당시 아테네가 외정을 행한 장소와 직접 관련이 없다. 도버(K.J. Dover)에 따르면 이 당시 아테네가 군사원정을 감행한 장소는 리비아가 아니라 나일강의 델타유역이었다.[100] 아이스킬로스가 장소를 다르게 언급하고 있다는 사실은 그가 당시 민주정치가들의 원정을 지지하고 있었던 것으로 보기 어렵게 한다. 오히려 민주정치가들의 지나친 원정에 대해 반대하고 있었던 것을 의미할 수도 있다.

이러한 관점에서 에리니에스와 아테네 시민, 그리고 오레스테스의 고향 아르고스와 아테네 시민 사이의 관계에 관한 아이스킬로스의 생각을 살펴보는 것은 흥미있는 일이다. 에리니에스는 오레스테스와 아테네

---

97) F. Jacoby, FGH, Supple.ii, p.528 : E.R. Dodds, "Morals and Politics in the 'Oresteia'", pp. 20~21.
98) E.R. Dodds는 이들 지역이 당시의 군사적 활동과 구체적으로 관련되어 있을 것이라고 믿었다.[ibid., p.47] 예를 들어 리비아에 대한 아테네의 원조는 Thucydes, I, civ, 1~2에 나타나 있다는 것이다. 당시 아테네가 원정했을 다른 장소에 관해서는 ibid., p.47, n.2 참조.
99) Aischylos, Ag., 935ff.
100) K.J. Dover, "The political aspect of Aeschylus' Eumenides"(JHS, LXXVII, 1957), p.237. 참고, C.W. Macleod("Politics and the Oresteia", pp.124~5)도 이 지역들이 구체적 사실과 관련이 있는 것이 아니라, 다만 아테네의 영향력이 흑해에서 나일강까지 광범하게 미치고 있다는 것을 상징적으로 표현한 것이라고 보았다.

도시에 대한 저주를 멈추었다. 더 이상 도시 내에 머물 필요가 없어 지하 그들의 집으로 돌아간다. 에리니에스·에우메니데스는 아테네인들과 동향인이 아니라 외국인(metoikoi ; 적이 아니라 이웃임)이다.[101] 도시 내에서 이들은 오직 하나의 사당을 가지고 있는데 이것은 도시를 수호하는 에리니에스의 상징이다.[102] 이 사당은 에리니에스의 본거지는 아니다. 많은 사람들, 남자와 여자들이 사당에 모여들어 에리니에스를 숭배한다. 작품의 끝에 에리니에스들은 아테네를 떠난다.

  Cho. 안녕, 안녕, 유복한 운명을 가진
    시민들이여, 안녕,
    제우스 신 가까이에서
    사랑스런 처녀신의 총애를 받으면서
    마침내 지혜를 터득한 사람들이여,
    아테나 여신의 날개 아래서
    신이 당신네를 고귀하게 하리라.
  Ath. 안녕히, 여러분,
    수행원들이 빛을 밝히는 가운데,
    나는 당신네 집으로 가는 길을 안내해야겠오.
    이제 떠나시오, 땅 밑에서 신성한 제물을
    받으면서 우리나라에 좋지 못한 것은
    멀리하고 좋은 것은
    가져와 도시에 승리의 개가를 울리게 하시오.[Eum., 996~1009]

  Cho. 당신네 집으로 가세요, 연로하고 고귀한
    밤의 자식들이여, 친절한 수행을 받으면서 가세요.
    좋은 말로 기원해 주시오.[Eum., 1003~5]
  [수행원에 싸여 행진하는 무창단]
    아테네 시민과 이웃과의

---

101) Aischylos, *Eum.*, 867~9, 916~7.
102) Ibid., 855.

5. 에피알테스 개혁과 아레오파고스

영원한 동맹…[Eum., 1044~5]

에리니에스는 이방인으로 아테네를 떠나므로 에리니에스와 도시를 수호하는 아테나 여신 사이의 대립은 아테네 내부의 정치적 혹은 사회적 대립을 상징하는 것으로 보기 어렵다. 작품 속에서는 에리니에스가 전체 아테네인들과 대조적으로 언급되고 있다는 사실을 주의할 필요가 있다.[103]

> Ath. [에리니에스에게]
> 호의를 베풀고 호의를 받으면서, 존경을 받으면서
> 신이 가장 사랑하는 이 땅에서 함께 거하시오.[Eum., 868~869]

> Ath. [아테네 시민에게]
> 당신네, 이 도시의 주인이며
> 크라나이스의 후손들이여, 이들 이웃에게
> 선의를 베풀면
> 시민들에게 선의의 보답이 있을지니라.[Eum., 1010~3]

코러스는 에리니에스의 입장을 다음과 같이 표현하고 있다.

> Cho. 아테나 여신의 도시에
> 머무는 신과 사람들
> 모두에게
> 안녕, 안녕, 다시 한번 안녕,
> 내가 당신네와 함께 이웃하는 것을
> 존중한다면, 당신네 생애에
> 불행을 초래하지 않을 것이오.[Eum., 1014~1020]

---

103) 특히 아테네 시민들이 남·녀 성별이나 정치적 파당 등으로 분열된 상태가 아니라, 시민 전체가 한 집단으로 언급되고 있는 귀절로서는 Eum., 804~7, 913~7, 927~9, 976~8, 990~1, 996~7, 1003, 1010~13 참조.

> [수행원에 싸여 행진하는 무창단]
> 아테네 시민과 이웃과의
> 영원한 동맹…[Eum., 1044~5]

이 때 아테네인은 남자나 여자를 모두 포함하고 또 정치적 견해의 차이를 초월한 모든 사람을 의미한다. 에리니에스는 아테네인 전체에 대한 이방인으로 나타나며, 도시 내의 상호보복으로 인한 분쟁(stasis)이 생기지 않도록 기원한다. 이들은 저주를 멈추고 에우메니데스가 되었고 아테네인과 동맹(spondai)을 맺는다. 에리니에스가 에우메니데스로 변화하는 것은 「에우메니데스」의 전반부와 후반부에서 그들의 기원의 내용을 비교하면 분명히 알 수 있다. 전반부에 에리니에스가 한 저주는 다음과 같다.

> Cho. 집안을 파멸시키는 것이 우리의 일이다.
> 그러면 집안에서 서로 싸우고 죽인다.
> 이 사람[오레스테스]을 추적하면서
> 그의 강인한 힘에도 불구하고
> 우리는 피의 보복으로 그를 죽음으로 몰아넣는다.[Eum., 354~9]

극의 후반부에 에리니에스는 도시를 저주하지 않을 것을 노래하며, 이러한 기원은 도시를 넘어 전 그리스로 확대된다.

> Cho. 아테나와 함께 있기를 택하오.
> 이 도시를 저주하지도 않을 것이오.
> 전능한 제우스와 아레스가 함께
> 신의 수호자로 있는 곳,
> 그리고 전 그리스의 신들의 제단을 지키는 곳.[Eum., 916~20]

한편 에리니에스뿐만이 아니라 오레스테스와 아르고스 사람들도 '에우메네스테로이' 즉 '[도시에 대해 저주를 하지 않고] 호의를 가진 자'이며 동맹자가 될 것을 맹서한다. 이것은 다음의 귀절에서 나타난다.

> Or. 그들은 영원히 군사동맹국으로
> 아테나 여신이 수호하는 도시를 존중할 것이오.
> 우리는 이 도시민들에게 '에우메네스테로이'가 될 것이오.
> 그러면 안녕, 당신[아테나 여신]과 도시를 수호하는 시민들이여,
> 적과의 싸움에서 아무도 살아가게 하지 말고
> 당신네에게 평안과 전쟁의 승리가 함께 하기를.[Eum., 772~777]

복수의 여신 에리니에스가 도시를 저주하지 않고 도시를 떠나 영원한 동맹자로 머물듯, 아르고스인들도 아테네의 동맹자가 되어 도시를 침범하지 않는다. 여기서 아르고스와의 동맹은 다른 곳을 침략하기 위한 호전적 조처가 아니라 상호불가침을 위한 것임을 알 수 있다. 따라서 당시의 민주정치가들이 추구하는 호전적인 대외정책과는 관계가 멀다.

VI.

「에우메니데스」에는 당시의 정치적 변화에 대한 아이스킬로스의 견해가 반영되어 있다. 아이스킬로스가 「에우메니데스」에서 에피알테스의 민주적 개혁에 대한 지지를 나타내고 있다고 보는 학자들은 아레오파고스가 살인사건의 법정으로 묘사되고 있는 점을 강조한다. 당시 에피알테스의 개혁으로 아레오파고스가 다른 정치적 권한은 박탈되고 살인사건의 재판소로만 남게 되었기 때문이라는 것이다. 그러나 필자는 「에우메니데스」에는 아레오파고스 권한의 축소에 대한 아이스킬로스의 거부적 태도가 나타나 있다고 믿는다. 오레스테스에 관한 재판은 단순한 살인사건이 아니라 상반되는 정의의 개념, 대립하는 이해관계에 대한 새로운 기준의 제시라는 중대한 의미를 갖는다. 그러나 이것은 또한 양식을 갖추지 않은 민중들에 의한 민회의 결정이나 법률에 의한 획일적인 사건의 처리와는 다른 것이다. 아레오파고스는 시민들 사이의 분쟁을 명망있는 아테네인

들 사이의 의견을 수렴하고 토의를 통하여 해결하는 장소로 나타난다. 아이스킬로스는 민중의 정치적 발언권이 지나치게 확대되는 것도 싫어하였고 또한 융통성없이 획일적으로 법률을 적용하는 재판에도 반대하였다. 그는 중요한 시민간의 분쟁이나 정치적 문제가 덕망이 있는 사람들의 협의체, 즉 아레오파고스를 통해 결정되는 것을 지지하는 보수적 입장을 취한 것이다.

한편 아레오파고스 재판을 통한 분쟁의 해결방법은 상반되는 이해관계가 사적 구제를 통해 해결되던 무정부적인 상태와는 다르다. 그러나 아레오파고스 재판에서 어머니를 살해한 오레스테스가 방면되었다는 사실은 또한 사적 구제의 정당성을 배제하지 않는다는 것을 의미한다. 이러한 사회에서는 사건이 법률에 따라 처리되는 사회보다 개인적인 판단과 행동의 기준이 더 존중되는 것이다. 이것은 복수의 여신 에리니에스의 역할이 필요한 경우에 도시 내에도 적용이 될 수 있다는 것을 의미한다. 다만 분쟁의 당사자가 타협의사를 가지고 있는 경우에는 폭력적인 상호보복의 행위보다는 평화적인 대화를 통하여 문제를 해결할 수 있는 소지가 마련된다. 이 때 에리니에스는 더 이상 도시 내에서 보복의 역할을 지속할 수 없으며 도시인들에게 호의를 가진 '에우메니데스'가 된다. 이제 그들 보복의 임무는 도시를 외부의 적으로부터 방어하는 대외적인 면에 한정되게 되는 것이다.

일부에서는 아이스킬로스가 당시의 민주정치가들에 의한 아르고스와의 동맹도 지지하고 있었다고 보는데 그 이유는 아르고스의 왕자 오레스테스가 아테네의 아레오파고스에서 재판을 받는 것으로 나타나기 때문이다.

그런데 저자는 아이스킬로스가 민주정치가들의 호전적이고 침략적인 대외정책을 지지하였다고 보지 않는다. 반대로 그는 도시의 안전을 위하여 최소한의 우호적 방어동맹을 지지했던 보수적 입장을 취하였다. 그것은 동맹국이 되어 아테네를 침범하지 않겠다는 오레스테스와 아르고스인 측의 맹서를 통해 알 수 있다. 이들은 아테네에 대해서 '호의를 가진 자' 즉 '에우메네스테로이'로서 남아 있게 된다.

6
민주정부활 이후 4세기의 아레오파고스 의회

1) 기원전 404/3 이후 아레오파고스 의회의 활동

펠로폰네소스전쟁에 패배한 결과 아테네에서는 민주정이 붕괴되고 스파르타의 간섭하에 참주적인 30인 정부가 수립되었다. 30인 정부는 초기에 온건노선을 취하고, 전통적 정치체제(*patrios politeia*)에 따라 통치할 것을 천명하였다.[T.40] 이에 따라 아레오파고스 의회의 기능을 제한하면서 급진민주정의 발달을 도왔던 기원전 5세기 중반의 에피알테스와 아르케스트라토스의 법들이 제거되었다. 아울러 솔론법으로 알려져 왔으나 그 진가가 의심스러운 법들도 폐기되었다. 그런데 얼마 후 과격한 크리티아스(Kritias) 일당이 집권하고 온건노선의 테라메네스가 제거되면서 30인 집권은 폭력과 공포의 참주정으로 변화하였다.

8개월 동안 지속되었던[1] 30인 참주정기에 아레오파고스가 정치적 역

---

1) G. Glotz · R. Cohen, *Histoire Grecque*, v.3(Paris, 1941), p.58.

할을 수행하였다는 증거는 없다. 아레오파고스의 권한을 제한하던 에피알테스와 아르케스트라토스의 법이 30인에 의해 폐기되었지만,[2] 아레오파고스는 이 때 정치적 역할을 행사한 것같이 보이지 않는다. 그 후 민주정이 부활되었을 때 아테네인들은 전통적인 법에 따라 통치할 뜻을 밝혔다. 새로 가결된 테이사메노스(Teisamenos)법[T.25]에서는, 필요에 따라 신법(新法)이 제정될 수 있음을 인정하였지만, 근본적으로 솔론과 드라콘법에 따른다는 것을 밝히고, 관리들의 준법 여부를 아레오파고스가 감독하도록 규정하였다. 만일 아레오파고스 의회가 30인 참주정에 협력하였다면 민주정부활(404~403 B.C.) 이후 이러한 기능이 아레오파고스에 부여되기 어려웠을 것이다.

이후 기원전 4세기 아레오파고스의 권한에 관해 크게 세 가지 견해가 있다. 립시우스는 테이사메노스법에서 아레오파고스의 법률수호권이 규정되어 있지만, 기원전 4세기 민주정에서 아레오파고스는 실제로 이러한 권한을 행사하지 못했다고 생각하였다.[3] 반대로 본너·스미스는 테이사메노스법에서 나타나듯이 법을 수호하는 아레오파고스의 권한이 증가하였다고 믿는다.[4] 더구나 이들은 기원전 5세기 중엽, 에피알테스가 아레오파고스로부터 정치적 권력을 박탈하였을 때도 그 사회적·종교적 기능

---

2) [T.40]과 이 책 135쪽 참조. 이 법이 폐기된 결과에 관한 여러가지 견해에 대해서는 R.W. Wallace, *The Areopagos Council, to 307 B.C.*, p.141ff 참조.
3) J.H. Lipsius, *Das Attische Recht und Rechtsverfahren*, p.42. [A. Philippi, *Der Areopag und die Epheten*, pp.184~185 참조]
4) R.J. Bonner · G. Smith, *The Administration of Justice from Homer to Aristotle*, v.1, p.276ff. D.M. MacDowell [*Andokides on the Mysteries*(Oxford, 1962), pp.124~125]은 아레오파고스 의회가 과거에 가진 적이 있는 법률수호권을 회복하였는데, 이것은 바로 관리들의 범법을 재판하는 권리라고 보았다. 반대로 Wallace[*The Areopagos Council, to 307 B.C.*, p.135]는 테이사메노스의 법은 아레오파고스 의회가 관리들을 벌하는 과거의 법률수호권 일부를 회복한 것이 아니라, 과거의 법과 신법(新法) 사이의 혼동이 일어나지 않도록 법을 수호하는 역할을 가지게 된 것을 보여주는 것이라고 하였다.

은 지속되었으며, 특히 펠로폰네소스전쟁시 도시의 안전을 위하여 활동하였다는 점을 지적했다. 그리고 기원전 4세기의 정치체제는 기원전 5세기 후반보다 더 보수적이었으므로 아레오파고스의 권위도 이 때 더 증가되었다는 것이다. 세번째 견해로 실리는 에피알테스 개혁 이후에도 아레오파고스는 법률수호권을 포함하여 과거부터 소유한 권한중의 다수를 계속 보유하였다고 주장했다.[5] 그리고, 30인 참주정이 붕괴된 이후 에피알테스의 민주정이 회복되었는데 테이사메노스법에서 규정하고 있는 아레오파고스의 법률수호권에서는 이러한 민주파들의 노력이 증명된다는 것이다.[6]

기원전 4세기의 정치체제는 본너·스미스의 견해와 같이 기원전 5세기 후반보다 더 보수적이었던 것으로 나타난다. 그런 의미에서 두 시대의 정치체제를 같은 성격으로 파악하려 한 실리의 견해는 무리가 있다 할 것이다. 30인 참주정이 타도된 후 아테네인들은 에피알테스 개혁 이후의 민주정이 아니라 솔론의 전통적 정치체제를 모범으로 하여 민주정을 부활하려 하였기 때문이다. 동시에 아레오파고스도 그 권한의 일부를 회복하거나 더 강화한 것같이 보이며, 기원전 4세기의 사료에서는 아레오파고스의 역할이 더 잦게 언급되고 있다. 재미있는 것은 기원전 400년의 것으로 추정되는 한 금석문의 단편에, 전체 내용을 파악할 수는 없지만, 'Areios pagos'와 '결정한다' 혹은 '비준한다'는 의미의 'kyroo'라는 단어가 언급되고 있다는 사실이다.[7]

---

5) R. Sealey, "Ephialtes", p.11.[이 책 45~46쪽 참조]
6) Ibid., pp.12~13.
7) *Hesperia*, XXVI(1957), n.64, p.216[T.205]. 참고로 덧붙일 것은 기원전 84~3년 혹은 80~79년 아테네에 이미 폰토스(Pontos)의 미트리다테스(Mithridates)의 도움으로 수립되었던 민주·참주정이 무너지고 로마의 장군 술라(Sulla)의 감독하에 온건민주정이 부활되었는데, 이 때의 것으로 추정되는 한 금석문에 민주정의 보호와 아레오파고스 의회(the boule in the Areopagos)에 의한 법률개혁이 또한 언급되어 있다는 것이다. 이에 관해서는 D.J. Geagan,

기원전 4세기에 아레오파고스가 종교적 분야에서 권한을 행사하고 있었던 것은 잘 알려진 사실이다. 신성모독에 관해 재판하였고 제사를 감독했다고 한다.

세기 초엽 아레오파고스 의원들은 9명의 현직 아르콘들과 함께 신성한 올리브 나무를 보호하는 역할을 맡고 있었다.[8] 한 아테네인이 그의 밭에 있는 신성한 올리브 나무를 제거했다는 혐의로 아레오파고스 의회에 의해 재판받았다. 이러한 죄목에 대한 처벌은 사형이나 추방이었다. 그런데 기원전 4세기 후반에 쓰여진 『아테네 국제』[T.43]에 따르면 이러한 법이 존속하고 있었지만 이러한 사건에 대한 재판은 당시에는 더 이상 행해지지 않았다고 한다. 그 이유는 세금이 올리브 나무 수가 아니라 밭의 면적을 기준으로 하여 부과되었기 때문이라는 것이다.

데모스테네스[T.92]에 따르면 아레오파고스 의회는 또한 바실레우스였던 테오게네스의 신성모독[不敬]에 대해 재판하였다. 테오게네스는 네아이라(Neaira)의 딸 파노(Phano)와 결혼하여 그녀로 하여금 국가의 디오니소스(Dionysos) 제식의 제사장을 맡게 하였는데 합법적 아테네 시민이 아닌 그녀에게 국가의 신성한 사무를 맡겼다고 하여 신성모독죄로 고발되었던 것이다. 이 때 아레오파고스 의회는 테오게네스에게 벌금을 부과하려 하였는데, 데모스테네스가 전하는 바에 따르면, 더 큰 처벌권은 가지고 있지 않았다고 한다. 테오게네스는 파노의 출생에 관해 잘 알지 못했다고 변명하여 판결을 연기하였다. 집으로 돌아온 그는 당장 파노를 내쫓았으므로 아레오파고스 의회는 그에 대한 처벌을 포기하였다고 한다. 같

"A law code of the first century B.C."(*Hesperia*, XL, 1971), p.101ff과 "Ordo Areopagitarum Atheniensium"(in *Phoros : Tribute to D.M. Benzamin*, ed. D.W. Bradeen · M.F. McGregor, N.Y., 1974), p.56 참조.

8) Lysias, VII, 22[T.145] : *Ath. Pol.*, LX, 2[T.43]. 성스러운 올리브나무는 아테나 여신이 아크로폴리스에 심은 것으로부터 번식하였다고 한다. 아카데미아(*Academia*) 옆의 공유지나 그외 개인소유지에 성(聖)올리브 나무가 많았다.

은 연설문에서 원고인 아폴로도로스(Apollodoros)의 말에 따르면 아레오파고스 의회는 신성모독에 관한 또다른 권한도 가지고 있었다고 한다.

후대에 기록된 데모스테네스의 주석[9]에 따르면 아레오파고스 의회는 제사장(hieropoioi)을 선출하였는데, 그 이유는 [복수의] 여신 에우메니데스(Eumenides)의 제단이 아레오파고스에 있었고 그 옆에서 아레오파고스 의회가 열렸기 때문이라는 것이다.

신전의 경계에 관한 기원전 352~1년경의 한 조령에는 신성지역과 다른 모든 신성사무를 돌보는 임무를 맡은 사람들은 법에 따라 각각의 신전에 배정된 사람들, 아레오파고스 의회, 지역의 수비를 담당한 장군, 수위병들, 촌장(demarchoi), [500인]불레, 그리고 다른 원하는 아테네인들로 되어 있다.[10] 물론 여기에는 아레오파고스뿐 아니라 다른 정치기관도 함께 언급되고 있다. 그러나 아레오파고스가 앞 부분에 처음 언급되고 있다는 사실은 다른 정치기구나 관직들보다 그 권위가 더 컸던 사실을 보여 주는 것이 아닌가 한다.

철학자이며 순교자였던 유스티노스(Iustinos Martys)에 따르면 플라톤은 유일신이론에 심취했으나, 아레오파고스를 두려워하여, 유일신에 대해 포교한 '모세(Mousea)'의 이름을 말하려 하지 않았다.[T.120] 3세기 초 『철학자들의 생애』를 저술했던 디오게네스 라에르티오스(Diogenes Laertios)는 아레오파고스가 신성모독에 관해 재판한 두 사례를 밝히고 있다. 그 하나로 견유(Cynicos)학파의 스틸폰(Stilpon of Megara ; 380~300B.C.)은 어떤 사람에게 페이디아스(Pheidias)가 조각한 제우스의 딸 아테나가 신인지 아닌지를 물었다. 상대가 그렇다고 대답하자, 스틸폰은 그것은 제우스의 딸이 아니라 페이디아스의 작품이므로 신이 아니라고 말하였다. 이 말 때문에 아레오

---

9) Dem. *Scholia*, 552, 6[T.95].
10) *IG*, II~III〈2nd ed.〉, 204, line 16~23[T.206].

파고스에 소환되었을 때 스틸폰은 "아테나는 신이 아니라 여신이라는 말입니다. 신은 남자들이지요" 하고 변명하였다. 아레오파고스 의원들은 스틸폰으로 하여금 당장 아테네를 떠나도록 명하였다.[T.103] 다른 하나는 철학자 테오도로스(Theodoros of Kyrene ; 기원전 340년 전에 출생, 250년 이후 사망)의 사례이다.[T.175] 그는 무신론자라 불렸는데 제사장 에우리클레이데스(Eurykleides)에게 한 대답 때문에 신성모독으로 아레오파고스에서 재판을 받게 되었다고 한다. 그러나 기원전 317~307년 사이에 집권한 데메트리오스 팔레레아스의 도움으로 소환되지 않았다고 한다. 그런데 디오게네스 라에르티오스는, 기원전 1세기 변론과 문법담당의 교사였고 『명예로운 사람들의 전기』를 쓴 암피크라테스(Amphikrates)를 인용하면서, 테오도로스는 유죄선고를 받고 독약을 마시고 죽었다고 한다.[T.102] 이것이 확실한지는 알 수 없으며, 그는 만년에 조국으로 돌아갔던 것으로도 알려져 있다.

그밖에도 소크라테스(Sokrates)가 신성모독죄로 아레오파고스에서 재판받았다고 전하는 사료[T.121]가 있다. 이 사료는 후대의 것으로 가치가 크게 없는 것으로 간주되며, 역사가들은 소크라테스가 다른 민중재판소에서 기원전 399년 재판받고 사형된 것으로 생각하고 있다.

종교적인 면 이외에도, 아레오파고스 의회는 죄가 있거나 전통을 위반한 사람들을 조사하고,[11] 전통적 법(patrios nomos)을 보호하기 위해 법을 어긴 사람들을 처벌하였다.[12] 필로코로스가 전하는 바에 따르면, '부인에 관한 법'은 아레오파고스 의원들로 하여금 집안의 모임이나 결혼이나 다른 제사를 감독하도록 하고 있다.[13] 또한 플라톤의 저서로 전해지나 그의 저서가 아닌 것으로 평가되는 『악시오코스(Axiochos)』에는 아레오파고스의

---

11) Dein, [T.71](324/3 B.C.).
12) Ibid., [T.72](324/3 B.C.).
13) [T.200] 참조.

소(小)위원회가 젊은이들을 감독하였다고 한다.[14]

정치적 면에서도 아레오파고스 의회의 권한은 기원전 4세기에 증가한 것처럼 보인다. 리시아스는 후에 수석 아르콘(382 B.C.)이 된 에완드로스(Euandros)의 임용자격 심사에서 500인 불레 의원들에 대해 그를 부결토록 호소하면서, "만일 그가 아르콘이 된다면 자의적으로 통치할 것이며, 언제나 아레오파고스 의회에 참가하여 중요한 사무를 결정할 것"이라고 말한다.[T.149]

아레오파고스가 국가의 배반죄를 재판한 것에 대해 다음과 같은 사료가 전한다. 기원전 330년 이전에 한 아테네인은 도시가 곤경에 처했을 때 사모스로 건너가려고 하다가 그 날로 당장 아레오파고스 의회에 의해 사형에 처해졌다.[T.14] 리쿠르고스(Lycourgos)[T.142]가 전하는 바에 따르면, 마케도니아의 필립과 전쟁이 계속되는 어려운 상황에서 아레오파고스 의회는 국가의 지대한 구원자로 활약하였는데 그것은 도시의 배반자를 처벌하였기 때문이라는 것이다. 그 구체적인 예로 카이로네이아 전쟁(338 B.C.)이 일어나기 전에 도시를 떠난 사람들을 잡아 사형에 처하였다 한다.

아레오파고스가 경제적인 면에서 감독권을 행사한 것을 보여주는 일련의 금석문 자료들이 있다.[15] 여기에는 아테나 사원의 회계원들이 아레오파고스 의회에 의해 날인된 문서를 받아서 간수하게끔 되어 있다. 이 문서는 아테네 사람들이 제공한 금·은·동 등의 수량을 기록한 것이다. 데이나르코스(I, 9[T.67])에 따르면, 아레오파고스 의회는 '은밀한 계약서를 (aporretoi diathekes)' 보호하는 권한이 있었다고 한다. 윌리스는 이것이 아

---

14) [T.159] 참조. Axiochos의 저작연대에 대해서는 견해가 다르다. 기원전 4세기 후반(R.W. Wallace, The Areopagos Council, to 307 B.C.), p.205]으로 보기도 하고 로마시대[J. Chevalier, Etude critique du dialogue pseudo-platonicien l'Axiochos sur la mort et sur l'immortalité de l'ame, p.115(재인용, 이 책 뒷편 참고문헌 참조)로 추정하기도 한다.
15) [T.208] [IG, II~III〈2nd ed.〉, 1412(385~4년 이후), 1421(373~2년), 1455(340~39년), 1460 (330~29년), 1492(305~4년)].

레오파고스가 오이디포스(Oidipos)의 무덤을 보호하는 것과 연관이 있는 것으로 해석하였다.[16] 그러나 저자는 확실성은 없지만 이것도 어떤 신전 금고의 보호와 관련되는 것이 아닌가 한다.[17]

이렇게 4세기 아레오파고스의 활동은 여러 방면에 걸쳐 나타나며, 기원전 5세기 후반부보다 더 증가된 것으로 보인다. 따라서 아레오파고스 의회의 권한이 기원전 4세기에 와서 더 증가되지 않았다고 보는 립시우스의 견해는 옳지 못하다.

또한 기원전 403년 민주정부활 이후 아레오파고스 의회의 법률수호권이 에피알테스 이전이나 혹은 그 후인 기원전 5세기 후반의 것과 크게 다를 것이 없다고 보는 실리의 견해도 바르지 못하다 할 것이다. 기원전 4세기의 아레오파고스는 그 5세기 후반뿐 아니라 에피알테스 개혁 이전의 시기와도 다르다. 앞에서 말하였듯이, 에피알테스 개혁 이전에 아레오파고스 의회는 사건의 종류에 따라 최종결정권을 가지기도 하였다.[18] 그러나, 기원전 4세기에는 민중이 최종결정권을 행사했던 것이다.[19] 카일이 강조하고 있듯이 기원전 4세기에 아레오파고스 의회는 민중의 지시에 따라 활동하였을 뿐 민중의 권위를 능가하지 못했다.[20]

그 예로 위에서 아레오파고스의 활동이 부활된 예로 든 것 중에는 민중의 결정에 의한 것이 있다는 점을 지적할 수 있다. 즉 아레오파고스가 아르콘의 준법 여부를 감독하게끔 규정하고 있는 테이사메노스 조령은 민중에 의해 가결된 것이었고, 기원전 352~1년 신전의 구역을 보호하

---

16) R.W. Wallace, *The Areopagos Council, to 307 B.C.*, p.109.
17) 경제적인 분야에서의 또다른 활동에 대해서는 IG, Ⅱ~Ⅲ⟨2nd ed.⟩, 1013.[T.212] [이 책 203쪽 주43)] 참조.
18) 참고, 이 책 130쪽:『아테네 국제』, XXIII, 1~4.[T.37]
19) 『아테네 국제』, XLI, 2 참조.
20) B. Keil, *Beiträge zur Geschichte des Areopags*, p.70.[R.J. Bonner · G. Smith, *The Administration of Justice from Homer to Aristotle*, v.1, p.259~61 : M.H. Hansen, *Eisangelia*, p.18, 39~40 참조]

6. 민주정부활 이후 4세기의 아레오파고스 의회

는 권한이 다른 이들과 함께 아레오파고스에 주어진 것도[21] 민중에 의해 결정된 것이었다. 그 외에 법을 어긴 사람에 대한 처벌권을 아레오파고스에 부여한 것도 데모스테네스의 제안에 의해 민중이 결정하였다.[22] 이 조령에 근거하여 아레오파고스 의회가 처벌권을 행사한 경우는 다음과 같다. 두 시민[아버지와 아들]을 벌하였고 안티폰(Antiphon)[23]을 사형에 처하도록 민중에게 고발하였으며, 하르모디오스의 한 후손[24]을 징역에 처하였고 카리노스(Charinos)를 배반죄로 추방하였다고 한다. 또한 기원전 345년 티마르코스(Timarchos)[T.9]가 제안한 조령에 따라 아레오파고스 의원들과 민중은 함께 프닉스 언덕의 가옥에 관해 의논하였다.[25]

그런데 이 때 아레오파고스 의원이었던 아우톨리코스는 다음과 같이 말하고 있다.

> 우리들 아레오파고스 의원들은 [티마르코스의 의견을] 비난하지도 옹호하지도 않습니다. 왜냐하면 우리들에게 전통적으로 주어진 권한이 아니기 때문입니다.

기원전 345[혹은 343]년 민중은 아이스키네스를 델로스의 성사(聖事)에 보낼 사신[syndikos]으로 선출하였다.[26] 이 사신은 델로스 종교동맹에 참여하

---

21) *IG*, II~III(2nd ed.)[T.206] [이 책 193쪽 참조] U. Kahrstedt, "Untersuchungen zu athenischen Behörden, i. Areopag und Epheten", p.31.
22) [T.72] 참고. Wallace(*The Areopagos Council, to 307B.C.*, p.117)는, 이 데모스테네스의 제안에 의한 조령이 기원전 343년 여름이 끝날 무렵에 가결된 것으로 추정하고 있다.
23) 이 책 198쪽 참조.
24) 이는 B.C.338년 이후의 일인데, 일부 역사가들은 이 하르모디오스의 후손을, 346년 스트라테고스로 재임하다가 군사원정 실패로 유죄선고를 받은 프록세노스(Proxenos)와 동일시한다.[참고, Dein. *Scholia*, I, 63 : K. Ziegler, *RE*, XIII, part 1, 1957), p.1029, s.v. Proxenos : J. K. Davies, *Athenian Propertied Families, 600~300 B.C.*(Oxford, 1971), p.478 : R.W. Wallace, *The Areopagos Council to 307 B.C.*, p.117]
25) R.J. Bonner · G. Smith, The *Administration of Justice from Homer to Aristotle*, v.1, p.268 참조. 건축물에 관한 아레오파고스의 감독권으로 로마시대에 관련된 것으로는 [T.62, 63] 참조.
26) 연대에 관해서는 Dem. Budé ed., p.69[XVIII, 134], n.1 참조.

는 대표이다. 이 때 아레오파고스는 민중으로부터 이 문제에 관해 권한을 이양받고 아이스키네스를 히페레이데스로 교체하였다. 그 이유는 아이스키네스가 필립의 명령에 따라 피레우스의 부두에 불을 지르려 한 안티폰의 사건에 관련된 혐의가 있었기 때문이었다.[T.80]

민중은 또한 공금횡령이나 민중의 이익을 해치는 부정행위를 조사하는 권한을 아레오파고스에게 부여하기도 하였다. 기원전 335년 민중은 데모스테네스 등의 몇 사람이 페르시아왕으로부터 300탈렌트(talent)를 받은 사실이 있는지, 그리고 테베인들을 위하여 국가를 배반하려 하였는지를 조사하도록 아레오파고스에게 지시하였다.[T.67] 데이나르코스[T.66]에 따르면, 이 때 데모스테네스는 받아야 마땅한 벌을 받지 않았다고 한다. 그 후 기원전 324~3년 데모스테네스가 하르팔로스로부터의 수뢰혐의로 고발되었을 때도 민중은 아레오파고스로 하여금 진상을 규명하도록 위임하였다.[T.66, 72, 161] 이 때 데모스테네스 자신이 아레오파고스에 사건을 위임하도록 제안하였던 것이다.

그런데 아레오파고스 의회가 데모스테네스에 대해 유죄라고 판단하자, 데모스테네스는 오히려 민회에서 아레오파고스 의회를 비난하였다. 아레오파고스 의회의 결정은 민중에게 유리하지 않으며,[T.71] 이 의회는 과두적 정치기구[T.72]라는 것이었다. 더구나 이 사건에서 아레오파고스 의회가 수뢰사건을 조사하였지만 재판은 아레오파고스가 아니라 민중재판소에서 행해졌으며, 이 재판의 원고들은 민중에 의해 선출되었다고 한다.[T.70] 또한 기원전 324년 민중은 아레오파고스로 하여금 폴리에욱토스(Polyeuktos Kydantides)가 메가라로 도망간 사람들과 접촉했는지의 여부를 조사하도록 지시하였다.[T.71]

아레오파고스의 조사에 의해 유죄로 들어난 사람들이 가끔 민중재판소의 결정에 의해 석방되는 경우도 있었다. 이 때 아레오파고스에서는 유죄결정이 났다 하더라도 민중재판소에서 그것이 1/5의 지지도 얻지 못하는 경우가 있었다.[T.71] 아레오파고스가 유죄로 판단하였으나 민중이 무죄로 석방된 사례로는 다음과 같은 것이 있다고 한다. 나룻터의 배삯을 도둑질한 사람, [공식적 회합에서] 결석한 사람의 이름으로 5드라크마를 받으려 한 사람, 그리고 아레오파고스의 몫을 불법적으로 팔아넘기려 한 사람 등이 그것이다.

필리피(A. Philippi)와 한센(M.H. Hansen)·엘크로그(B. Elkrog) 등은 여기에 언급된 세 가지 사건의 피고가 아레오파고스 의원들이라고 규정하였다.[27] 필리피는 아레오파고스 의회는 언제나 민중의 지시에 따라 활동하였으나, 아레오파고스 의원들에 관해서는 민중의 지시없이도 조사나 처벌이 가능한 것이라고 풀이하였다. 그러나 원문에는 이들이 아레오파고스 의원들이었다는 언급이 없다. 오히려 맥도웰[28]은 안티폰의 사건[T.80, 72]을 예를 들어 아레오파고스가 민중의 지시없이도 자체적으로 사건을 조사할 수 있는 권한이 있는 것이라고 하였다. 어쨌든 아레오파고스가 임의의 처벌권을 가지고 있었던 것은 아니었다.

또한 아레오파고스는 폴리에욱토스가 메가라에 간 사실을 밝혀내고 사건을 민중재판소에 넘겼다. 재판관들은 그를 석방하였는데 그 이유는 그가 도망자들과 연통한 것이 아니라 어머니의 정부를 만나러 간 것으로 판단하였기 때문이었다.[29]

기원전 330년경의 아이스키네스 연설문에 따르면, 도시 내에서보다 더 권위있는 집회인 아레오파고스 의회는 500인 불레와 아르콘들과 마찬가지로 민중재판소의 감독하에 있었다고 한다.[T.12] 법이 규정하는 대로 아레오파고스 의회가 먼저 '회계감사원(logistes)'에게 서류를 제시하여 회

---

27) A. Philippi, *Der Areopag und die Epheten*, p.175 : M.H. Hansen · B. Elkrog, "Areopagosrᵃ dets historie i 4 arh og samtidens forestillinger om rådets competence for Efialtes", 38, n.132.
28) D.M. MacDowell, *The Law in Classical Athens*, p.191.
29) [T.71][이 책 바로 위 참조]

계감사(logos)와 행정감사(euthyna)를 받게 되고, 그 후 문제가 있는 경우에는 민중의 결정에 따르게 된다는 것이다.

이와 같이 기원전 4세기 아레오파고스 의회의 권한은 민중의 것보다 더 강하지 못하였다. 그러나 아레오파고스의 활동은 기원전 5세기 후반보다는 더 강화되었다고 말할 수 있다. 이러한 것은 아레오파고스 의회가 종종 도시의 이익을 위하여 민중과 협조하였던 사실에서도 나타난다. 플루타르코스에 따르면, 카이로네이아 패전 이후 아레오파고스 의회(the boule from the Areopagos)가 민중과 함께 합석하였는데, 젊은 아테네인들이 카리데모스(Charidemos)를 장군으로 선출하려 하였을 때 '우량(優良)한 사람들(beltistoi)'은 어려움을 무릅쓰고 포키온(Phokion)을 선출할 것을 종용하여 관철시켰다.[30] 아레오파고스 의회가 민중에 의해 석방된 사람을 다시 재판소에 고발하여 유죄선고를 받도록 한 예도 있다. 데모스테네스는 필립의 사주로 피레우스에 불을 지르려 한 안티폰을 잡았는데 안티폰은 민중[아마 민회]에 의해 석방되었다. 이 때 아레오파고스 의회가 다시 그를 민중재판소에 고발함으로써 그는 재판을 받고 사형되었던 것이다.[31] 또한 아레오파고스 의원뿐 아니라 민중도 아레오파고스 의회에서 의논될 주제를 제안할 수 있는 권한이 있었다고 전한다.[T.70](323B.C.) 이러한 사실들은 아레오파고스와 민중 사이에 협조가 이루어졌던 것을 보여주는 예라 할 것이다.

다른 한편, 아레오파고스 의회와 민중은 종종 같은 분야에서 함께 권한을 행사한 것으로 보인다.[32] 먼저 신성모독과 태만죄에 관한 것을 들 수 있다. 물론 기원전 4세기에는 이에 관한 사건은 보통 민중재판소에서

---

30) [T.168] ; 'having the Areopagos in the demos'라고 함.
31) [T.80].[[T.72, 160] 참조.]
32) R.J. Bonner · G. Smith, *The Administration of Justice from Homer to Aristotle*, p.257ff 참조.

처리되는 경우가 많았으며 아레오파고스는 처벌강제권은 없었던 것 같다.[33]

기원전 399년 안도키데스의 재판에서처럼 신성모독에 관한 사건도 민중재판소에서 재판되었다.[34] 립시우스는 에피알테스 이후에 아레오파고스는 성(聖)올리브 나무에 관한 것을 제외하고는 신성모독이나 태만에 관한 재판권이 없었다고 믿었다.[35] 그러나 위에서 이미 언급한 바와 같이[36] 그 외에도 신성모독에 관한 사건들이 아레오파고스에서 거론되었던 것이다. 다만 이 때 아레오파고스 의원들은 누구든지 원하는 대로 처벌할 수 있는 권한을 가지고 있지는 않았다고 전한다.[T.92]

그리고 태만죄도 기원전 4세기에는 주로 민중재판소에서 재판되었다.[37] 그러나 아레오파고스도 이에 관한 재판권을 가지고 있었던 것같이 보인다. 솔론 시대에 아레오파고스는 태만죄에 관해 재판하였다고 한다. [T.166] 디오게네스 라에르티오스[Solon, LV]에 따르면 솔론 시대 아테네인들은 태만죄를 고발하는 권한이 있었고, 처음으로 유죄선고를 받은 사람들은 100드라크마의 벌금을 물고, 세번째로 유죄판결을 받으면, '권한의 상실(atimia)'에 처해졌다고 한다. 그런데 필리피는 아레오파고스 의회가 기원전 4세기나 그 이후에도 태만죄를 처벌하는 권한을 가지고 있었다고 믿었다.[38] 실제로 기원 2세기 혹은 3세기에 생존하였던 아테나이오스는

---
33) Ibid., pp.259~61.[이 책 바로 아래 참조]
34) Lysias, I과 VI : Andocides, I.
35) J.H. Lipsius, *Das Attische Recht und Rechtsverfahren*, p.366.
36) [T.92, 145] : 이 책 192쪽부터 참조.
37) Ploutarchos, *Lycourgos*, XXIV : Bekker, v.I, p.310, 1~3[s.v. *Tines poion dikasterion eichon ten hegemonian*]. 참고, A. Philippi, *Der Areopag und die Epheten*, p.165 : J.H. Lipsius, *Das Attische Recht und Rechtsverfahren*, p.366 : G. Busolt · H. Swoboda, *Griechische Staatskunde*, pp.814~5 (n.1) : R.J. Bonner · G. Smith, *The Administration of Justice from Homer to Aristotle*, v.I, p.261 : F. Jacoby, *FGH*, v.3b, Suppl.i, pp.183~184 : R.W. Wallace, *The Areopagos Council, to 307 B.C.*, 120.

기원전 4세기경의 아티스 역사가인 파노데모스(Phanodemos)·필로코로스(Philochoros) 등을 인용하면서, 과거에 아레오파고스 의원들은 방종한 생활을 하는 사람들과 생활경비의 출처[주로 재산]가 분명치 않은 사람들을 처벌하였다고 한다. 그 예로 메네데모스(Menedemos)[39]와 아스클레피아데스(Asklepiades)[40][T.2]는 종일토록 철학에 몰두하고 생활을 위한 일정한 직업을 갖지 않은 것처럼 보였다. 아레오파고스 의원들이 이들을 소환하자, 이들은 밤중에 방앗간에서 일하여 둘이서 일당 2드라크마를 받음을 증명하였고, 아레오파고스 의원들은 감탄하여 200드라크마로 이들을 포상했다. 또한 디오게네스 라에르티오스[T.104]에 따르면, 클레안테스(Kleanthes)[41]도 종일 변론술에만 몰두하였으므로 아레오파고스 의원들에게 소환되었다. 일하는 것 같지 않으면서도 힘 있고 건강하게 사는 이유를 설명하기 위해, 그는 한 정원사와 한 빵집 여인의 두 증인을 세워, 밤에 정원에 물을 긷고 빵을 굽는다는 것을 증명하였다. 아레오파고스는 감동하여 10미나(mina)를 상으로 주려고 하였는데 제논(Zenon)이 이를 못 받도록 방해하였다고 전한다.

    기원전 390년경의 헤라클레이데스 폰티코스(Herakleides Pontikos)에 따르면, 아레오파고스 의회는 도로와 공공장소의 가옥을 감독하였다고 한다.[T.110] 그런데 기원전 346~5년 티마르코스가 제안한 조령에 따라 민중은 아레오파고스 의회와 함께 프닉스 언덕의 가옥문제에 관해 토론하기도 하였다.[T.9] 또한 아이스키네스는 민중에 의해 선출된 아르콘들이 건

---

38) A. Philippi, *Der Areopag und die Epheten*, p.165.
39) 일부 역사가들은 메네데모스(350~278 B.C.)가 아테네에서 공부했다는 사실을 신빙성이 없는 것으로 보기도 한다. F. Jacoby, *FGH*, v.3b, Supple. i, p.562 : R.W. Wallace, *The Areopagos Council, to 307 B.C.*, p.120 참조.
40) 아스클레피아데스에 관해서는, 메네데모스의 친구였다는 사실 이외에, 아무것도 알려져 있는 것이 없다.
41) 기원전 331~0에서 232~1 혹은 231~0까지 생존함.

축·[해변의] 창고·도로 등에 관해 감독권을 가지고 있었음을 전하고 있고, 『아테네 국제』에는 10명의 경찰관(astynomoi)이 건축에 관하여 규제하였다고 되어 있다.[42]

이렇게 기원전 4세기에 아레오파고스는 여러 분야에서 민중들과 협력했으며 때로는 아르콘과 협력했을 가능성도 있다. 기원전 2세기 말의 것으로 전해지는 척도(metra)와 무게(stathma) 등의 도량형에 관한 민중의 조령이 있는데, 이에 따르면 아르콘들과 600인 불레가 '척도(metra)'에 관해 감독하였고, 아레오파고스 의회는 척도(metra)와 무게(stathma)를 속인 사람을 '악한(kakourgos)'으로 처벌하였다고 되어 있다.[43]

아레오파고스 활동에 관해 더 잦게 언급되는 것은 이 당시 아레오파고스 의회의 권위와 활동이 증가된 사실을 반영한다.[44] 카이로네이아 패전 이후 337~6년에 통과된 에우크라테스법[T.207]에서 민중이나 민주정이 해체된 경우 아레오파고스 의원들이 아레오파고스에 올라가거나 토론에 참가하는 것을 금지하고 있는데 이것은, 당시 아레오파고스 의회의 영향력이 과거보다 더 증가되었다는 것을 간접적으로 나타내는 것이 아닌가 생각해 볼 수 있다.[45]

한편, 기원전 4세기 후반, 법률수호권을 가진 아레오파고스 의회와 법률수호자(nomophylakes)들 사이의 관계가 관심의 대상이 되어왔다. 하르포크라티온(Harpokration)[46]에 따르면, 데이나르코스가 기원전 324년경에 발

---

42) Aischines, III, 25 : Ath. Pol. L, 2.
43) IG, II~III⟨2nd ed.⟩, 1013[T.212]. A. Philippi, Der Areopag und die Epheten, p.458 : D.J. Geagan, The Athenian Constitution after Sulla, pp.48~9 참조.
44) 이 책 189쪽부터 참조[T.12, 14, 84, 85, 86, 155 etc].
45) 참고, M.H. Hansen·B. Elkrog, "Areopagosrådets Historie i 4 Århr. og Samtidens Forestillinger om Rådets Compeens for Efialtes", p.42 : 이 책 6장 2).
46) Harpokration, s.v. nomophylakes.[T.199b]

표한 두 연설문에 법률수호자들이 언급된다고 한다. 또한 폴리데우케스는, 기원전 317~307년에 집권한 데메트리오스 팔레레아스(Demetrios Phalereas)[47]가 '11명의 관리[아마 刑吏(desmophylakes)]'를 '법률수호자'로 개명하였음을 다음과 같이 전한다.

> 11인은 각각의 부족에서 1명씩으로 구성되고 이들을 위한 서기가 이들 가운데 포함되어 있다. 그런데 데메트리오스 팔레레아스에 의해 '법률수호자'로 개명되었다. 이들은 수감된 사람들을 감독한다. 그리고 도둑·유괴·인신매매자·의복절도자들을 잡아서, 이들이 만일 죄를 인정하면 사형에 처하고, 죄를 인정하지 않으면 재판소로 넘겨서 유죄판결이 나면 사형에 처한다.[폴리데우케스, VIII, 102]

한편, 아노니무스 아르겐티넨시스(Anonymus Argentinensis)[T.26]에서도 또한 법률수호자들이 언급되고 있다. 이 사료의 연대에 관해서는 견해가 일치하지 않고 있으나, 빌켄(U. Wilcken)과 라커(R. Laqueur)는 이것을 기원전 4세기 후반경으로 추정하고 있다.[48]

앞 장에서 살펴본 바와 같이 필로코로스에 따르면, 7명의 법률수호자들은 에피알테스 시대에 처음으로 창설되었고, 9명의 아르콘과 함께 아레오파고스에 참가하여 법이 준수되는가를 감독하였다. 또한 500인 불레와 민회에도 참가하여 불법적인 결정이 행해지지 않도록 감독하였다고 한다. 그러나 에피알테스 이후에 이 7명의 법률수호자들에 관해 전하는 사료는 없다. 일부에서는 에피알테스 이후 법률수호자들이 사라졌거나, 큰 권한을 가지고 있지 않았다고 추정하였다.[49] 또다른 역사가들은 에피

---

47) 데메트리오스 팔레레아스의 입법에 관한 언급으로는 Georgios Syngelos, *Corpus Scriptorum Historiae Byzantinae*, ed. B.G. Niebuhrii(Bonnae, 1829), p.273B : Marmor Parium, *FGH*, 239, B 13[317~6 B.C.] 참조.

48) U. Wilcken, "Der Anonymus Argentinensis", p.374 : R. Laqueur, "Die litterarische Stellung des Anonymus Argentinensis"(*Hermes*, XLIII, 1908), pp.220~8.

49) J. Starker, *De nomophylacibus Atheniensium* [W.S. Ferguson, "The laws of Demetrius of

알테스 시대에 법률수호자들이 창설되었다고 전하는 필로코로스의 기록을 근거없는 것으로 보고, 기원전 4세기 후반에 이들이 처음으로 창설되었다고 믿는다.[50] 이러한 견해의 역사가들 가운데는 하르포크라티온이 전하고 있는 기원전 324년경에 발표된 데이나르코스의 두 연설문에 근거하여 법률수호자들은 4세기 후반, 그러나 적어도 데메트리오스 팔레레아스가 집권하기 이전에 존재하였다고 생각하는 학자도 있다. 즉 드 산크티스(G. de Sanctis)는 기원전 329~322년 사이에, 폴렌즈(M. Polenz)와 부솔트·스보보다는 기원전 326~323년 사이에 존재했다고 추정하고 있다.[51]

반면에 퍼거손은 에피알테스 시대에 창설되었던 법률수호자들은 그 후 폐지되었거나 그 중요성을 상실하였는데, 데메트리오스 팔리레아스의 집권기에 그 세력이 증가하여 스파르타의 에포로스(ephoros : 장관)에 유사하다고 생각하였다.[52] 그리고, 이러한 법률수호자들의 부활은 바로 아레오파고스 권위의 재생을 의미한다는 것이다. 그는 아노니무스 아르겐티넨시스[T.26]와 폴리데우케스[VIII, 102]에 전하는 11명의 법률수호자들은 기원전 321[혹은 317]년 이전에 존재한 11명의 형리(刑吏 : desmophylakes)를 잘못 표현한 것이며, 이 형리들의 권한이 법률수호자들과 아레오파고스 의회로 넘어간 것이라고 주장하였다. 쇠만과 립시우스는 아테나이오스[T. 2]가 전하는 내용을 근거로, 기원전 4세기 말 데메트리오스 팔레레아스가

Phalerum and their guardians", p.274에서 재인용] : B. Keil, *Anonymus Argentinensis*, p.170ff. [J.H. Lipsius, *Das Attishe Recht und Rechtsverfahren*, p.35에서 재인용] : G.L. Cawkwell, "Nomophylakia and the Areopagus", pp.1~22 : W.S. Ferguson, "The laws of Demetrius of Phalerum and their guardians", pp.272f, 275f : F. Jacoby, *FGH*, v.3b, Suppl. i, p.339.

50) G. de Sanctis, *Atthis*, p.439, n.3.[M. Polenz의 견해는 R. Laqueur, "Die literarische Stellung des Anonymus Argentinensis", p.228 참조] G. Busolt · H. Swoboda, *Griechische Staatskunde*, p.895, n.1 : J. Day · M. Chambers, *Aristotle's History of Athenian Democracy*, p.185.

51) Ibid.

52) W.S. Ferguson, "The laws of Demetrius of Phalerum and their guardians", p.275ff.

풍기단속권(sittenpolizei)을 아레오파고스에 부활시켰으며, 이에 아레오파고스는 부도덕한 생활을 단속하였다고 하고 특히 데메트리오스가 제정한 여성법(gynaikonomoi)을 통하여 사치스런 생활을 감독했다고 주장하고 있다.[53] 그러나 아테나이오스나 그의 인용문에 나오는 필로코로스는 데메트리오스를 언급하고 있지 않다.[54]

저자는 위의 11명 법률수호자들의 존재는 아레오파고스 의회 권한의 증가를 의미하는 것은 아니라고 생각한다. 법률수호자들의 권한은 기원전 462년 이전에 아레오파고스 의회가 가졌던 권한과 유사한 것이 아니기 때문이다.[55] 더구나, 필로코로스[T.199][56]의 전언에 따르면, 법률수호자들은 아레오파고스 의회 대신에 법률수호권을 갖고 9명의 아르콘들 혹은 테스모테타이[57]들과 함께 아레오파고스에 참석하였다고 한다. 여기서 비노그라도프(P. Vinogradoff)는 기원전 4세기 법률수호자들의 창설은 에피알테스의 정치적 노선과 일치하는 것이라고 믿었다.[58] 즉 에피알테스 시대와 같이 법률수호자들의 존재는 아레오파고스 의회권한의 약화를 의미할 수 있다는 것이다.[59] 다만 기원전 4세기 후반, 데메트리오스 팔레레아스

---

53) G. Schömann · J.H. Lipsius, *Griechische Alterthümer*, v.1, p.542와 n.7
54) B. Keil, *Beiträge zur Geschichte des Areopags*, p.70 참조.
55) 이 책 142쪽 참조.
56) *FGH*에서 Jacoby는 이 사료에서 언급하고 있는 내용을 데메트리오스 팔레레아스 시대에 속하는 것이라고 하였다. 그러나 저자는 그가 이러한 것을 입법한 것으로 사료에 전하고 있지 않으므로 그 연대는 확실치 않으며, 데메트리오스의 저술 『법에 관하여(*Peri nomon*)』에서 인용하고 있는 과거의 법 가운데 하나일 수도 있다고 생각한다.
57) 이들 테스모테타이에 관해서는 Anonymus Argentinensis, [T.26]과 이 책 140~141쪽 참조.
58) P. Vinogradoff, *Outlines of Historical Jurisprudence*, v.2, p.137.
59) 데메트리오스 집권의 성격에 대해서는 그 평가가 다양하다. 참주정으로서 보는 견해는 Pausanias(I, 25) : Demochares(*FGH*, 75, F.A 11), Polybios(XII, xiii, 11) 참조. 민주정으로 보는 견해는 Strabon(IX, 398) 참조. 올바른 정부로 보는 견해는 Cicero(*De Legibus*, III, 614) 참조 : 반면에 G. Busolt · H. Swoboda(*Griechische Staatskunde*, p.928, n.1)는 온건과두정(gemäβigte oligarchie)으로 규정하고 있다. 어쨌든 데메트리오스의 정부는 강력한 행정권에 바탕을

시대 11명의 법률수호자들이 에피알테스 시대의 7명의 법률수호자들과 반드시 성격이 같은 것이라고 단정할 수는 없다. 크리스토필로풀로스(A.P. Christophilopoulos)는 각 도시에 여러 다른 성격의 법률수호자들이 존재하였음을 밝히고 있다.[60] 이들은 도시의 관리이며, 그 권한은 시기마다 필요에 따라 달랐을 가능성이 있는 것이다.

아레오파고스 의회의 법률수호권은 시대마다 달랐다. 솔론의 보수적 정치체제에서는 후대보다 그 권위가 더 강했다. 그러나 기원전 5세기 후반에는 사회적·종교적 분야와 살인사건 재판에 한정되었다. 그 후 기원전 4세기에 이르러 아레오파고스 의회의 권한은 정치분야 등에서 증가하지만 민중의 권위를 능가하지는 못했다.

2) 에우크라테스법과 아레오파고스

1952년 미국 고고학연구소의 발굴에 의해 아테네 아고라(Agora)에서, 카이로네이아(Chaironeia) 전투가 끝난 이듬해인 337/6년의 것으로 추정되는 대리석의 금석문이 발견되었다.[61] 이 금석문에는 아리스토티모스(Aristotimos)의 아들인 에우크라테스(Eukrates Peiraieus)가 제안하여 민중에 의해 가결된 조령이 나온다. 이 조령에 따르면,

참주정을 수립하기 위하여 민중에 반대해 폭동을 일으키거나, 참주정에 가담하

두고 있었던 것같이 보인다.
60) A.P. Christophilopoulos, "*Nomophylakes and Thesmophylakes*"(Platon, XX, 1968), p.143.
61) B.D. Meritt, "Law against Tyranny"(in "Greek Inscriptions", *Hesperia*, XXI, 1952), pp.355~359 [T.207] 참고. P.Mackendrick, *The Athenian Aristocracy 399 to 31 B.C.*, p.21.

거나, 민중이나 민주정을 해체하는 사람이 있으면, 이를 죽이는 사람은 무죄이다. 그리고 민중이나 민주정이 해체되는 경우 아레오파고스 의원들(bouleutes from the Areopagos)은 아레오파고스에 올라가지 못하고, 집회(synedrion)에 참가하지 못하며, 어떤 문제에 대한 토론에도 참여하지 못한다. 또한 이것을 어기는 아레오파고스 의원들(bouleutes from the Areopagos)은 자신과 그 자손이 시민권을 상실하고(atimos), 재산은 몰수된다.

라는 내용이다. 메리트(B.D. Meritt)는, 아테네가 카이로네이아 전투에 패배한 후 마케도니아(Macedonia)왕 필리포스(Philippos) 2세가 아테네에 참주정을 수립하거나 민주정을 해체하려 하였는데, 이 조령은 이러한 위협을 근절하기 위해 공포된 것이라고 생각했다.[62] 따라서 메리트는 이 법을 '반참주법'이라고 명명하였다.

오스트왈드(M. Ostwald)는 이 법을 같은 반 참주적 성격을 지니고 있다고 생각한 그 이전의 다른 법들과 비교하였다.[63] 즉 솔론의 에이산겔리아법·데모판토스(Demophantos)법(411~410 B.C.), 기원전 4세기 히페레이데스가 전하고 있는 에이산겔리아에 관한 법이 그것이다.[64] 오스트왈드는 솔론의 에이산겔리아법에서는 참주정의 지지자는 재판을 받게끔 되어 있는데 반해, 데모판토스법과 에우크라테스법에서는 재판절차에 대한 언급이 없이 어떤 시민이라도 참주정을 지지하는 사람을 죽일 수 있도록 허용하고 있다는 점을 지적하였다. 후자의 경우 살해자는 어떤 처벌도 받지 않으며, 살해된 참주정 지지자의 재산은 몰수된다. 여기서 오스트왈드는 데모판토스와 에우크라테스법이 솔론의 에이산겔리아법과는 달리, 솔론 이전, 아마 드라콘 시대의 관습에서 유래한다고 생각하였다. 즉, 드라콘

---

62) Ibid.
63) M. Ostwald, "The Athenian legislation against tyranny and subversion"(TAPhA, LXXXVI, 1955), pp.103~28.
64) Solon의 에이산겔리아법은 Ath. Pol. VIII, 2[T.35], Demophantos법은 Andocides, I, 96ff. Hypereides의 에이산겔리아법은 Hypereides, III[Hyper Euxenippou], 7~8에 있음.

시대에 참주정 지지자는 '아티미아(atimia)'에 처해져 추방당했다는 것이다. 그는 아티미아의 의미가 시대에 따라 변한다고 생각하면서 솔론 이전인 드라콘 시대에 '아티미아'는 추방의 의미를 포함하고 있었으나, 솔론 이후에는 '시민권의 상실'만을 의미하게 되었다고 믿는다.[65] 따라서 기원전 411~410년의 데모판토스법에서, 어떤 시민이라도 참주정 지지자를 죽일 수 있고, 그로 인해 어떤 처벌도 받지 않으며, 살해된 사람의 재산은 몰수된다고 규정하고 있는 것은 드라콘 시대 참주정 지지자가 추방되던 관습에 유사하다는 생각이다.

이어서 그는 기원전 404~3년 30인 참주정이 붕괴된 후 데모판토스법이 폐지되고 솔론의 에이산겔리아법이 재현되었다고 생각했다. 즉 참주정 지지자에 대한 재판절차가 부활되었는데 이것이 기원전 4세기 히페레이데스가 전하는 에이산겔리아법에서 증명된다는 것이다. 그러다가 카이로네이아 패전 후 제정된 에우크라테스법에서는 재판없이 참주정 지지자를 죽일 수 있는 데모판토스법 규정이 부활된 것이라고 주장하였다.

에우크라테스법에 민중이나 민주정이 해체된 경우 아레오파고스 의원들이 아레오파고스에 올라가지 못하도록 하는 규정이 있다. 이에 대해, 오스트왈드는 아레오파고스의 권한이 기원전 4세기에, 특히 카이로네이아 패전 이후 강화되었으며, 또한 이들 아레오파고스 의원들이 친 마케도니아적 경향을 지니고 있었기 때문에 이들의 권한을 제재하기 위해 이 법이 만들어진 것이라고 설명하였다.

그런데 가가린(M. Gagarin)[66]은 이 법의 기원에 관해 오스트왈드와는

---

65) M. Ostwald, "The Athenian legislation", p.107ff.[참고, M.H. Hansen, *Apagoge, Endeixis and Ephegesis against Kakourgoi, Atimoi and Pheugontes*(Odense U. Class. studies, VIII ; Odense, 1976), p.79]
66) M. Gagarin, "The thesmothetai and the earliest Athenian tyranny law"(*TAPhA*, CXI, 1981), pp.71~77.

관점이 약간 다르다. 솔론이 처음으로 참주정 지지자에 대한 재판절차를 신설하였다는 오스트왈드의 견해를 부정하면서, 아테네 법률의 점진적 발전상을 강조한다. 즉 킬론의 반란 때 참주정 음모자에 대한 재판이 있었고 테스모테타이는 이에 관한 재판절차를 마련하였는데, 그 후 솔론이 에이산겔리아법을 제정함으로써 참주정 음모자에 대한 재판절차가 완성되었다고 한 것이다. 또한 그는 솔론시대에 '아티미아'의 의미가 '추방'에서 '시민권의 상실'로 변화하기 시작하였음을 인정하지만, 이러한 의미의 변화는 점진적으로 일어났으며, 솔론은 그의 사면법[67]에서 '아티미아'를 아직도 '추방'의 의미로 사용하고 있다고 주장하였다. 솔론은 반(反)참주적 경향을 강하게 지니고 있었으므로 참주에 대한 처벌을 약화시키려 하지 않았다는 것이다. 따라서 가가린은 반 참주적 성격을 가진 이 법이 솔론 시대뿐 아니라 그 이전과 연관을 가지는 것이라고 믿었다.

이와 같이 약간의 견해차이는 있지만 역사가들은 일반적으로 에우크라테스법이 반 참주적 성격을 띠고 있다고 생각한다. 더구나 위에서 소개한 오스트왈드는 솔론의 에이산겔리아법, 데모판토스법, 히페레이데스가 전하고 있는 에이산겔리아에 관한 법 등이 반 참주적인 성격에서 에우크라테스법과 공통점을 가진다고 생각하였다. 그런데, 저자는 데모판토스법과 에우크라테스법에서는 참주정의 수립에 대한 우려뿐 아니라 '민중이나 민주정해체'에 대한 두려움도 함께 언급된다는 점에 유의해야 한다고 생각한다. 데모판토스법 중간부와 에우크라테스법 서두에는 정체에 위협이 되는 것으로 '참주정'과 '민중과 민주정 해체'가 함께 언급되고 있다. 만일 '참주정'과 '민중해체'가 똑같은 의미를 가진 것이라면 두 용어가 함께 사용될 필요는 없었을 것이다. 더구나 데모판토스법 서두와 에우크라테스법 후반부에는 '민중과 민주정의 해체'에 대한 염려만이 다시 강

---

67) Ploutarchos, *Solon*, XIX, 3[T.165] 참조.

조되고 있는 것이다. 저자는 참주정과 민중해체의 두 개념을 같은 것으로만 파악할 수는 없다고 믿고 있다. 따라서 에우크라테스법에 언급되고 있는 '민중해체'도 반드시 참주정위협에만 관련된 것으로 볼 수는 없다는 점을 다음에서 논하고자 하는 것이다.

(1) '민중해체'와 '참주정'

오스트왈드는 '민중 해체'가 '참주정'보다 더 넓은 개념이라고 주장하였다.[68] 그 이유는 민중해체는 참주정뿐 아니라, 데모판토스법에서 참주정과 함께 언급되고 있는 '과두정'의 개념까지 포함하기 때문이라는 것이다. 솔론의 에이산겔리아법에서 '민중해체'라는 용어가 쓰이는 데 대해, 그는 이 개념이 불분명한 것이지만 솔론이 정치체제 전복의 음모를 방지하기 위해 에이산겔리아 절차를 아레오파고스에 마련한 것을 사실로 인정한다. 이어서 그는 솔론시대 정치체제에 대한 위협이 '민중해체'로 표현되나, 데모판토스법은 기원전 411~10년의 400인 정부가 붕괴된 후 공포되었기 때문에 이와 관련하여 더 구체적으로 '참주정'의 표현을 쓰게 된 것이라고 믿었다. 그리고 '민중해체'라는 개념이 '참주'와 다른 점은 정부를 전복하고 정권을 잡으려는 참주뿐 아니라 그의 동료들을 함께 포함하는 데 있다고 하였다.

여기서 저자는 '민중해체'가 '참주정'보다 더 광범한 의미로 '과두정'의 개념까지를 포함한다는 오스트왈드의 견해는 타당성이 있으나, 과두정에 대한 구체적인 그의 설명은 바르지 않다고 생각한다. 즉 데모판토

---

68) M. Ostwald, "The Athenian legislation against tyranny and subversion", p.113 : G. Busolt · H. Swoboda, *Griechische Staatskunde*, p.849(p.848, n.3) : C. Hignett, *A History of the Athenian Constitution*, p.168.

스법에 나오는 참주에 대한 언급이 400인 과두정 때문이라는 그의 견해는 지지할 수 없다는 것이다. 400인 과두정부는 대개 참주정으로 불리지 아니한다. 400인 과두정부의 우두머리는 오스트왈드가 말하는 참주가 아니라 '과두정의 주모자'일 뿐이다.[69] 여기서 400인 과두정부는 과두정으로 불리기도 하고 참주정으로 불리기도 하는 404~3년의 30인 정부와는 다른 성격을 지니고 있다는 점을 밝혀둘 필요가 있다.[70]

400인 정부의 지지자들이 원했던 정치체제는 그대로 시행된 적은 없지만 『아테네 국제』(XXX-XXXI)에 전해지는 법안에 나타나 있다. 이 법안에는 400인 불레의 구성과 완전한 시민권을 가진 5천인 명부작성의 절차에 관한 것이 있는데 이들이 정치체제의 핵심을 이룬다. 이어서 정부관리들에 대한 수당의 점진적 폐지 등이 나타나는데 이것은 수당제를 도입한 기원전 5세기 후반 페리클레스 민주정에 대한 반발을 의미한다.[71] 더구나 이 법안의 가결은 물론 400인 정부의 수립과 폐지 등이 모두 합법적인 집회에 의해 결정된 것으로 소수의 참주에 의한 불법적 반란이 아니다. 400인 정부에서 권력을 장악한 것은 400인 의원들이었고, 사료에서는 이 정권을 '과두정'이나 '민중해체'로 묘사하고 있지만,[72] 참주정으로 규정하지는 아니한다.

그런데 기원전 404~3년의 30인 집권은 이러한 400인 정부와는 성격이 다르다. 30인은 펠로폰네소스전쟁에서 승리한 스파르타의 세력과 용병을 포함한 무력에 의지하였다.[73] 이 때는 400인 정부와는 달리 소수의

---

69) 참고, Iliea에서 발견된 반(反)참주·반(反)과두정적 법[F. Bleckmann, *Griechische Inschriften zur griechischen Staatenkunde*(Bonn, 1913), p.9]에는 'leader of the oligarchy (ton hegemonates oligarchias)'라는 언급이 있음.
70) 이 책 바로 아래 부분 참조.
71) *Ath. Pol.*, XXIX, 5ff.[참고, A. Fuks, *The Ancestral Constitution*(London, 1953), p.109]
72) Thoucydides, VIII, xlvii, 2, liv, 4, xcviii : Lysias, XX, 13 : Isoc., XVI, 5~6.[Th. Thalheim, "Eisangelie-Gesetz in Athen"(*Hermes*, XLI, 1906), p.305 참조]

정치가들이 참주와 같이 권력을 행사하였다. 그런데 30인 집권 초기에는 두 가지 다른 정치적 경향이 존재하였다는 점도 고려해야 한다. 공모자들은 처음에는 모두 '전통적 법(patrios nomos)'을 부활하는 데 동의했으나,[74] 나중에 분열이 일어났다. 정치적 노선의 대립으로 인해 마침내 온건한 테라메네스(Theramenes)는 처형되고 과격한 크리티아스(Critias)가 집권하였다. 테라메네스가 처형되기 전 크리티아스와 나눈 대화에서 두 사람의 상반된 정치적 경향이 잘 반영되고 있다. 크리티아스는 테라메네스에 대해 "스파르타 사람들을 믿고 사랑하면서 민중을 해체하기 시작한 사람"이라고 비난하였다. 반면에 테라메네스는 크리티아스에 대항하여 "나는 소수의 참주에 의해 도시가 지배되기 전에는 좋은 과두정이 아니라고 생각하는 사람에 반대했오"라고 하고 있다. 테라메네스는 30인 과두정이 참주적인 것으로 변할 수 있음을 시사하면서 이에 반대하고 있다. 다시 말하면 이 때 크리티아스는 테라메네스에 대해 '참주'라고 비난하지 않고 '민중을 해체한 사람'으로 비난한 반면에, 테라메네스는 크리티아스에 대해 과두정을 참주적인 것으로 만드려 한다고 응수했던 것이다.[75] 참주적 성격의 30인 집권은 기원전 411~10년의 400인 과두정부와는 성격이 다르다. 따라서 데모판토스법에서의 '민중해체'에 관한 언급은 '참주정'이 아니라 '과두정'의 위협에 더 직접적으로 관련된다고 볼 수 있다.

다만 '민중해체'라는 개념은, 오스트왈드가 주장하고 있는 것처럼, 참주정의 위협을 함께 의미할 수는 있다. 과두정뿐만 아니라 참주정도 민중의 이익을 훼손시킬 수 있기 때문이다.[76] 그러나, 사료에서 이 두 용어

---

73) Xen. Hell., II, iii, 41, 42, 55.[Aristot., Politika, 1320b 30~33 참조]
74) Xen. Hell., II, iii, 2 : Ath. Pol., XXXIV, 3, XXXV, 2[T.40]. [참고, R.J. Bonner·G. Smith, The Administration of Justice from Homer to Aristotle, v.1, p.277 : C. Hignett, A History of the Athenian Constitution, p.288]
75) Xen. Hell., II, iii, 28, 48.

가 별도로 언급되고 있으므로, 언제나 같은 것은 아니며 서로 다른 의미를 가지기도 하는 것으로 보아야 할 것이다. 앞에서 말하였듯이, 데모판토스법에서는 "…[누가] 아테네인의 민주정을 해체하거나 민주정이 해체된 후 관직에 임하거나, 참주정을 꾀하거나, 참주에 동조하거나…"라고 하고, 에우크라테스법에는 "…만일 누가 참주정을 수립하기 위하여 민중에 반해 반란을 꾀하거나, 참주정에 가담하거나, 민중이나 민주정을 해체하는 사람이 있으면…"이라고 하여 두 개념은 별도로 언급되고 있다. 리쿠르고스도 다음과 같이 말하고 있다.

> 만일 누가 참주정을 도모하거나 도시를 배반하거나 민중을 해체할 때 이를 죽이는 사람은 무죄라는 것을 가결하고 맹서하였다.[77]

헬리아이아(Heliaia) 법정의 맹서에서도 또한 '민중해체'와 '참주'에 대한 위협이 다음과 같이 별도로 언급되고 있다.

> 참주나 과두정을 지지하지 않을 것이며, 누가 아테네 민중을 해체하거나, 민중[의 이익]에 반하여 발언하거나 찬성투표를 한다면, 동의하지 않을 것이다.[78]

실제로 '민중해체'라는 개념은 '참주정'과는 상관없이 400인 집권을 전후하여 일어난 사건들에 관하여 사용되고 있다.[79] 리시아스[80]에 나오는 폴리스트라토스(Polystratos)라는 한 피고는 '민중을 해체'한 혐의를 받고

---

76) Andok, I, 95 : Isok. XII, 148 : Dem., XVII, 10.[Dem., XVII, 14]
77) Lykourgos, I, 125.[그밖에도 참고, M.N. Tod, *A Selection of Greek Historical Inscriptions*, v.2 [from 403 to 323 B.C.](Oxford, 1948⟨1st ed, 1933⟩), n.144[362~1 B.C.], line 24~26 ; "만일 누가 아티카를 해치거나 민중을 해체하거나 참주나 과두정을 수립하거나 …" : n.147 [361~0 B.C.], line 27~29 ; "만일 누가 전쟁시 아테네인의 도시를 해치거나 아테네 민중을 해체한다면 …"]
78) Dem., XXIV, 149.
79) Thoukyd, VIII, xlvii, 2, liv, 4.[이 책 212쪽 주72) 참조]
80) Lysias, XX, 13.[이 책 212쪽 주72) 참조]

있었는데, 그는 5천인 시민단명부를 작성하도록 400인으로부터 위임받은 사람이었다. 그는 "5천인 대신 9천인 명부를 작성하였으며 자신과 같이 시민의 수를 늘이려 한 사람이 아니라 줄이려 한 사람이 민중을 해체하는 사람일 것"이라고 주장하고 있다. 안도키데스(Andokides)와 투키디데스(Thoukydides)[81]는 기원전 415년의 시실리원정이 행해지기 직전에 일어난 두 가지 사건에 대하여 민중해체라는 표현을 사용하고 있다. 하나는 알키비아데스(Alkibiades)를 포함한 한 무리가 공개되어서는 안되는 엘레우시스(Eleusis)의 은밀한 제식을 모방·조롱하였다가 발각된 사건이다. 다른 하나는 원정군이 출발하던 날 아침 아테네 시내 곳곳에서 헤르메스(Hermes)상의 목이 절단된 채 발견된 사건으로 알키비아데스도 이 사건의 혐의자로 지목되었던 것이다.

이와 같이 과두파가 언제나 참주정과 관련되는 것은 아니다. 과두파가 과두정부를 수립하고 민주정을 해체하려 할 때 참주와 같은 권력을 휘두르는 경우도 있을 수 있으나 언제나 참주적 권력을 행사한다고는 할 수가 없다. 더구나 과두파들에 의한 민중해체가 반드시 정치적 변화와 관련이 있는 것은 아니라는 점을 유념할 필요가 있다. 과두파들은 정치체제를 변화시키지 않고도 민중을 해치고 자신의 이익을 도모할 수 있는 또 다른 계기를 가지고 있었던 것이다. 말하자면, 과두정이나 참주정수립 등과 같은 직접적인 정체변화없이도, 민중을 해체하는 경우가 있을 수 있다는 것이다.[82]

---

81) Andokides, I, 36 : Thoukydides, VI, xxvii, 3, xxviii, 2.
82) '민중해체'라는 개념이 참주정이나 과두정 수립 등의 정체변화와 관련없이 사용되는 경우에 대하여는 이 책 220쪽부터 참조.

(2) 카이로네이아 패전 이후 아테네 정치가들

카이로네이아 패전 후 가결된 에우크라테스법에서는 민중이나 민주정이 해체되는 경우, 아레오파고스 의원들이 아레오파고스에 올라가서는 안된다는 것을 강조하고 있다. 그런데 이 때 아테네에는 과두파나 참주파에 의한 정체전복의 위협이 컸던 것으로 보이지는 않는다. 그래서 메리트와 오스트왈드의 견해와는 반대로, 모세(C. Mossé)는 카이로네이아 패전 후 참주파나 과두파에 의한 정치체제 전복위협이 있었다는 견해를 부정하고, 또 아테네가 마케도니아 세력에 의해 위협받았다고 믿지도 아니한다. 아테네와 마케도니아 사이의 관계는 오히려 우호적·평화적이었으며, 필리포스는 정치체제를 바꾸거나 빚을 취소하거나 토지를 재분배하지 않겠다는 약속을 하였다는 것이다.[83] 모세는, 당시 데모스테네스(XVII, 13)가 현재의 안일함이 미래의 파국을 초래할 것이라는 경고까지 하였다는 점을 지적하였다.

나아가 모세는 아레오파고스가 친 마케도니아적이었다는 오스트왈드의 견해도 부정한다. 아레오파고스는 앞 장에서 말했듯이 카이로네이아 전쟁 이전에 데모스테네스의 반 마케도니아적 정책을 지지하기도 하였기 때문이다. 또한 민중이 델로스 성사(聖事)에 대한 사신으로 아이스키네스를 선출하였는데, 후에 이 문제에 관한 권한을 민중들로부터 위임받은 아레오파고스 의회는 아이스키네스에게 친 마케도니아의 혐의를 두고 그 대신 히페레이데스를 파견하였던 사실도 있다. 또한 모세는 당시 에우불로스(Euboulos) 같은 온건정치가들도 정체의 변화를 원하지는 않았고, 다만 대외정책에 대해서만 관심을 가졌음을 강조하였다.

---

83) C. Mossé, "A propos de la loi d'Eucrates sur la tyrannie, 337/6 av. J.C."(*Eirene*, VIII, 1970), pp.71~78.

모세는 카이로네이아 전투 이후 아테네 자체나 마케도니아의 필리포스로부터나 아테네 정치체제에 대한 위협은 없었다고 생각하였다. 따라서 에우크라테스법에 나타나는 정체전복에 대한 공포는 당시의 실제적 위협에 대응하는 것이 아니다. 아레오파고스는 실제로 위협적 존재가 아니었지만 아테네인들은 기원전 5세기 말 500인 불레가 두 차례나 과두정부 수립에 협조한 점을 상기하고, 카이로네이아 패전 후 정부에 대한 음모를 꾸미지 말도록 아레오파고스 의회에 대해 경고하고 있다는 것이다. 더 나아가 모세는 에우크라테스법이 반 마케도니아파에 의해서가 아니라 친 마케도니아파에 의해 공포되었을 가능성을 제시하고 있다. 이들이 데모판토스법 등 과거에 존재했던 법을 형식적으로 부활시키면서 스스로 정부를 전복할 의사가 없다는 점을 과시하려 했다는 것이다.

그러나, 이러한 모세의 견해는 에우크라테스법의 제안자였고 라미아(Lamia) 패전(322B.C.) 이후 마케도니아에 의해 처형되었던 에우크라테스[84]의 정치적 노선과 잘 어울리지 않는다. 여기서 저자는 카이로네이아 전쟁 후 아테네에서는 마케도니아에 대한 정책에 크게 두 가지 상반된 경향이 있었음을 강조할 필요가 있다고 믿는다. 하나는 평화적·우호적인 노선이며, 다른 하나는 호전적·독립적인 것이 그것이다. 전자에 관한 것으로 아테네인들은 코린트(Korinth) 동맹과 반 페르시아 동맹에 가담하였고,[85] 마케도니아왕 필리포스를 찬양하고 그에게 시민권을 부여하였으며,[86] 다른 중요한 마케도니아 사람들이나 마케도니아에 호의적인 외국인들에게 '프록세니아(proxenia)'의 지위를 부여하기도 하였다.[87] 프록세니아는 원래 외

---

84) 에우크라테스에 관해서는 이 책 218~219쪽 참조.
85) H. Bengtson, *Die Staatsverträge des Altertums*, v.2(*Die Verträge der Griechisch-Römischen Welt von 700 bis 338 v.Chr.*(München und Berlin, 1962), n.403.
86) Ploutarkos, *Demosth*. XXII, 3.
87) C. Mossé, "A Propos de la loi d'Eucrates sur la tyrannie, 337/6 zv. J.C.", p.73, n.10.

국인을 보호하고 환대하는 것으로 개인적 관계였으나 기원전 5세기 이후 부터는 외국인으로 국가간의 여러가지 문제를 중재하는 자격을 의미하며 오늘날의 영사직무와 비슷하다. 또한 아테네인은 필리포스를 살해하려던 사람이 아테네에 망명하였을 경우 그를 잡아 마케도니아에 인도해 준다는 것[88]과 필리포스의 신상(身像)을 광장에 설치할 것에 동의했다.[89] 알렉산드로스(Alexandros)대왕이 죽기 조금 전에는 데모스테네스 자신이 그 신상건립을 제안하였다.[90] 이러한 사실들은 아테네 정치가들의 시기영합적인 태도를 잘 보여주는 것이다. 마케도니아에 대한 평화주의는 특히 기원전 4세기 대표적 정치가였던 에우불로스와 포키온(Phokion) 등에 의해 추구되었다. 마케도니아측에서도 필리포스는 그리스 여러 도시국가의 독립과 그 정치체제를 존중할 것을 약속하였으며, 코린트 동맹 내 여러 도시로 하여금 토지의 재분배나 부채의 말소, 정치체제의 변화나 노예해방 등을 추구하지 않겠다는 취지의 맹서를 하게끔 하였다.[91] 이 때 필리포스는 아마도 대 페르시아전쟁에 골몰하여 그리스 안에서의 소란을 원치 않았으므로 평화적 노선을 택하였는지도 모른다.

    그런데 다른 한편으로는 민주파들에 의한 강력한 반 마케도니아적 경향도 존재하였다. 이러한 노선을 대표하는 정치가들은 데모스테네스 · 히페레이데스 · 히메라이오스(Hymeraios) · 아리스토니코스(Aristonikos) · 에우크라테스 등이다.[92] 훗날 알렉산드로스대왕이 죽자 이들은 대 마케도니아전쟁을 도발하였다. 에우크라테스는 반 마케도니아 노선의 선봉에 섰으

---

88) Diodoros, XVI, xci, 1~2.
89) Pausanias. I, ix, 4 : C. Mossé, "A propos de la loi d'Eucrates sur la tyrannie, 337/6 av. J.C.", p.73 참조.
90) Hypereides, V, col.32.
91) Dem., XVII, 10, 15.
92) Loukianos, Demosth. Enkom., XXXI. [J. Kirchner, Prosopographia Attica(Berlin, 1901/3), n.5762 참조]

며, 마케도니아의 안티파트로스는 기원전 322년 라미아 전쟁이 끝난 후 바로 위에서 언급한 다른 이들과 함께 에우크라테스도 처형하도록 명령하였다. 그런데 카이로네이아 전쟁 이후의 마케도니아인들은 아직도 필요한 경우 그리스 도시 내의 정치에 간섭하기도 하였지만,[93] 아테네 내정에 직접 간섭한 것은 아닌 듯하다. 카이로네이아에서 패전하였지만 아테네는 여전히 독립적 지위를 유지하였다.

 모세는 이 때 아테네와 마케도니아와의 관계가 평화적·우호적이었음을 강조하지만, 아테네에는 반 마케도니아적 경향도 존재하였던 것이 사실이다. "민중이나 민주정이 해체될 경우" 아레오파고스 의원들이 아레오파고스에 올라가지 못하게 하는 에우크라테스법도 이들 반 마케도니아적 민주파들에 의해 제안된 것이었다. 물론 이 법은 반드시 마케도니아로부터의 직접적인 위협, 즉 참주정이나 과두정수립의 위협에 대처한 것이었다는 증거는 없다. 반대로 반 마케도니아적 민주파들은, 민중의 이익을 해치는 범법자나 조국을 등지려는 사람들을 경계하고, 어려운 상황에서 모든 아테네인들의 협조와 힘을 모으는 데 주안점을 두었다고 생각할 수 있다. 특히 아레오파고스 의원들의 민중에 대한 배신행위는, 국가가 위기에 처했을 때, 방어력을 크게 저해하는 요소가 될 것이었다. 아레오파고스 의원들 가운데는 유능한 귀족이나 부자들이 적지 않았기 때문이다. 친 마케도니아적 경향을 띠지 않는다 하더라도, 영향력있는 시민들이 민주정책에 협조하지 않는다면 국가를 해치고 마케도니아의 입장을 강화하는 결과를 초래하게 될 것이었다. 에우크라테스법에서는, 패전 후 마케도니아를 견제하면서 국가독립을 위하고 민중을 보호하려 했던 민주정치가들의 의도를 엿볼 수 있다. 그 한 방법으로서, 부유하고 영향력있는 시민들의 민중에 대한 무관심이나 배신행위를 막으려 했던 것이다.

---

93) Dem., XVII, 7, 15.[G. Glotz · P. Roussel, *Histoire Grecque*, v.4(Paris, 1938), p.191 참조]

(3) 다양한 경우의 '민중해체'

실제로 기원전 4세기 많은 저술에서 '민중해체'라는 용어는, 정치체제를 전복하려는 음모와는 무관하게, 시민의 부정이나 범법행위에 관해 사용되고 있다. 민중의 이익이나 도시의 단결을 해치는 위법행위뿐 아니라, 도시의 공공관심사에 무관심한 행위도, 민주정부에 대한 적대적 행위로서, [국가에 대한] 배반'이나 '민중해체'로 표현된다. 다음에 소개하는 몇 가지 사료에서는 참주나 과두파의 위협은 언급되지 않고, '배반'이나 '민중해체'가 나타나고 있는 것도 이러한 관점에서 이해할 수 있다. 먼저 500인 불레 의원들이 하던 맹서에서는 '국가에 대한 배반' '민중해체' '세금미납' 등이 다음과 같이 언급되는데 데모스테네스는 이 법이 솔론 시대의 것[94]이라고 전하고 있다.

> …법에 다음과 같은 조목이 있다 : 나는 자신의 지위에 알맞는 납세의무를 완료한 세 사람의 보증인을 앉힌 아테네인은, 만일 도시를 배반하거나 민중을 해체한 죄가 있거나 혹은 세금청부자나 보증인이나 수세자중의 누가 세금을 납부하지 않는 경우를 제외하고는 어떤 이도 억류하지 않는다.[Dem., XXIV, 144]

그리고, 히페레이데스가 인용하고 있는 에이산겔리아법에서도 '민중해체'와 '[국가에 대한] 배반' 등의 용어가 함께 나오고 있다.[95]

변론가들이 전하는 사례에서도 '민중해체'는 국가에 대한 각종 범죄나 민중의 이익을 저해하는 행위에 관련되고 있는데, 구체적 내용은 크게 두 가지 종류로 나눌 수 있다. 하나는 공권(公權)을 잘못 행사하거나 공익을 훼손하는 부정행위이며, 다른 하나는 국가사무에 무관심하거나 소극

---

94) Dem., XXIV, 148
95) Hypereides, III[*Hyper Euxenippou*], 7~8.

적인 태도를 취함으로써 간접적으로 민중의 이익을 손상시키는 것이다.

첫번째 범주에 속하는 것으로는 다음과 같은 것을 들 수 있다. 오스트왈드는 기원전 5세기 말 30인 참주기에 과두파가 함대를 적에게 양도하고 성벽을 허물고, 3천인을 제외한 시민의 무장을 해제하려 한 사실들은 '민중해체'에 해당한다고 생각하였다.[96] 그런데 이러한 현상은 30인 참주기뿐 아니라 그 후 기원전 4세기 후반에도 경계의 대상이 되었는데 이것은 히페레이데스가 전하는 에이산겔리아법에 나타나 있다. 더 구체적인 예로 크세노폰에 따르면, 아리스타르코스(Aristarchos)는 오이노에(Oinoe)를 보이오티아(Boiotia)인들에게 넘겨주었기 때문에 '민중을 해체'하고 '배반'한 것으로 비난받았다.[97] 뇌물수수 사건도 이에 해당한다. 알렉산더대왕을 피해 아테네로 건너온 마케도니아인 하르팔로스(Harpalos)로부터 '뇌물을 받은' 정치가들[98]은 '정치체제를 해치는 사람'[T.66], '조국을 해치는 사람'[Hyp. V, col. 38], '조국의 이익을 무시하는 사람'[99] 등으로 불리었고, 이들을 옹호하는 사람들은 '정체에 대한 적'[T.75]으로 간주되었다.

테오프라스토스(Theophrastos)·히페레이데스 등과 사전편찬자(lexicographos)들은 에이산겔리아에 해당하는 죄목을 논하는 곳에서 변론가들에 의한 '민중해체'를 정치체제의 전복과는 관계없는 여러가지 범법행위와 함께 서술하고 있는데 그것은 다음과 같다.[100]

테오프라스토스는 법에 관한 그의 네번째 저서에서 말하기를 변론가가 민중을 해체하거나 돈에 매수되어 좋은 것을 권고하지 않거나, 또한 누구라도 땅이나 함선이나 육군을 적에게 넘겨주거나, 적의 땅에 이주하거나 혹은 적군에 가담

---

96) M. Ostwald, "The Athenian legislation against tyranny and subversion", 119.[Lysias, XIII, 46 참조]
97) Xen., *Hell.*, I, vii, 28.
98) Deinarchos, I, 26, 29, 66, 103, 107 : III, 8, 12, 18 참조.
99) Deinarchos, I, 99, 107.
100) *Lex. Cant.* s.v. *eisangelia*⟨Krateros, *FGH*, 342, F.11a 참조⟩.

하거나 혹은 뇌물을 받거나 하는 것에 관한 것이다.

폴리데우케스(VIII, 52)도 이와 유사한 내용을 다음과 같이 전한다.

> 에이산겔리아는, 테오프라토스가 법에 관한 그의 저서에서 언급하고 있듯이 변론가들이 민주정을 해체하거나 민중에게 좋은 것을 말하지 않거나 할일없이 적에게 넘어가는 사람이나 기지나 군대나 함선을 [적에게] 넘겨주는 사람 등에 관한 것이다.…

위의 글에 따르면, 민중을 해체하거나 민중에게 최선의 것을 충고하지 않는 변론가들에 대하여 에이산겔리아 조처가 행해진다. 여기서 변론가들에 의해 언급되는 '민중해체'가 반드시 참주파나 과두파에 의한 직접적인 정부전복에 관련이 된 것이 아님을 알 수 있다. 하르팔로스로부터의 수뇌혐의가 있었던 데모스테네스를 비난하는 연설에서, 데이나르코스(Deinarchos, I, 98)도 돈을 받고 '국가이익을 저해'하는 변론가들·[정치]지도자들·데마고고스들이 있음을 지적하고 있는 것이다.

두번째 범주로 국가이익에 소극적인 태도에 관한 것으로는 다음과 같은 사례가 있다. 리쿠르고스는 레오크라테스를 '배반과 민중해체'라는 죄목으로 비난했는데 그 이유는 레오크라테스가 카이로네이아 패전 후의 어려운 상황에서 재산을 팔아 아테네를 떠났고 로도스(Rhodos)섬과 메가라(Megara) 등지에서 살다가, 8년이 지난 후 다시 돌아왔기 때문이었다.[101] 재판의 결과 투표는 가부동수였다고 한다. 만일 유죄에 한 표만 더 많았더라도 레오크라테스는 국외로 추방될 뻔했던 것이다. 리코프론(Lykophron)은 한 결혼한 여자와 관계를 가졌기 때문에 '민중해체'라는 죄목으로 비난받고 있다.[102] 칼리메돈(Kallimedon)은 메가라에 망명한 사람들

---

101) Lykourgos, I(*Kata Leocratous*⟨330 B.C.⟩), 124.[참고, ibid., I, 18, 21, 89, 121]
102) Hypereides, II[*Apologia hyper Lykophronos*], 12 : Lykourgos, F.C. 11~12[*Kata Lykophronos*]
　＝F.70.

과 공모했다[324B.C.경] 하여 '민중을 해체'한 것으로 비난받았다.[103] 이 공모가 어떤 성격의 것이었는지는 불확실하나 반드시 정치체제의 전복과 관련되어 있다는 결론을 지을 수는 없다. 위에서 언급하였듯이 이 당시 아테네가 반정부음모에 의해 크게 위협받고 있었던 것같이 보이지는 않기 때문이다.

여기서 '민중해체'라는 용어는 자주 '배반'이라는 죄목과 함께 동일한 사건에 적용되고 있다는 점을 지적할 필요가 있다. 바로 앞에서 소개한 아리스타르코스와 레오크라테스의 경우가 그러하다. 또한 데모판토스 법에 나오는 "아테네 민주정을 해체하거나 민주정이 해체된 상황에서 관직에 임하거나, 누가 참주를 꾀하거나 참주에 동조하거나 하는 사람을, 나는 내 힘이 자라는 대로, 말로써, 행동으로써, 투표를 통하여, 그리고 내 손으로 그를 죽일 것이다"라는 귀절 대신에 리쿠르고스는, "조국을 배신하는 자를 말로써, 행동으로써, 투표를 통하여, 그리고 내 손으로 직접 죽일 것이다"로 바꾸어 적고 있다.[104] 이러한 것을 통해 볼 때 후자인 리쿠르고스가 언급하고 있는 '배반'죄가 전자 데모판토스법의 '민중해체'와 어느 정도 연관성을 가지고 있는 것으로 생각할 수 있다. 따라서 '배반'이라는 죄목이 '민중해체'라는 용어없이 단독으로 사용되는 경우도 민중해체와 관련이 있는 것으로 가정해 볼 수 있다.

배반죄로 과두파나 참주에 의한 정부전복의 시도와 관련되지 않는 것으로 다음과 같은 사례들이 있다. 필론(Philon)은 30인 집권기에 아테네를 버리고 아티카(Attica) 국경 너머 오로포스(Oropos)에서 살았으므로, 30인 참주정이 붕괴된 후 다음과 같이 '배반자'로 비난받았다.

이 사람[필론]은 한 편만을 배반한 것이 아니라 두 편 모두를 배반하여, 도시측

---
103) Deinarchos, I, 94.
104) Lykourgos, I, 127.

[아테네의 30인 참주]에도 가담하지 않고 … 피레우스에 있는 사람들[민주파]에게도 가담하지 않았습니다.[Lysias, XXXI, 13]

또한 카이로네이아 전쟁 후 민중은 한 법안을 가결하였는데, 그 내용은 전시에 아이들과 부인들을 도시 성벽 안으로 이주시킬 것과 장군들이 필요에 따라 아테네 시민이나 도시 내의 다른 거주자들을 방위병으로 호출할 수 있으며, 도시가 위험에 처했을 때 도주한 사람들을 배반자로 처벌할 수 있다는 것 등이었다.[105] 아이스키네스에 의하면, 한 아테네인은 아테네가 곤경에 처했을 때 사모스로 건너가려고 하다가 그 날 당장 아레오파고스 의회에 의해 '배반자'로 사형에 처해졌다.[106] 아이스키네스는 이 일화를 민중을 '배반하고 해체'한 것으로 위에서 소개한 레오크라테스의 경우와 함께 서술하고 있다.[107] 아레오파고스 의원이었던 아우톨리코스(Autolykos)는 배반자로 유죄선고를 받았는데 그 이유는 카이로네이아 패전 후 부인과 아이들을 국외로 피난시켰기 때문이었다.[108] 그리고 이와 유사한 사례로, 아테노게네스(Athenogenes)는 전쟁중 조국을 떠나 군역을 회피하였기 때문에 전쟁중 이주를 금지하는 법에 저촉되어 고발되었다.[109] "필립과의 전쟁당시 전투가 일어나기 조금 전에 도시를 떠나 전투에 참가하지 않고 트로이젠(Troizen)에 이주하였으므로 '전쟁시 이주해 나간 사람이 훗날 다시 돌아오면 고발·체포된다'는 법을 위반"했기 때문이다. 또한 이와 유사한 경우에 대한 경계심을 보여주는 것으로, 크세노폰은 "…군역을 피하거나 어떤 다른 예기치 못한 부정이 발생하거나 누가 부

---

105) Lycourgos, I, 16, 53.
106) Aeschines, III, 252[T.14].
107) 레오크라테스의 경우는 이 책 222쪽 참조.
108) Lykourgos, I, 53.[참고, ibid., F.9(Kat' Autolikou)]. Autolikos가 아레오파고스 의원이었다는 기록에 관해서는 [T.9] 참조.
109) Hypereides, IV[Kath' Athenogenous], 29.

도덕한 오만을 저지르거나 독신죄를 범할 때 재판이 행해져야 한다"고 전한다.[110]

(4) 국가와 사회문제에 소극적인 사람들

이상에서 카이로네이아 패전 이후, 정치체제에 대한 직접적 위협없이, '민중해체'나 '배반'의 경향이 있었음을 알 수 있다. '민중해체'는 직접적인 정부전복의 시도가 아니라, 그 반대의 경향, 즉, 국가권력으로부터의 원심적 경향과 국가정책에 대한 무관심등에 관련된다. 사적 이익을 위해 부자들이 사회문제에 무관심하거나 재산을 탕진하는 것도 국가의 방어력을 약화시키고 민중의 이익을 손상하는 것이었다. 그래서 아테네인들은 흔히 사욕(私慾)을 위해 재산을 낭비하는 부자들을 비난하고,[111] 반대로 도시의 이익에 헌신하는 '좋고 착한 사람들(kaloi kagathoi)'을 찬양하고 있다.[112]

그러나, 그 이면에는 도시국가의 정치에 무관심한 것이 미덕인 양 자랑하던 사람들도 있었다는 것을 기억해 둘 필요도 있다.[113] 이러한 것은 바로 당시 사회에 상반된 입장과 가치관이 존재하였던 것을 반영한다.

부자들의 사회에 대한 무관심은 플라톤이나 아리스토텔레스의 저서에서도 나타나고 있다. 플라톤은 과두정에 대해 "마음대로 부를 처리하고 무질서한 것[Politikos, 291e]"으로 표현하였다. 또한 과두정에서는 자신

---

110) Xen. *Ath. Pol.*, III, 5.
111) Lysias, XXVII, 10 : Dem., III, 21, XXVII, 52, XLVIII, 55, LVIII, 40.[P.Mackendrick, *The Athenian Aristocracy 399 to 31 B.C.*, p.3ff]
112) P. Mackendrick, *The Athenian Aristocracy 399 to 31 B.C.*, p.6ff.
113) Lysias, XIX, 55 : Dem., LVIII, 65.

의 금고를 가지고 있는 부자들이 정체를 훼손한다는 것을 다음과 같이 적고 있다.

> …금으로 채워진 각 개인의 금고는 정치체제를 훼손한다. 첫째 그들은 지출을 마음대로 하고, 이러한 목적으로 법을 위반하며 그들 자신과 그 부인들이 법을 지키지 아니한다.[Politeia, 550D ff][114]

아리스토텔레스는 과두적인 생활상을 귀족정과는 다른 것으로 규정하고 방탕한 생활상과 연관시키고 있다. 아리스토텔레스에 따르면 과두정은 부자들이 정권을 소유하는 정체이다.[115] 그런데 부자들은 보통 국가나 법의 지배를 회피하려는 경향을 지닌다고 하였다. 또한 과두파의 아내는 사치스럽다는 것을 다음과 같이 말하고 있다.

> 유아감독자나 부인들의 교육담당자나 그밖에 이와 유사한 종류의 다른 관리들은 귀족적인 성격의 것으로 민주정적인 것도 아니고 [어떻게 가난한 사람들의 아내가 바깥으로 나가는 것을 금지할 수 있을 것인가?] 과두정적인 것도 아니다[과두파의 아내는 사치스럽기 때문이다].[『정치학』, 1300a 4~8]

아리스토텔레스는 솔론이 '극도(akraton)의 과두정'을 폐기하고 '폴리테이아'를 섞어 '민주정'을 수립했다고 하였다.[116] 여기서 그는 솔론 이전의 아테네 과두정을 '통제되지 않은(akratos)'이라는 뜻의 형용사로 수식하고 있는데, 이 용어는 '조화있는 상태의(eukratos)'라는 것과 반대의미를 가진 것으로 보인다.[117] 솔론 이전 부유한 과두파들의 원심적 경향은, 앞에

---

114) 그밖에도 Platon, Politeia, 551A 참조;"승리나 명예 대신에 고리대금업자나 구두쇠가 되고, 부자를 숭배하고 그들을 관직에 임명하며 가난한 사람은 멸시받는다."
115) Aristot. Politika, 1290b 2. 1299b 26.
116) Ibid., 1272b 36ff.[T.45]
117) "적절(eukraton)하고 제일 가는 과두정은 '폴리테이아'라고 부르는 것에 유사한 것이다."[Aristot. Politika, 1320b 21~22 참조] 플라톤은 과격한 민주정의 부정적인 측면을 설명하면서, 'akraton'을 '무제한'의 의미로 사용하고 있다.[Politeia, 562C~D 참조] "민주정

서 이미 언급하였듯이,[118] 솔론의 '민중해체'에 관한 에이산겔리아법에서도 증명된다. 또한 솔론 시대에 제정된 것으로 전해지는 '중립금지법'에서도 국가가 위기에 처했을 경우 시민들의 무관심이 경계의 대상이 되고 있었다는 것이 드러난다.[119] 이 법은 내란시에 중립적 입장에 서는 것을 금지하고 어느 편에든지 가담할 것을 촉구하는 것인데, 이 법을 통하여 정치에 대한 무관심이 참여로 인한 파쟁에 못지않을 정도의 사회적 문제가 되었다는 것을 알 수 있다.

『아테네 국제』는 솔론이 중립금지법을 제정한 원인에 대해 다음과 같이 기록하고 있다.

> 그[솔론]는 도시에 흔히 파쟁이 일어날 때 일부 시민이 독립적 지위를 선호하여 사태에 무관심한 것을 보고, 이들에 대처하여 이 법을 제정하였다.

이러한 보수적 경향은 솔론 시대 참주정수립에 대한 공포가 컸다는 사실에서도 드러난다.[120] 즉, 참주에 대한 공포는 제한받지 않는 자유의 정치체제를 지향하면서 국가권력이 약화되기를 원했던 보수파들 가운데서 특히 더 강했을 것이다.

보수파의 반 참주적 분위기는 후대에도 계속되었다. 이것은, 참주중의 한 사람인 히파르코스(Hipparchos)를 죽인 것이 귀족출신의 아리스토게이톤(Aristogeiton)과 하르모디오스(Harmodios)였는데, 이들이 참주정타도에

의 도시가 자유를 갈구하여 술에 취한 나쁜 지도자를 만나게 되어 필요 이상으로 많이 과도한(akraton) 자유에 취하게 되면, 정작 고분고분하지 못하거나 자유를 많이 허용하지 않는 관리들을 죄인이나 과두파로 처벌한다.[P. Shorey, Plato, Republic, v.2(Loeb Class. Lib. Cambridge Mass, 1935), p.305, n.n, p.306, n.b 참조] Seneca de Beneficis는 'akraton'을 'male dispensata libertas(나쁜 성향의 자유)'로 번역하고 있다.

118) 이 책 116쪽부터 참조.
119) Ath. Pol., VIII, 5 : 이 책 부록 2(289쪽 부터) 참조.
120) [T.165] 참조.

공이 많았던 것으로 숭배되고 있었다는 점에서도 나타난다.[121] 이러한 사실은 그 후 스파르타의 도움을 빌어 무력으로 참주정을 타도하고 민주정을 수립한 클레이스테네스에게 참주정타도의 공로를 돌리는 전통과는 대조적인 것이다. 이러한 사실에서 보수적인 시민들은 귀족출신의 참주살해자를 숭배함으로써 클레이스테네스적 민주정에 대한 거부감을 아울러 표한 것이 아닌가 한다.

참주정을 싫어한 것은 민중들보다 오히려 귀족·과두파들에게서 더 심하였다고 할 수도 있다. 이것은 '동등한 권한[isonomia]'이란 개념이 참주정에 반대하는 귀족들에 의해 발달되었을 가능성이 있다는 점에서도 나타난다.[122] 오히려 민중은 참주정을 지지하기도 했던 것으로 나타난다. 그 한 예가 민중의 지지에 바탕을 두고 있던 페이시스트라토스 참주정이다. 강력한 행정력을 구사한다는 점에서 참주정과 민주정은 공통점을 가지며, 또한 원심적이고 독립적인 경향이 강한 과두파가 주류를 이루는 과두정과는 다르다. 이것은 헤로도토스의 기술에서도 엿볼 수 있는데, 먼저 참주정과 민주정이 가지는 공통점에 대하여 그는 다음과 같이 적고 있다.

> 참주의 전횡을 벗어나자 민중의 방자한 전횡에 의해 지배되는 것은 참으로 견딜 수 없는 일이다.[Herodotos, III, 81]

그리고 과두파들의 독립적 경향에 대해서는 다음과 같이 말한다.

---

121) 참고, Aristoph. *Ekklesiazousai*, 681ff. : Aristot. Rhetorike, 1368a 17 : *Ath. Pol.* LVIII, 1 : Idomeneus, *FGH*, 338, F.3 : Marmor Parium, *FGH*, 239A 45 : *Athenaios*, XV, 695a : Diodoros, X, 17 : Pausanias, I, viii, 5 : Arrianos, *Anabasis*, III, xvi, 8 : Plinius, *Nat. Hist.* XXIV, 17 : Timaios, *Lex. Plat.* s.v. orchestra.

122) V. Ehrenberg, "The origin of democracy"(*Historia*, I, 1950), p.526ff : "Das Harmodioslied"(*WS*, LXIX, 1956), p.68 : A.W. Gomme, *Historical Commentary on Thucydides* v.2, pp.109~110, 347, 379, 380, v.3, p.542 : B. Borecky, "Die politische Isonomie"(*Eirene*, IX, 1971), p.24 : C.W. Fornara, "The cult of Harmodius and Aristogeiton"(*Philologus*, CXIV, 1970), pp.179~180.

각 개개인[즉 과두파]이 상위에 있고자 하고 자신의 의견을 관철시키려 하기 때문에 상호간에 커다란 적의가 발생하게 되며, 이 때문에 분쟁이 일어나고 분쟁으로 인해 살인이 빚어지게 된다.[ibid., III, 82]

어쨌든 솔론 시대의 보수적 경향은 후대보다 더 강하였다. 솔론의 중립금지법은 내란의 상황에서 사태에 무관심한 사람들만을 처벌대상으로 하고 있다. 그런데 훗날 민중의 권한이 더 강화되자 내란뿐 아니라 그 적용범위가 더 확대되었다. 즉 기원전 4세기에는 외적과 전쟁이 일어날 때나 평화로울 때거나 간에 국가에서 시행하는 여러가지 정책에 적극적으로 협조하지 않고 기피하는 사람들은 비난과 처벌의 대상이 되었던 것이다. 따라서 패전 후 도시를 버리고 떠나는 사람들이나 세금을 지체(遲滯) 혹은 미납하는 것 등도 '민중해체'에 버금가는 범죄로 처벌받았다.

30인 참주정 타도 후, 드라콘이나 솔론법을 원칙으로 하여 법이 재정비되고 온건민주정이 부활되었을 때 아레오파고스의 기능도 증대되었다. 이 때 아테네인들은 민중에게 최종적 결정권을 부여하였지만,[123] 아레오파고스 의회에 관리들이 법준수 여부를 감독하는 권한을 부여하였다. 기원전 4세기의 정치체제는 5세기 후반보다 더 온건하여 아레오파고스의 역할이 확대되었고 이에 부유한 과두파의 국가권력으로부터의 원심적 경향에 의한 위협도 증가했다. 이들은 개인의 이익을 우선으로 하고, 전쟁에 수반되는 부담금을 내기 싫어했으므로 될 수 있는 대로 평화를 원하였다.[124] 크세노폰은 이러한 과두파에 반대되는 민중에 대해 다음과 같이 기록하고 있다.

> 지금 아테네인들 가운데 농사짓는 사람과 부자는 오히려 저에게 동조하는 반면, 민중은 아무것도 불태울 것이나 파괴해 버릴 것을 갖고 있지 않다는 것을

---
123) *Ath. Pol.*, XLI, 2 참조.
124) Ploutarkos, *Phokion*, XXXVI, 4.[P. Mackendrick, *The Aristocracy 399 to 31 B.C.*, p.4]

잘 알고 있기 때문에 제멋대로 살며 적에게 굽히지 아니한다.[Xen., Ath. Pol., IV]

시민들 사이의 이러한 갈등과 관련하여 후대의 테오프라스토스는 수세를 강화하는 데마고고스의 선동정치를 비난하면서 아테네를 건설한 테제우스에게 그 책임이 있는 것으로 다음과 같이 적고 있다.

> …그리고 제식이나 선주의 부담(trierarchia)으로부터 언제나 벗어날까라고 한탄하고, 데마고고스를 미워하면서 테제우스가 도시에 처음으로 악덕을 발생케 한 원인이라고 한다.[Charakteres, XXVI, 6]

민중은 바로 세금을 기피하는 이러한 과두파들을 경계하였으므로 기원전 4세기의 사료에서는 참주정에 대한 공포보다는, 히페레이데스가 전하는 에이산겔리아법에서와 같이, 민중해체·배반·세금미납 등에 대한 염려가 더 자주 나타난다고 할 수 있다.

이와 같이 기원전 4세기 아테네에는 크게 두 가지 상반된 경향이 존재했던 것을 알 수 있다. 민주파의 적극적·호전적 경향과 보수파의 소극적·평화적 경향이 그것이다. 그런데 이러한 상반된 경향은 개인에 따라서뿐 아니라, 한 개인이나 같은 제도 안에서도 상황에 따라 달리 나타날 수 있다. 즉, 한 인물이나 동일한 정치기구가 경우에 따라 평화적이기도 하고 호전적이기도 하다는 것이다. 이소크라테스에게서 그 예를 찾아볼 수 있다. 아테네가 비교적 번영하던 시기에 그의 연설문 「판네기리코스(Panegyrikos)」에서는 호전적인 분위기가 지배적이다. 반면에 기원전 368~365에 걸쳐 일어난 동맹국전쟁 말기의 어려운 상황에서 쓰여졌던 「아레오파기티코스(Areopagitikos)」와 「평화에 관하여(Peri Eirenes)」에서는[125]

---

125) Areopagitikos의 연대에 대해서는 여러가지 의견이 있다. Ed. Meyer [Geschichte des Altertums, v.5(Stuttgart, 1902), pp.493~494]와 Fr. Miltner ["Die Datierung des Areopagitikos des Isokrates"(MVPhW, I, 1924), pp.42~46]는 동맹국전쟁이 끝나기 조금 전에, 반대로 W. Jaeger ["The date of Isokrates' Areopagiticus and the Athenian opposition"(in Athenian Studies

평화적이며 보수적인 분위기가 증가하고, 그러면서도 저자 자신이 민주정을 싫어하는 과두파로 비치지나 않을까 하는 염려가 나타나 있다.[VII, 57] 또한 데모스테네스는 마케도니아에 대한 저항을 계속하기를 원했지만, 전쟁비용을 충당하기 위한 과중한 수세에는 반대하였다. 그래서 과중한 수세를 제안한 렙티네스(Leptines)를 비난하는 자리에서 참주 히파르코스를 살해한 두 사람을 거론하고 민주정을 수호해야 한다는 점을 다음과 같이 표현하고 있다.

> 포르미온(Phormion)이 언급한 바 있는 데모판토스법, 즉 만일 누가 민주정을 수호하다가 어떤 일이라도 당한다면, 하르모디오스와 아리스토게이톤에 주어진 것과 같은 보상을 받는다고 기록하고 맹서하고 있는, 그 [법조문이 쓰어진] 기둥을 기억하신다면, [렙티네스가 제안한] 이 법을 기각하도록 하십시오.[Dem., XX, 159]

또한 보수적 정치기구인 아레오파고스 내에도 상반된 경향이 공존하였다. 위에서 이미 소개했듯이 아레오파고스는 조국에 대한 배반자를 처벌했으며, 또한 델로스 성사(聖事)의 사신(syndikos)으로 파견된 아이스키네스가 친 마케도니아 혐의를 받게 되자 그 대신 히페레이데스를 파견하였다.[126] 뿐 아니라 아레오파고스는 데모스테네스의 호전적 정책을 지지하기도 했다. 데모스테네스 자신도 하르팔로스로부터의 수뢰혐의를 받게 되었을 때 아레오파고스 의회가 이 사건의 진상을 조사하도록 제의하였다.[127] 그러나 아레오파고스 의회가 데모스테네스를 유죄로 판단하자, 데모스테네스는 민중의 이익을 도모할 수 없는 과두적 정치기구로 아레오

---

*presented to W.S. Ferguson, N.Y., 1973), pp.424~4, 439]는 동맹국전쟁이 일어나기 전에 쓰여졌다고 한다. Peri Eirenes(About Peace)는 동맹국전쟁이 끝날 무렵 쓰여졌다는 데 역사가들은 동의하고 있다.[W. Jaeger, ibid., p.424 참조]
126) 이 책 216쪽 참조
127) Deinarchos, I, 3.[T.66]

파고스를 비난하게 된다.[128] 이 때 히페레이데스는 데모스테네스에 응수하면서, 오히려 아레오파고스를 민주적 기구인 것으로 옹호하고 있다.[129] 아레오파고스에 대한 이들 두 정치가의 상반된 평가는 당시 아레오파고스 의회에 대해 다양한 견해가 존재하였음을 보여주고 있다.

그런데 실리와 월리스는 이 당시 아레오파고스 의회가 반 마케도니아적이고 친 데모스테네스적 경향을 가지고 있었다고 생각하였다.[130] 즉 에우크라테스법은 아레오파고스의 친 마케도니아적 대외정책에 대한 우려 때문이 아니라는 것이다. 오히려 이 때 아레오파고스는 국가에 대한 배반자나 범법자 등을 처벌하는 권한을 가지고 있었는데, 에우크라테스법은 보수적 아레오파고스의 권한이 이렇듯 강화되는 데 대한 두려움 때문에 그 권한을 없애려는 목적으로 제정되었다는 것이다. 그러나 이러한 두 학자의 견해는 아레오파고스를 지나치게 국가정책에 협조적인 기구로 파악하는 것이다. 위에서 논술한 바에 따르면, 에우크라테스법은 조국이나 민중을 배반한 사람에 대한 처벌권을 아레오파고스로부터 빼앗으려는 것이 아니라, 반대로 민주정부가 위기에 처하는 경우 부유한 아레오파고스 의원들의 민중에 대한 배반행위와 비협조를 방지하려 한 것이라 할 것이다.

카이로네이아 패전 후 아테네인들은, 시실리원정 실패 후 400인 과두정부가 수립되었던 것처럼, 과두파들 때문에 민중의 지배권이 이완되고 도시의 정권이 약화되지나 않을까 근심하였다. 뿐만 아니라 어떤 형태의 배신이나 불법행위에 의한 국가와 민중의 불이익을 방지하려 했으며 민주정부는 아직 건재하였다. 여기서 데모판토스법 서두와 에우크라테스

---

128) Deinarchos, I, 63.[T.72]
129) Hypereides, V, col. 5.[T.191]
130) R. Sealey, "On penalizing Areopagites"(*AJPh*, LXXIX, 1958), pp.71~73 : R.W. Wallace. *The Areopagos Council, to 307 B.C.*, pp.183~4.

법 후반부에 '민중해체'에 대한 우려가 다시 강조되고 있으며, 에우크라테스법에서 "민중이나 민주정이 해체되는 경우" 아레오파고스 의원들로 하여금 아레오파고스에 올라가거나 어떤 안건에 대해서도 토론하지 못하도록 금지한 이유를 알 수 있다. 그것은 민주정부가 위기에 처했을 때 다수가 부유한 사람들로 구성되었을 아레오파고스 의원들이, 개인의 이익을 우선하여 국가정책에 적극적으로 협조하지 않는 경우를 염려했기 때문이 아닌가 한다.

제 3 부

7 아레오파고스의 살인재판

1) 살인사건의 종류

(1) 살인사건의 분류

지금까지의 통설에 따르면 아레오파고스는 계획적 살인사건을, 팔라디온은 비계획적 살인사건을, 델피니온은 정당방위에 의한 살인사건을 재판하는 것 등으로 알려져 있다. 이 때 바실레오스가 살인사건이 어떤 종류에 속하는 것인가를 결정하여 재판소를 지정하는 것으로 생각하였다.[1] 그러나, 이러한 식의 살인사건 분류는 가능한 살인사건의 경우를 다 포함하고 있지 않다.[2] 최근 가가린(M. Gagarin)은 현존하는 미국법률에서

---

1) U.v. Wilamowitz-Möllendorff, "Die erste Rede des Antiphon"(Hermes, XXII, 1887), pp.196~7, n.1.
2) 참고, G. Busolt · H. Swoboda, Griechische Staatskunde, p.811ff, n.1(p.813). "mangelnde strafrechtliche Unterscheidung"라고 함. 또한 이들은 드라콘법에서는 '계획적 살인(ekousios phonos)'이나 '비계획적 살인(akousios phonos)' 등의 용어조차 사용되지 않고 오직 '살인(phonos)'만이 언급된다는 것을 강조하였다.

살인사건 종류가 더 세분되어 있는 점에 유의하고 고대 아테네의 살인사건을 미국에서 분류하는 살인사건의 종류에 대응하도록 더 구체적으로 설명하였다.[3] 미국법률에서의 살인사건의 종류는 다음과 같다.

a. 계획적 살인
b. 의식적으로 죽이거나 상해하려는 의도를 가지고 있었으나 미리 계획된 것은 아닌 살인
c. 자발적 살해 ; 계획된 것은 아니나 극도의 자극에 의해 야기된 의식적인 것
d. 비자발적 살해 ; 소홀이나 불법적 행위에 의한 비 고의적 살해
e. 정당방위의 살해
f. 사고에 의한 살해

가가린은 위의 분류를 고대 아테네의 경우와 비교하면서 a와 b는 고의적 살인(intentional homicide)으로 아레오파고스에서 재판되었고, d와 f는 비 고의적 살인(unintentional homicide)으로 팔라디온에서, 그리고 c와 e는 합법적 살인(lawful homicide)으로 델피니온에서 재판받았다고 주장하였다.

살인사건의 종류에 대한 이러한 가가린의 설명은 과거의 통설에서 행해지던 고의적·비고의적·정당구실 등의 단순한 구분보다는 훨씬 더 세련된 것이다. 그러나 이러한 그의 분류도 완전한 것은 아니다. 원고와 피고가 일정한 살인사건의 성격규정[계획적이었든가, 비 계획적이었든가 등]에서 일치하지 않고, 또 원고나 피고측의 주장을 증명할 만한 뚜렷한 증거가 없는 경우에는, 어느 재판소에서 재판되어야 하는가 하는 것이 분명하지 않기 때문이다. 살인사건이 계획적인 것이었나, 혹은 정당방위에 의한 것이었나 하는 것은 재판소에서 판결이 날 때까지는 쉽게 규정될 수 없는 것이다. 물론 피고가 사실을 인정하는 경우나 혹은 사실에 대한 유력한 증거가 있어서 바실레우스의 결정으로 충분하고, 더 이상 문제가

---

3) M. Gagarin, *Drakon and Early Athenian Homicide Law*, p.3ff.

없는 경우에는 예외가 될 것이다. 그런데 살인사건 재판에서 실제로 사건이 계획적인가, 혹은 정당방위인가에 대한 원고와 피고의 견해충돌이 흔히 나타난다.[4] 이 경우 최종적 판결에 의해 사건의 종류가 규정되게 된다.

아리스토텔레스는 원고와 피고의 의견불일치에 대해 다음과 같이 서술하고 있다.

> 피고는 사실이 그러한가 아닌가, 또는 사건이 일어났는가 아닌가를 진술하는 것 이상의 것은 허용되지 않는다는 것이 명백하다. 사건이 중대한가 아닌가, 혹은 정당한가 아니한가 하는 것은 입법가가 관여할 문제가 아니라 재판관이 결정해야 하며, 입법가는 피고에 대해 직접 관여하지 않는다. [Rhetorike, 1354a 26~31]

그리고, 데모스테네스는 재판의 필요성에 대해 다음과 같이 적고 있다.

> 아직 죄인(healokos)[5]인 것으로 증명되지도 않았고, 또한 사건을 저질렀는가 아닌가 또는, 비계획적이었든가 계획적이었든가 하는 것도 가려지지 않았는데… [XXIII, 79]

위의 내용에서 살인이 계획적이었든가 아닌가 하는 것 등이 재판소에서 결정된다는 것을 알 수 있다.

따라서 원고와 피고가 살인사건의 성격규정에 대해 의견이 일치하지 않을 때는 자연히 계획적·비계획적·정당구실 등의 구분방법으로는 재판소를 지정할 수가 없게 된다. 그런데 이미 20세기 초반 레들(A. Ledl)은 혐의사실에 대한 피고측의 항의를 감안하여 고대 아테네 살인사건 종류와 그에 따른 재판소를 다음과 같이 분류하였다.[6]

---

4) Lysias, I, 37, 40, 45, III, 41, IV, 5~6 : Aristot. Ethika, 1188b 31ff.[T.44]. [A. Ledl, "Zum Drakontischen Blutgesetz"(WS, XXXIII, 1911), pp.4, 7~8 참조]
5) 'healokos'는 유죄판결을 받거나 재판받기 전에 이미 죄가 있음을 인정하는 사람임. [Dem., XXIII, 28~29, 69[T.83] 참조]
6) A. Ledl, Studien zur älteren athenischen Verfassungsgeschichte, pp.332~334 : "Zum drakon-

범죄[혐의]	피고의 변명	법정
계획적 살해자	살해하지 않았다	아레오파고스
계획적 상해자	상해했으나 계획적인 것은 아니었다	아레오파고스
계획적 살해의 원인이 되는 자	살해의 원인이 아니다	아레오파고스
계획적 살해자	살해했으나 계획한 것은 아니었다	팔라디온
계획적 살해자	다른 사람의 지시에 의해 살해했다	팔라디온
비계획적 살해자	살해하지 않았다	팔라디온
비계획적 살해의 원인이 되는 자	살해의 원인이 아니다	팔라디온

위의 분류에서는 사건이 어떤 재판소에 회부되는 데 원고나 피고측의 주장이 중요한 영향을 미친다. 특히 고대 아테네 살인사건 재판(dike phonou)은 강제적 국가권력에 의한 형사적 절차(poinike dioxe)가 아니었다. 살인사건 재판은 원고측의 고소가 있은 다음 피고측의 항의가 따라야 비로소 시작된다. 재판이 일어나기 전에 원고와 피고는 각각의 주장에 거짓이 없음을 맹서(diomosia)를 통해 보증한다.[7] 이 때 쌍방은 만일 자신의 주장이 거짓으로 드러나면 자신과 가문과 집안이 멸족할 것이라고 맹서하며 이러한 위험부담을 안고 재판에 임한다.

여기서 저자는 살인사건재판에 관한 법조문이 원고와 피고측의 주장이 엇갈리는 경우도 감안하고 있다는 점을 지적하려고 한다. 조문에는 "if [whether] anyone killed(ean tis kteine)"라는 표현이 있는데 학자들은 이것을 "어떤 사람이 살인을 했을 때에"라는 뜻으로 해석하고 있다. 그런데 저자는 이 귀절이 재판이 있기 이전에 이미 피고가 살해한 사실이 증명되었다는 것만을 의미하는 것이 아니라, 죽였는가 아닌가 하는 것이 불명한

---
tischen Blutgesetz", pp.2, 27.[참고, 델피니온과 프레아토에 관한 살인사건 재판에 관한 Ledl(레들)의 종류는 여기서 생략하였다]

7) Antiphon, V, 11ff. 87ff : Dem., XXIII, 67~69[T.83] : Polydeukes, VIII, 117.[T.182]

경우도 포함하고 있다고 생각한다. 즉 'ean'이라는 가정의 접속사를 'if' 뿐만이 아니라 'whether'의 의미를 가지는 것으로 보는 것이다. 이런 경우 그 뜻은 '살인을 했다면'이 아니라 '살인을 하였는지 안했는지'를 판가름하는 것이 재판의 주제가 된다. 이와 같은 식으로 또다른 조문인 'if [whether] [he] killed deliberately(ean ek pronoias apokteine)'란 표현도 피고가 '계획적으로' 살해한 사실이 재판받기 전에 이미 증명되는 경우뿐 아니라, '계획적으로' 살해했는지 아닌지가 불명한 경우도 포함되게 된다. 다시 말하면 법조문에 나타나는 위의 표현들은 '죽였다'라든가 '고의적으로 죽였다'라는 것이 원고의 주장에 의한 혐의사항(tes aitias onoma)으로 걸려 있고 아직 증명되거나 판결된 사실을 의미하는 것이 아니라는 점이다.[8]

(2) 아레오파고스에서 재판된 살인사건의 종류

아레오파고스에서 재판된 사건의 종류에 관한 중요한 사료로는 다음의 세 가지가 있다.

> 폴리데우케스, VIII, 117[T.182]; 아테네인의 재판소: 아레오파고스, 계획적 살인과 상해, 불에 탄 것(pyrkaia), 그리고, [약물을] 주어서 죽인 데 대해 약물사건을 재판하였다.

> 데모스테네스, XXIII, 25[T.82]; [아레오파고스] 의회는 계획적 살인과 상해, 불에 탄 것, 그리고 [약물을] 주어서 죽인 것에 관해(ean tis apokteine dous) 약물사건을 재판한다.

> 『아테네 국제』, LVII, 3[T.42]; [왕의 권한에 관한 설명에서] 살인사건의 재판소는 왕에 의해 결정되고 혐의자는 법이 규정하는 바에 따라 격리처분을 당한다. 계획적으로 죽이거나 상해한 사실과 관련하여(if [whether] [he] killed or hurted

---
8) Dem., XXIII, 219.

deliberately) 아레오파고스에서(in the Areopagos[en Areio Pago]) 살인과 상해재판이 있다. [약물을] 주어서 죽인 사건과 관련하여(ean apokteine dous) 약물재판, 그리고 '불에 탄 것(pyrkaia)'에 대한 재판이 있다. 이것은 오직 [아레오파고스]'의회(boule)'만이 재판한다.

위의 사료에서 아레오파고스가 재판한 안건의 종류는 다음과 같다.

1) 계획적 살해
2) 계획적 상해
3) [약물을] 주어서 죽인 것에 관한 약물재판
4) 불에 탄 것(pyrkaia)

이 4가지 종류의 재판사건은 모두 '살인에 관한 것들(phonika)'이라고 불리고 있다. 그리고 이러한 사건들의 재판에 관한 법은 '살인에 관한 법들(phonikoi nomoi)'이라고 불렸다.[9] 위의 사료들에서 '계획적'이란 표현이 1)과 2)의 경우에만 사용되고 있지만 3)과 4)의 경우도 또한 계획적 살인 혐의와 관련되었을 가능성이 있다. 아레오파고스에서는 계획적 살해와 관련이 있는 사건이 재판되었을 것이기 때문이다.

이 사건들은 에피알테스가 아레오파고스로부터 정치적 권력을 제거한 후에도, 계속 아레오파고스에서 재판되었던 것으로 생각된다. 에피알테스에 의해 살인사건 재판권 마저 박탈되었다가 30인 참주정시대에 부활되었다고 주장하는 학자들도 있으나 이에 대한 증거는 분명치 않다.[10] 또한 30인 참주정시대에만 살인사건 재판권이 박탈되거나 제대로 기능을 발휘하지 못하였다고 보는 견해도 있으나 이것도 마찬가지로 근거가 희박하다.[11]

---

9) Dem., XXIII, 22.[T.82]
10) A. Böckh, De Areopago per Ephialten imminuto(Index Lectionum, 1826) Philo. und Pad., Heft 4[P.W. Forchhammer, De Areopago, pp.5~6, 21, n.13에서 재인용] : M.H.E. Meier · G.F. Schömann, Der Attische Process(Halle, 1824), p.143, n.34.

2) 아레오파고스 재판에서의 계획적 살인혐의

(1) 계획적 살인

계획적 살인혐의로 아레오파고스에서 재판된 사건에 대해서는 하나의 구체적 예도 전하지 않는다.[11] 그러나, 위에서 소개한 법조문에서 분명히 알 수가 있듯이 계획적 살해혐의가 있는 사람은 아레오파고스에서 재판되었다. 그런데 데모스테네스가 아레오파고스 의회의 재판에 관하여 언급하고 있는 법조문에는 "누가 죽였는가 아닌가(if [whether] anyone killed)"로 되어 있다. 반면에 『아테네 국제』가 '아레오파고스에서(in the Areopagos)' 재판된 안건으로 언급하고 있는 것은 "계획적으로 죽였는가 (if[whether] [he] killed deliberately)" 하는 것이다. 저자는 데모스테네스가 언급한 "if[whether] anyone killed"에 대한 재판에서는 피고가 살해했다는 사실 자체를 부정하므로, [계획적] 살인죄가 있는가 없는가 하는 것을 밝히기 위해 재판이 행해지는 경우라고 생각한다.[12] 반면에, 『아테네 국제』가 인용하고 있는 "if[whether] [he] killed deliberately"는 피고가 죽였다는 사실을 인정하는 상태에서,[13] 다만 그 살해가 계획적인가 아닌가 하는 데 대해 원고와 피고의 견해가 상충하는 경우를 포함한다는 것이다. 따라서 아레오파고스에서 행해진 살인사건 재판은 다음과 같은 두 가지 종류로 구분될 수 있다.

---

11) G. Gilbert, *Beiträge zur Entwicklungsgeschichte des Griechischen Gerichtserfahrens*, p.501ff. : J. H. Lipsius, *Das Attische Recht und Rechtsverfahren*, pp.41~2 : E. Ruschenbusch, "Ephialtes" (*Historia*. XV, 1966), p.372 참조.
12) Dem., XXIII, 25~26[T.82] : Aischines, I, 91~92[T.10] 참조.
13) Lysias, VI, 14ff.[T.144][이 책 바로 아래 참조]

i) if[whether] anyone killed[데모스테네스, XXIII, 25~26, 215][T.82]
ii) if[whether] [he] killed deliberately[『아테네 국제』, LVII, 3][T.42]

이와 같은 구분에 관련한 것으로 다음과 같은 사료를 들 수 있다. 먼저 리시아스는 안도키데스(Andokides)를 비난하는 연설문에서 다음과 같이 적고 있다.

> 그 사람들은 비난받고 있는 사실을 부정하고, 이 사람은 했다는 것을 인정합니다. 성스럽고 정의로운 아레오파고스 재판소에서는(in the court of the Areopagos⟨en Areio Pago ⋯dikasterio⟩⟩ 부당했음을 고백하는 사람은 사형에 처해지고 불확실하면 조사를 받는데 많은 사람들이 부당하지 않다는 것이 증명되었습니다. 이렇게 부정하는 사람과 고백하는 사람들을 같이 취급해서는 안되겠습니다. ⋯만일 누가 사람의 몸이나 얼굴이나 팔이나 다리를 때리면 아레오파고스로부터의 법에 의해 죄를 범한 도시를 떠나야 하며, 만일 되돌아와서 고발된 사람은 죽음에 처해집니다.[14][VI, 14~15][T.144]

위의 사료에서는 두 가지 종류의 사건이 구별되고 있다. 피고가 혐의사실을 인정하는 경우와 부정하는 경우가 그것이다. 피고가 사건을 저질렀음을 인정하고, 또 부당했음을 고백하는 경우는 아레오파고스 재판에 의해 사형에 처해진다. 반대로 이러한 것들이 불확실한 경우에는 조사를 받고 아레오파고스에서 무죄석방이 될 가능성도 있는 것이다. 계속하여 연설문에서는 혐의사실을 인정하는 사람과 부정하는 사람은 달리 취급되어야 한다는 것이 강조되고 있다.

위에서 소개한 레들은, 계획적 살해혐의를 쓴 피고가 살해사실을 부인하는 경우는 아레오파고스에서 재판받는다고 하였다. 그러나 죽였다는 사실을 인정하고 다만 계획적이 아니라고 주장하는 경우는 팔라디온에서

---

14) 일부 역사가들은 이 연설문이 Lysias가 쓴 것이 아니라고 주장한다. [참고, A. Lesky, A History of Greek Literature⟨Engl. Trans.⟩(London, 1966), p.506 : IL. Gemet, Lysias, v.1⟨Bude ed.⟩ (Paris, 1924), pp.91~93]

재판받는 것으로 생각하였다.[15] 그러나 저자는 이 두 가지 사건이 다 아레오파고스에서 재판된 것이라고 생각한다. 다시 말하면 아레오파고스에서 재판된 살인사건에서는 피고가 무엇이라 하든 간에 원고가 피고에 대해 계획적 살해혐의를 두고 있는 경우이다. 이 때 피고의 입장은 두 가지가 있을 수 있으며 그것은 다음과 같다.

   i) 피고가 살해사실을 부정하는 경우.
   ii) 피고가 살해사실을 인정하나 그것이 계획적이었다는 것을 부정하는 경우.

어쨌든, 안건이 아레오파고스에 회부되기 위해서는 피고가 계획적으로 살해한 혐의가 있다는 것을 바실레오스가 인정해야 한다. 재미있는 것은 안도키데스의 여섯번째 연설문「합창단원에 대하여」에서, 바실레오스는 계획적 살인임을 주장하는 원고에 대해, 자신의 임기가 석 달이 채 못 남았으므로, 그것이 사실인지를 조사할 만한 충분한 기간이 없다는 이유로 사건을 기각하였다는 것이다. 그런데 훗날 원고측은 이 때 바실레오스가 피고측으로부터 매수되어 사건을 수리하지 않았다고 비난하게 된다. 원고측의 주장으로부터 알 수 있는 것은 바실레우스는 사건을 조사하도록 법적으로 허용된 석달이 채 남지 않았다 하더라도 혐의가 짙다고 판단하는 사건은 수리할 수도 있었다는 사실이다. 어쨌든 피고가 살해사실이나 그 계획성을 부인하여, 원고와 피고가 모두 재판을 요구할 때 사실의 진위에 대한 최종적 판결은 물론 아레오파고스가 하게 된다.

---

15) A. Ledl, *Studien zur älteren athenischen Verfassungsgeschichte*, p.332, "Zum Drakontischen Blutgesetz", pp.2, 27.[이 책 239~240쪽 참조] 그러나 Ledl("Zum drakontischen Blutgesetz", p.3)은 계획적 상해혐의가 있는 피고가 상해했으나 계획성이 없었다고 주장하는 경우에는 아레오파고스에서 재판받았다고 생각하였다.

(2) 계획적 상해혐의

계획적 상해재판에 대해서는 두 종류의 견해가 있다. 일부에서는 피고가 상해를 통해 살해하려 하였으나 그 목적을 달성하지 못한 경우라고 믿는다.[16] 그러나, 다른 견해에서는 상해사건만이 문제가 되며, 살해의 목적이 있었는가는 관련되지 않는다고 주장하였다.[17]

그런데 이 두 가지 견해는 공교롭게도 같이 리시아스의 두 연설문에 나오는 내용에 근거를 두고 있다. 그것은 그의 세번째와 네번째 연설문이다. 세번째 연설문인 「시몬(Simon)을 비난하며」에서는 원고인 시몬과 피고가 각각 플라타에아(Plataea) 출신의 한 소년 테오도토스(Theodotos)를 사랑하였다. 피고의 주장에 따르면 피고는 원고와 격투를 벌린 다음 더한 충돌을 피하기 위하여 테오도토스를 데리고 한동안 국외로 피신하였다. 그런데 귀국하던 날 시몬과 그 무리들이 소년을 낚아채려 하였으므로 그들 사이에 다시 격투가 벌어진 것이다. 네번째 연설문인 「계획적 상해사건에 관하여」는 원고와 피고가 한 여자노예를 두고 서로 소유권을 다투다가 벌어진 일이다.

피고가 살해를 목적으로 상해하였으나 그 목적을 달성하지 못한 것이라고 주장하는 첫번째 견해는 두 연설문의 다음과 같은 내용에 근거를 두고 있다.

III, 41~42 ; "어떤 사람이 죽이려는 목적없이 상해했다면 나는 상해가 계획적이었다고 보지 않습니다. 어느 바보가 그의 적을 상해하려고 오래 전부터 계획할

---

16) J.H. Lipsius, *Das Attische Recht und Rechtsverfahren*, pp.605ff.
17) Von Heraldus, *Animadversiones in ius Atticum et Romanum*, p.343〔Lipsius, *Das Attische Recht und Rechtsverfahren*, p.605에서 재인용〕: H. Gleue, *De Homicidarum in Areopago Atheniensi Iudicio*, p.23ff.

까요! 이와는 달리 상해에 관해 입법한 사람들은 우연히 서로 싸워서 머리를 때린 사람들이 조국을 떠나야 한다고 생각한 것이 아니라는 것이 명백합니다. 만일 그랬다면 많은 사람들이 추방되었을 것이기 때문입니다. 반대로 입법자들은 죽이려는 목적을 가지고 상해하였으나, 죽이지 못했던 사람들에 대해 크게 처벌하도록 규정하였고 재판이 행해져야 한다고 생각하였습니다."

IV. 5~6; "이 사람[원고]이 말하기를 내가 그를 살해하려고 강제로 그 집에 침입했다고 합니다. 그러면 그 때 내가 그를 제압하고, 또 그 여자[노예여자]를 낚아챌 만큼 우세했는 데도 왜 그를 죽이지 않았을까요? 그로 하여금 당신네[재판관들]에게 설명하도록 해보세요. 그러나, 할 말이 없지요. 그리고 당신네는 누구도 칼에 의한 상처가 주먹에 의한 것보다 더 치명적이라는 것을 모르지 않지요. 원고는 우리가 무엇[흉기]을 가지고 침입했다고 말하지 않고 질그릇 조각으로 상처를 입었다고 말하고 있습니다. 그 말에서 이미 사건이 계획적이 아니었음이 명백합니다. 왜냐하면 [내가 그를 죽이려 했다면] 그 집에서 그를 죽이는 데 사용할 질그릇 조각이나 그밖에 어떤 것을 구할 수 있는지 없는지가 확실치 않기 때문에, 그냥 들어가지 않고 무엇인가를 가지고 들어갔을 것이기 때문입니다."

위의 피고의 변명에서 원고는 피고가 원고를 죽이려는 목적을 가지고 상해했다고 주장하고 있음이 드러난다. 그러므로 일부에서는 계획적 상해 혐의는 피고가 상대를 죽이려는 의도를 가지고 있었던 경우라고 믿는 것이다.

이와는 달리 상해사실만이 문제가 되며, 살해목적의 여부에는 관계하지 않는다는 것이 두번째 견해이다. 이를 지지하는 글로이에(H. Gleue)는, 피고는 살해의도의 여부가 아니라 오직 상해사건 그 자체에 대해서 무죄라고 변명하고 있음을 지적하였다.[18] 이것은 리시아스의 위의 같은 두 연설문 내의 또다른 내용에서 나타난다. 피고는 상대를 때린 죄는 있지만 죽이려는 의도는 없었다는 식으로 변병하는 것이 아니다. 오히려 상

---

18) H. Gleue, *De Homicidarum in Areopago Atheniensi Iudicio*, pp.21~31.

해혐의 자체에 죄가 없음을 주장하고 있고, 더구나 연설문 III에서 피고는 자신이 아니라 원고에게 죄가 있음을 역설하고 있다. 글로이에가 이론의 근거로 제시하고 있는 귀절은 다음과 같다:

III, 20 ; "시몬[즉, 원고]이 모든 벌어진 사태에 대한 원인입니다."

III, 35~37 ; "소년은 그[원고]의 옷을 떨치고 달아났습니다. 이들[시몬과 그 무리들]이 그를 뒤쫓아갔을 때 나는 다른 길로 달아났습니다. 여기서 어느 편이 벌어진 사건에 대해 죄가 있다고 보십니까? 달아난 편입니까? 아니면 잡으려고 한 사람들입니까? 내가 생각하기로는 분명히 도망간 쪽은 그 자신을 위해 겁을 낸 사람들이고, 추적한 쪽은 나쁜 짓 하기를 원한 사람들입니다. 사건이 다르게 증명될 것으로는 보이지 않습니다. 그들은 소년을 길에서 강제로 잡으려 하였고, 그들을 만났을 때 나는 그들에게 손도 대지 않고 소년을 손에 넣었습니다. 그 때 그들은 소년을 강제로 낚아챘고 나를 구타했습니다."

III, 40 ; "그러므로, 의회 여러분, 나는 내가 벌어진 사건에 아무 책임이 없다는 것을 충분히 증명했다고 봅니다. …"

글로이에가 주장하고 있듯이 여기에서 피고는 상해혐의 자체에 죄가 없음을 주장하고 있는 것이지 죽이려는 의사여부에 관해서 변명하고 있는 것이 아니다. 이러한 사실에서 글로이에는 상해혐의는 피고가 계획적으로 상해했는가에만 관계되며, 계획적 살해의도가 있었든가에 관련된 것이 아니라고 결론지었다.

여기서 같은 연설문에 바탕을 두고 있는 이 두 가지 상반된 견해를 올바르게 이해하기 위해서, 저자는 계획적 상해혐의로 두 종류의 사건이 아레오파고스에서 재판되었다는 것을 지적하고자 한다. 앞의 아레오파고스의 계획적 살인재판을 다루는 곳에서 두 가지 다른 경우, 즉 "누가 죽였는가?"와 "계획적으로 죽였는가?"가 있음을 밝혔다. 이와 같이 상해혐의에 있어서도 "누가 상해의 죄가 있는가(if [whether] anyone hurted)"와 '계획적으로 상해했는가(if [whether]/he/ hurted deliberately)"의 다른 경우가 있다고 생각할 수 있는 것이다. 저자는 "누가 상해죄가 있는가"의 사건은 데모스테네스[XXIII, 25~26][T.82]에 나타나 있는데, 이것은 누가 일어난 사건에 죄가 있는지 아닌지 명백하지 않는 경우라고 생각한다.[19] 그러나 『아테네 국제』[T.42]에 언급되고 있는 "계획적으로 상해했는가"의 조문에서는 피고는 상해했다는 사실을 인정하면서도[Dem., LVIII, 28~29 참고] 계획적 살해를 목적으로 하였다는 것을 부정하는 경우를 포함하는 것이다.

글로이에는 위의 예문에서 피고가 상해혐의에 죄가 없다고 변명하고 있으므로, 상해혐의는 단순한 상해사건에 관한 것이라고 주장하였다. 그러나 글로이에의 견해와는 달리 저자는 이러한 피고의 변명으로부터 상해혐의가 단순한 상해에만 관련된다고 결론지을 수는 없다고 믿는다. 여기서 아레오파고스에서 재판된 4가지 종류의 재판이 모두 '살인에 관한 것'으로 규정되고 있다는 점을 상기할 필요가 있다. 피고가 상해사건에 무죄함을 주장할 때 그의 주장은 상해뿐 아니라 살해를 목적으로 한 상해혐의에 무죄하다는 것을 함께 내포하고 있다. 이러한 사실은 리시아스의 두 연설문에 나오는 피고들의 변명에서 드러난다. 이들은 먼저 자신들이 상해사건에 유죄가 아니라 오히려 원고가 죄가 있다고 하면서 그 이유를 다음과 같이 들고 있다.

1. 원고와 피고가 상호간에 격투하였음[III, 42]
2. 두 편 가운데 누가 먼저 치기 시작했는지 알 수 없음[IV, 11]
3. 두 편 모두 맑은 정신상태가 아니었고, 술에 취하거나, 놀이(game) 중이거나, 상호 비난중이거나, 사랑하는 사람을 차지하려고 싸우는 등의 특별한 고려가 요구되는 일련의 상황에 있었음[III, 43]
4. 폭행사건이 자기방어를 위해 일어났음[IV, 8]

계속하여 피고는 이러한 상황에서 계획적 살해의 목적은 개재될 수 없으

---

19) 참고, Dem., XL, 32[T.87] : Aischines, II, 93[T.11] : III, 51[T.13][Dem., LIV, 28[T.90] 참조]

며,[20] 더 나아가 상해사건 자체에도 죄가 없음을 주장하고 있다. 즉 피고가 상해죄를 부정할 때 상해 자체뿐 아니라 살해의 의도도 없었다는 것을 함께 내포하고 있는 것이다.

위의 경우는 피고가 상해사실과 그 죄를 인정하면서 단지 살해의도가 없었다고 변병하는 경우와는 다르다. 어쨌든 살인의도는 물론이고 상해죄 자체를 부정하는 경우와 상해죄는 인정하나 살해의 의도가 없었다고 주장하는 것은 모두 살해를 목적으로 한 계획적 상해혐의와 관련된다. 그 이유는 두 경우 다 원고측이 피고에 대해 "살해를 목적으로 상해했다"고 비난하기 때문이다. 다시 말하면 아레오파고스에서 재판된 상해사건에서는 언제나 원고가 피고에 대해 계획적 살해의도로 상해했다고 비난하지만 피고의 입장에 따라 두 가지 다른 경우가 생긴다. 피고가 상해죄가 있다는 사실을 인정하는 경우와 그렇지 않은 경우가 그것이다.

i) 살해의도는 물론이고 상해혐의에도 아무런 죄가 없다.
ii) 상해사실과 그 죄를 인정하나, 계획적 살해의도는 없었다.

만일 원고가 계획적 살해의도와 무관하게 살인을 초래할 뻔한 피고의 상해사실을 비난하는 경우, 사건은 아레오파고스가 아니라 팔라디온[21]이나 또다른 재판소에 회부되게 된다.

(3) [약물을] 주어서 누가 죽였는가에 관한 약물재판

학자들은 아레오파고스에서 재판된 약물사건은 누가 몰래 상대를 독

---
20) 이 책 246~247쪽 참조.
21) J.H. Lipsius, *Das Attische Recht und Rechtsverfahren*, p.606 ; D. MacDowell, *Athenian Homicide Law*, pp.45~46.

살하는 경우라고 생각하였다. 그런데 이 약물사건은 안티폰(Antiphon)의 첫번째와 여섯번째 연설문에 보이는 독살사건과 어떤 관계에 있는가 하는 것이 논의되어 왔다. 첫번째 연설문 「독살한 계모에 대한 비난」에서는 계모가 그녀의 남편이자 의붓자식의 아버지인 사람을 독살했다는 혐의로 그 의붓자식에 의해 고발되었다. 고발된 내용에 따르면 남편은 해외로 여행을 떠나기 전 친구집에서 식사를 하였다. 그 때 전부터 남편의 사랑을 돌이키려 애쓰던 그녀는 시녀를 시켜 사랑의 마약을 식탁에 올려놓게 하였다. 그런데 사실 그것은 독약이었으므로 그의 남편과 그 친구가 죽게 되었다는 것이다. 여섯번째 연설문 「합창단원에 대하여」에서는 합창단원 한 명이 목소리를 좋게 하기 위해 지휘자의 시종이 가져다 주는 약물을 마시고 죽었다. 그래서 지휘자가 그 소년의 죽음에 죄가 있는지의 문제로 고발되었다.

　　포르크햄머(Forchhammer)와 필리피(Philippi)는 이 두 재판이 아레오파고스가 아니라 팔라디온에서 행해진 것이라고 생각하였다.[22] 왜냐하면 이 두 연설문에서 재판관들이 '의회 여러분!(o boule)'이 아니라 그냥 '신사 여러분(o andres)'으로 호칭되기 때문이다. 두 학자는 아레오파고스 약물사건 재판의 법조문, "[약물을] 주어서 누가 죽였는가(ean tis apokteine dous)"에서 '주어서(dous)'라는 표현의 의미를 강조하면서, 아레오파고스에서는 약물을 자기 손으로 직접 가져다 주어서 살해한 경우를 재판한다고 믿었다. 그런데 안티폰의 첫번째와 여섯번째 연설문에서는 피고가 직접 손으로 약을 가져다 주지 않고 다른 사람을 시켰으므로 아레오파고스가 아니라 팔라디온에서 재판받았다는 것이다.

　　반대로 파소우(W. Passow)는 손으로 직접 독약을 가져다 준 경우뿐만

---

22) P. Forchhammer, *De Areopago*(Kiliae, 1828), p.30, n.14 : A. Philippi, *Der Areopag und die Epheten*, p.41, n.56.

아니라 약물을 주도록 명령하거나 몰래 약을 타놓은 사람까지를 모두 포함한다고 생각하였다.[23] 파소우는 '살인(phonos)'과 '모의(bouleusis)' 사이의 개념을 구분하면서 살인은 폭력적이고 유혈적인 것이나 모의는 은밀하고 교묘한 꾀에 의한 살해라고 전제했다.[24] 그리고 후자의 모의는 아레오파고스에서 재판되는데 위의 두 연설문에 나타나는 사건들은 모의에 의한 것이므로 팔라디온이 아니라 아레오파고스에서 재판되었다는 것이다.[25] 안티폰의 두 연설문에서 재판관들이 아레오파고스 의회에 대해 흔히 사용되는 '의회 여러분(o boule)'으로 불리지 않고 그냥 '여러분(andres)'으로 불리는 사실에 대해, 파소우(Passow)는 아레오파고스에서의 재판관도 '여러분(andres)'으로 불릴 수도 있다고 주장하였다.

그런데 글로이에는 만일 피고가 상대를 독살했다면 사건은 '약물사건'이 아니라 살인혐의로 재판받는다는 점을 지적하였다.[26] 즉 상대를 독약으로 죽이려고 하였다면 살인사건에 관련되므로 구태어 약물사건을 따로 설정할 필요가 없다는 것이다. 따라서 약물사건은 독약에 의한 살인이 아니라 사랑의 마약에 관계된다고 주장하였다. 사랑의 마약으로 상대의

---

23) W. Passow, De Crimine Bouleuseos, pp.39~40 [참고, J.H. Lipsius, Das attische Recht und Rechtsverfahren, p.124] Lipsius는 Ath. Pol., LVII, 3[T.42]에 나오는 살인에 관한 조항은 직접 죽인 사람뿐 아니라 죽이려는 의도를 가진 사람들도 포함된다고 전제하면서, 약물사건도 직접 손으로 가져다 준 사람뿐 아니라 뒤에서 사주한 사람도 포함하는 것이라고 하였다. 그리고 그의 이러한 주장을 뒷받침하는 것으로 Dem., XXIII, 37 [IG, I⟨3rd ed.⟩, 104, line 26 참조]의 "합법적으로 은거하고 있는 살해자를 죽이거나 살인(phonos)의 원인이 된다면"에서 직접 죽인 사람과 그 원인이 되는 사람을 구분하고 있는 점을 지적하였다.
24) W. Passow, De Crimine Bouleuseos, p.40. Lipsius(Das Attische Recht und Rechtsverfahren, p. 607)도 또한 'phonos'는 살인자가 직접(autocheria) 저지른 폭력적이고 유혈적인 살해라고 규정하였다.
25) W. Passow, De Crimine Bouleuseos, p.34.
26) H. Gleue, De Homicidarum in Areopago Atheniensi Iudicio, pp.33~37. 살인(phonos)이 약물에 의한 살해를 포함한다는 견해에 대해서는 J.H. Thiel, "De Antiphontis oratione prima"(Mnemosyne, II, Ivi, 1928), pp.390~394 : D. MacDowell, Athenian Homicide Law, p.45 참조.

사랑을 되찾으려는 경우라는 것이다. 글로이에는 사랑의 마약이 흔히 죽음을 초래하기 때문에 그 사용을 금지하기 위해 약물재판 절차가 마련되었다고 믿었다.

글로이에의 견해처럼 독약에 의해 살해도 살인사건에 속하므로 구태여 약물사건이라고 구별할 필요가 없을 것이다. 그러나, 약물사건이 사랑의 마약에만 관계된다는 글로이에의 주장은 옳은 것이 아니다. 피고가 사랑의 마약을 주었을 뿐 죽이려 한 것이 아니었다고 변명한다 하더라도 그 변명은 사실이 아니거나 사실로 인정받지 못하는 경우가 있기 때문이다. 원고가 피고의 이러한 주장을 부정하고 살해하려 하였다고 피고를 비난할 수도 있는 것이다. 이러한 경우 재판은 피고가 살해하려 했는가, 아니면 정말 사랑을 되찾으려 했는가를 판가름하게 된다. 그러므로, 사랑의 마약에 관한 재판은 독살과는 관계없는 것이라고 규정할 수 없게 된다.

그러나, 글로이에의 사랑의 마약에 관한 견해에서 매우 중요한 한가지 사실이 있다. 피고는 언제나 살해된 사람에게 사랑의 마약을 주었다고 인정한다는 점이다. 여기에서 『아테네 국제』(LVII, 3)[T.42]과 데모스테네스 [XXIII, 22][T.82]의 약물사건 법조문에 나타나는 '주어서(dous)'라는 단어의 의미를 새겨볼 수 있다. '주어서'라는 표현은 피고가 어떤 기정의 약물을 상대에게 주었다는 것을 인정한다는 것을 의미한다. 왜냐하면 단어 '주어서'는 '주었는지 아닌지'라는 식의 가정적인 접속사에 관련되고 있지 않기 때문이다. "만일 누가 [약물을] 주어서 죽였는지(ean tis apokteine dous)"에서 'ean(if/whether)'은 오직 '죽였는지 아닌지(apokteine)'에만 관계되는 것이지, '주었다(dous)'는 사실에 관계되는 것이 아니다. 즉, 피고는 약물을 주었다는 사실을 인정하나 살해했다는 사실을 부정하는 것이다. 그러므로 재판은 약물을 '주었는지 아닌지(ean dido)'에 관한 것이 아니라 살해의 목적이 있었나 없었나, 살해혐의에 유죄인가 아닌가(ean apokteine)에 관한 것이 된다. 또한 '주어서(dous)'라는 표현은 피고가 자신의 손으로 직접 가져다 주었는가 아닌가 하는 점과는 전혀 관계가 없다. 직접 주거나 다른 사람을 시키거나 간에 피고가 약물이 주어진 데 대한 책임을 인정하고 주었다고 고백하는 경우를 의미한다.

따라서, 저자는 아레오파고스에서 재판된 약물사건은 글로이에가 말하듯이 사랑의 마약에도 해당되지만 그뿐 아니라, 약물에 의한 여러가지 치료행위의 경우를 광범하게 포함한다고 믿는다. 약물이라는 용어가 의료에 관련하여 사용되는 예는 흔히 찾아볼 수 있는데 다음과 같다.

> 플라톤(Platon), *Politikos*, 298C, E;"…우리는 허약자를 위해 약물과 의료기구들을 사용해야만 한다."

> 호메로스(Homeros), *Scholia, Iliada*, XXX, 515a;"상처를 수술하고 약물을 주려고 생각하였다. 수술과 약물은 옛사람들이 발명한 것이라고들 한다. …마카온 (Machaon ; 의사)이 상처를 수술하여 약을 발랐다."

> 필론 유다이오스(Philon Iudaios), Peri tes pros ta propaideumata sunodou, 53(ed. P. Wendland, v.3, p.82, line 17);"병자는 약물과 수술과 식이요법으로 치료되는 것이지 말로써 치료되는 것이 아니다."

> 섹스토스 엠페이리코스(Sextos Empeirikos), *Pros Mathematikos*, I, 95;"의료방법은 식이요법·수술·약물과 관련이 된다고들 한다. 그리고 식이요법은 약물이나 수술없이는 할 수 없으며, 약물은 또한 다른 [치료]방법들과 연관이 되는 것이었다."

> 갈레노스(Galenos), *Hippokratous Peri diaites oxeon nosematon biblion kai Galenou hypomnemata*, A5(v.15, p.425);"섭취하는 물질에 의한 치료를 식이요법이라 하고, 해부나 불에 태우는 것(kausis)와 다른 손으로 조작하는 방법 등을 수술이라고 하고, 세번째로 약물방법이 있는데 약물을 통해 치료하는 것이다.…"

약물에 의해 사람이 죽는 경우에 피고는 언제나 약물이 주어진 데 대한 책임이 있음을 인정한다. 그러나 살해혐의에 유죄라는 것은 부정한다. 상대를 죽이려 한 것이 아니라 치료하려 하였기 때문에 살해혐의에 유죄가 될 수는 없다는 것이다.

아리스토텔레스의 『도덕론(Ethika)』에서는 사랑의 마약을 주었다는 것을 인정하는 한 피고 여인이 아레오파고스에서 재판받은 예가 다음과 같이 기록되어 있다.

> 한 여인이 사랑의 마약을 어떤 사람에게 마시도록 주었는데 마신 사람이 이 약으로 인해 죽었다. 그래서 그 여인은 아레오파고스에서 재판받았는데 무죄석방이 되었다. 왜냐하면 계획적으로 죽이려 한 것이 아니라 사랑의 마약으로 그의 사랑을 돌이키려 한 것으로 판단되었기 때문이다.[1188b 32~35][T.44]

치료목적의 약물에 의해 사람이 죽는 경우에 대해 안티폰과 플라톤은 다음과 같이 적고 있다.

> 실제로 의사의 지시에 따르다가 죽었다 하더라도, 살해를 당한 것이 아닌 것으로, 의사는 사망한 자에 대한 살해자가 아니다. 그래서 법이 그를 석방한다. [Antiphon, IV c 5]

> 환자가 의사로 인해 뜻하지 않게 죽는다면 의사는 법에 따라 무죄이다.[Platon, Nomoi, 865B]

이렇게 하여 아레오파고스에서 재판된 약물사건은 안티폰의 두 연설문에 나타나는 재판과는 종류가 다르다는 것을 알 수 있다. 왜냐하면 이 두 연설문에서 피고들은 독약이나 일정한 약물을 주었다(dous)는 사실을 인정하지 아니한다. 아레오파고스의 약물사건 재판은 일정한 약물을 준 것을 피고가 인정하고 다만 살해의 의도가 있었는가가 불확실한 경우에만 해당된다.

(4) '불에 탄 것'에 관한 혐의

끝으로 '불에 탄 것(pyrkaia)'에 대해서도 두 가지 다른 견해가 있다.

하나는 '불에 탄 것'이 단순히 방화죄에 관계된다는 것이고,[27] 다른 하나는 방화에 의해 사람이 살해되는 경우라는 것이다.[28] 그런데 '불에 탄 것'을 포함하는 법조문이 전체적으로 살인에 관한 것(phonika)이므로 '불에 탄 것'도 또한 살해혐의와 관련이 있다고 하겠다.

일부에서는 '불에 탄 것'이 불에 의해 은밀하게 살해되는 경우라고 생각하였다. 파소우는 모든 '불에 탄' 사건이 아레오파고스에서 재판되었다고 보지 않고 교묘한 방법의 은밀하게 '불에 탄' 사건은 아레오파고스에서 재판되고, 폭력적이고 유혈적인 '불에 탄' 사건은 팔라디온에서 재판된다고 주장하였다.[29]

그러나, 앞의 약물사건에서와 같은 논리에 의해 만일 불로 사람을 죽였다면 이것은 살인사건에 관계되며 구태어 '불에 탄 것'이라는 절차가 따로 마련될 필요가 없었을 것이다. 여기서 약물사건에 나오는 단어 '주어서(dous)'의 경우와 마찬가지로 '불에 탄 것'이라는 표현도 가정적인 접속사 'ean(if/whether)'과 연결되고 있지 않다는 사실을 주의할 필요가 있다. 피고는 불에 탄 사건의 원인임을 인정하므로 '불에 탄 것'은 더 이상 은밀한 행위가 아니라는 것이다. 여기서도 약물사건에서와 같이 피고가 불로써 공공연하게 치료하려 하였고 살해를 목적으로 하지 않은 경우를 고려할 수 있다. '불에 태우는 것'도 약물같이 치료방법으로 쓰였음이 사료에 나타난다. 위에서 소개한 갈레노스의 사료가 그 예이다.[30] '불에 탄'

---

27) M.H.E. Meier · G.F. Schömann, *Der attische Process*, pp.314~5 : A. Philippi, *Der Areopag und die Epheten*, p.161. [참고, D. MaDowell, *Athenian Homicide Law*, p.44 : R.W. Wallace, The Areopagos, Cowncil, to 307 B.C., p.106]

28) G. Gilbert, *Handbuch der griechischen Staatsaltertümer*, v.1, p.362, n.1 : K.F. Hermann · Th. Thalheim, *Lehrbuch der griechischen Rechtsalterthümer*(Freiburg/Tübingen, 1884), pp.42, n. 24~25 : W. Passow, De Crimine bouleuseos, pp.24~5 : R.J. Bonner · G. Smith, *The Administration of Justice from Homer to Aristotle*, v.1, p.258 참조.

29) W. Passow, *De Crimine Bouleuseos*, pp.24~5.

사건은 피고가 불로써 공공연히 치료하려 하였으나 결과적으로 사람이 죽는 경우로 피고는 '불에 탄 것'이 치료를 위한 것이므로 사람이 죽었다 하더라도 자신은 살해혐의에 유죄가 아니라고 주장하는 것이다.

(5) 예외적 경우

위에서 아레오파고스가 재판한 것으로 보이는 사건의 종류는 기원전 4세기의 아테네 법제와 관련되는 것들이다. 그러나, 옛부터 아레오파고스에서는 위에서 언급한 종류 이외의 또다른 경우도 재판하였을 가능성이 있다. 폴리데우케스는 솔론 이전시대와 관련하여 '계획적 살해와 상해…' 등이 아레오파고스에서 재판되었다고 전한다. 그러나, 데모스테네스와 『아테네 국제』에 보이는 기원전 4세기의 기록에서는 "if[whether]anyone killed"와 "if[whether] [he] killed or hurted deliberately"의 경우가 더 구체적이고 한정적으로 묘사되고 있다. 이러한 약간의 차이점은 살인사건 재판에서의 시기에 따른 변화를 드러내는 것으로 볼 수 있다. 즉, 옛적에는 위에서 언급한 일정한 종류의 사건들 이외에 또다른 경우의 사건도 아레오파고스에서 재판되었을 것이라는 점이다. 데모스테네스[xx, 157]는 솔론 이전에 대해 "살인이 상호간에 계속 일어나는 것을 방지하기 위하여 이례적으로 아레오파고스 의회(the boule in the Areopagos)가 구성되었다"고 한다. 즉, 특별한 경우의 살인사건에 대해서 아레오파고스 의회가 재판하였음이 나타난다.

모친을 살해했던 오레스테스(Orestes)는 아레오파고스에서 재판받았

---

30) Galenos, *Hippokratous Peri diaites oxeon nosematon biblion kai Galenou hypomnemata*, A 5, v.15, p.425[이 책 254쪽 참조]

던 것으로 전해진다. 그러나, 기원전 4세기 아테네에서 이러한 종류의 살해사건은 아레오파고스에서 재판되지 않았을 가능성이 있다. 왜냐하면 피고가 살해했다고 인정하고, 또 살해가 유죄로 판단될 때는 아르콘들이나 다른 민중재판소에서 재판받고 처벌되기도 했기 때문이다. 그리고, 이러한 경우를 아레오파고스에서 재판하는 경우가 있다고 해도 피고는 무죄석방되지는 않았던 것으로 보인다. 왜냐하면 이 당시 모친살해는 법적으로 금지되어 있었기 때문이다.[31] 따라서, 오레스테스가 아레오파고스에서 재판을 받고 석방되었다는 전설은 옛날 아레오파고스의 권위와 판결의 자율성이 기원전 4세기보다 훨씬 더 큰 것으로 간주되었음을 입증하는 것으로 보인다. 반면에 기원전 4세기의 아레오파고스는 주로 기존의 법에 준하여 재판하였다.

피고가 살해했음을 시인하고, 또 살해가 유죄로 인정될 때는 관리들이나 다른 민중재판소에서 재판받았다는 사실이 다음의 사료에서 나타난다.

> 아이스키네스, I, 9 ; "도적질한 자나 간음한 사람, 살인한 사람, 혹은 큰 잘못을 범한 사람들이 이러한 것을 몰래 저지르는 경우 재판을 받을까요? 현행범으로 잡힌 사람이 죄를 고백하면 즉각 사형에 처해지고, 비밀히 행하고 저지른 바를 인정하지 않는 사람은 재판소에서 재판을 받는데 진실은 증거에 의해 결정됩니다."

> 「렉시카 세구에리아나」 Lexeis Rhetorikai, p.250, s.v. 11인은 무엇인가 ; "나쁜 짓에 관련된 도둑 · 유괴와 인신매매자 · 살인자 등을 체포한다. 그리고 고백하는 사람들은 사형에 처하고, 혐의가 불확실한 사람은 재판소에 회부한다."

아레오파고스의 권한은 후대에 더 줄어들었지만, 그래도 특별한 경우에는 계속하여 다른 여러 종류의 살해사건을 재판하였던 것으로 보인

---

31) Isok., XII, 122 참조.

다. 기원전 740년경 스파르타와 메세니아 사이에 전쟁이 벌어졌을 때 메세니아의 왕 안티오코스(Antiochos)는 스파르타인에게 그들 사이에 일어난 살해사건이 아르고스동맹체나 아테네의 아레오파고스에서 재판받도록 하자고 제의하였는데, 그 이유는 아레오파고스가 옛적부터 살인사건을 재판하였기 때문이라는 것이다.[32] 그 후 로마시대에 아시아의 로마인 총독 돌라벨라(Dollabella)는, 두번째로 결혼한 남편과 그들 사이에 난 자식을 살해한 한 여인을 재판하게 되었다.[33] 살해한 이유는 그 남편이 자신과 이 여인 사이에서 난 자식과 함께 모의하여, 이 여인이 첫번째 남편과의 사이에서 얻은 두 자식을 살해했기 때문이었다. 돌라벨라는 판결을 내리기 어려워 아레오파고스에 재판을 위임하였다. 아레오파고스는 유죄판결도 그렇다고 무죄석방도 할 수가 없어, 그녀에게 백년 뒤에 다시 재판소에 출두할 것을 명하고, 그 때 다시 재판하기로 결정하였다.

---

32) Pausanias, IV, v, 2.[T.158]
33) Aulus Gellius, *Noctes Atticae*, XII, 7[T.109] : Valerius Maximus, VIII, 1, amb 2.[T.194]

8
아레오파고스 의회와
아레오파고스 재판소

아레오파고스 재판관들이 어떻게 구성되었는가를 보여주는 사료는 많지 않다. 앞의 2장에서 살펴본 바와 같이, 폴리데우케스가 전하는 내용에 따르면, 솔론 이전에 아레오파고스 재판소의 재판관은 아레오파고스 의원들만으로 구성되었다고 볼 수 없으며, 아레오파고스 의원이 아닌 사람들도 재판관이 되었다. 또한 훨씬 후대, 기원후 2세기경의 루키아노스는 아레오파고스 재판소 재판관의 수가 중요도에 따라 달랐으며, 재판관들은 모든 아테네인들로부터 추첨으로 선출되었다고 전한다.[1] 따라서, 고전기 아테네에서도 사건의 중요도나 종류에 따라 재판관의 수나 출신성분이 달랐을 가능성이 있는 것이다.[2]

여기서 저자는 몇 가지 사료에 아레오파고스의 살인사건 재판소와 관련하여 재판소와 의회의 두 가지 다른 명칭이 존재한다는 점을 지적하

---

1) Loukianos, XXIX, 12~17.[T.134, 135]
2) 에페타이가 계획적 살해나 비계획적 살해사건에 관련되는 사건을 함께 재판했던 것으로 보이는 사료로서 Dem. XXIII, 37 [IG, I〈3rd ed.〉, 104, line 26~29 참조] : G Gilbert, "Beiträge zur Entwicklungsgeschichte des Griechischen Gerichtsverfahrens und des Griechischen Rechts", p.490 : E. Drerup, "Über die beiden attischen Rednern Eingelegten Urkunden", 273.

고자 한다. 아레오파고스 재판소(the court in the Areopagos[to en Areio Pago dikasterio])와 아레오파고스 의회(the boule in the Aropagos[e boule e en Areio Pago] 혹은 the boule from the Areopagos[e boule e ex Areio Pago])가 그것이다. 데모스테네스의 연설문 「아리스토크라레스를 비난하며」에서는 아레오파고스 의회(boule) [Dem., XXIII, 22]와 아레오파고스 재판소[Dem., XXIII, 65]가 따로 언급되고 있다. 아레오파고스 의회에서는 누가 살해자인지 아직 밝혀지지 않은 사건이 재판된다.[3] 그러나, 아레오파고스 재판소에서 재판받은 사건은 피고가 사람을 죽였다는 것이 명백한 경우이다. 예를 들면 군신(軍神)인 아레스(Ares)가 해신(海神) 포세이돈(Poseidon)의 아들을 죽인 사건에 대한 재판[4]과 모친을 살해한 오레스테스에 대한 재판이 그것이다. 이어서 판결이 나기 전에 이미 살해에 유죄라는 것이 명백한 경우도 언급되고 있는데 이러한 경우에도 개인에 의한 보복행위는 금지되고, 법에 의해 처리되어야 한다는 것이 강조되고 있다.

『아테네 국제』[T.42]에서도 또한 '[아레오파고스]의회'와 '아레오파고스에서(in the Areopagos)'의 두 가지 명칭이 별도로 언급되고 있다.[5] '아레오파고스에서(in the Areopagos)'는 피고가 '계획적'으로 사람을 죽였는가 아닌가, 혹은 '계획적'으로 상해했는가 아닌가(if [whether] [he] killed or hurted deliberately)에 관련되고 있다. 이 경우는, 앞에서 말한 대로[6] 피고가 죽였다는 사실을 인정하나 살해가 계획적이었다는 것을 부정하는 경우를 포함하고 있다. 그러나, 그 다음의 "누가 [약물을] 주어서 죽였는가

---

3) 이 책 231쪽부터 참조.
4) 포세이돈의 아들 할리로티오스(Halirrhothios)가 아레스의 딸인 알키피스(Alkippis)를 범하였다. 화가 난 아레스가 할리로티오스를 죽였기 때문에 아레오파고스에서 재판을 받게 되었다.[Souda, s.v. Areios Pagos ; T.185 참조].
5) 이 책 63쪽 참조.
6) 이 책 243쪽부터 참조.

와 불에 탄 것"은 '[아레오파고스] 의회'만이 재판한다고 되어 있다. 이 두 경우에는 피고가 살해에 죄가 있다는 사실 자체를 인정하지 아니한다.[7] 따라서 피고가 살해사실을 인정하고 그 살해의 계획성 여부가 문제시될 때는 아레오파고스 재판소에서 재판되고, 이와는 달리 피고가 살해한 사실 자체를 부정할 때는 아래오파고스 의원들에 의한 의회(boule)가 재판했던 것이 아닌가 하고 저자는 생각한다.

여기서 리시아스[VI, 13~15][T.144]가 언급한 바를 다시 한번 상기할 필요가 있다. 아레오파고스 재판소에서는 피고가 저지른 사실을(poiesai) 인정하고 또 부당함을 인정하는 경우에는 처벌되며, 사건이 정당한가 아닌가가 불확실할 때는 조사를 받는다는 것이다.[8] 계속하여, 사실을 인정하는 사람과 부정하는 사람은 달리 취급되어야 한다는 것을 강조하고 있다.

위에서 언급한 데모스테네스[XXIII, 22]와 『아테네 국제』[LVII, 3]의 두 사료는 모두 아레오파고스에서 재판된 사건의 종류를 전하고 있다. 그렇지만, 데모스테네스[XXIII, 22]에서는 아레오파고스 의회가 재판한 사건을 언급하고 있고, 『아테네 국제』서는 아레오파고스 의회가 재판한 사건의 종류뿐 아니라 아레오파고스 재판소(dikasterion)에서 재판된 다른 종류의 재판을 함께 열거하고 있다.

---

7) 이 책 250쪽부터 참조.
8) 델피니온 재판소에서도 피고가 행했다는 사실을 인정하나 그 정당성여부가 문제시 되는 경우를 재판하였는데 Lysias의 첫번째 연설문이 그 한 예이다. 여기서 피고는 간음한 사람이 잘못을 인정하였고 또 그를 죽인 것이 계획적 살해가 아니었기 때문에 정당한 살해였다고 주장한다. I, 29 ; "여러분, 그[간음하다가 살해된 사람]는 정당성 여부에 대해 조금도 의심없이 잘못했다는 것을 인정하였습니다. ouk emphesbetei, o andres, all' omologei adikein …". Ibid. I, 37 ; "여러분, 나는 [간음한 자를 죽인 사실에 대해] 정당하게 행했다고 생각합니다.(o andres, dikaian men an poiein egoumen)".[Ath. Pol., LVII, 3[T.42]의 델피니온 재판에 관한 기술을 참조]

다시 말하면 데모스테네스[XXIII, 22]에서 아레오파고스 의회가 재판한 "누가 살해했는가, 혹은 상해했는가"의 혐의에서 피고는 살해나 상해에 유죄라는 사실을 부인하고 어떠한 죄도 없다고 주장한다. 또한 약물과 '불에 탄' 사건에서도 피고는, 자신이 사용한 약물이나 불에 의해 사람이 죽었다 하더라도, 살해목적으로 그것을 사용한 것이 아니므로 살해혐의에 죄가 있다는 것을 부정한다. 그러므로 데모스테네스가 언급하고 있는 사건의 종류들은 피고가 살해한 사실을 부정하고 있다는 점에서 공통점이 있다. 원고가 피고에 대해 계획적으로 사람을 죽였다고 비난하고 피고가 살해한 사실을 인정하지 않는 경우 사건은 아레오파고스 의회가 재판한다.

반면에 『아테네 국제』[LVII, 3]에서는 아레오파고스 의회가 재판한 사건뿐 아니라 아레오파고스에서 재판된 또다른 종류의 살인사건이 언급되고 있다. 여기서는 왕의 여러가지 권한을 설명하는 가운데 살인사건을 담당할 재판소를 지정하는 왕의 권한이 함께 언급되고 있는 것이다. 왕이 재판소를 결정하고 혐의자로 하여금 합법적으로 은거하도록 명하는 권한을 가지고 있는 경우는 다음과 같다.

> 피고의 살해나 상해사건이 계획적이었는가 비계획적이었는가? 피고가 처방한 약물이나 불에 의한 치료로 사람이 죽었을 때 피고는 살해혐의에 유죄인가 아닌가?

『아테네 국제』가 언급하고 있는 이러한 종류의 사건들은 아레오파고스 의회가 재판했든, 아레오파고스 재판소가 재판했든지 간에 한 가지 공통점을 가지고 있다. 그것은 피고가 살해사실을 인정하거나 혹은 살해한 사실을 부정한다 해도 살해를 초래하게 된 약물이나 불을 사용하였다는 점을 인정하고 있음이다. 피고가 살해의 사실을 인정하고 다만 그것이 고의적인가의 여부를 재판하는 경우에는 아레오파고스 재판소에서 재판받으며 재판관이 반드시 아레오파고스 의원이었던 증거는 없다. 즉, 아레오파고스 의회가 아닌 아레오파고스 재판소에서는 아레오파고스 의원이 아닌 다른 사람들이 재판관이 될 수도 있었다는 말이다. 그러나, 약물과 불로 인한 사건의 경우 피고가 살해사실을 인정치 않을 때는 위에서 언급했듯이 아레오파고스 의회만이 재판하였다.

그런데 예외적인 경우에는 아레오파고스 의회가 모든 종류의 살인사건을 재판할 수도 있었던 것으로 보인다. 보통의 경우 아레오파고스 재판소에서 재판되는 사건들도 아레오파고스 의회가 재판할 수도 있다는 말이다. 이러한 예는 오레스테스에 대한 재판에서 찾아볼 수 있다. 기원전 5세기의 아이스킬로스는 오레스테스에 대한 재판소를 "이 땅을 보호하는 의회(bouleuterion ···phrourema ges)"[9]라고 부르고 있다. 기원전 4세기 데모스테네스는 오레스테스에 대한 재판이 12신(神)에 의해 아레오파고스 재판소(to en Areio Pago dikasterio)에서 일어났다고 적고있다. 오레스테스의 재판은 전설적 신화에 불과한 것이지만 옛부터 아레오파고스 의회는 예외적 경우 어떤 종류의 살해사건도 재판하였다는 아테네인들의 생각을 반영한다.

또한, 예외적 경우를 재판한 아레오파고스 재판소에서는 아레오파고스 의원들만 참석한 것 같지는 않으며, 사건의 성질이나 중요도에 따라 구성원이나 재판관의 수효가 달랐을 가능성도 있다. 바로 앞에서 언급한 예로 12신이나 명망있는 아테네 시민이 재판한 것으로 전해 내려오는 오레스테스의 경우에서 그러한 것을 엿볼 수 있다. 다시 말하여 이것은 신화전설에 불과한 것이지만, 적어도 기원전 4세기 아테네인들이 아레오파고스 재판소(dikasterion)나 아레오파고스 의회(bouleuterion)에서 아레오파고스 의원들만이 재판을 담당하였다고 생각하지 않았다는 것을 나타낸다.

---

9) Aischylos, *Eum.*, 704f.[T.18]

드라콘의 일당을 합법적인 절차를 거치지 않고 죽였다 하여 300인의 재판관이 알크마이오니다이 가문 일족을 재판하였는데 이 재판이 아레오파고스에서 일어났는지 아닌지 하는 것은 사료에 전하지 않는다. 그러나, 일부 역사가들이 추측하는 바와 같이, 이 재판을 아레오파고스에서 일어났다고 가정한다면, 이 특수한 살해사건을 재판한 많은 수의 재판관이 아레오파고스 의원들로만 구성되었다고는 볼 필요는 없는 것이다.[10] 또한 솔론의 사면법에서 에페타이에 의한 재판과 별도로 언급되고 있는 아레오파고스 재판이 '아레오파고스 의원들(Areopagitai)'이 아니라 '아레오파고스'라는 장소로 표현되고 있다는 사실을 다시 한번 주의할 필요가 있다. 즉, 아레오파고스에서의 여러가지 재판에서는 아레오파고스 의원들만이 재판관이었던 것은 아니라는 점이다.[11] 어쨌든, 기원전 4세기 아레오파고스 의회가 가진 살인사건 재판권은 옛적의 아레오파고스 의회보다 훨씬 더 제한되었으며, 재판한 살인사건의 종류도 더 한정되었던 것같이 보인다.

---

10) 이 책 52쪽 참조.
11) 이 책 68쪽 참조.

결 론

　아테네 민주정발달에 관하여 통설에서는 상류층에 대립하는 민중의 권력이 불레나 민회 등을 통하여 확대되고, 반대로 보수적인 아레오파고스 의회권한은 축소되어 갔던 것으로 파악하였다. 그런데 이러한 견해는 민주정의 일면만을 고려한 것으로 당시 사람들이 알고 있던 민주정의 참다운 의미를 제대로 이해하지 못한 결과였다.
　사실 민주정의 주도세력이 귀족이나 부유한 사람들의 입장을 누르고 반대쪽의 사회·경제적 계층의 이익을 도모한 적도 있었다. 기원전 5세기 후반에 나타난 아테네의 급진적 민주정이 그 대표적 예이다. 그러나, 이러한 예를 제외한 대부분의 기간 동안 아테네 정치체제는 다소간에 온건한 성격의 것이었다. 여기에는 여러 사회계층이 함께 각각의 입장을 정치에 반영하였으며, 이것은 여러가지 다른 성격의 정치기구가 공존함으로써 실현되었다. 즉 민주정은 하류층에 속하는 빈자의 정권만을 의미하는 것이 아니라 전체 시민십단의 정권으로 이해되어야 한다는 것이다. 이러한 관점에서 아레오파고스 의회도 비록 보수적인 성격을 지녔다 하더라도 민주정의 한 부분으로 파악하여야 할 것이다. 따라서 아레오파고스 의회권한의 추이를 살펴보는 것은 바로 아테네 민주정 자체의 성격변화에 관한 문제가 된다.

　아레오파고스 의회의 정치적 권한은 시대에 따라 달랐다. 『아테네 국제』에 따르면 솔론 이전 아레오파고스 의회는 법을 보호하고 사회질서를 어지럽히는 사람을 처벌하는 권한을 가지고 있었다. 역사가들은 이러한 기록을 믿기도 하고 그렇지 않기도 한다. 일부에서는 솔론 이전에 이 의회가 많은 권한을 가지고 도시를 지배하였다고 생각하는 반면에, 다른 일부에서는 귀족들 상호간의 경쟁 때문에 국가의 정치권력과 함께 아레오파고스 의회의 권한도 그다지 강하지 못하였다고 믿는다. 실제로 이 시대 전통적 가문의 귀족세력은 후대보다 더 강하였으며, 이들은 국가의 정치권력에 복종하기보다는 독립적인 지위를 선호하였다.[1]

　다른 한편, 아르콘들도 이미 적지 않은 권력을 가진 것으로 보인다. 그러나 이 아르콘의 권력은 귀족들 상호간의 타협과 협조없이는 불안전한 것이었으며, 각 지역에 효과적으로 적용될 수도 없는 것이었다. 따라서 귀족과 아르콘들은 서로 협조·보완하면서 원활하게 기능을 발휘하였다. 귀족으로 구성된 아레오파고스 의회는 씨족이나 지역에 기반한 귀족들 상호간이나, 혹은 귀족과 국가권력을 대표하는 아르콘들 사이의 타협이 필요함에 따라 발달한 회의체였다. 이 시대 국가권력은 기원전 5세기 후반의 민주정과는 달리 그다지 강하지 못하였다. 그리고, 귀족들은 국가지배권을 장악하기 위해 경쟁하기보다는 오히려 국가사무에 무관심한 경우가 많았다. 그들은 전통적 특권과 독립적 지위를 유지하려는 보수적 경향이 강하였다. 『아테네 국제』에는 솔론 이전에, 아레오파고스 의회가 여러가지 정치적 권한을 가지고 있다고 전하지만, 그 권한은 후대와는 달리 그다지 적극적으로 활용되지 않았던 것으로 생각할 수 있다.

---

[1] '**多數**의 **僭主**(polykoirannia)'와 집권적 권력간의 갈등은 이미 Homeros의 Iliada, II, 204에도 반영되어 있다.

솔론 입법이 아레오파고스 의회에 미친 영향에 대해서도 상이한 두 견해가 있다. 하나는 아레오파고스 의회의 여러 권한이 줄어들면서 다른 기구[아르콘·400인 불레·민중재판소 등]로 넘어갔다는 것이고, 다른 하나는 아레오파고스의 권한이 줄어들지 않았거나 도리어 증가하였다는 것이다.

저자의 견해는 솔론 입법에 의해 다른 민주적 정치기구와 함께 아레오파고스의 권한도 강화되었다는 것이다. 솔론 개혁의 성격을 이해하기 위해서는 이 시기 증가된 외적과의 분쟁을 해결하기 위하여, 귀족들 상호간의 타협뿐 아니라 또다른 시민들, 즉 도시방어에 필요한 군대를 구성하는 다수 시민들의 적극적 협조가 필요하였다는 사실을 강조할 필요가 있다. 또한 증가된 사회적·정치적 문제점들을 해결하기 위해서는 더 강력한 정치권력이 요구되었다. 따라서 전체 도시국가와 시민의 이익에 더 잘 봉사하는 정치기구들을 정비하려는 시도가 행해지게 되었다. 솔론 개혁에 의해 여러가지 성격의 정치 기구들, 즉 과두적 아레오파고스 의회, 귀족적 성격의 선출된 아르콘들, 민주적인 민중재판소가 함께 발달하였다는 사실에서도 그러한 점이 나타난다. 이 때 다른 정치기구와 함께 아레오파고스 의회의 기능도 강화되었던 것이다.

국가권력을 강화하고 참정의 범위를 넓히며 시민들의 관심을 집중시키려는 솔론의 노력은 아레오파고스 의회의 구성을 변화시킨 데에서도 나타난다. 솔론 이전에는 아레오파고스 의회에 전통적인 귀족들이 참가하였다. 그런데 솔론은 9명의 아르콘 출신으로 하여금 아레오파고스 의회에 동참하도록 입법하였다. 이들 아르콘은 솔론 이전에는 아레오파고스 의회에서 선출·임명되었으나, 솔론 때부터는 부유한 사람 가운데 민중이 선출한 후보자들 가운데서 추첨되었다고 한다.

솔론 입법으로 더 광범한 계층의 아르콘 출신들이 아레오파고스 의회에 참가하게 되었지만, 이들만으로 아레오파고스 의회가 구성되었는지

하는 것은 확실하지 않다. 먼저 아르콘 출신이 아닌 그 전의 아레오파고스 의원들이 이 때 그 자격을 상실하였는지 하는 것은 분명치 않는 것이다. 그리고 아레오파고스에는 전직 아르콘뿐 아니라 현직 아르콘도 참가한 것으로 보인다. 더구나, 후대의 사료에 의하면, 법률수호자들이나 민중도 경우에 따라 아레오파고스에 함께 참가하였던 것 같다.

솔론은 아레오파고스 의회의 정치적·사법적 기능을 강화하였고, 특히 '민중해체'에 대한 에이산겔리아를 재판하는 권한을 부여하였다. 이 때 다른 정치기구들이 함께 발달하였지만 그 권한은 아직 아레오파고스를 능가하지 못하였다.

그런데 아르콘 출신들이 아레오파고스 의회에 참가하게 되자 전통적 귀족들의 영향력이 점차 줄어드는 결과가 초래되었다. 즉 솔론 개혁에 의해 아레오파고스의 정치적 기능은 강화되었으나, 그 내부 전통적 귀족들의 정치에 대한 영향력은 감소되었던 것이다. 어쨌든, 솔론 이후에도 아르콘들은 주로 상류의 사회·경제적 계층으로부터 나왔으므로 전체 민중의 이익보다는 제한된 계층의 이익을 도모하려는 보수적 경향을 지니고 있었다. 아리스토텔레스는 아레오파고스 의회를 과두적인 기구로 평가하고 있다.[T.45]

그 후 페이시스트라토스의 참주정과 클레이스테네스의 개혁을 거치면서 민중의 세력은 점차 확대되었다. 클레이스테네스 시대부터 6천명의 정족수 민회는 참주나 민중에 대한 배반 등의 중요한 국가적 범죄에 대해 최종적 판결을 내릴 수 있는 권한을 가졌다. 여기서 민중의 세력이 증대하였다 해도 아레오파고스 의회의 전통적 권한은 지속되었으며, 에피알테스 시대까지 민중의 권위가 아레오파고스를 능가하였다는 것을 증명하는 사료는 없다. 어쨌든, 아레오파고스 의회와 민주정치 기구들은 도시의 존립과 안전을 위하여 서로 협조하였던 것이 드러난다. 아리스토텔레스의 『아테네 국제』[T.38]와 『정치학』[1304a 20~29]에서는 페르시아전쟁 이후에 아레오파고스 의회의 권위나 민중의 세력이 모두 증가하였다고 전하고 있는데, 이것은 여러가지 다른 성격의 기구들이 도시국가의 이익을 위하여 서로 협조하였음을 보여주는 것이라 할 수 있다.

마침내 에피알테스 개혁에 의해 민중의 정치적 권위는 아레오파고스 의회를 능가하게 되었다. 에피알테스는 아레오파고스로부터 '부가적 권한(epitheta)'을 박탈하였다. 이 '부가적 권한'은 아마 솔론 개혁에 의해 강화된 아레오파고스의 정치적·사법적 권한, 특히 '민중해체'에 관한 에이산겔리아 재판권 등을 의미할 수 있다. '부가적 권한'이 제거됨으로써 아레오파고스 의회가 가지고 있던 여러가지 정체보호의 권한이 민중에게 이양되었다.

'부가적 권한'은 제거되었지만 '전통적 권한(patria)'에 관한 법률수호의 기능은 아직 아레오파고스 의회에 잔존하였다. 아레오파고스의 법률수호권은 이제 정치적인 면이 아니라 사회적 풍기(eukosmia)·종교적(eusebeia)인 면 등에 한정되게 되었다. 또한 아레오파고스 의회는 계획적 살인혐의에 관해 재판을 계속하였다.

기원전 404/3년 30인이 집권하면서 아레오파고스 의회의 세력을 제한하였던 에피알테스와 아르케스트라토스의 법이 폐기되었다. 그러나 30인 집권기 아레오파고스 의회가 정치적으로 활동한 증거는 없다. 30인 참주정이 붕괴되고 온건민주정이 부활하면서, 아레오파고스 의회의 법률수호권은 정치계에서 증가하였다. 즉, 테이사메노스법에 아레오파고스 의회가 아르콘들이 합법적으로 통치하는가의 여부를 감독하도록 한 규정이 그것이다. 기원전 4세기 아레오파고스 의회는 민중의 권위를 능가하지는 못했지만, 그 활동이 증가했다. 아레오파고스 의회와 민중은 국가의 이익을 위하여 서로 협조하기도 하였다.

그러나 아테네인들은, 부유한 상류층 출신들이 주류를 이루고 있는 아레오파고스 의회의 영향력이 증가하는 데 대해 언제나 경계심을 가지고 있었다. 부유한 아레오파고스 의원들 가운데는 도시 전체의 이익을 우선으로 하는 민주파들보다는 상류계층의 사회・경제적 이익을 도모하려 하는 과두파들이 더 많았을 것이기 때문이다. 이소크라테스는 「아레오파기티코스(Areopagitikos)」[§57]에서 아레오파고스 의회의 사회질서 유지에 관한 기능을 부활시키자고 주장하면서 혹시 자신이 '민중을 미워하는' 과두파로 비치지나 않을까 하는 우려를 표명하고 있다.

카이로네이아 전투 패배 후 아테네인들은, 에우크라테스법을 통과시켰다. 여기에는 민중이나 민주정이 해체되는 경우, 아레오파고스 의원들로 하여금 아레오파고스에 올라가거나 어떤 문제에 대한 토론에도 참가하지 못하도록 규정하고 있다. 일부에서는 당시 마케도니아인이나 아테네인들에 의해 참주정수립의 위협이 존재하였기 때문에, 혹은 아레오파고스 의원들이 친 마케도니아적 경향을 띠고 있었기 때문에 이러한 법이 통과된 것이라고 생각하였다. 그러나 기원전 4세기 카이로네이아 전 직후에도 아직 아테네인들에 의한 정부전복의 시도나 마케도니아로부터의 내정간섭의 위협은 심각하지 않았다. 민주파들은 마케도니아에 대한 아테네의 독립을 유지하였다. 그러므로 에우크라테스법에서의 '민중이나 민주정이 해체'되는 경우에 관한 경고는 오히려 민중 즉, 전체 아테네인들의 이익을 해치는 시민들의 행동을 방지하려는 민주파들의 의도를 담고 있는 것으로 보아야 할 것이다. 배반이나 위법, 민주정책에 대한 무관심은 국가권력을 약화시키고 민중의 이익을 해치는 결과를 초래할 것이기 때문이었다. 또한 이것은 아테네를 약화시키기 때문에, 부유한 아테네인들이 친 마케도니아적 경향을 가지고 있지 않았다 하더라도, 마케도니아의 간섭을 조장하는 결과를 낳을 수도 있다. 에우크라테스법이 특히 아레오파고스 의원들을 경계의 대상으로 하고 있는 것은 이들 가운데 많은 수가 부유한 상류층에 속하였고 민주정책에 대해 상대적으로 보수적인 입장을 취하였기 때문이라고 해석할 수 있다.

결론적으로 많은 역사가들은 아레오파고스를 귀족과두파들의 보수적 정치기구, 즉, 민주정발달에 적대적인 요소로만 파악하여 왔다. 그러나, 저자는 아레오파고스 의회를 민주정체 내의 한 요소로 파악하려는 것이다. 해상제국을 바탕으로 하여 민중의 권위가 지배적이던 기원전 5세기 후반부를 제외한 대부분의 기간 동안, 특히 페르시아전쟁과 펠로폰네소스전쟁과 같은 곤경에서, 아레오파고스 의회는 도시국가의 안녕을 위하여 봉사하였다. 아레오파고스 의회의 구성원들 가운데는 재력이나 정치적 경험에 있어 유능한 사람들이 많았다. 아레오파고스 의회는 그 내부에 상류사회 출신들이 많았다 하더라도 도시 전체의 이익을 위해 노력하기도 하였다는 것이다. 시대에 따라 영향력이 달랐고 근본적으로 보수적 성향을 띠고 있었으나, 민주정 발달과 더불어 아레오파고스 의회는 그 자체의 성격을 융통성있게 변화시키기도 하였다. 귀족을 중심으로 하던 이 의회에 솔론 때부터 9명의 아르콘출신도 참석하게된 것이 그 한 예이다.

또한, 아레오파고스는 당시 사회의 중요한 관심사 가운데 하나였던 살인사건에 대한 공정한 심판자로서 아테네 시민들 사이에서는 물론 전체 그리스 세계에서 신임과 명성을 얻고 있었다. 만일 아레오파고스가 한 계층의 이익만을 대변하는 편협하고 보수적인 정치기구였다면 이러한 인상을 주기 어려웠을 것이 아닌가 한다.

부귀한 사람이 많은 수를 차지했던 아레오파고스 의회가 민주정체 내에 존속하면서 도시의 이익과 존립을 위하여 활동하였다는 사실로부터, 우리는 아테네 민주정의 발달을 빈자와 부자, 혹은 민주파와 귀족·과두파 사이의 갈등으로만 파악할 수는 없다는 것을 알 수 있다. 정치적 갈등은 오히려 사리(私利)를 추구하는 부유한 과두파들과 도시 전체민중의 이익을 대표하는 정치가들 사이의 것으로 보아야 할 것이다. 민중의 이익을 대표하는 정치가들이 반드시 민중계층의 출신이었던 것은 아니며, 대개 전통의 귀족가문이나 부유한 상류층출신이었다. 한편 상반되는 파당의 지도자들이 모두 상류층 출신이었다는 사실은, 정치적 투쟁이 사리를 추구하는 귀족들 상호간의 이해관계의 충돌에 기인하였다는 것을 의미하는 것이 아니다. 이것은 같이 상류의 사회경제적 계층에 속하는 사람들 가운데서도, 사리를 추구하는 사람과 도시 전체의 이익을 도모하려는 사람들이 함께 존재하였음을 의미하기 때문이다.

민중의 권위증가는 국가권력의 상대적인 증가를 의미한다. 강력한 정치권력을 통해서만이 전체사회의 이익을 증진시키는 정책을 추구할 수 있기 때문이다. 부자나 귀족들의 지배권은, 가끔 소수에 의한 강력한 집권의 형태를 띠는 경우도 있지만, 대부분의 경우 개개인의 이익을 우선한 나머지 국가권력을 약화시키고 국가정책에 대한 비협조나 무관심을 초래한다. 민중의 정치적 권력이 강화될수록 이러한 부자들의 원심적 경향은 자연히 제한된다. 아레오파고스 의회의 정치적 위상이 민주정이 발달되면서 상대적으로 약화되어 갔던 것도 바로 개인의 이익을 우선하는 보수적인 상류층출신이 아레오파고스 의회에 많았기 때문이 아닌가 한다.

어쨌든 아테네의 정치체제는 두 상반된 이해관계, 즉 사적 이익과 전체 도시국가의 공익사이의 타협의 산물이었다. 이러한 타협은 여러가지 성격의 정치기구, 즉, 아레오파고스 의회, 아르콘들, 민회나 민중재판소 등이 공존함으로써 실현되었다. 각각의 정치기구는 각기 다른 사회적 계층이나 정치적 경향을 대변한다. 그런데 같은 정치기구 내에서도 다른 성향의 정치가들이 공존하기도 하였다. 아레오파고스 의회의 역할도 이러한 관점에서 적절하게 이해할 수 있다. 아레오파고스는 급진민주정이 발달되었던 기원전 5세기 후반을 제외하고는 그 기능을 계속함으로써, 온건민주정이 지속되는 데 적지 않이 영향을 미쳤던 것이다.

부록

아레오파고스 의회에 관한 제(諸) 명칭

1) The boule from the Areopagos와 the boule in the Areopagos

아레오파고스 의회에 관해 여러가지 명칭이 쓰인다. 즉, the boule from the Areopagos(e boule ex Areiou Pagou), the boule of the above(e ano boule), the boule in the Areopagos(e boule e en Areio Pago), the boule beside the Areopagos(e boule ep'Areiou Pagou), the boule of the Areopagites(e boule ton Areopagiton) 등이 그것이다.[1] 많은 역사가들은 이러한 명칭들이 일반적으로 아레오파고스 의원들의 모임을 지칭하는 것으로 서로간에 차이점이 없는 것으로 생각하였고, 이에 관해 큰 관심을 기울이지 않았다.

그런데, 아레오파고스의 명칭이 시대에 따라 달리 쓰였을 것이리고 생각한 사람도 있었다. 즉, 일부에서는 드라콘이나 솔론 이전에는 이 의회가 아직 '아레오파고스 의회'가 아니라 그냥 '의회'라고만 불렸다고 생

---

1) G. Busolt · H. Swoboda, *Griechische Staatskunde*, p.795, n.2 참조.

각하였다.[2] '아레오파고스 의회'라는 명칭은 드라콘이나 솔론 시대 이 의회를 새로 생겨난 다른 의회, 즉 드라콘 시대의 401인 불레나 솔론 시대의 400인 불레로부터 구분하기 위해 생겨난 것이라는 것이다. 그러나 이와는 반대로 후대의 아테네인들은 시대에 따라 의회의 명칭이 달랐다는 생각을 하지 않은 듯하다. 기원전 4세기의 사료에서는 드라콘과 솔론 이전시대에 대해서도 the boule from the Areopagos, the boule of the Areopagos(아레오파고스 의원들의 의회), the boule in the Areopagos 등의 명칭을 사용하고 있다.[3] 반면에 기원전 4세기 이후에도 아레오파고스란 수식어가 없는 단순한 '의회(boule)'라는 명칭이 '아레오파고스 의회'를 대칭하는 말로서 사용되었다.[4] 따라서 이 시대 아테네인들은 '의회'와 '아레오파고스 의회'라는 명칭이 시대에 따라 각각 다르게 사용되었다고 생각한 것은 아닌 것 같다.

여기서 저자는 다른 면에서 아레오파고스에 관한 명칭 사이에 어떤 공통점이나 차이점을 발견할 수 있다고 믿는다. 아레오파고스 의회에 대하여 사료에서 비교적 자주 사용되는 명칭은 the boule from the Areopagos, the boule of rhe Areopagites, the boule in the Areopagos 등인데, the boule in the Areopagos는 the boule from the Areopagos, the boule of the Areopagites와는 약간의 차이점이 있다는 것이 그것이다.

전자는 아레오파고스에서 열리는 의회를 의미하나 여기에는 반드시 아레오파고스 의원만이 아니라 필요에 따라서 다른 사람도 참석할 수 있

---

2) U.v. Wilamowitz · Möllendorff, *Aristoteles und Athen*, v.2, p.200 : H. Gleue, *De Homicidarum in Areopago Atheniensi Iudicio*, p.16 : J. Lipsius, *Das Attische Recht und Rechtsverfahren*, p.14 : A. Ledl, *Studien zur äIteren Athenischen Verfassungsgeschichte*, pp.321~322 : G. Busolt · H. Swoboda, *Griechische Staatskunde*, p.795 : F. Jacoby, *Atthis*, p.36.

3) *Ath. Pol.*, III, 6[T.33], IV, 4[T.34], VIII, 2[T.35] : Aristot, *Politika*, 1273b 35~1274a 4[T.45].

4) *Ath. Pol.*, XXV, 1~3[T.38] : Deinarchos, I, 3ff[T.66], 12ff[T.67], 50, 53[T.70]~59[T.71]. [참고, Cicero, *De Natura Deorum*, II, xxix[T.59] : Athenaios, *Deipnosophistai*, IV, 171e]

었던 것으로 보인다. 먼저 주의할 점은 사료에서는 전직이나 현직 아르콘들이 아레오파고스에서 열린 의회에 참가할 때는 언제나 'in[혹은 to] the Areopagos(en Areio Pago 혹은 eis Areion Pagon)'으로 표현된다는 것이다.[5] 또한 법률수호자(nomophylakes)들이 아레오파고스에 참가할 때도 'to the Areopagos(eis Areion Pagon)'의 표현이 사용된다.[6] 따라서, the boule in the Areopagos에는 귀족태생의 아레오파고스 의원이나 전직 아르콘 출신만이 아니라 경우에 따라서는 현직 아르콘이나 법률수호자들도 참가하였으며, 더구나 일반시민이 참가한 경우도 있는 듯하다.[7] 즉, the boule in the Areopagos는 아레오파고스 의원이 아닌 다른 사람들도 참가할 수 있었기 때문에 그 구성원이 일정하지 않고 유동성이 있는 하나의 제도였다는 것이다.

"The boule in the Areopagos"가 '구성'된다는 것을 언급하는 사료로는 다음과 같은 것이 있다.

> 『아테네 국제』, VIII, 2[T.35] ; "옛적에는 the boule in the Areopagos가 '소집'되어 (anakalesamene), 각각의 아르콘직에 합당한 사람을 골라 1년임기로 임명하여 파견하였다."[8]

> 데모스테네스, XX, 157[T.81] ; "살인사건이 연쇄적으로 일어나지 않도록, 감독기관으로 특별히 the boule in the Areopagos가 '구성'되었다(tetaktai)."

> 데이나르코스, I, 112[T.75] ; "민중의 이익에 반하여 뇌물을 받은 자로 재판 받기를 원치 않고, 당신들 신체의 안전을 위한 공동방벽을, 그것을 위해 the meeting in the Areopagos(to en Areio Pago synedrion)가 '구성'되고 있는데(tetaktai), 그것을 없애버리려 하고 도시의 온갖 정의를 허물어 버리려 하는 사람…"

---

5) 이 문제에 관한 구체적 내용은 이 책 103~104쪽부터 참조.
6) Philochoros, FGH, 328, F.64[T.199] 참조.
7) 이 책 98쪽부터 참조.
8) 이 문장에 관한 H.T. Wade Gery의 견해에 대해 이 책 79쪽 참고.

아리스테이데스, Scholia, 194, 8[T.32]; the meeting of the boule, 아레오파고스를 말한다. 지금은 재판소이고 과거에는 의회(bouleuterion)였다. 이 때문에 정체를 지배하기 위해 집회(synedrion)을 '소집'하였다(ekalese). …의회의(of the boule in the Areiopagos).

반면에 'the boule from the Areopagos'는 흔히 'the boule of the Areopagites'와 같은 의미로 사용된다.[9] 이것은 아레오파고스의 상임위원들이라 할 수 있는 아레오파고스 의원들로 구성된 하나의 일정한 제도로서 다른 정치적 기관들과 분명하게 구분이 된다. 아레오파고스 의회가 500인 불레나 민중들로부터 구분이 될 때는 반드시 'the boule from the Areopagos'로 표현되고 'the boule in the Areopagos'로 표현되지 않는다.[10]

경우에 따라 집회구성원이 달라질 수 있는, 'The boule in the Areopagos'와 일정한 아레오파고스 의원들이 참가한 'the boule from the Areopagos'는 구분된다고 할 수 있다.

한편 위에서 구분한 두 종류의 아레오파고스 의회에 다 관련된 일반적인 명칭들이 있다. 그것은 'Areopagos'·'meeting(synedrion)'·'boule [of the Areopagos]' 등인데[11] 이러한 것들은 the boule from the Areopagos[12] 즉

---

9) Aischines, I, 82~84[T.9] : Ath. Pol., IV, 4[T.34], XLI, 2[T.41] : Diod., I, lxxvii, 6[T.100].
10) D. Geagan, The Athenian Constitution after Sulla, p.140ff 참조.
11) 'boule'·'bouleutes(의원들)'의 명칭에 관해서는 이 책 276쪽 주4) 참조. [Cicero, De Natura Deorum, II, xxix[T.59] ; "만일 누가 아테네인의 정부는 의회에 의해(consilio) 통치된다고 말한다면, 그것은 '아레오파고스 의회'를 생략하여 말하는 것이다."]
  'Areopagos [혹은 to the Areopagos⟨eis Areion Pagon⟩]'에 관해서는 Athenaios, Deipnosophistai, XIII, 566f[T.5] : Aristeides, Scholia, 194, 8[T.32] : Dem., XXIX, 22[T.84], XXVI, 5[T.86], LVIII, 29[T.91], LIX, 80~83[T.92] : Dem., Epistolai, III, 2[T.93] : Diogenes Laertios, II, 116[T.103] : Isokrates, XII, 154[T.124] : Loukianos, XXV, 46[T.131], XXVII, 7[T.132], XXIX, 4[T.133], 12[T.134], 13~24[T.135] : Lysias, X, 11[T.146] : Philochoros, FGH, 328, F.64[T.199].
  'bouleuterion'에 관하여는 Aischines, I, 91~92[T.10] : Aischylos, Eumenides, 681~706.[T.18]

아레오파고스 의원들의 의회[13]를 가리키기도 하고, 또 그밖에 다른 사람들도 참가할 수도 있는 the boule [혹은 'synedrion' 혹은 'bouleuterion'] in the Areopagos[14]를 가리키기도 한다.

또한 아레오파고스 의회가 개최된 장소에 따라서도 약간의 구분을 할 수 있다. 누가 참석을 하든지 간에 아레오파고스에서 일어난 모든 종류의 집회는 'the boule in the Areopagos', 'the meeting(to synedrion) in the Areopagos' [Deinarchos, III, 7[T.77]], 'the things in the Areopagos(ta en Areio Pago gignomena)' [Loukianos, XXXVII, 19[T.136]] 등으로 표현될 수 있다. 이런 점에서 아레오파고스 의원들의 회합을 의미하는 the boule from the Areopagos도 아레오파고스에서 개최된다면 the boule in the Areopagos로 불릴 수 있다는 것이다.

반대로 아레오파고스 의원들이 아레오파고스가 아닌 다른 장소에서 회합한 경우가 있었는데, 이 때는 언제나 'from the Areopagos'로 불린다. 아레오파고스 의원들이 다른 곳에서 회합한 예는 두 가지가 전한다. 그것은 'the stoa of the king(en te basileio stoa)'[T.85]과 엘레우시스[SIG⟨3rd ed.⟩, 796B, line 14와 36]이다.[15]

'synedrion'에 관하여는 Aischines, I, 91~92[T.10] : Aristeides, Scholia, 194, 8[T.32].
'상원(he ano boule)'에 관해 Ploutarchos, Solon, XIX.[T.165]
12) Aischines, I, 91~92[T.10] : Ath. Pol., XXV, 1~XXVI, 1[T.38] : Deinarchos, I, 50~52[T.70], 53~59[T.71], 61~63[T.72] : Loukianos, XXXVII, 19[T.136] : Hypereides, V, col. 2~6[T.191].
13) Athenaios, Deipnosophistai, XIII, 566f.[T.5] : Hypereides, F.138⟨ed. Ch. Jensen⟩[T.5] : Ath. Pol., XXV, 1~XXVI, 1[T.38] : Deinarchos, I, 50~52[T.70] : Diogenes Laertios, II, 116[T.103] : Loukianos, XXXVII, 19 [T.136].
14) Aischylos, Eumenides, 681~706[T.18] : Areistides, Scholia, 194, 8[T.32] : Dem. XXIV, 22[T.84], XXVI, 5 [T.86], LVIII, 29[T.91], LIX, 80~3[T.92] : Dem. Epistolai, III, 42[T.93] : Isokrates, XII, 154[T.124] : Loukianos, XXIX, 4[T.133], 12[T.134], 13~24[T.135] : Philochoros, FGH, 328, F.64[T.199].

2) The boule from the Areopagos와 the boule in the Areopagos의 권한

아레오파고스의 권한은 크게 법률수호[16]와 정치적 사무[17]에 관련된다. 그리고 이러한 권한들은 여러가지 분야에 확대되어 적용된다 : 국가의 안전[18] · 기부금제공[19] · 불경(不敬)[20] · 풍기문란[21] · 악덕(惡德)[22] · 태만(怠慢)[23] 건축물규제[24] 및 여성에 관한 법,[25] 청년교육,[26] 도시에 대한 배반이나 불법행위[27] 등이 그것이다.

The boule from the Areopagos [of the Areopagites]와 the boule in the Areopagos는 위에서 말하였듯이 서로 밀접하게 연관이 있는 제도이므로

---

15) 비슷한 구분을 엘레우시스에 관해서도 살펴볼 수 있다 : 'from the Eleusis(Eleusinothen [SIG ⟨3rd ed.⟩ 83, line 11, n.4])'와 'in the Eleusis(Eleusini[IG, I⟨2nd ed.⟩, 311, line 12])'.
16) Andokides, I, 83-84[T.25] : Ath. Pol., III, 6~IV, 1[T.33], IV, 4[T.34], VIII, 4[T.36] : Deinarchos, I, 61~63[T.72] : Philochoros, FGH, 328, F.64[T.199].
17) Ath. Pol., XXIII, 1~4[T.37], XLI, 2[T.41] : Dem., XXII, Hypothesis[T.97] : Diod., XI, lxxvii, 6[T.100] : Lysias, XXVI, 11~12[T.149].
18) Ath. Pol., XXIII, 1f.[T.37] : Kleidemos, FGH, 323, F.21[T.128] : [Plout. Themistokles, X, 6 참조] : Lysias, XII, 69[T.148] : IG, II-III⟨2nd ed.⟩, 479[T.209].
19) [T.37][IG, II~III⟨2nd ed.⟩, 1118 참조]
20) Dem., LIX, 80-83[T.92] : Ath. Pol., LX, 2~3[T.43] : Lysias, VII, 21~22와 25[T.145].
21) Athenaios, Deipnosophistai, IV, 167d~e[T.1], 168a~b[T.2] : Isokrates, VII, 37~38[T.122].
22) Ploutarchos, Ciceron, XXIV, 7[T.162] : IG, II~III⟨2nd ed.⟩, 1013[T.212].
23) Plut. Solon, XXII, 3[T.166].
24) Aischines, I, 81~84[T.9] : Herakleides Pontikos, Ek ton Herakleidou peri Politeion, I, 10[T.110 ; Aristoteles, F.611, 7 참조]
25) Philochoros, FGH, 328, F. 65[T.200 : Athenaios, Deipnosophistai, VI, 245 참조]
26) Platon, Axiochos, 367A[T.159].
27) Aischines, III, 252[T.14] : Lykourgos, I, 52[T.142].

양자의 업무를 분명하게 구분할 수는 없는 일이다. 그런데도 관장한 업무에 있어서 양자간에는 약간의 차이점이 사료상에 나타난다. the boule from the Areopagos[of the Areopagites]는 주로 법률이나 정체의 수호, 도시의 안전을 위한 기부금제공 등과 관련되어 언급되고 있다. 그리고 공적 사무[28]뿐 아니라 개인의 사생활에도 관여하였는데, 사생활의 도덕성문제는 광범한 의미에서 법률수호의 개념에 포함되는 것이다.[29] 반면에 the boule in the Areopagos는 정치적인 문제와 관련하여 더 자주 나타난다.[30] 특히 페르시아전쟁[31]이나 펠로폰네소스전쟁[32] 등 외적과 대항할 때 the boule in the Areopagos가 활약하였다. 위기를 맞아 아레오파고스 의회에는 아레오파고스 의원뿐 아니라, 현직 아르콘 등 위기를 타개하는 데 책임이 있거나 기여할 수 있는 유능한 사람들이 함께 모여 의논하였을 가능성이 있다는 것이다.

아래에는 이러한 관점에서 the boule from the Areopagos[of the Areopagites]와 the boule in the Areopagos가 언급되고 있는 사료들을 각각 구분하여 나열하였다.

---

28) *Ath. Pol.*, XII, 2[T.41] : Diodoros Sikeliotes, XI, lxxvii, 6[T.100].
29) 이 책 201~202쪽 참조.
30) *Ath. Pol.*, XXIII, 1~4[T.37] : Aristot, *Politika*, 1273b 35~1274a 4[T.45], 1304a 17~24[T.47] : Dem., XXII, Hypotheses[T.97] : Lysias, XII, 69[T.148] : XXVI, 11~12[T.149].
31) *Ath. Pol.*, XXIII, 1~4[T.37] : Aristot, *Politika*, 1304a 17~24[T.47].
32) Lysias, XII, 69[T.148].

(1) the boule from the Areopagos[of the *Areopagites*]

법률수호나 정치적 사무에 관한 the boule from the Areopagos의 역할을 언급하고 있는 사료는 다음과 같다:

안도키데스, I, 84[T.25]; "법이 제정되면, 관리들이 제정된 법을 준수하는지에 관해 the boule from the Areopagos가 감독한다."

플라톤, *Axiochos*, 367A[T.159]; "청년기에는 감독자들(sophronistes)과 젊은이들을 위해 the boule from the Areopagos로부터 뽑혀진 소위원회의 감독을 받는다."

『아테네 국제』, XLI, 2[T.41]; "여섯번째[정체의 변화]로 페르시아전쟁 이후 the boule from the Areopagos가 권위를 가지고 있었다. 그 후 일곱번째[변화]가 있었는데 아리스테이데스(Aristeides)가 계획하고 에피알테스가 아레오파고스 의원들의 의회(the boule of the Areopagos)를 격하시킴으로써 완성하였다."

이소크라테스, VII, 37[T.122]; "The boule from the Areopagos"가 풍기를 단속하도록 하였다.

아이스키네스, III, 252[T.14]; "그 때 한 남자가 사모스로 건너가려고만 했는데, 조국을 배반한 자로 간주되어 바로 그 날로 the boule from the Areopagos에 의해 사형에 처해졌다."

데이나르코스, I, 62[T.72]; "그러나 오, 데모스테네스! 당신이 과거에 이 사람[잘못을 저지른 사람]들과 또다른 아테나이인들에 대해, the boule from the Areopagos가 전통적인 법에 따라 위법한 자를 처벌할 권한을 가지도록 제안하지 않았습니까?"

디오도로스 시켈리오테스, XI, lxxvii, 6[T.100]; "그[에피알테스]는 민중선동가(demagogos)였고, 민중을 선동하여 아레오파고스 의원들을 비난한 사람으로, 민중들로 하여금 the boule from the Areopagos의 권한을 줄이는 데 찬성하게끔 하고 전통적이고 명성이 있는 법들을 폐기하도록 설득하였다."

1. 아레오파고스 의회에 관한 제 명칭 285

플루타르코스, *Solon*, XXII, 3[T.166] ; "그[솔론]는 the boule from the Areopagos로 하여금 사람들이 각각 합당한 생활수단을 가지도록 감독하게 하고 태만한 사람을 벌하도록 조처하였다."

플루타르코스, *Ciceron*, XXIV, 7~8[T.162] ; "그[키케로]는 이미 케사르(Caesar)가 아르콘이던 해에 크라티포스 페리파테티코스(Kratippos Peripatetikos)로 하여금 로마에 체류하도록 하였고, 또한 the boule from the Areopagos로 하여금 그가 아테네에 머물면서 도시를 교화하는 역할을 맡아 청년들에게 강의하도록 하는 데 찬성하게끔 하였다."

참고, *IG*, Ⅱ~Ⅲ[2nd ed.], 1013, line 59ff[T.212] ; "…the boule from the Areopagos도 감독하고, 나쁜 짓을 한 사람에 관한 법을 통해 이것[도량형]을 어긴 사람을 처벌한다."

도시의 안전을 위한 기부금의 납부에 관한 것으로는 다음과 같은 사료가 있다.

클레이데모스, *FGH*, 323, F.21=Plut. *Themist*. X, 6[T.128] ; "아리스토텔레스에 따르면, 공금이 없었기 때문에 the boule from the Areopagos가 병선의 군인 각각에게 8드라크마씩을 지불하였다."

참고, *IG*, Ⅱ~Ⅲ[2nd ed.], 479, line 66ff[T.209] ; "the boule from the Areopagos가 제공하였다. …민중의 안정을 위하여 …the boule from the Areopagos가 … 은(銀)을 제공하였다."

The boule of the Areopagites는 법률이나 정체의 수호와 관련하여 자주 언급되고 있으며, 정치적인 것뿐 아니라 개인의 사생활에도 관계하고 있다:

『아테네 국제』, Ⅲ, 6[T.33] ; "the boule of the Areopagites는 법을 수호하는 권한을 가지고 있다."

『아테네 국제』, Ⅷ, 4[T.36] ; "그[솔론]는 the boule of the Areopagites로 하여금

법률을 수호하는 권한을 부여하였다."

『아테네 국제』, XXV, 1ff[T.38]; "…페르시아전쟁 이후 17년 동안 정체(politeia)는 아레오파고스 의원들의 주도하에 있었는데, 그 후 점차 아레오파고스 의회는 그 세력이 약화되었다. …그[에피알테스]는 [아레오파고스 의원들의] 의회를 공격하였다. …그 후 키몬이 아르콘이던 해에 이 의회로부터 정체(politeia)를 수호하는 모든 부가적 권한을 박탈하였다. …그[테미스토클레스]는 이 의회가 그 [에피알테스]를 체포하려 한다고 에피알테스에게 말하였다. 그리고 아레오파고스 의원들에게는 정체를 해체하려는 공모자들을 고발하겠다고 말하였다."

『아테네 국제』, XLI, 2[T.41]=이 책 284쪽 참조.

안드로티온, FGH, 324, F.3[T.199]; "아레오파고스 의원들은 거의 모든 부정과 위법사실을 재판하였다."

필로코로스, FGH, 328. F.65[T.200]; "여성법은 아레오파고스 의원들을 통하여 결혼이나 다른 제식 때 집안의 모임을 감독한다."

디오도로스 시켈리오테스, XI, lxxvii, 6[T.100]=이 책 284쪽.

아테나이오스, Deipnosophistai, IV, 167e, 167a~168b[T.1,2]; "그[데메트리오스 팔레레아스의 아들 데메트리오스]는 코린트의 여자 아리스타고라(Aristagora)를 사랑하여 사치스럽게 생활하였다. 아레오파고스 의원들이 그를 소환하여 올바르게 살아가기를 명하자, '지금도 자유롭게 살고 있오'라고 대답하였다. …파노데모스(Phanodemos)·필로코로스, 그리고 다른 많은 사람들이 전하는 바에 의하면, 메네데모스(Menedemos; 350~278년경)와 아스클레피아데스(Asklepiades)는 젊은 철학자들로 가난하였는데, [아레오파고스 의회에서 파견된] 사자(使者)들이 와서, '어떻게 온종일 철학자들과 함께 시간을 보내고 아무 수입이 없으면서 몸이 그렇게 좋은가'하고 물었다. 그들은 한 방앗간 사람을 불러줄 것을 청하였다. 그 사람이 와서는 이 두 사람이 밤마다 방앗간에서 방아를 찧고, 2드라크마를 받는다고 하였다. 아레오파고스 의원들은 경탄하고 200드라크마로 이들을 포상하였다."

(2) the boule(혹은 the meeting⟨synedrion⟩) in the Areopagos

리시아스, XII, 69[T.148] ; "The boule in the Areopagos가 [도시의] 안전을 위하여 활동하였다.[펠로폰네소스전쟁 말기임]"

리시아스, XXVI, 11[T.149] ; "이 관직[수석 아르콘]에 임한다면 마음대로 통치할 것이며, 후에 the boule in the Areopagos의 성원으로 언제까지나 중요한 사무들에 대해 통제권을 행사할 것입니다. 그러므로 당신들은 이 관직에 대한 자격심사를 다른 관직보다 더 엄하게 해야만 할 것입니다."

『아테네 국제』, XXIII, 1[T.37] ; "페르시아전쟁 이후에 the boule in the Areopagos가 다시 강해져 도시를 지배하였다. 합법적인 결정에 의하여 지배권을 획득한 것이 아니라 살라미스해전을 수행한 공로 때문이었다."

아리스토텔레스, Politika, 1273b 38ff[T.45] ; "그[솔론]는 '폴리테이아(politeia)'를 잘 복합하여 전통적 민주정을 수립하였다. The boule in the Areopagos는 과두적 요소이며, 선출된 관리들은 귀족적이며, 재판소는 민주적인 것이다."

아리스토텔레스, ibid., 1304a 17∼24[T.47] ; "과두정 혹은 민주정, 혹은 '폴리테이아(politeia)'로 변화하는 것은 명성을 얻거나 혹은 도시의 관직이나 도시민 일부의 세력이 증가함으로써 이루어진다. 그러한 예로 the boule in the Areopagos는 페르시아전쟁에서 명성을 얻으므로 정체를 더욱 엄격하게 만든 것같이 보였고, 또한 해병의 무리가 살라미스의 승리를 거두는 데 기여하였으므로 해상지배권을 통하여 민주정을 더욱 강화하였다."

데모스테네스, LIX, 80[T.92] ; "제식이 거행되어 9명의 아르콘들이 정해진 날들에 아레오파고스로 올라갔을 때 곧바로 도시의 신성문제에 관해 다른 많은 권한을 함께 가지고 있는 the boule in the Areopagos가 …그리고 제식에 많이 관여하고 있었다."

데모스테네스, XXII, Hypotheses[T.97] ; "500인 의회는 the boule in the Areopagos 와는 다른 것이다. 이들 사이의 차이점은 세 가지이다. 첫번째 500인 불레는 공무를 집행하고 the boule in the Areopagos는 살인사건만 취급한다. 만일 누가 the boule in the Areopagos가 공무를 집행한다고 말한다면, 아주 긴급한 경우에만 공무에 관여한다는 것을 의미한다. …매해 9명의 아르콘들이 the boule in the Areopagos에 첨가되었다.[일년 뒤 다시 심사를 받아 한 해 동안 잘 통치하고, 또 바르게 일한 것으로 보이면 아레오파고스 의원들의 의회(the boule in the Areopagos)에 합석한다]"

리쿠르고스, I, 32[T.142] ; "The boule in the Areopagos는 …그 전쟁시 조국을 떠난 사람들을 잡아서 죽였다."

아이스키네스, I, 81[T.9] ; "티마르코스(Timarchos)가 제안한 조령에 따라, 프닉스 언덕의 가옥들에 관한 일로, the boule in the Areopagos가 민중과 합석하였다."

2
솔론의 중립금지법

솔론의 중립금지법은 『아테네 국제』(VIII, 5)에서 '민중의 해체'에 관한 에이산겔리아법 바로 다음에 언급되고 있다. 그 내용은 내란시 어느 편에도 가담하지 않은 시민은 처벌대상이 된다는 것이다. 그런데 그 후 기원전 4세기 리시아스의 「필론에 대한 비난」에 나오는 원고의 말에 따르면, 내란시 시민의 의무를 저버리고 조국을 떠난 사람을 처벌하는 법은 당시까지 없었다고 한다.[1] 이러한 행위는 너무나 악랄한 것이기 때문에 선조들이 그러한 경우를 상상하여 입법하지 않았다는 것이다. 히네트와 한센은 이러한 리시아스의 말에 근거하여, 기원전 4세기 아테네인들은 솔론의 중립금지법에 대해 알고 있지 못하였다고 간주하고 중립금지법은 『아테네 국제』의 저자에 의해 날조된 것이라고 생각하였다.[2] 폰 프리츠(K.v. Fritz)도 또한, 페이시스트라토스의 참주정에 반대하여 자신의 무기를 집 밖에 들어내 놓은 솔론의 행위는 중립금지법의 취지에 어긋나는 것이며, 솔론이 개혁 이후의 혼란기에 아테네를 떠나 여행길에 오른 것도 중립금

---

[1] Lysias, XXXI, 27~28.
[2] C. Hignett, A History of the Athenian Constitution, pp.26~27 : M.H. Hansen, Apagoge, Endeixis and Ephegesis against Kakourgoi, Atimoi and Pheugontes, p.78.

지법이 그 당시 없었던 것을 증명하는 것이라고 하였다.[3]

그러나 중립금지법이 실재하였다고 보고 그것이 어떤 취지의 것이었나를 밝히려는 역사가들도 있다. 루쉔부쉬는 이 법에서 '내란(stasis)'이라는 말은 도시의 내란이 아니라 외국과의 전쟁을 의미하는 것이라고 생각하였다.[4] 즉, 이 법은 내란에의 참여를 권유하는 것이 아니라 군역(軍役)을 이탈하는 탈영에 관계된다는 것이다. 그러나 골드스타인(Goldstein)은 이 법의 입안자가 내란시 국가공동의 관심사에 대한 시민들의 참여를 조장하려 하였다는 점을 강조하면서, 이 법의 목적은 참주정에 대해 공동으로 대항하려는 것이었다고 결론지었다.[5] 한편, 베르스(V. Bers)는 이 법이 공동관심사에 대한 시민의 참여를 조장하려는 것이라는 골드스타인의 견해에 찬성하였지만, 이 법을 내란의 경우에 관한 것이라든가 반 참주적 성격을 지닌 것이라고 보는 데에는 반대하였다.[6] 그리고, 이 법의 취지가 내란시에 어느 편이라도 가담하기를 권유한 것은 아니며, 이 법의 목적은 사회의 모든 집단으로부터 솔론이 수립한 정체에 대한 지지와 관심을 모으려는 것이었다고 생각하였다.

저자는 베르스의 견해와 같이, 솔론의 중립법이 반드시 반 참주적 성격을 지니고 있다고 볼 필요는 없다고 생각한다. 솔론 이전에는 오히려 참주가 아니라 과두파들이 득세하고 있었기 때문이다. 집권을 통해 강력한 권력을 행사하려는 참주파가 아니라 전통적 특권을 지키려 하면서 국가의 법질서에 복종하는 대신 독립적 지위를 선호하는 과두파들이 득세하고 있었다.[7] 솔론의 중립금지법은 주로 이러한 과두파들의 원심적 경향

---

3) K.v. Fritz, "Nochmals das solonische Gesetz gegen Neutralität im Bürgerzwist"(Historia, XXVI, 1977), p.246.
4) E. Ruschenbusch, Solonos Nomoi(Wiesbaden, 1966), p.83.
5) J.A. Goldstein, "Solon's law for an activist citizenry"(Historia, XXI, 1972), p. 538.
6) V. Bers, "Solon's law forbidding neutrality and Lysias 31"(Historia, XXIV, 1975), p.496ff.

을 약화시키려 한 것이 아닌가 하고 저자는 생각한다. 솔론은 이들의 원심적 경향을 완전히 제거할 수는 없었지만 어느 정도 제한하려 하였던 것이다. 솔론 입법에 의한 정체는 전통적인 과두적 요소와 함께 새로운 민주적 성격을 복합한 것이었다.

정치체제의 안전을 위협하는 것은 반란이었다. 그런데, 그에 못지않게 도시의 단합을 저해하는 것은 국가정책에 대한 시민의 무관심과 국가권력으로부터 이탈하려는 과두파들의 원심적 경향이었다. 특히 내란시 도시국가의 존립에 대한 무관심은 반란과 같은 정도로 국가의 이익과 단결을 해치는 것이었다. 따라서, 『아테네 국제』는 중립금지법의 제정동기를 다음과 같이 적고 있다: "도시가 흔히 내란상태에 있었는데, 그[솔론]는 시민중의 일부가 [국가에 대한] 무관심(rhathymia)으로 인해 '자치(自治)'를 선호하는 것을 보고 이들에 대한 고발법을 제정하였다."

여기서 저자는 필론의 행위를 대상으로 한, "너무나 악랄하기 때문에 아무도 그러한 경우에 대비하여 입법하지 않았다"라는 언급은, 솔론 시대에 중립금지법이 존재하지 않았음을 의미하는 것이 아니라, 필론의 경우가 중립금지법에서 다루는 경우와 달랐던 것을 의미한다고 믿는다. 데블린(R. Develin)이 지적하고 있듯이, 필론은 아테네를 떠나, 도시 내에 머물지 않았다.[8] 그러나, 솔론의 중립금지법은 도시에 머물러 있으면서, 특히 내란기에 도시국가의 관심사에 대해 소극적이고 무관심한 시민들에게 해당되는 것이었다. 따라서 리시아스의 언급을 근거로 하여 솔론 시대의 중립금지법의 실재를 부인할 필요는 없다.

중립금지법은, 과두파들의 탈법행위와 국가권력으로부터의 원심적 경향을 제한하려는 솔론개혁의 일반적인 취지에 맞추어, 내란시 일부 시

---

7) 이 책 116~117쪽 참조.
8) R. Develin, "Solon's law on *stasis*"(*Historia*, XXVI, 1977), p.108.

민의 정치에 대한 무관심을 방지하려 한 것이라 할 수 있다. 이 법을 통하여 솔론 시대에는 참주보다는 과두파들의 원심적 경향이 더 큰 경계의 대상이었음을 엿볼 수 있다.

3

아레오파고스에 관한 주요사료(Testimony)

1) 주요사료 목록

A. 문헌사료[저자 혹은 저서순]

```
*         Ἀέτιος, I, vii, 1[ed, H. Diels, Doxographi Graeci ](500 A.D.) : cf.
          T.175[Πλούταρχος, Ἠθικά, 880 E]
1.        Ἀθήναιος, Δειπνοσοφισταί, IV, 167d ~ e(2/3C A.D.)
2.        _____   ibid. IV, 168a ~ b[cf. Φιλόχορ. FGH, 328, F.196]
*         _____   ibid. VI, 245c : cf. T.200[Φιλόχορ. FGH, 328, F.65]
3.        _____   ibid. VI, 255f
4.        _____   ibid. IX, 405e
5.        _____   ibid. XIII, 566f[cf. Ὑπερείδης,138, ed. Ch. Jensen]
6.        _____   ibid. XIII, 591d ~ e
7.        Αἰλιανός Κλαύδιος, Ποικίλη Ἱστορία, V, 15(2/3C A.D.)
8.        _____   ibid. V, 18
*         Αἴλιος Ἀριστείδης : cf. Ἀριστείδης(Αἴλιος)
9.        Αἰσχίνης, I[ΚατὰΤιμάρχου ], 81 ~ 84(345 B.C.)
10.       _____   I, 91 ~ 92
11.       _____   I[Περὶ τῆς Παραπρεσβείας ], 93(343 B.C.)
12.       _____   III[Κατὰ Κτησιφῶντος ], 20(330 B.C.)
13.       _____   III, 51
14.       _____   III, 252
15.       [ _____ ] Ἐπιστολαί, XI, 8
16.       ( _____ ) Σχόλια, I, 19
```

17.	(_____)	Σχόλια, I, 188
18.	Αἰσχύλος, Εὐμενίδες, 681 ~ 706(458 B.C.)
19.	(_____)	Σχόλια[ed. G. Dindorf], Εὐμενίδες, 743
20.	'Αλκίφρων, Ἐπιστολαί, I, xvi, 1(4C A.D.)
21.		ibid. III, vii, 5
22.		ibid. III, xxxvi, 2
23.	'Αλκίφρων, Ibid. IV, xviii, 6
24.	'Ανδοκίδης, I[Περὶ τῶν Μυστηρίων], 78(399 B.C.)
25.		I, 83 ~ 84
*		'Ανδροτίων, FGH, 324, F. 3 = Φιλόχορ. F. 4 : cf. T.198[Φιλόχορ. F.20]
*		'Ανδροτίων, FGH, 324, F.4 : cf. T.198[Φιλόχορ. F.20]
26.	Anonymus Argentinensis, line 19 ~ 25(4C B.C. ?)
27.	'Απολλόδωρος, Βιβλιοθήκη, III, xiv, 2(1C A.D.)
28.		ibid. III, xv,1
29.		ibid. III, xv, 9
*		FGH, 244, F.94 : cf. T.197[Φιλόχορ. F.3]
30.	'Αριστείδης (Αἴλιος), XIII[Παναθηναϊκός], 107, 17 ~ 108, 11(129 ~189 A.D.)
31.		XIII [Παναθηναϊκός], 193
31α.	(_____)	Σχόλια, 107, 16 [ed. G. Dindorf, v.3, pp.64 ~ 5]
32.	(_____)	Σχόλια, 193, 16, 17 : 194, 8[ed. G. Dindorf, v.3, pp.334 ~ 5].
33.	'Αριστοτέλης, 'Αθηναίων πολιτεία, III, 6 ~ IV, 1(328 ~ 325 B.C.)
34.		ibid. IV, 4
35.		ibid. VIII, 2
36.		ibid. VIII, 4
36α.		ibid. XVI, 8
37.		ibid. XXIII, 1 ~ 4
38.		ibid. XXV, 1 ~ XXVI, 1
39.		ibid. XXVII, 1
40.		ibid. XXXV, 2
41.		ibid. XLI, 2
41α.		ibid. XLVII, 2
42.		ibid. LVII, 2 ~ 4
43.		ibid. LX, 2 ~ 3
44.		Ἠθικὰ μεγάλα, 1188b 28 ~ 37
45.		Πολιτικά, 1273 b 35 ~1274a 4(p.a.336 B.C.)
46.		ibid. 1274a 5 ~ 11
47.		ibid. 1304a 17 ~ 24.
43.		ibid. 1315b 21 ~ 22
49.		'Ρητορική, 1354a 21 ~ 31(335 ~ 322 B.C.; c.a.330 B.C.)
50.		ibid. 1398b 23 ~ 29
*		F.398[Πλούτ. Θεμιστ. X, 6] : cf. T.128
*		F.404[Argum. Isocrat. Areopagit. apud Schol. in Aeschinem et Isocr. ed. G. Dindorf, Oxon. 1852, p.111] : cf. T.125['Ισοκ. VII, 'Υπόθεση]
*		F.417 : cf. T.179[Πολυδ. VIII, 87 ~ 88]

3. 아레오파고스에 관한 주요사료 295

* Ἀριστοτέλης, F.424 : cf. T.180 [Πολυδ. VIII, 99]
* _____ F.441 : cf. T.181[Πολυδ. VIII, 99]
* _____ F.611, 7[Cod. Vatic. 997, bombyc. s. XIII] : cf. T.110
    ['Ηρακλείδης Ποντικός, Περὶ πολιτείων, I, 'Αθηναίων, 10]
51. Ἀριστοφάνης, Σχόλια, Ἱππῆς, 445
52. (_____) Σχόλια, Ἀχαρνῆς, 54[cf. Σούδα, s.v. τοξόται)
53. Ἁρποκρατίων, s.v. βουλεύσεως(1C A.D.)
54. _____ s.v. ἐπιθέτους ἑορτάς
* Scriptores Historiae Augustae, Trebellius Pollius, Gallieni duo, XI, 3 ~ 5 : cf. T.190
* Aulus Gellius : cf. Gellius(Aulus)
55. Bekker, Anecdota Graeca I[Lexica Segueriana], pp. 253 ~ 4[Λέξεις 'Ρητορικαί], s.v. ἐπάνω δικαστήριον καὶ ὑποκάτω[1814 A.D.]
56. _____ ibid. p.310, 28 ~ 29 : p. 311, 9 ~12[Λέξεις 'Ρητορικαί], s.v. ἐν ποίοις δικαστηρίοις τίνες λαγχάνονται δίκαι;
56α. _____ ibid. p. 444, 1 ~12 (Συναγωγὴ Λέξεων Χρησίμων), s.v. Ἄρειος πάγος [cf. Ἑλλάνικος, FGH, 323a, F.1[T.105]
57. Cicero, De Divinatione, I, xxv(54)(1C B.C.)
58. _____ De Officiis, I, xxii(75)
59. _____ De Natura Deorum II, xxix(74)
60. _____ Pro Balbo, XIII(30)(65 B.C)
61. _____ Epistulae ad Atticum, I, xiv, 5(61 B.C.)
62. _____ ibid. I, xvi, 5(61 B.C.)
63. _____ ibid. V, xi, 6(51 B.C.)
64. _____ Epistulae ad Familiares. XIII, i, 5(51 B.C.)
65. Δάμων, F. 2[ed. H. Diels, Fragmente Vorsokratiker](3C B.C.)[cf. Φιλόδημος, Περὶ μουσικῆς, IV, 33)
66. Δείναρχος, I[Κατὰ Δημοσθένους], 3 ~ 6(323 B.C.)
67. _____ I, 9 ~ 12
68. _____ I, 15
69. _____ I, 44 ~ 47
70. _____ I, 50 ~ 52
71. _____ I, 53 ~ 59
72. _____ I, 61 ~ 63
73. _____ I, 66 ~ 67
74. _____ I, 82 ~ 84 : 86 ~ 87
75. _____ I, 112
76. _____ II[Κατὰ Ἀριστογείτονος], 1(323 B.C.)
77. _____ III[Κατὰ Φιλοκλέους], 7 ~ 8
78. _____ III, 17 ~ 8
79. Δημάδης, Ὑπὲρ τῆς δωδεκαετίας , 60
80. Δημοσθένης, XVIII[Περὶ τοῦ Στεφάνου], 132 ~136
81. _____ XX (Πρὸς Λεπτίνην), 157 ~ 8(355 B.C.)
82. _____ XXIII[Κατὰ Ἀριστοκράτους], 22 : 24 ~ 26 : cf. 215(p.a370 B.C.)
83. _____ XXIII, 65 ~ 70

84. _____ XXIV[Κατὰ Τιμοκράτους), 22(353 B.C.?)
85. _____ XXV (Κατὰ 'Αριστογείτονος, I], 23(338 ~ 324,B.C.)
86. _____ XXVI[Κατὰ 'Αριστογείτονος, II], 5(338 ~ 324 B.C.)
87. _____ XL[Πρὸς Βοιωτὸν περὶ προικὸς μητρωίας, II], 32 ~ 33
88. _____ XL, 57
89. _____ LIV[Κατὰ Κόνωνος], 25
90. _____ LIV, 28
91. _____ LVIII[Κατὰ Θεοκρίνους], 29
92. _____ LIX[Κατὰ Νεαίρας), 80 ~ 83(a.a.339 B.C.)
93. _____ 'Επιστολαί, III, 42
94. (_____) Σχόλια [XX, Πρὸς Λεπτίνην], 484, 14
95. (_____) Σχόλια [XXI, Κατὰ Μειδίου], 552, 6
96. (_____) Σχόλια [XXI, Κατὰ Μειδίου], 552, 19 : 23
97. (_____) XXII[Κατὰ 'Ανδροτίωνος], 'Υποθέσεις
98. Διόδωρος Σικελιώτης, I, lxxv, 3(1C A.D.)
99. _____ IV, lxxvi, 7
100. _____ XI, lxxvii, 6
101. Διογένης ὁ Λαέρτιος, I, 110['Επιμενίδης](3C. A.D.)
102. _____ II, 101['Αρίστιππος]
103. _____ II, 116[Στίλπων]
104. _____ VII, 168 ~ 9[Ζήνων]
105. 'Ελλάνικος, FGH, 323a, F.1(5C. B.C.)[cf. T.56a : 106a : 185]
106. _____ F.22[cf. T.106a : 185]
* Etymologicum Genuinum [ed. Müller, p.41], ed. ˝Αρειος πάγος : cf. T.105
['Ελλάνικος, 323a, F.1]
106a. Etymologicum Magnum, p.139, 8 ~18[cf. T.105]
107. Εὐριπίδης, 'Ηλέκτρα, 1258 ~ 1272[5C B.C.]
108. _____ 'Ιφιγένεια ἡ ἐν Ταύροις, 961 ~ 972
* (_____) Σχόλια, 'Ορέστης 1648: 1651 : cf. T.106['Ελλάνικος, FGH,
323a, F.22]
109. Gellius(Aulus), Noctes Atticae, XII, 7[cf. Valerius Maximus, VIII, i, amb 2 ;
T.194]
110. 'Ηρακλείδης ὁ Ποντικός, 'Εκ τῶν 'Ηρακλείδου περὶ πολιτειῶν, I, 'Αθηναί-
ων, 10(4C B.C.)[cf. 'Αριστοτέλης, F.611, 7]
111. _____ F.170 [ed. F. Wehrli, Die Schule des Aristoteles]
112. 'Ηρόδοτος, VIII, 52(5C B.C.)
113. 'Ησύχιος, s.v. ˝Αρειος πάγος(5C B.C.)
114. _____ s.v.. 'Αρεοπαγίτης
115. _____ Διὰ τῶν ἐν παιδείᾳ διαλαμψάντων, [Θ] 33[ed. K. Müller, FHG,
v.4]
116. (Θουκυδίδης), Βίος (ἀνώνυμος), 6
117. 'Ιμέριος, Λόγος 7 ['Αρεοπαγιτικὸς ἢ ἐλευθερωτικός](4C A.D.)
118. _____ Λόγος 27
119. 'Ιουλιανός, Λόγος, III[Κωνστάντιος ἢ περὶ βασιλείας], 60d ~ 61(4C A.D.)
120. 'Ιουστῖνος ὁ Φιλόσοφος καὶ Μάρτυς, Λόγος παραινετικὸς πρὸς ˝Ελληνας,
22[P.G. v.6, p.280](2C A.D.)

121. _____ ibid. 36[*P.G.* v.6, p.305]
122. Ἰσοκράτης, VII[Ἀρεοπαγιτικός], 37 ~ 38(355/4 B.C.)
123. _____ VII, 51
124. _____ XII[Παναθηναϊκός], 154(339 B.C.)
125. _____ VII [Ἀρεοπαγιτικός], Ὑπόθεση[cf. Ἀριστοτέλης, F.404]
126. Ἴστρος, *FGH*, 334 F.21(3C. B.C.)
127. Καινὴ Διαθήκη, Πράξεις τῶν Ἀποστόλων, XVII, 19 : 21 ~ 22 : 33 ~ 34
* Κικέρων : cf. Cicero
128. Κλείδημος, *FGH*, 323 F.21[cf. Πλούτ. Θεμιστ. X, 6](4C B.C.)[cf. Ἀριστοτέλης, F.398)
129. Κλήμης ὁ Ἀλεξανδρεύς, Στρωματεῖς, II, 14(200 A.D.)
* *Lexica Segueriana* : cf. Bekker
130. Λουκιανός, X[Περὶ τοῦ οἴκου],18(2C. A.D.)
131. _____ XXV[Τίμων], 46
132. _____ XXVII[Βίων πρᾶσις], 7
133. _____ XXIX[Δὶς κατηγορούμενος), 4
134. _____ XXIX, 12
135. _____ XXIX, 13 ~ 24
136. _____ XXXVII[Ἀνάχαρσις], 19
137. _____ XLV[Περὶ ὀρχήσεως], 39
138. _____ LXVIII [Σκύθης ἢ Πρόξενος], 2
139. _____ LXX[Ἑρμότιμος ἢ περὶ Αἰρέσεων), 64
140. _____ LXXX[Ἑταιρικοὶ διάλογοι), vii, 2
141. Λυκοῦργος, I[Κατὰ Λεωκράτους], 12(33B.C.)
142. _____ I, 52
143. Λυσίας, I[Ὑπὲρ τοῦ Ἐρατοσθένους φόνου ἀπολογία], 30
144. _____ VI[Κατὰ Ἀνδοκίδου Ἀσεβείας], 13 ~ 15(p.a. 399 B.C.)
145. _____ VII [Ἀρεοπαγιτικός περὶ τοῦ σηκοῦ ἀπολογία], 21 ~ 22 : 25(p.a. 397 B.C.)
146. Λυσίας, X[Κατὰ Θεομνήτους Α], 6 ~ 7 : 11 ~ 12 [384 ~ 383 B.C.]
147. _____ X, 31
148. _____ XII[Κατὰ Ἐρατοσθένους τοῦ γενομένου τῶν Τριάκοντα], 69
149. Λυσίας, XXVI[Περὶ τῆς Εὐάνδρου δοκιμασίας], 11 ~ 12(382 B.C.)
* Λυσίας, F.178[Sauppe] : cf. T.54[Ἁρποκρατίων, s.v. ἐπιθέτους ἑορτάς]
150. Μάξιμος ὁ Ὁμολογητής, Πρόλογος εἰς τὰ τοῦ Ἁγίου Διονυσίου, *P.G.* v.4, pp.16 ~17(7C A.D.)
151. *Μηναῖα τῆς Ἑλληνικῆς Ἐκκλησίας*, Ὀκτωβρίου, γ
152. Μιχαὴλ Ἀποστόλιος, VII, 80[*P.G.* v.162](15C A.D.)
153. Μιχαὴλ ὁ Σύγγελος, Ἐγκώμιον εἰς τῶν Ἅγιον Διονύσιον, *P.G.* v.4, pp.620 ~ 621 : 624 : 630(8 ~ 9C A.D..)
154. Νικόλαος ὁ Δαμασκηνός, *FGH*, 90, F.25
155. Ξενοφῶν, Ἀπομνημονεύματα, III, v, 20(4C. B.C.)
156. Παυσανίας, I[Ἀττικά], xxviii, 5 ~ 7(2C A.D.)
157. _____ I, xxix, 15
158. _____ IV[Μεσσηνιακά], V, 2 : 7
159. [Πλάτων], Ἀξίοχος, 367 A

159a. (_____), Σχόλια, Φαίδρος, 229D
160. Πλούταρχος, Βίοι Παράλληλοι, Δημοσθένης, XIV, 5(1/2C A.D.)
161. _____ ibid. XXVI, 1
* _____ Θεμιστοκλῆς, X, 4 : cf. T.128[Κλείδημος, F.21]
162. _____ Κικέρων, XXIV, 7
163. _____ Κίμων, XV, 1 ~ 2
164. _____ Περικλῆς, IX, 3 ~ 4
165. _____ Σόλων, XIX
166. _____ ibid. XXII, 3
167. _____ ibid. XXXI, 2
168. _____ Φωκίων, XVI, 3
169. _____ 'Ηθικά [Πότερον 'Αθηναῖοι κατὰ πόλεμον ἢ κατὰ σοφίαν ἐνδοξότεροι], 348B
170. _____ 'Ηθικά [Εἰ πρεσβυτέρῳ πολιτευτέον], 790B ~ C
171. _____ ibid. 794B
172. _____ 'Ηθικά [Πολιτικά παραγγέλματα], 812D
173. _____ 'Ηθικά [Περὶ τῶν δέκα ῥητόρων], 846B ~ C
174. _____ ibid. 850A
175. _____ 'Ηθικά [Περὶ τῶν ἀρεσκόντων τοῖς φιλοσόφοις βιβλία πέντε], 880E[cf. Ἀέτιος, I, vii, 1)
176. Πλούταρχος, Epistola ad Trajanum, VII, 2
177. Πολυδεύκης, VIII, 33(2C A.D.)
178. _____ VIII, 57
179. _____ VIII, 87 ~ 88[cf. 'Αριστοτέλης, F.417]
180. Πολυδεύκης, VIII, 90[cf. 'Αριστοτέλης, F.424]
181. _____ VIII, 99[cf. 'Αριστοτέλης, F.441]
182. _____ VIII, 117 ~ 120
183. _____ VIII, 125
184. Quintilianus, Institutiones Orationes, V, ix, 13(1C B.C.)
185. Σούδα, s.v. ῎Αρειος πάγος[10C A.D.] [cf. 'Ελλάνικος, F.1= T.105]
186. _____ s.v. 'Αρεοπαγίτης
* _____ s.v. τοξόται : cf. T.52['Αριστοφάνης, Σχόλια, 'Αχαρνῆς, 54]
187. Stephanus Byzanz, s.v. ῎Αρειος πάγος[cf. T.197](5C A.D.)
188. Συμεὼν ὁ Μεταφραστής, Βίος καὶ πολιτεία τοῦ ἐν Ἁγίοις Πατρὸς ἡμῶν Διονυσίου ἐπισκόπου 'Αθηνῶν τοῦ 'Αρεοπαγίτου, P.G. v.4, p.592(10C A.D.)
189. Tacitus, Annales, II, 55(1C A.D.)
190. Trebellius Pollius, Gallieni duo [Scriptores Historiae Augustae], XI, 3 ~ 5 (c.a.306 A.D.)
191. Ὑπερείδης, V[Κατὰ Δημοσθένους ὑπὲρ τῶν Ἁρπαλείων], col. 2 ~ 6(323 B.C.)
192. _____ V, col. 38 ~ 39
* Ὑπερείδης, F.138[ed. Ch. Jensen, Stuttgart, 1963] : cf. T.5['Αθήναιος, Δειπνοσοφισταί, XIII, 566f]
193. Valerius Maximus, V, 3, Ext. 3(? ~ 175 A.D.)
194. _____ VIII, i, amb 2[cf. Aulus Gellius, Noctes Atticae XII, 7 = T.109]

3. 아레오파고스에 관한 주요사료 **299**

195. Vitruvius, II, i, 5(? ~ 456 B.C.)
196. Φαβώρινος, *Πρὸς φυγῆς*, XXI, 53 ~ XXII, 3
* Φανόδημος, *FGH*, 325, F.10 : cf. T.2['Αθήναιος, *Δειπνοσοφισταί*, 168a]
* Φιλόδημος, *Περὶ Μουσικῆς*, IV, 33(50 B.C.) : cf. T.65[Δάμων, F.2. ed. H. Diels, *Frag. Vorsokrat.*]
197. Φιλόχορος, *FGH*, 328, F. 3(4/3C A.D.)[cf. T.187]
*. _____ F.4 (='Ανδροτίων, *FGH*, 324, F.3] : cf. T.198[Φιλόχορ. F.20]
198. _____ F.20[cf. 'Ανδροτίων, *FGH*, 324, F.3 : 4] [cf. T.150]
199. _____ F.64
200. _____ F.65[='Αθήναιος, *Δειπνοσοφισταί*, VI, 245C]
* _____ F.196 : cf. T.2['Αθήναιος, *Δειπνοσοφισταί*, IV, 168a]
201. Φώτιος, *Βιβλιοθήκη*, 279, 'Ελλαδίου, 873H(9C A.D.)
202. _____ ibid. 874H
203. 'Ωριγένης, *Κατὰ Κέλσου*, IV, 67(3C A.D.)
204. 'Ωριγένης, V, 20 ~ 21

B. 주요 금석문사료

205. *Hesp.* XXVI(1957), n. 64(c.a.400 B.C.)
206. *IG*, II ~ III^2, 204[=*SIG* ^{3}, 204](352 ~1 B.C..)
207. *Hesp.* XXI(1952), p.355 ~ 6(337 ~ 6 B.C.)
208. *IG*, II ~ III^2, 1412(p.a. 385 ~ 384 B.C.) : 1421(373/2 B.C.) :1455 (340 ~ 339 B.C.) : 1460(330 ~ 329 B.C.) : 1492(305 ~ 304 B.C.)
209. *IG*, II ~ III^2, 479(c.a. 305 ~ 4 B.C.)
210. Marmor Parium(Zeittafeln, 1531/0 B.C.), *FGH*, 239, A3[264 ~ 3 B.C.]
211. _____ ibid. A 25(208 ~ 7 B.C.)
212. *IG*, II ~ III^2, 1013(the end of 2C B.C.)

2) 주요사료

A. 문헌사료[저자 혹은 저서순]

* Ἀέτιος, I, vii, 1[ed. H. Diels, *Doxographi Graeci*] : cf. T.175 (Πλούταρχος, *Ἠθικά*, 880 E)

1. Ἀθήναιος, Δειπνοσοφισταί, IV, 167d ~ e
εἰς τοσοῦτον δ' ἀσωτίας ἐληλύθει καὶ Δημήτριος ὁ Δημητρίου τοῦ Φαληρέως ἀπόγονος, [e]ὥς φησιν Ἡγήσανδρος[cf. *FHG*, IV, 415], ὥστε Ἀρισταγόραν μὲν ἔχειν τὴν Κορινθίαν ἐρωμένην, ζῆν δὲ πολυτελῶς. ἀνακαλεσαμένων δ' αὐτὸν τῶν Ἀρεοπαγιτῶν καὶ κελευόντων βέλτιον ζῆν, "ἀλλὰ καὶ νῦν, εἶπεν, ἐλευθερίως ζῶ ...

2. Ἀθήναιος, Δειπνοσοφισταί, IV, 168a ~ b[cf. Φιλόχορ. *FGH*, 328, F.196]
ὅτι δὲ τοὺς ἀσώτους καὶ τοὺς μὴ ἔκ τινος περιουσίας ζῶντας τὸ παλαιὸν ἀνεκαλοῦντο οἱ Ἀρεοπαγῖται καὶ ἐκόλαζον, ἱστόρησαν Φανόδημος[cf. *FHG*, I, 368] καὶ Φιλόχορος ἄλλοι τε πλείους. Μενέδημον[cf. c.a. 350 ~ 278 B.C.] γοῦν καὶ Ἀσκληπιάδην τοὺς φιλοσόφους νέους ὄντας καὶ πενομένους μεταπεμψάμενοι ἠρώτησαν πῶς ὅλας τὰς ἡμέρας τοῖς φιλοσόφοις συσχολάζοντες, κεκτημένοι δὲ μηδέν, εὐεκτοῦσιν οὕτω τοῖς σώμασι· καὶ οἱ ἐκέλευσαν μεταπεμφθῆναί τινα τῶν μυλωθρῶν. [b] ἐλθόντος δ' ἐκείνου καὶ εἰπόντος ὅτι νυκτὸς ἑκάστης κατιόντες εἰς τῶν μυλῶνα καὶ ἀλοῦντες δύο δραχμὰς ἀμφότεροι λαμβάνουσι, θαυμάσαντες οἱ Ἀρεοπαγῖται διακοσίαις δραχμαῖς ἐτίμησαν αὐτούς.

* Ἀθήναιος, Δειπνοσοφισταί, VI, 245c : cf. T.200[Φιλόχορ. *FGH*, 328, F.65]

3. Ἀθήναιος, Δειπνοσοφισταί, VI, 255f
παραδεδεγμένοι δ'εἰσὶ πάντες οἱ κατὰ τὴν Κύπρον μόναρχοι τὸ τῶν εὐγενῶν κολάκων γένος ὡς χρήσιμον· πάνυ γὰρ τὸ κτῆμα τυραννικόν ἐστι. καὶ τούτων οἷον Ἀρεοπαγιτῶν τινων οὔτε τὸ πλῆθος οὔτε τὰς ὄψεις ἔξω τῶν ἐπιφανεστάτων οἶδεν οὐδείς.

4. Ἀθήναιος, Δειπνοσοφισταί, IX, 405e
ὅσον ἀπὸ ταύτης τῆς τέχνης εἴργασμ' ἐγώ, κατὰ τὸν κωμικὸν Δημήτριον, ὃς ἐν τῷ ἐπιγραφομένῳ Ἀρεοπαγίτῃ ταῦτ' εἴρηκεν ... [cf. ibid. IV, 539m]

5. Ἀθήναιος, Δειπνοσοφισταί, XIII 566f[cf. Ὑπερείδης, F.138, ed. Ch. Jensen]
Ὑπερείδης δὲ ἐν τῷ κατὰ Πατροκλέους, εἰ γνήσιος ὁ λόγος, τοὺς Ἀρεοπαγίτας φησὶν ἀριστήσαντά τινα ἐν καπηλείῳ κωλῦσαι ἀνιέναι εἰς Ἄρειον πάγον.

6. Ἀθήναιος, Δειπνοσοφισταί, XIII, 591d ~ e
παρεσίτει δὲ τῇ Φρύνῃ Γρυλλίων εἷς ὢν τῶν Ἀρεοπαγιτῶν[1], [e] ὡς καὶ
Σάτυρος ὁ Ὀλύνθιος ὑποκριτὴς Παμφίλῃ.
1. Ἀρεοπαγειτῶν A : corr. E

7. Αἰλιανός Κλαύδιος, Ποικίλη Ἱστορία, V, 15
Ὅτι δικαστήρια ἦν Ἀττικὰ περὶ μὲν τῶν ἐκ προνοίας ἀποκτεινάντων ἐν
Ἀρείῳ πάγῳ, περὶ δὲ τῶν ἀκουσίως ἐπὶ Παλλαδίῳ, περὶ δὲ τῶν κτεῖναι μὲν
ὁμολογούντων, ἀμφισβητούντων δὲ ὅτι δικαίως, ἐπὶ Δελφινίῳ ἐγίνοντο αἱ
εὔθυναι.

8. Αἰλιανός Κλαύδιος, Ποικίλη Ἱστορία, V, 18
Ἡ ἐξ Ἀρείου πάγου βουλὴ ἐπεί τινα φαρμακίδα συνέλαβον καὶ ἔμελλον
θανατώσειν, οὐ πρότερον αὐτὴν ἀπέκτειναν, πρὶν ἢ ἀπεκύησεν· ὅτε γὰρ
συνελήφθη, ἔκυε. Τὸ ἀναίτιον οὖν βρέφος ἀναλύοντες τῆς καταδίκης, τὴν
αἰτίαν μόνην ἐδικαίωσαν τῷ θανάτῳ.

* Αἴλιος Ἀριστείδης : cf. Ἀριστείδης (Αἴλιος)

9. Αἰσχίνης, Ι[Κατὰ Τιμάρχου], 81 ~ 84
Τῆς γὰρ βουλῆς τῆς ἐν Ἀρείῳ πάγῳ πρόσοδον ποιουμένης πρὸς τὸν δῆμον
κατὰ τὸ ψήφισμα ὃ οὗτος εἰρήκει περὶ τῶν οἰκήσεων τῶν ἐν τῇ Πυκνί, ἦν μὲν
ὁ τὸν λόγον λέγων ἐκ τῶν Ἀρεοπαγιτῶν Αὐτόλυκος, καλῶς νὴ τὸν Δία καὶ
τῶν Ἀπόλλω καὶ σεμνῶς καὶ ἀξίως ἐκείνου τοῦ συνεδρίου βεβιωκώς· [82]
ἐπειδὴ δέ που προϊόντος τοῦ λόγου εἶπεν ὅτι τό γε εἰσήγημα τὸ Τιμάρχου
ἀποδοκιμάζει ἡ βουλή, "Καὶ περὶ τῆς ἐρημίας ταύτης καὶ τοῦ τόπου τοῦ ἐν
τῇ Πυκνὶ μὴ θαυμάσητε, ὦ ἄνδρες Ἀθηναῖοι, εἰ Τίμαρχος ἐμπειροτέρως ἔχει
τῆς βουλῆς τῆς ἐξ Ἀρείου πάγου", ἀνεθορυβήσατε ὑμεῖς ἐνταῦθα καὶ ἔφατε
τὸν Αὐτόλυκον ἀληθῆ λέγειν· εἶναι γὰρ αὐτὸν ἔμπειρον. [83] ἀγνοήσας δ'
ὑμῶν τὸν θόρυβον ὁ Αὐτόλυκος, μάλα σκυθρωπάσας καὶ διαλιπὼν εἶπεν·
"Ἡμεῖς μέντοι, ὦ ἄνδρες Ἀθηναῖοι, οἱ Ἀρεοπαγῖται οὔτε κατηγοροῦμεν
οὔτε ἀπολογούμεθα, οὐ γὰρ ἡμῖν πάτριόν ἐστιν, ἔχομεν δὲ τοιαύτην τινὰ
συγγνώμην Τιμάρχῳ· οὗτος ἴσως", ἔφη, "ᾠήθη ἐν τῇ ἡσυχίᾳ ταύτῃ μικροῦ
ὑμῶν ἑκάστῳ ἀνάλωμα γίγνεσθαι. "πάλιν ἐπὶ τῇ ἡσυχίᾳ καὶ τῷ μικρῷ
ἀναλώματι μείζων ἀπήντα παρ' ὑμῶν μετὰ γέλωτος θόρυβος. [84] Ὡς δ'
ἐπεμνήσθη τῶν οἰκοπέδων καὶ τῶν λάκκων, οὐδ' ἀναλαβεῖν αὐτοὺς ἐδύνασθε.
Ἔνθα δὴ καὶ παρέρχεται Πύρρανδρος ἐπιτιμήσων ὑμῖν, καὶ ἤρετο τὸν δῆμον
εἰ οὐκ αἰσχύνοιντο γελῶντες παρούσης τῆς βουλῆς τῆς ἐξ Ἀρείου πάγου.
ὑμεῖς δ' ἐξεβάλλετε αὐτὸν ὑπολαμβάνοντες· "Ἴσμεν, ὦ Πύρρανδρε, ὅτι οὐ δεῖ
γελᾶν τούτων ἐναντίον· ἀλλ' οὕτως ἰσχυρόν ἐστιν ἡ ἀλήθεια ὥστε πάντων
ἐπικρατεῖν τῶν ἀνθρωπίνων λογισμῶν".

10. Αἰσχίνης, Ι[Κατὰ Τιμάρχου], 91 ~ 92.
τίς γὰρ ἢ τῶν λωποδυτῶν ἢ τῶν μοιχῶν ἢ τῶν ἀνδροφόνων, ἢ τῶν τὰ μέγιστα
μὲν ἀδικούντων, λάθρα δὲ τοῦτο πραττόντων, δώσει δίκην; καὶ γὰρ τούτων οἱ
μὲν ἐπ' αὐτοφώρῳ ἁλόντες, ἐὰν ὁμολογῶσι, παραχρῆμα θανάτῳ ζημιοῦνται,
οἱ δὲ λαθόντες καὶ ἔξαρνοι γιγνόμενοι κρίνονται ἐν τοῖς δικαστηρίοις,
εὑρίσκεται δὲ ἡ ἀλήθεια ἐκ τῶν εἰκότων. [92] Χρήσασθε δὴ παραδείγματι τῇ
βουλῇ τῇ ἐξ Ἀρείου πάγου, τῷ ἀκριβεστάτῳ συνεδρίῳ τῶν ἐν τῇ πόλει.

πολλούς γὰρ ἤδη ἔγωγε τεθεώρηκα ἐν τῷ βουλευτηρίῳ τούτῳ εὖ πάνυ εἰπόντας καὶ μάρτυρας πορισαμένους ἁλόντας· ἤδη δέ τινας κακῶς πάνυ διαλεχθέντας καὶ πρᾶγμα ἁμάρτυρον ἔχοντας οἶδα νικήσαντας. οὐ γὰρ ἐκ τοῦ λόγου μόνον οὐδ᾽ ἐκ τῶν μαρτυριῶν, ἀλλ᾽ ἐξ ὧν αὐτοὶ συνίσασι καὶ ἐξητάκασι, τὴν ψῆφον φέρουσι. Τοιγάρτοι διατελεῖ τοῦτο τὸ συνέδριον εὐδοκιμοῦν ἐν τῇ πόλει.

11. Αἰσχίνης, II[*Περὶ τῆς Παραπρεσβείας*], 93
καὶ νῦν μὲν δωροδοκίας κατηγορεῖς, πρότερον δ᾽ ὑπέμεινας τὴν ἐπιβολὴν τῆς βουλῆς τῆς ἐξ Ἀρείου πάγου, οὐκ ἐπεξιὼν τῇ τοῦ Παιανιέα, ἀνεψιὸν ὄντα, ἐπιτεμὼν τὴν σαυτοῦ κεφαλήν; καὶ σεμνολογεῖ ὡς οὐκ εἰδόσι τούτοις ὅτι Δημοσθένους υἱὸς εἶ νόθος τοῦ μαχαιροποιοῦ;

12. Αἰσχίνης, III[*Κατὰ Κτησιφῶντος*), 20
πρῶτον μὲν γὰρ τὴν βουλὴν τὴν ἐν Ἀρείῳ πάγῳ ἐγγράφειν πρὸς τοὺς λογιστὰς ὁ νόμος κελεύει λόγον καὶ εὐθύνας διδόναι, καὶ τὴν ἐκεῖ σκυθρωπὸν καὶ τῶν μεγίστων κυρίαν ἄγει ὑπὸ τὴν ὑμετέραν ψῆφον. οὐκ ἄρα στεφανωθήσεται ἡ βουλὴ ἡ ἐξ Ἀρείου πάγου; οὐδὲ γὰρ πάτριον αὐτοῖς. οὐκ ἄρα φιλοτιμοῦνται; πάνυ γε, ἀλλ᾽ οὐκ ἀγαπῶσιν ἐάν τις παρ᾽ αὐτοῖς μὴ ἀδικῇ, ἀλλ᾽ ἐάν τις ἐξαμαρτάνῃ, κολάζουσιν.

13. Αἰσχίνης, III[*Κατὰ Κτησιφῶντος*], 51
τί γὰρ δεῖ νῦν ταῦτα λέγειν, ἢ τὰ περὶ τὴν τοῦ τραύματος γραφὴν αὐτῷ συμβεβηκότα, ὅτ᾽ ἐγράψατο εἰς Ἄρειον πάγον Δημομέλην τὸν Παιανιέα, ἀνεψιὸν ὄντα ἑαυτῷ καὶ τὴν τῆς κεφαλῆς ἐπιτομήν.

14. Αἰσχίνης, III[*Κατὰ Κτησιφῶντος*], 252
ἐγένετό τις, ἄχθομαι δὲ πολλάκις μεμνημένος, ἀτυχία τῇ πόλει. ἐνταῦθ᾽ ἀνὴρ ἰδιώτης ἐκπλεῖν μόνον εἰς Σάμον ἐπιχειρήσας, ὡς προδότης τῆς πατρίδος αὐθημερὸν ὑπὸ τῆς ἐξ Ἀρείου πάγου βουλῆς θανάτῳ ἐζημιώθη.

15. [Αἰσχίνης], *Ἐπιστολαί*, XI, 8
μηδὲ ῥαψῳδείτωσαν μάτην ἐπαινοῦντες ἡμῶν τοὺς προγόνους τε καὶ τὴν χώραν, ὅτι ἐγένοντο ἐν αὐτῇ καὶ ὑπὲρ αὐτῆς <ἠγωνίζοντο> οἱ θεοί· ἐπεὶ πύθεσθε αὐτῶν, τί ἐν τῇ περὶ Χαιρώνειαν μάχῃ τὴν πόλιν ὤνησε τὴν Ἀθηναίων, ὅτι Ἄρης πρὸς Ποσειδῶνα ὑπὲρ Ἁλιρροθίου ἐν Ἀρείῳ πάγῳ ἐκρίθη.

16. (Αἰσχίνης), *Σχόλια*, I[*Κατὰ Τιμάρχου*], 19
στεφανηφόρος] ἀρχὴ αὕτη ἐν Ἀθήναις σεμνὴ καὶ στεφανηφοροῦσα· καὶ ἡ ἀρχὴ στεφανηφόρος. οἱ γὰρ ἐννέα ἄρχοντες στέφανον ἐφόρουν μυρρίνης. ἦσαν δὲ ἄρχων, βασιλεύς, πολέμαρχος καὶ θεσμοθέται ἕξ. οὗτοι δὲ οἱ ἐννέα ἄρχοντες μετὰ τὸ ἐξελθεῖν ἐκ τῆς ἀρχῆς Ἀρεοπαγῖται γίνονται.

17. (Αἰσχίνης), *Σχόλια*, I[*Κατὰ Τιμάρχου*], 188
ταῖς Σεμναῖς] τρεῖς ἦσαν, ὧν τὰς μὲν δύο τὰς ἑκατέρωθεν Σκόπας ὁ Πάριος πεποίηκεν ἐκ τῆς λυχνίτου λίθου, τὴν δὲ μέσην Κάλαμις. οἱ δὲ Ἀρεοπαγῖται τρεῖς ποῦ τοῦ μηνὸς ἡμέρας τὰς δίκας ἐδίκαζον τὰς φονικάς, ἑκάστῃ τῶν θεῶν μίαν ἡμέραν ἀπονέμοντες. ἦν δὲ τὰ πεμπόμενα αὐταῖς ἱερὰ πόπανα καὶ γάλα ἐν ἀγγεσι κεραμικοῖς. φασὶ μέντοι αὐτὰς οἱ μὲν Γῆς εἶναι καὶ Σκότους,

οἱ δὲ Σκότους καὶ Εὐωνύμης, ἣν καὶ Γῆν ὀνομάζεσθαι. κληθῆναι δὲ
Εὐμενίδας ἐπ᾽ Ὀρέστου, πρότερον Ἐρινύας καλουμένας. M.Q.

18. Αἰσχύλος, Εὐμενίδες, 681 ~ 706
κλύοιτ᾽ ἂν ἤδη θεσμόν, Ἀττικὸς λεώς,
πρώτας δίκας κρίνοντες αἵματος χυτοῦ.
ἔσται δὲ καὶ τὸ λοιπὸν Αἰγέως στρατῷ
αἰεὶ δικαστῶν τοῦτο βουλευτήριον.
πάγον δ᾽ Ἄρειον τόνδ᾽, Ἀμαζόνων ἕδραν
σκηνάς θ᾽, ὅτ᾽ ἦλθον Θησέως κατὰ φθόνον
στρατηλατοῦσαι, καὶ πόλιν νεόπτολιν
τήνδ᾽ ὑψίπυργον ἀντεπύργωσαν τότε,
Ἄρει δ᾽ ἔθυον, ἔνθεν ἔστ᾽ ἐπώνυμος
πέτρα, πάγος τ᾽ Ἄρειος· ἐν δὲ τῷ σέβας
ἀστῶν φόβος τε ξυγγενὴς τὸ μὴ ἀδικεῖν
σχήσει τό τ᾽ ἦμαρ καὶ κατ᾽ εὐφρόνην ὁμῶς,
αὐτῶν πολιτῶν μὴ ᾽πιχραινόντων νόμους
κακαῖς ἐπιρροαῖσι· βορβόρῳ δ᾽ ὕδωρ
λαμπρὸν μιαίνων οὔποθ᾽ εὑρήσεις ποτόν.
τὸ μήτ᾽ ἄναρχον μήτε δεσποτούμενον
ἀστοῖς περιστέλλουσι βουλεύω σέβειν,
καὶ μὴ τὸ δεινὸν πᾶν πόλεως ἔξω βαλεῖν.
τίς γὰρ δεδοικὼς μηδὲν ἔνδικος βροτῶν;
τοιόνδε τοι ταρβοῦντες ἐνδίκως σέβας
ἔρυμά τε χώρας καὶ πόλεως σωτήριον
ἔχοιτ᾽ ἄν, οἷον οὔτις ἀνθρώπων ἔχει,
οὔτ᾽ ἐν Σκύθῃσιν οὔτε Πέλοπος ἐν τόποις.
κερδῶν ἄθικτον τοῦτο βουλευτήριον,
αἰδοῖον, ὀξύθυμον, εὐδόντων ὕπερ
ἐγρηγορὸς φρούρημα γῆς καθίσταμαι.

19. (Αἰσχύλος), Σχόλια[ed. G. Dindorf], Εὐμενίδες, 743
ὅσοις δικαστῶν] ὁ ἀριθμός τῶν Ἀρεοπαγιτῶν λ´ καὶ εἷς.

20. Ἀλκίφρων, Ἐπιστολαί, I, xvi, 1
Εἰ μέν τι δύνασαι συμπράττειν, καὶ δῆτα λέγε πρός με, οὐ πρὸς ἑτέρους
ἔκπυστα ποιῶν τἀμά· εἰ δὲ μηδὲν οἷός τε εἶ ὠφελεῖν, γενοῦ μοι τὰ νῦν
Ἀρεοπαγίτου[1] στεγανώτερος.
1. Ἀρεοπαγίτου Ven. Vat. 2, Ἀρειοπαγίτου cet.

21. Ἀλκίφρων, Ἐπιστολαί, III, vii, 5
... ἐν τούτῳ δέ, ἱλαρώτατα καὶ εὐφροσύνως διακειμένου τοῦ συμποσίου,
ἐπέστη ποθὲν Σμικρίνης ὁ δύστροπος καὶ δύσκολος· εἵπετο δ᾽ αὐτῷ πλῆθος
οἰκετῶν, οἳ δραμόντες ἐφ᾽ ἡμᾶς ὥρμησαν. ... ἡμεῖς δὲ νεύματι μόνῳ τοῦ
πρεσβύτου εἰς τοὐπίσω τὰς χεῖρας ἐστρεβλούμεθα· τὰ δὲ μετὰ ταῦτα ξήνας
ἡμᾶς ὑστριχίσιν οὐκ ὀλίγας οὐδ᾽ εὐαριθμήτους, τέλος ἀγαγὼν εἰς τὸ
δεσμωτήριον ἀπέθετο <ὁ> ἄγριος γέρων. καὶ εἰ μὴ συνήθης ὢν καὶ πολλὰ
καθηδυπαθήσας μεθ᾽ ἡμῶν ὁ χαρίεις Εὐθύδικος, ἀνὴρ ἐν τοῖς πρώτοις τοῦ

συνεδρίου τῶν Ἀρεοπαγιτῶν, ἀνέῳξεν ἡμῖν τὸ δεσμωτήριον, τάχ᾽ ἂν καὶ τῷ δημίῳ παρεδόθημεν.

22. Ἀλκίφρων, Ἐπιστολαί, III, xxxvi, 2
ἐπεὶ γὰρ ἔγνω τὸν ἑαυτῆς ἄνδρα προσκείμενον τῇ Ἰωνικῇ παιδίσκῃ τῇ τὰς σφαίρας ἀναρριπτούσῃ καὶ τὰς λαμπάδας περιδινούσῃ, ὑπετόπησεν ἐμὲ πρόξενον εἶναι τῆς κοινωνίας. καὶ διὰ τῶν οἰκετῶν ἀναρπάσασα παραχρῆμα μὲν ἐν κυσοδόχῃ δήσασα κατέσχεν, εἰς τὴν ὑστεραίαν δὲ παρὰ τὸν ἑαυτῆς ἤγαγε πατέρα, τὸν σκυθρωπὸν Κλεαίνετον, ὃς τὰ νῦν δὴ ταῦτα πρωτεύει τοῦ συνεδρίου καὶ εἰς αὐτὸν ὁ Ἄρειος πάγος ἀποβλέπουσιν. ἀλλ᾽ ὅταν τινὰ θέλωσιν οἱ θεοὶ σώζεσθαι, καὶ ἐξ αὐτῶν ἀνασπῶσι βα<ρά>θρων, ὡς κἀμὲ τοῦ τρικαρήνου κυνός, ὃν φασιν ἐφεστάναι ταῖς ταρταρ<ε>ίαις πύλαις, ἐξήρπασαν. οὐκ ἔφθη γὰρ τὰ κατ᾽ ἐμὲ ὁ δεινὸς ἐκεῖνος πρεσβύτης τῇ βουλῇ κοινούμενος, καὶ ἠπιάλῳ συσχεθεὶς εἰς τὴν τρίτην ἀπέψυξε.

23. Ἀλκίφρων, Ἐπιστολαί, IV, xviii, 6
ἐγὼ δὲ οὐ περιμενῶ βουλάς, ἀλλὰ σύ μοι, Γλυκέρα, καὶ γνώμη καὶ Ἀρεοπαγῖτις βουλὴ καὶ Ἡλιαία, <καὶ> ἅπαντα νὴ τὴν Ἀθηνᾶν ἀεί <τε> γέγονας καὶ νῦν ἔσῃ.

24. Ἀνδοκίδης, Ι[Περὶ τῶν Μυστηρίων], 78
καὶ ὅσα ὀνόματα τῶν τετρακοσίων τινὸς ἐγγέγραπται, ἢ ἄλλο τι περὶ τῶν ἐν τῇ ὀλιγαρχίᾳ πραχθέντων ἐστί που γεγραμμένον· πλὴν ὁπόσα ἐν στήλαις γέγραπται τῶν μὴ ἐνθάδε μεινάντων, ἢ ἐξ Ἀρείου πάγου ἢ τῶν ἐφετῶν ἢ ἐκ πρυτανείου ἢ Δελφινίου δικασθεῖσιν [ἢ] ὑπὸ τῶν βασιλέων [ἢ] ἐπὶ φόνῳ τίς ἐστι φυγὴ ἢ θάνατος κατεγνώσθη, ἢ σφαγεῦσιν ἢ τυράννοις[1].
1. ἢ σφαγαῖσιν ἢ τυραννίδι Kirchhoff.

25. Ἀνδοκίδης, Ι[Περὶ τῶν Μυστηρίων], 83 ~ 84
<ΨΗΦΙΣΜΑ> Ἔδοξε τῷ δήμῳ, Τεισαμενὸς εἶπε· πολιτεύεσθαι Ἀθηναίους κατὰ τὰ πάτρια, νόμοις δὲ χρῆσθαι τοῖς Σόλωνος, καὶ μέτροις καὶ σταθμοῖς, χρῆσθαι δὲ καὶ τοῖς Δράκοντος θεσμοῖς, οἷσπερ ἐχρώμεθα ἐν τῷ πρόσθεν χρόνῳ. ὁπόσων δ᾽ ἂν προσδέῃ, οἵδε ᾑρημένοι νομοθέται ὑπὸ τῆς βουλῆς ἀναγράφοντες ἐν σανίσιν ἐκτιθέντων πρὸς τοὺς ἐπωνύμους, σκοπεῖν τῷ βουλομένῳ, καὶ παραδιδόντων ταῖς ἀρχαῖς ἐν τῷδε τῷ μηνί. τοὺς δὲ παραδιδομένους νόμους δοκιμασάτω πρότερον ἡ βουλὴ καὶ οἱ νομοθέται οἱ πεντακόσιοι, οὓς οἱ δημόται εἵλοντο, ἐπειδὰν ὀμωμόκωσιν· ἐξεῖναι δὲ καὶ ἰδιώτῃ τῷ βουλομένῳ εἰσιόντι εἰς τὴν βουλὴν συμβουλεύειν ὅ τι ἂν ἀγαθὸν ἔχῃ περὶ τῶν νόμων. ἐπειδὰν δὲ τεθῶσιν οἱ νόμοι, ἐπιμελείσθω ἡ βουλὴ ἡ ἐξ Ἀρείου πάγου τῶν νόμων, ὅπως ἂν αἱ ἀρχαὶ τοῖς κειμένοις νόμοις χρῶνται. τοὺς δὲ κυρουμένους τῶν νόμων ἀναγράφειν εἰς τὸν τοῖχον, ἵνα περ πρότερον ἀνεγράφησαν, σκοπεῖν τῷ βουλομένῳ.

* Ἀνδροτίων, FGH, 324, F.3[=Φιλόχορ. FGH, 328, F.4) : cf. T.198[Φιλόχορ. FGH, 328, F.20)

* Ἀνδροτίων, FGH, 324, F.4 : cf. T.198[Φιλόχορ. FGH, 328, F.20]

26. Anonymus Argentinensis, line 19 ~ 25
B. Keil[non vidi, cf. U. Wilcken, "Der Anonymus Argentinensis",
Hermes, XLII, 1907, pp.409 ~ 411]
line19   ῞Οτι οἱ θεσ[μοθέτα]ι
20 [   ]νατο δίκας, ἐ.. δὲ τά γ μεν[   ]
21 [εἰσά]γειν αὐτά· μ[ε]τέβαινον (δ[ὲ]) O ..
22 [εἰς ῎Α]ρειον πάγο[ν...]ς δὲ ξθ´ ἐὰ[ν   ]
23 [῞Οτι ὃν ἐνιαυτὸν ἦρχε ὁ Πυθόδ](ω)ρος (404 ~ 3), ὃν αἱ
                χ[ρο]νογραφίαι καὶ ἡ ᾿Α[τθὶς]
24 [ἀναγράφουσιν ὡς ἐγένετο ἄν]αρχος, τὴν τῶν νομοφυλάκων
                ἀρ[χ]ὴ[ν κατέ]-
25 [λυσαν   ἀν]δρῶν ις´.

Jacoby, FGH, IIIb Supple.i, p.338.
19   - ῞Οτι οἱ θεσ[μοθέτα]ι
20   * * διὰ τὸ δίκας, ἐ[πι]δεταγμέν[ας (sic).....
21   * * εἰσά]γειν αὐτο[ί]. μ[ε]τέβαινον δ[ὲ] ο[.....] ν
22   * * εἰς τὸν ῎Α]ρειον πάγο[ν]. τ[οῖ]ς (?) δὲ ξ θεμέ[νοις ?
23   * *] πρὸς ὃν αἱ χρ[ο]νογραφίαι......[..?
24   * *]. αρχος.. νομοφυλάκων ἀρχ.
25   * * ἀν]δρῶν ια´.

27. ᾿Απολλόδωρος, Βιβλιοθήκη, III, xiv, 2
Κέκροψ δὲ γήμας τὴν ᾿Ακταίου κόρην ῎Αγραυλον, παῖδα μὲν ἔσχεν
᾿Ερυσίχθονα, ὃς ἄτεκνος μετήλλαξε· θυγατέρας δὲ ῎Αγραυλον, ῞Ερσην,
Πάνδροσον. ᾿Αγραύλου μὲν οὖν καὶ ῎Αρεος ᾿Αλκίωπη γίνεται. Ταύτην
βιαζόμενος ῾Αλιρρόθιος, ὁ Ποσειδῶνος καὶ νύμφης Εὐρύτης, ὑπὸ ῎Αρεος
φωραθεὶς κτείνεται. Ποσειδῶν δὲ ἐν ᾿Αρείῳ πάγῳ κρίνεται, δικαζόντων τῶν
δώδεκα θεῶν, ῎Αρει· καὶ ἀπολύεται.

28. ᾿Απολλόδωρος, Βιβλιοθήκη, III, xv, 1
Διώκουσαν γὰρ αὐτὴν ἐν τῇ λόχμῃ ἀγνοήσας Κέφαλος ἀκοντίζει, καὶ τυχὼν
ἀποκτείνει Πρόκριν. Καὶ κριθεὶς ἐν ᾿Αρείῳ πάγῳ φυγὴν ἀΐδιον
καταδικάζεται.

29. ᾿Απολλόδωρος, Βιβλιοθήκη, III, xv, 9
Οὗτος ἐξ ᾿Αθηνῶν ἔφυγεν, ἀπὸ τῆς ἀκροπόλεως βαλὼν τὸν τῆς ἀδελφῆς
Πέρδικος υἱὸν Τάλω, μαθητὴν ὄντα, δείσας[ε.ἰ. ὁ Δαίδαλος] μὴ διὰ τὴν
εὐφυΐαν αὐτὸν ὑπερβάλῃ· σιαγόνα γὰρ ὄφεως εὑρών, ξύλον λεπτὸν ἔπρισε.
Φωραθέντος δὲ τοῦ νεκροῦ, κριθεὶς ἐν ᾿Αρείῳ πάγῳ, καταδικασθεὶς πρὸς
Μίνωα ἔφυγε.

* ᾿Απολλόδωρος, FGH, 244, F.94 : cf. T.197[= Φιλόχορ. FGH, 328, F.3]

30. ᾿Αριστείδης (Αἴλιος), XIII[Παναθηναϊκός)] 107, 17 ~ 108, 11
... καὶ λαγχάνει Ποσειδῶν ῎Αρει τὴν ὑπὲρ τοῦ παιδὸς καὶ νικᾷ ἐν ἅπασι τοῖς
θεοῖς καὶ ἐπωνυμίαν ὁ τόπος λαμβάνει τὴν αὐτὴν τοῦ τε συμβάντος σύμβολον

καὶ δικαιοσύνης ὥσπερ ἄλλο τι μαρτύριον καὶ πίστιν εἰς ἀνθρώπους. οὐ γὰρ ἔστιν ὑπὲρ τὸν Ἄρειον πάγον οὐδὲν εὑρεῖν, εἴ τις ὑπερβολὴν ζητοίη. ἀλλ' ὥσπερ τὰ ὕδατα ὅσα μαντικὰ καὶ πνεύματα αὐτόθεν ἰσχύει, οὕτως καὶ [108] οὗτος ὁ χῶρος ὥσπερ ἀνιέναι δοκεῖ τὴν τοῦ δικαίου γνῶσιν ἐναργῆ καὶ τῆς παρὰ τοῖς θεοῖς ὡς δυνατὸν ἐγγυτάτω. καὶ τοσούτῳ τετίμηται παρὰ πάντων τῷ συγκεχωρηκότι, ὥσθ' οἱ μὲν ἡττώμενοι στέργουσιν ὁμοίως τοῖς κεκρατηκόσιν, ἀρχαὶ δὲ πᾶσαι καὶ συνέδρια τά τε ἄλλα καὶ τὸ μέγιστον ὁ δῆμος πάντες ἰδιῶται πρὸς τὰς ἐν τούτῳ τῷ τόπῳ δίκας εἰσὶν εἴκοντες. καὶ μεταβολὴ τοῦ χωρίου τούτου μόνου ἤδη σχεδὸν οὐχ ὕψατο, οἷα δὴ τὰ ἀνθρώπινα, ἀλλ' ὥσπερ ἀγωνιστήριον τοῖς θεοῖς ἀνεῖται καὶ οἷς ἐξ ἐκείνου καθῆκει καὶ πάντες παράδειγμα δικαιοσύνης νομίζοντες οὕτω τιμῶσιν αἰδοῖ τῶν θεῶν. ἑτέρα δὲ γίγνεται κρίσις ὕστερον μικτὴ τοῖς ἀγωνισταῖς, θεία δὲ καὶ αὕτη τοῖς δικασταῖς, ἣν ἀγωνίζεται τῶν Πελοπιδῶν ἀνὴρ[ε.ἰ. Ὀρέστης] δυστυχῶν πρὸς τὰς νῦν προσοίκους τῷ τόπῳ θεὰς σεμνάς, καταφυγὼν καὶ δοὺς ὥσπερ ἔφεσιν εἰς τὴν πόλιν, ὡς ἐνταῦθα εἴπερ που τὴν δικαίαν φιλανθρωπίαν οὖσαν, καὶ τυχὼν τῆς θεοῦ τῶν μανιῶν ἀπαλλάττεται.

31. Ἀριστείδης (Αἴλιος), XIII[*Παναθηναϊκός*] , 193
δημοκρατία δ' αὖ καὶ παιδὶ γνώριμος καὶ καθαρωτάτη δὴ καὶ μεγίστη τῶν πασῶν ἡ παρ' ὑμῖν γεγενημένη. καὶ μὴν εἰς τὴν ἐξ Ἀρείου πάγου βουλὴν βλέψαντα πάντα ἂν ἡγοῦμαι φῆσαι μὴ εἶναι καλλίω λαβεῖν ἀριστοκρατίας εἰκόνα μηδ' ἥτις σῴζει μᾶλλον τοὔνομα.

31a. (Ἀριστείδης), *Σχόλια*, XIII[*Παναθηναϊκός*)], 107, 16[ed. G. Dindorf, v.3, pp.64 ~ 5]
λαγχάνει Ποσειδῶν Ἄρει τὴν ὑπὲρ τοῦ παιδός] Ἁλιρρόθιος, ὁ Ποσειδῶνος, Ἀλκίππην, τὴν Ἄρεος, φθείρας παρανόμως ὑπ' αὐτοῦ τέθνηκεν. ὅθεν συνίστησι, δικαστήριον ἐξ ἁπάντων τῶν θεῶν κατ' αὐτοῦ Ποσειδῶν. κέκληται γοῦν ὁ τόπος, καὶ ὅτι ὀρεινός ἐστι, καὶ ὅτι Ἄρης ἐνταυθοῖ καταδεδίκασται, Ἄρειος πάγος, ἐμφαίνων διὰ τῆς προσηγορίας τήν τε τοῦ Ἄρεος κρίσιν καὶ ὅτι ἀρετῆς ἐργαστήριόν ἐστιν, ἐπειδὴ ἐν αὐτῷ θεοὶ ἐκρίθησαν. AC. ἐδικάζοντο δὲ ἐνταῦθα αἱ φονικαὶ δίκαι μόναι. C. Ἁλιρρόθιος, υἱὸς Ποσειδῶνος, ἠράσθη Ἀλκίππης, τῆς Ἄρεως θυγατρός, καὶ εὑρὼν ὑδρευομένην αὐτὴν ἐπεχείρησε βιάσασθαι· ἡ δὲ τῷ πατρὶ ἀπήγγειλεν· ὁ δὲ ἀπιστῶν, καὶ βουλόμενος θεατὴς γενέσθαι, ἀπέστειλε πάλιν ὑδρεύσασθαι. αὐτὸς ὑπάρχει κατάσκοπος· καὶ λαβὼν αὐτὸν ἐπιχειροῦντα ἀνεῖλε· καὶ ἐγκαλεῖ Ποσειδῶν Ἄρει περὶ τοῦ φόνου τοῦ παιδός, καὶ γίνεται ἐν Ἀθήναις ἡ κρίσις, δικαζόντων τῶν θεῶν, ἐκλήθη Ἄρειος πάγος ὁ τόπος, ἔνθα ἡ δίκη γέγονε, διὰ τὸν Ἄρεα ἐκεῖ πήξαντα τὸ δόρυ. οἱ δὲ ἐκ τούτου κεκλῆσθαι φασίν· ἐπεὶ ὁ Ἄρης τὰς Ἀμαζόνος θυγατέρας ἀνῃρημένας ὑπὸ Ἀθηναίων ἰδών, ἐστράτευσε κατ' αὐτῶν, καὶ ἐν τούτῳ τῷ τόπῳ καθήμενος ἐπολιόρκει τὴν πόλιν. ἄλλοι δὲ ἁπλῶς λέγουσι, διὰ τὸ πολλοὺς ἐκεῖσε γενέσθαι φόνους. οἱ δὲ φόνοι Ἄρεως εἶναι νομίζονται. τινὲς δὲ τὸν μῦθον ἀναπτύσσοντες οὕτω λέγουσιν, ὅτι ὀργιζόμενος ὁ Ἁλιρρόθιος ὑπὲρ τῆς ἥττης τοῦ πατρὸς ἐπεχείρησε κόψαι τὴν ἐλαίαν, καὶ πληγεὶς ὑπ' αὐτοῦ ἐτελεύτησεν· ὅθεν ὁ Ποσειδῶν κατηγορεῖ τοῦ Ἄρεως, ὡς δεσπότου τοῦ σιδήρου. ἄριστα δὲ ὁ Χάραξ ἰῶ φησὶν ὅτι πάγος πᾶς ὑψηλός ἐστι τόπος. ἐπεὶ οὖν ἐνταῦθα παρὰ τοῖς Ἀθηναίοις ἐκρίνετο τὰ φονικά, ὑψηλὸς δὲ ἦν ὁ τόπος, ἐλέγετο πάγος, ὡς ὑψηλός, Ἄρειος δέ, διὰ τὸν φόνον, ὃς σιδήρῳ ἀποτελεῖται. Ἄρης ὁ φόνος· ἀφ' οὗ καὶ ἔναρα, τὰ ὅπλα. καὶ ἔναροι, οἱ πεφονευμένοι ὡς ἂν τις εἴποι

μεταβαλὼν φόνιος τόπος· ὡς καὶ χαρώνιον ἡ τοῦ δεσμωτηρίου ἐλέγετο θύρα· ἀφ᾽ ἧς οἱ πρὸς Χάρωνα ἀγόμενοι τῶν καταδίκων, τουτέστιν οἱ τὴν ἐπὶ θανάτῳ δεχόμενοι ψῆφον, ἤεσαν. D.

32. (Ἀριστείδης), *Σχόλια*, XIII[*Παναθηναϊκός*)] [ed. G. Dindorf, v.3, pp.334 ~ 5]
193, 16. τὸ δ᾽ αὐτὸ τοῦτο καὶ τοῖς ὀλίγοις φυλάττων] καὶ τούτους γὰρ προβάλλονται ἄρχοντας. C.
τοῖς ὀλίγοις] τοῖς ἐν Ἀρείῳ πάγῳ οὖσιν. A
193, 17. ὡσαύτως δὲ καὶ ἡ βουλὴ τὸν δῆμον] δείκνυσι πάλιν καὶ τὴν βουλήν, ἢ τὴν ὀλιγαρχίαν ἔχουσαν ἐν ἑαυτῇ τὴν δημοκρατίαν. BD.
194, 8. τό γε τῆς βουλῆς συνέδριον] βουλὴν λέγει τὸν Ἄρειον πάγον, τὸν νῦν μὲν ὄντα δικαστήριον, τότε δὲ βουλευτήριον· διὸ καὶ συνέδριον ἐκάλεσε διὰ τὸ ἄρχειν τῆς πολιτείας. BD.
ἐπειδὴ τῆς ὀλιγαρχίας ὄνομα οὐκ ἦν καλὸν παραβάλλειν τῇ Ἀττικῇ, ἀντὶ τοῦ εἰπεῖν ὀλιγαρχίαν βουλευτήριον εἶπεν, εὐφημοτέρῳ ὀνόματι χρησάμενος. BD.
τῆς βουλῆς] τῆς ἐν Ἀρείῳ πάγῳ. C.

33. Ἀριστοτέλης, *Ἀθηναίων πολιτεία*, III, 6 ~ IV, 1
ἡ δὲ τῶν Ἀρεοπαγιτῶν βουλὴ τὴν μὲν τάξιν εἶχε τοῦ διατηρεῖν τοὺς νόμους, διῴκει δὲ τὰ πλεῖστα καὶ τὰ μέγιστα τῶν ἐν τῇ πόλει, καὶ κολάζουσα καὶ ζημιοῦσα πάντας τοὺς ἀκοσμοῦντας κυρίως· ἡ γὰρ αἵρεσις τῶν ἀρχόντων ἀριστίνδην καὶ πλουτίνδην ἦν, ἐξ ὧν οἱ Ἀρεοπαγῖται καθίσταντο, διὸ καὶ μόνη τῶν ἀρχῶν αὕτη μεμένηκε διὰ βίου καὶ νῦν. [IV, 1] ἡ μὲν οὖν πρώτη πολιτεία ταύτην εἶχε τὴν ὑπογραφήν.

34. Ἀριστοτέλης, *Ἀθηναίων πολιτεία*, IV, 4
ἡ δὲ βουλὴ ἡ ἐξ Ἀρείου πάγου φύλαξ ἦν τῶν νόμων, καὶ διετήρει τὰς ἀρχὰς ὅπως κατὰ τοὺς νόμους ἄρχωσιν. ἐξῆν δὲ τῷ ἀδικουμένῳ πρὸς τὴν τῶν Ἀρεοπαγιτῶν βουλὴν εἰσαγγέλλειν, ἀποφαίνοντι παρ᾽ ὃν ἀδικεῖται νόμον.

35. Ἀριστοτέλης, *Ἀθηναίων πολιτεία*, VIII, 2
Σόλων μὲν οὖν οὕτως ἐνομοθέτησεν περὶ τῶν ἐννέα ἀρχόντων· τὸ γὰρ ἀρχαῖον ἡ ἐν Ἀ[ρεί]ῳ [πάγῳ βου]λὴ ἀνακαλεσαμένη καὶ κρίνασα καθ᾽ αὑτὴν τὸν ἐπιτήδειον ἐφ᾽ ἑκάστῃ τῶν ἀρχῶν ἐπ᾽ [ἐν]ια[υτ]ὸν [διατάξα]σα[1] ἀπέστελλεν.
1. [διατάξα]σα Kenyon : ... τα legit Wilcken, unde ἄρξαντα Kaibel.

36. Ἀριστοτέλης, *Ἀθηναίων πολιτεία*, VIII, 4
... τὴν δὲ τῶν Ἀρεοπαγιτῶν ἔταξεν ἐπὶ τὸ νομοφυλακεῖν, ὥσπερ ὑπῆρχεν καὶ πρότερον ἐπίσκοπος οὖσα τῆς πολιτείας, καὶ τά τε ἄλλα τὰ πλεῖστα καὶ τὰ μέγιστα τῶν πολιτ<ικ>ῶν διετήρει καὶ τοὺς ἁμαρτάνοντας ηὔθυνεν κυρία οὖσα καὶ ζημιοῦν καὶ κολάζειν, καὶ τὰς ἐκτίσεις ἀνέφερεν εἰς πόλιν οὐκ ἐπιγράφουσα τὴν πρόφασιν δι᾽ ὃ [τὸ ἐ]κτ[ίν]εσθαι, καὶ τοὺς ἐπὶ καταλύσει τοῦ δήμου συνισταμένους ἔκρινεν, Σόλωνος θέντος νόμον εἰσαγγελίας περὶ αὐτῶν.

36a. Ἀριστοτέλης, *Ἀθηναίων πολιτεία*, XVI, 8
μέγιστον δὲ πάντων ἦν τῶν εἰρημένων τὸ δημοτικὸν εἶναι τῷ ἤθει καὶ φιλάνθρωπον. ἔν τε γὰρ τοῖς ἄλλοις ἐβούλετο πάντα διοικεῖν κατὰ τοὺς

νόμους οὐδεμίαν ἑαυτῷ πλεονεξίαν διδούς, καί ποτε προσκληθείς φόνου δίκην εἰς Ἀρείον πάγον αὐτὸς μὲν ἀπήντησεν ὡς ἀπολογησόμενος ὁ δὲ προσκαλεσάμενος φοβηθεὶς ἔλιπεν.

37. Ἀριστοτέλης, Ἀθηναίων πολιτεία, XXIII 1 ~ 4
[1] Τότε μὲν οὖν μέχρι τούτου προῆλθεν ἡ πόλις, ἅμα τῇ δημοκρατίᾳ κατὰ μικρὸν αὐξανομένη· μετὰ δὲ τὰ Μηδικὰ πάλιν ἴσχυσεν ἡ ἐν Ἀρείῳ πάγῳ βουλὴ καὶ διῴκει τὴν πόλιν, οὐδενὶ δόγματι λαβοῦσα τὴν ἡγεμονίαν ἀλλὰ διὰ τὸ γενέσθαι τῆς περὶ Σαλαμῖνα ναυμαχίας αἰτία. τῶν γὰρ στρατηγῶν ἐξαπορησάντων τοῖς πράγμασι καὶ κηρυξάντων σῴζειν ἕκαστον ἑαυτόν, πορίσασα δραχμὰς ἑκάστῳ ὀκτὼ διέδωκε καὶ ἐνεβίβασεν εἰς τὰς ναῦς. [2] διὰ ταύτην δὴ τὴν αἰτίαν παρεχώρουν αὐτῆς τῷ ἀξιώματι καὶ ἐπολιτεύθησαν Ἀθηναῖοι καλῶς κατὰ τούτους τοὺς καιρούς· συνέβη γὰρ αὐτοῖς κατὰ τὸν χρόνον τοῦτον τά τε εἰς τὸν πόλεμον ἀσκῆσαι καὶ παρὰ τοῖς Ἕλλησιν εὐδοκιμῆσαι καὶ τὴν τῆς θαλάττης ἡγεμονίαν λαβεῖν ἀκόντων τῶν Λακεδαιμονίων. [3] ἦσαν δὲ προστάται τοῦ δήμου κατὰ τούτους τοὺς καιροὺς Ἀριστείδης ὁ Λυσιμάχου καὶ Θεμιστοκλῆς ὁ Νεοκλέους, ὁ μὲν τὰ πολέμια ἀσκῶν ὁ δὲ τὰ πολιτικὰ δεινὸς εἶναι καὶ δικαιοσύνῃ τῶν καθ' ἑαυτὸν διαφέρειν· διὸ καὶ ἐχρῶντο τῷ μὲν στρατηγῷ τῷ δὲ συμβούλῳ. [4] τὴν μὲν οὖν τῶν τειχῶν ἀνοικοδόμησιν κοινῇ διῴκησαν, καίπερ διαφερόμενοι πρὸς ἀλλήλους ...

38. Ἀριστοτέλης, Ἀθηναίων πολιτεία, XXV, 1 ~ XXVI, 1
[XXV, 1] Ἡ μὲν οὖν τροφὴ τῷ δήμῳ διὰ τούτων ἐγίνετο. ἔτη δὲ ἑπτακαίδεκα μάλιστα μετὰ τὰ Μηδικὰ διέμεινεν ἡ πολιτεία προεστώτων τῶν Ἀρεοπαγιτῶν, καίπερ ὑποφερομένη κατὰ μικρόν. αὐξανομένου δὲ τοῦ πλήθους γενόμενος τοῦ δήμου προστάτης Ἐφιάλτης ὁ Σοφωνίδου, δοκῶν καὶ ἀδωροδόκητος εἶναι καὶ δίκαιος πρὸς τὴν πολιτείαν, ἐπέθετο τῇ βουλῇ. [2] καὶ πρῶτον μὲν ἀνεῖλεν πολλοὺς τῶν Ἀρεοπαγιτῶν, ἀγῶνας ἐπιφέρων περὶ τῶν διῳκημένων· ἔπειτα τῆς βουλῆς ἐπὶ Κόνωνος ἄρχοντος ἅπαντα περιεῖλετο τὰ ἐπίθετα δι' ὧν ἦν ἡ τῆς πολιτείας φυλακή, καὶ τὰ μὲν τοῖς πεντακοσίοις τὰ δὲ τῷ δήμῳ καὶ τοῖς δικαστηρίοις ἀπέδωκεν. [3] ἔπραξε δὲ ταῦτα συναιτίου γενομένου Θεμιστοκλέους, ὃς ἦν μὲν τῶν Ἀρεοπαγιτῶν ἔμελλε δὲ κρίνεσθαι μηδισμοῦ. βουλόμενος δὲ καταλυθῆναι τὴν βουλὴν ὁ Θεμιστοκλῆς πρὸς μὲν τὸν Ἐφιάλτην ἔλεγεν ὅτι συναρπάζειν αὐτὸν ἡ βουλὴ μέλλει, πρὸς δὲ τοὺς Ἀρεοπαγίτας ὅτι δείξει τινὰς συνισταμένους ἐπὶ καταλύσει τῆς πολιτείας. ἀγαγὼν δὲ τοὺς αἱρεθέντας τῆς βουλῆς οὗ διέτριβεν ὁ Ἐφιάλτης, ἵνα δείξῃ τοὺς ἀθροιζομένους, διελέγετο μετὰ σπουδῆς αὐτοῖς. [4] ὁ δ' Ἐφιάλτης ὡς εἶδεν καταπλαγεὶς καθίζει μονοχίτων ἐπὶ τὸν βωμόν. θαυμασάντων δὲ πάντων τὸ γεγονὸς καὶ μετὰ ταῦτα συναθροισθείσης τῆς βουλῆς τῶν πεντακοσίων κατηγόρουν τῶν Ἀρεοπαγιτῶν ὅ τ' Ἐφιάλτης καὶ <ὁ> Θεμιστοκλῆς, καὶ πάλιν ἐν τῷ δήμῳ τὸν αὐτὸν τρόπον, ἕως περιείλοντο αὐτῶν τὴν δύναμιν. καὶ ἀνῃρέθη δὲ καὶ ὁ Ἐφιάλτης δολοφονηθεὶς μετ' οὐ πολὺν χρόνον δι' Ἀριστοδίκου τοῦ Ταναγραίου.
[XXVI 1] Ἡ μὲν οὖν τῶν Ἀρεοπαγιτῶν βουλὴ τοῦτον τὸν τρόπον ἀπεστερήθη τῆς ἐπιμελείας ...

39. Ἀριστοτέλης, Ἀθηναίων πολιτεία, XXVII, 1
Μετὰ δὲ ταῦτα[ε.ἰ. μερικὲς ἀλλαγὲς μετὰ τὸ θάνατο τοῦ Ἐφιάλτη] πρὸς τὸ δημαγωγεῖν ἐλθόντος Περικλέους καὶ πρῶτον εὐδοκιμήσαντος ὅτε

κατηγόρησε τὰς εὐθύνας Κίμωνος στρατηγοῦντος νέος ὤν, δημοτικωτέραν ἔτι συνέβη γενέσθαι τὴν πολιτείαν. καὶ γὰρ τῶν Ἀρεοπαγιτῶν ἔνια παρείλετο, καὶ μάλιστα προύτρεψεν τὴν πόλιν ἐπὶ τὴν ναυτικὴν δύναμιν ...

40. Ἀριστοτέλης, Ἀθηναίων πολιτεία, XXXV, 2
τὸ μὲν οὖν πρῶτον μέτριοι τοῖς πολίταις ἦσαν καὶ προσεποιοῦντο διοικεῖν τὴν πάτριον πολιτείαν, καὶ τοὺς τ᾽ Ἐφιάλτου καὶ Ἀρχεστράτου νόμους τοὺς περὶ τῶν Ἀρεοπαγιτῶν καθεῖλον ἐξ Ἀρείου πάγου καὶ τῶν Σόλωνος θεσμῶν ὅσοι διαμφισβητήσεις εἶχον, καὶ τὸ κῦρος ὃ ἦν ἐν τοῖς δικασταῖς κατέλυσαν, ὡς ἐπανορθοῦντες καὶ ποιοῦντες ἀναμφισβήτητον τὴν πολιτείαν.

41. Ἀριστοτέλης, Ἀθηναίων πολιτεία, XLI, 2
ἕκτη δ᾽ ἡ μετὰ τὰ Μηδικά, τῆς ἐξ Ἀρείου πάγου βουλῆς ἐπιστατούσης. ἑβδόμη δὲ καὶ μετὰ ταύτην ἣν Ἀριστείδης μὲν ὑπέδειξεν Ἐφιάλτης δ᾽ ἐπετέλεσεν καταλύσας τὴν Ἀρεοπαγῖτιν βουλήν· ἐν ᾗ πλεῖστα συνέβη τὴν πόλιν διὰ τοὺς δημαγωγοὺς ἁμαρτάνειν διὰ τὴν τῆς θαλάττης ἀρχήν.

41a. Ἀριστοτέλης, Ἀθηναίων πολιτεία, XLVII, 2
Ἔπειθ᾽ οἱ πωληταί ι᾽ μέν εἰσι, κληροῦται δ᾽ εἷς ἐκ τῆς φυλῆς. μισθοῦσι δὲ τὰ μισθώματα πάντα καὶ τὰ μέταλλα πωλοῦσι καὶ τὰ τέλη μετὰ τοῦ ταμίου τῶν στρατιωτικῶν καὶ τῶν ἐπὶ τὸ θεωρικὸν ᾑρημένων ἐναντίον τῆς βουλῆς, καὶ κυροῦσιν ὅτῳ ἂν ἡ βουλὴ χειροτονήσῃ, καὶ τὰ πραθέντα μέταλλα τά τ᾽ ἐργάσιμα τὰ εἰς τρία ἔτη πεπραμένα καὶ τὰ συγκεχωρημένα τὰ εἰς ... ἔτη πεπραμένα. καὶ τὰς οὐσίας τῶν ἐξ Ἀρείου πάγου φευγόντων καὶ τῶν ἢ ἄλλων ἐναντίον τῆς βουλῆς πωλοῦσιν, κατακυροῦσι δ᾽ οἱ θ᾽ ἄρχοντες.

42. Ἀριστοτέλης, Ἀθηναίων πολιτεία, LVII, 2 ~ 4
λαγχάνονται δὲ καὶ αἱ τοῦ φόνου δίκαι πᾶσαι πρὸς τοῦτον, καὶ ὁ προαγορεύων εἴργεσθαι τῶν νομίμων οὗτός ἐστιν. εἰσὶ δὲ φόνου δίκαι καὶ τραύματος, ἂν μὲν ἐκ προνοίας ἀποκτείνῃ ἢ τρώσῃ, ἐν Ἀρείῳ πάγῳ, καὶ φαρμάκων, ἐὰν ἀποκτείνῃ δούς, καὶ πυρκαϊᾶς· ταῦτα γὰρ ἡ βουλὴ μόνα δικάζει· τῶν δ᾽ ἀκουσίων καὶ βουλεύσεως κἂν οἰκέτην ἀποκτείνῃ τις ἢ μέτοικον ἢ ξένον, οἱ ἐπὶ Παλλαδίῳ· ἐὰν δ᾽ ἀποκτεῖναι μέν τις ὁμολογῇ, φῇ δὲ κατὰ τοὺς νόμους, οἷον μοιχὸν λαβὼν ἢ ἐν πολέμῳ ἀγνοήσας ἢ ἐν ἄθλῳ ἀγωνιζόμενος, τούτῳ ἐπὶ Δελφινίῳ δικάζουσιν· ἐὰν δὲ φεύγων φυγὴν ὧν αἴδεσις[1] ἐστιν αἰτίαν ἔχῃ ἀποκτεῖναι ἢ τρῶσαί τινα, τούτῳ δ᾽ ἐν Φρεάτου δικάζουσιν· ὁ δ᾽ ἀπολογεῖται προσορμισάμενος ἐν πλοίῳ· δικάζουσι δ᾽ οἱ λαχόντες τα [... 5 or 6 letters][2] πλὴν τῶν ἐν Ἀρείῳ πάγῳ γιγνομένων, εἰσάγει δ᾽ ὁ βασιλεὺς καὶ δικάζουσιν ἐν ἱερ[ῷ] καὶ ὑπαίθριοι, καὶ ὁ βασιλεὺς ὅταν δικάζῃ περιαιρεῖται τὸν στέφανον.
1. αἴδεσις L* : αἴρεσις L⁴.
2. J.D. Thomas[cf. P.J. Rhodes, *A Commentary on the Aristotelian Athenaion Politeia*, p.646] : τα[ῦτα ἐφέται] Kenyon (Akad. Ausg. 1903, p.67). J.E. Sandys, *Aristotle's Constitution of Athens* 2 : α ... ς legit Wicken : τα[ῦτα δικασταὶ] W.R. Paton(*CR*, V, 1891), p.182 : ταῦ[τ᾽] ἄ[νδρε]ς G. Kaibel & U.v. Wilamowitz-Möllendorf, U. Wilcken(Text) : τα[ῦτα πάντα] J.H. Lipsius(Ber. Leipzig, XLIII, 1891), pp.51 ~ 2[non vidi. cf. P.J. Rhodes, *A Commentary on the Aristotelian Athenaion Politeia*, p.646] : ταῦτ᾽ ἄν[δ]ρ[ε]ς M.H.

Chambers(*TAPhA*, XCVI, 1965), pp.38 ~ 9 : ταῦ[τ]α .[.].[.]ς : A.L. Boegehold, *CSCA*, IX, 1976), p.18, n.12 : ταῦτ<α να´ > ἄνδρες R.S. Stroud(*CPh*, LXIII, 1968), p.212.

43. Ἀριστοτέλης, *Ἀθηναίων πολιτεία*, LX, 2 ~ 3
[2] συλλέγεται δὲ τὸ ἔλαιον ἀπὸ τῶν μορίων· εἰσπράττει δὲ τοὺς τὰ χωρία κεκτημένους ἐν οἷς αἱ μορίαι εἰσὶν ὁ ἄρχων, τρί· ἡμικοτύλια ἀπὸ τοῦ στελέχους ἑκάστου. πρότερον δ᾽ ἐπώλει τὸν καρπὸν ἡ πόλις· καὶ εἴ τις ἐξορύξειεν ἐλαίαν μορίαν ἢ κατάξειεν, ἔκρινεν ἡ ἐξ Ἀρείου πάγου βουλή, καὶ εἴ του καταγνοίη, θανάτῳ τοῦτον ἐζημίουν· ἐξ οὗ δὲ τὸ ἔλαιον ὁ τὸ χωρίον κεκτημένος ἀποτίνει, ὁ μὲν νόμος ἔστιν, ἡ δὲ κρίσις καταλέλυται· τὸ δ᾽ ἔλαιον ἐκ τοῦ κτήματος, οὐκ ἀπὸ τῶν στελεχῶν ἐστι τῇ πόλει. [3] συλλέξας οὖν ὁ ἄρχων τὸ ἐφ᾽ ἑαυτοῦ γιγνόμενον τοῖς ταμίαις παραδίδωσιν εἰς ἀκρόπολιν, καὶ οὐκ ἔστιν ἀναβῆναι πρότερον εἰς Ἄρειον πάγον, πρὶν ἂν ἅπαν παραδῷ τοῖς ταμίαις.

44. Ἀριστοτέλης, *Ἠθικὰ μεγάλα*, 1188b 28 ~ 37
δῆλον δ᾽ ἐστὶ τοῦτο ἐκ τῶν γιγνομένων. ὅταν γάρ τις πατάξῃ τινὰ ἢ ἀποκτείνῃ, ἢ τι τῶν τοιούτων ποιήσῃ μηδὲν προδιανοηθείς, ἄκοντά φαμεν ποιῆσαι, ὡς τοῦ ἑκουσίου ὄντος ἐν τῷ διανοηθῆναι. οἷόν φασι ποτέ τινα γυναῖκα φίλτρον τινὶ δοῦναι πιεῖν, εἶτα τὸν ἄνθρωπον ἀποθανεῖν ὑπὸ τοῦ φίλτρου, τὴν δ᾽ ἄνθρωπον ἐν Ἀρείῳ πάγῳ ἀποφυγεῖν[1]· οὗ παροῦσαν δι᾽ οὐθὲν ἄλλο ἀπέλυσαν ἢ διότι οὐκ ἐκ προνοίας. ἔδωκε μὲν γὰρ φιλίᾳ, διήμαρτεν δὲ τούτου· διὸ οὐκ ἑκούσιον ἐδόκει εἶναι, ὅτι τὴν δόσιν τοῦ φίλτρου οὐ μετὰ διανοίας τοῦ ἀπολέσθαι αὐτὸν ἐδίδου. ἐνταῦθα ἄρα τὸ ἑκούσιον πίπτει εἰς τὸ μετὰ διανοίας.
1. φυγεῖν Bernays, una Ms.

45. Ἀριστοτέλης, *Πολιτικά*, 1273b 35 ~ 1274a 3
Σόλωνα δ᾽ ἔνιοι μὲν οἴονται νομοθέτην γενέσθαι σπουδαῖον, ὀλιγαρχίαν τε γὰρ καταλῦσαι λίαν ἄκρατον οὖσαν καὶ δουλεύοντα τὸν δῆμον παῦσαι καὶ δημοκρατίαν καταστῆσαι τὴν πάτριον μίξαντα καλῶς τὴν πολιτείαν· εἶναι γὰρ τὴν μὲν ἐν Ἀρείῳ πάγῳ βουλὴν ὀλιγαρχικόν, τὸ δὲ τὰς ἀρχὰς αἱρετὰς ἀριστοκρατικόν, τὰ δὲ δικαστήρια δημοτικόν. ἔοικε δὲ Σόλων ἐκεῖνα μὲν ὑπάρχοντα πρότερον οὐ καταλῦσαι, τήν τε βουλὴν καὶ τὴν τῶν ἀρχῶν αἵρεσιν, τὸν δὲ δῆμον καταστῆσαι τὰ δικαστήρια ποιήσας ἐκ πάντων.

46. Ἀριστοτέλης, *Πολιτικά*, 1274a 5 ~11
Ἐπεὶ γὰρ τοῦτ᾽ ἴσχυσεν, ὥσπερ τυράννῳ τῷ δήμῳ χαριζόμενοι τὴν πολιτείαν εἰς τὴν νῦν δημοκρατίαν μετέστησαν· καὶ τὴν μὲν ἐν Ἀρείῳ πάγῳ βουλὴν Ἐφιάλτης ἐκόλουσε καὶ Περικλῆς, τὰ δὲ δικαστήρια μισθοφόρα κατέστησε Περικλῆς, καὶ τοῦτον δὴ τὸν τρόπον ἕκαστος τῶν δημαγωγῶν προήγαγεν αὔξων εἰς τὴν νῦν δημοκρατίαν.

47. Ἀριστοτέλης, *Πολιτικά*, 1304a 17 ~ 24
μεταβάλλουσι δὲ καὶ εἰς ὀλιγαρχίαν καὶ εἰς δῆμον καὶ εἰς πολιτείαν ἐκ τοῦ εὐδοκιμῆσαί τι ἢ αὐξηθῆναι ἢ ἀρχεῖον ἢ μόριον τῆς πόλεως, οἷον ἡ ἐν Ἀρείῳ πάγῳ βουλὴ εὐδοκιμήσασα ἐν τοῖς Μηδικοῖς ἔδοξε συντονωτέραν ποιῆσαι τὴν πολιτείαν, καὶ πάλιν ὁ ναυτικὸς ὄχλος γενόμενος αἴτιος τῆς περὶ

Σαλαμῖνα νίκης καὶ διὰ ταύτης τῆς ἡγεμονίας διὰ τὴν κατὰ θάλατταν δύναμιν τὴν δημοκρατίαν ἰσχυροτέραν ἐποίησεν ...

48. Ἀριστοτέλης, Πολιτικά, 1315b 21 ~ 22
φασὶ δὲ καὶ Πεισίστρατον ὑπομεῖναί ποτε προσκληθέντα δίκην εἰς Ἄρειον πάγον.

49. Ἀριστοτέλης, Ῥητορική, 1354a 21 ~ 31
ἅπαντες γὰρ οἱ μὲν οἴονται δεῖν οὕτω τοὺς νόμους ἀγορεύειν, οἱ δὲ καὶ χρῶνται καὶ κωλύουσιν ἔξω τοῦ πράγματος λέγειν, καθάπερ καὶ ἐν Ἀρείῳ πάγῳ, ὀρθῶς τοῦτο νομίζοντες· οὐ γὰρ δεῖ τὸν δικαστὴν διαστρέφειν εἰς ὀργὴν προάγοντας ἢ φθόνον ἢ ἔλεον· ὅμοιον γὰρ κἂν εἴ τις ᾧ μέλλει χρῆσθαι κανόνι, τοῦτον ποιήσειε στρεβλόν. ἔτι δὲ φανερὸν ὅτι τοῦ μὲν ἀμφισβητοῦντος οὐδέν ἐστιν ἔξω τοῦ δεῖξαι τὸ πρᾶγμα ὅτι ἔστιν ἢ οὐκ ἔστιν, ἢ γέγονεν ἢ οὐ γέγονεν· εἰ δὲ μέγα ἢ μικρόν, ἢ δίκαιον ἢ ἄδικον, ὅσα μὴ ὁ νομοθέτης διώρικεν, αὐτὸν δή που τὸν δικαστὴν δεῖ γιγνώσκειν καὶ οὐ μανθάνειν παρὰ τῶν ἀμφισβητούντων.

50. Ἀριστοτέλης, Ῥητορική, 1398b 23 ~ 29
... ἢ εἰ αὐτοὶ οἱ κρίνοντες, ἢ οὓς ἀποδέχονται οἱ κρίνοντες, ἢ οἷς μὴ οἷόν τε ἐναντίον κρίνειν, οἷον τοῖς κυρίοις, ἢ οἷς μὴ καλὸν ἐναντίον κρίνειν, οἷον θεοῖς ἢ πατρὶ ἢ διδασκάλοις, ὥσπερ ὃ εἰς Μιξιδημίδην εἶπεν Αὐτοκλῆς, [εἰ] ταῖς μὲν σεμναῖς θεαῖς καλῶς εἶχεν ἐν Ἀρείῳ πάγῳ δοῦναι τὰ δίκαια, Μιξιδημίδῃ δ᾽ οὔ.

* Ἀριστοτέλης, F.398 (Πλούτ. Θεμιστ. Χ,6) : cf. T.128
* Ἀριστοτέλης, F.404[Argum. Isocrat. Areopagit. apud Schol. in Aeschinem et Isocr. ed. G. Dindorf. Oxon. 1852, p.111) : cf. T.125

* Ἀριστοτέλης, F.417 (Πολυδ. VIII, 87 ~ 88] : cf. T.179

* Ἀριστοτέλης, F.424[Πολυδ. VIII, 90] : cf. T.180

* Ἀριστοτέλης, F. 441[Πολυδ. VIII, 99] : cf. T.181

* Ἀριστοτέλης, F.11, 7 (Cod. Vatic. 997, bombyc. s.XIII) : cf. T.110['Ἡρακλείδης Ποντικός, Περὶ πολιτειῶν, Ι, Ἀθηναίων, Χ)
Θεμιστοκλῆς καὶ Ἀριστείδης. καὶ ἡ ἐξ Ἀρείου πάγου βουλὴ πολλὰ ἐδύνατο.

51. (Ἀριστοφάνης), Σχόλια, Ἱππῆς, 445
445a. [Ι] ἐκ τῶν ἀλιτηρίων : τῶν μετεχόντων τοῦ Κυλωνείου ἄγους, ὅπερ εἰς τὴν Ἀθηνᾶν δοκεῖ γενέσθαι ἀσέβημα, ἐπειδήπερ οἱ συγκατακλεισθέντες τῷ Κύλωνι ἐν τῇ ἀκροπόλει εἰς τὴν κρίσιν κατέβησαν ἐν Ἀρείῳ πάγῳ, ἐκ τοῦ ἕδους τῆς θεοῦ ἐξάψαντες τὴν ἱκετηρίαν.

52. (Ἀριστοφάνης), Σχόλια, Ἀχαρνῆς, 54
εἰσὶ δὲ οἱ τοξόται δημόσιοι ὑπηρέται φύλακες τοῦ ἄστεος, τὸν ἀριθμὸν χίλιοι, οἵτινες πρότερον μὲν ᾤκουν τὴν ἀγορὰν μέσην σκηνοποιησάμενοι, ὕστερον δὲ μετέβησαν εἰς Ἄρειον πάγον.

53. Ἁρποκρατίων, s.v. βουλεύσεως
ἐγκλήματος ὄνομα ἐπὶ δυοῖν ταττόμενον πραγμάτοιν· τὸ μὲν γάρ ἐστιν ὅταν ἐξ ἐπιβουλῆς τίς τινι κατασκευάσῃ θάνατον, ἐάν τε ἀποθάνῃ ὁ ἐπιβουλευθεὶς ἐάν τε μή, τὸ δ᾽ ἕτερον ὅταν ἐγγεγραμμένος ὡς ὀφείλων τῷ δημοσίῳ αὐτὸς δικάζηταί τινι ὡς οὐ δικαίως αὐτὸν ἐγγεγραφότι. τοῦ μὲν οὖν προτέρου μάρτυς Ἰσαῖος ἐν τῷ πρὸς Εὐκλείδην, ἐπὶ Παλλαδίῳ λέγων εἶναι τὰς δίκας, Δείναρχος δὲ ἐν τῷ κατὰ Πιστίου ἐν Ἀρείῳ πάγῳ. Ἀριστοτέλης δ᾽ ἐν τῷ Ἀθηναίων πολιτείᾳ τῷ Ἰσαίῳ συμφωνεῖ ...

54. Ἁρποκρατίων, s.v. ἐπιθέτους ἑορτάς
Ἰσοκράτης Ἀρεοπαγιτικῷ. τὰς μὴ πατρίους, ἄλλως δ᾽ ἐπιψηφισθεί-σας, ἐπιθέτους ἐκάλουν. ἐλέγετο δὲ παρ᾽ αὐτοῖς καὶ ἄλλα ἐπίθετά τινα, ὁπόσα μὴ πάτρια ὄντα ἡ ἐξ Ἀρείου πάγου βουλὴ ἐδίκαζεν, ὡς σαφὲς ποιεῖ Λυσίας ἐν τῷ πρὸς τὴν Μιξιδήμου γραφήν. ...

* Scriptores Historiae Augustae, Trebellius Pollius, *Gallieni duo*, XI, 3 ~ 5 : cf. Trebellius Pollius, *Gallieni duo* [T.190]

* Aulus Gellius : cf. Gellius(Aulus)

55. Bekker, *Anecdota Graeca*, v.1[*Lexica Segueriana*], pp.253 ~ 4[Λέξεις ῾Ρητορικαί], s.v. Ἐπάνω δικαστήριον καὶ ὑποκάτω :
ἐπάνω μὲν δικαστήριον τὸ ἐν Ἀρείῳ πάγῳ· ἔστι γὰρ ἐν ὑψηλῷ λόφῳ· κάτω δὲ τὸ ἐν κοίλῳ τινὶ τόπῳ. ἢ ἄνω μὲν ἐν ἀκροπόλει, κάτω δὲ ἐν πόλει. ἢ ἄνω μὲν ἐν ἄστει, κάτω δὲ τὸ ἐν Πειραιεῖ. ἢ ἄνω μὲν τὸ ἄνω βλέπον εἰς τὴν ἀκρόπολιν, κάτω δὲ τὸ κάτω βλέπον εἰς ἄστυ ἢ τὸν Πειραιᾶ. ἢ ἰδίως οὕτω καλεῖσθαι ἄνω καὶ κάτω δικαστήριον. ἢ ἄνω μὲν τὸ ἐν ὑπερῴοις, κάτω δὲ τὸ ἐν ὑπαίθρῳ.

56. Bekker, *Anecdota Graeca*, v.1[*Lexica Segueriana*], p.310, 28 ~ 29· p.311, 9 ~12[Λέξεις ῾Ρητορικαί], s.v. Ἐν ποίοις δικαστηρίοις τίνες λαγχάνονται δίκαι;
... Περὶ Ἀρείου πάγου. αὕτη κρίνει τὰς φονικὰς δίκας καὶ φαρμάκων καὶ πυρκαϊᾶς. εἰς ταύτην ἀναβαίνουσιν οἱ καλῶς ἄρξαντες θεσμοθέται, ἀνυπεύθυνοι γενόμενοι.

56a. Bekker, *Anecdota Graeca*, v.1[*Lexica Segueriana*], p.444, 1 ~ 12[Συναγωγὴ Λέξεων Χρησίμων], s.v. Ἄρειος πάγος[cf. T.105]
δικαστήριον Ἀθήνησιν, ἦσαν οὖν Ἀθήνησι βουλαὶ δύο, ἡ μὲν τῶν πεντακοσίων, καθ᾽ ἕκαστον ἐνιαυτὸν κληρουμένη βουλεύειν, ἡ δὲ εἰς βίον τῶν Ἀρεοπαγιτῶν. ἐδίκαζε δὲ τὰ φονικά, καὶ τὰ ἄλλα πολιτικὰ διῴκει σεμνῶς. ἐκλήθη δὲ Ἄρειος πάγος ἤτοι ὅτι ἐν πάγῳ ἐστὶ καὶ ἐν ὕψει τὸ δικαστήριον. Ἄρειος δὲ ἐπὶ τὰ φονικά· δικάζει δὲ ὁ Ἄρης ἐπὶ τὸν φόνον, ἢ ὅτι ἔπηξε τὸ δόρυ ἐκεῖ ὁ Ἄρης ἐν τῇ πρὸς Ποσειδῶνα ὑπὲρ Ἁλιρροθίου δίκῃ, ὅτε ἀπέκτεινεν αὐτὸν βιασάμενον Ἀλκίππην, τὴν αὐτοῦ καὶ Ἀγραύλου τῆς Κέκροπος θυγατρός, ὥς φησιν Ἑλλάνικος ἐν πρώτῳ.

57. Cicero, *De Divinatione*, I, xxv(54)
"Adiungamus philosophis doctissimum hominem, poëtam quidem divinum, Sophoclem; qui, cum ex aede Herculis patera aurea gravis subrepta esset, in somnis

3. 아레오파고스에 관한 주요사료 **313**

vidit ipsum deum dicentem, qui id fecisset. Quod semel ille iterumque neglexit. Ubi idem saepius, ascendit in Areopagum, detulit rem; Areopagitae conprehendi iubent eum, qui a Sophocle erat nominatus; is, quaestione adhibita, confessus est pateramque rettulit. Quo facto fanum illud Indicis Herculis nominatum est.

58. Cicero, *De Officiis*, I, xxii(75)
Quamvis enim Themistocles iure laudetur et sit eius nomen quam Solonis illustrius citeturque Salamis clarissimae testis victoriae, quae anteponatur consilio Solonis ei, quo primum constituit Areopagitas, non minus praeclarum hoc quam illud iudicandum est; illud enim semel profuit, hoc semper proderit civitati; hoc consilio leges Atheniensium, hoc maiorum instituta servantur; et Themistocles quidem nihil dixerit, in quo ipse Areopagum adiuverit, at ille vere a se adiutum Themistoclem; est enim bellum gestum consilio senatus eius, qui a Solone erat constitutus.

59. Cicero, *De Natura Deorum*, II, xxix(74)
Sed id praecise dicitur: ut, si quis dicat Atheniensium rem publicam consilio regi, desit illud "Areopagi[1]", sic cum dicimus providentia mundum administrari deesse arbitrato "deorum", plene autem et perfecte sic dici existimato, providentia deorum mundum administrari.
1. Ariopagi A corr. : Arpagi cett., Ariipagi Plasberg.

60. Cicero, *Pro Balbo*, XIII(30)
Quo errore ductos vidi egomet non nullos imperitos homines nostros cives Athenis in numero iudicum atque Areopagitarum certa tribu, certo numero, cum ignorarent, si illam civitatem essent adepti, hanc se perdidisse, nisi postliminio reciperassent.

61. Cicero, *Epistulae ad Atticum*, I xiv, 5
Senatus Ἄρειος πάγος; nihil constantius, nihil severius, nihil fortius.

62. Cicero, *Epistulae ad Atticum*, I, xvi, 5
Itaque iudicum vocibus, cum ego sic ab iis ut salus patriae defenderer, fractus reus et una patroni omnes conciderunt; ad me autem eadem frequentia postridie convenit, quacum abiens consulatu sum domum reductus. Clamare praeclari Areopagitae se non esse venturos nisi praesidio constituto. Refertur ad consilium. Una sola sententia praesidium non desideravit. Defertur res ad senatum. Gravissime ornatissimeque decernitur; laudantur iudices; datur negotium magistratibus. Responsurum hominem nemo arbitrabatur.

63. Cicero, *Epistulae ad Atticum*, V, xi, 6
Sed, cum Patro mecum egisset, ut peterem a vestro Ariopago, ὑπομνηματισμὸν tollerent, quem Polycharmo praetore fecerant, commodius visum est et Xenoni et post ipsi Patroni me ad Memmium scribere, qui pridie, quam ego Athenas veni, Mitilenas profectus erat, ut is ad suos scriberet posse id sua voluntate fieri. Non enim dubitabat Xeno, quin ab Ariopagitis invito Memmio impetrari non posset. Memmius autem aedificandi consilium abiecerat; sed erat Patroni iratus.

64. Cicero, *Epistulae ad Familiares*, XIII, i, 5
Nunc uero, si audierit te aedificationem deposuisse neque tamen me a te impetrasse, non te in me inliberalem sed me in se neglegentem putabit. Quam ob rem peto a te ut scribas ad tuos posse tua uoluntate decretum illud Areopagitarum[1], quem ὑπομνηματισμὸν illi uocant, tolli.
1. areopagitarum M : ario - VDH

65. Δάμων, F.2 (ed. H. Diels, *Fragmente Vorsokratiker*)(cf. Φιλόδημος, *Περὶ μουσικῆς*, IV, 33)
[3 Wilamowitz *Verskunst* S. 64]. PHILOD. de mus. IV 33, 37[S. 104 Kemke]
πολλοὶ δ' ἔτι νομίζουσι προσήκειν αὐτῆς[e.i. τῆς μουσικῆς] μεταλαμβάνειν τοὺς χαρίεντας καὶ μετειληφέναι[col.34] καὶ Δάμων εἰ τοιαῦτα πρὸς τοὺς ἀληθινοὺς Ἀρεοπαγίτας ἔλεγε καὶ μὴ τοὺς πλαττομένους, ἐφενάκιζεν ἀτηρῶς.

66. Δείναρχος, Ι[*Κατὰ Δημοσθένους*], 3 ~ 6
οἳ σκοποῦσι τίνα ποτὲ γνώμην ἕξετε περὶ τῶν τῇ πατρίδι συμφερόντων, καὶ πότερον τὰς ἰδίας τούτων δωροδοκίας καὶ πονηρίας ἀναδέξεσθ᾽ εἰς ὑμᾶς αὐτούς, ἢ φανερὸν πᾶσιν ἀνθρώποις ποιήσετε διότι μισεῖτε τοὺς κατὰ τῆς πολιτείας δῶρα λαμβάνοντας, καὶ οὐκ ἵν᾽ ἀφῆτε ζητεῖν προσετάξατε τῇ ἐξ Ἀρείου πάγου βουλῇ, ἀλλ᾽ ἵν᾽ ἀποφηνάντων τούτων ὑμεῖς τιμωρήσησθε τῶν ἀδικημάτων ἀξίως. νυνὶ τοίνυν τοῦτ᾽ ἐφ᾽ ὑμῖν ἐστι. [4] ψηφισαμένου γὰρ τοῦ δήμου δίκαιον ψήφισμα, καὶ πάντων τῶν πολιτῶν βουλομένων εὑρεῖν τίνες εἰσὶ τῶν ῥητόρων οἱ τολμήσαντες ἐπὶ διαβολῇ καὶ κινδύνῳ τῆς πόλεως χρήματα παρ᾽ Ἁρπάλου λαβεῖν, καὶ πρὸς τούτοις <ἐν> ψηφίσματι γράψαντος, ὦ Δημόσθενες, σοῦ καὶ ἑτέρων πολλῶν, ζητεῖν τὴν βουλὴν περὶ αὐτῶν, ὡς αὐτῇ πάτριόν ἐστιν, εἴ τινες εἰλήφασι παρ᾽ Ἁρπάλου χρυσίον, [5] ζητεῖ ἡ βουλή, οὐκ ἐκ τῶν προκλήσεων μαθοῦσα τὸ δίκαιον, οὐδὲ τὴν ἀλήθειαν καὶ τὴν πίστιν τὴν περὶ αὐτῆς ἐπὶ σοῦ καταλῦσαι βουλομένη, ἀλλ᾽, ὅπερ καὶ αὐτοὶ οἱ Ἀρεοπαγῖται εἶπον, προορῶσα <μὲν> ἡ βουλή, ὦ ἄνδρες, τὴν τούτων ἰσχὺν καὶ τὴν ἐν τῷ λέγειν καὶ πράττειν δύναμιν, οὐκ οἰομένη δὲ δεῖν οὐδεμίαν ὑπολογίζεσθαι τῶν περὶ αὐτῆς ἐσομένων βλασφημιῶν, εἴ τις μέλλει τῇ πατρίδι αὐτῆς[7] αἰτία μοχθηρὰ καὶ κίνδυνος ἔσεσθαι. [6] τούτων ὡς ἐδόκει τῷ δήμῳ καλῶς καὶ συμφερόντως πεπραγμένων, αἰτίαι νῦν καὶ προκλήσεις καὶ συκοφαντίαι παρὰ Δημοσθένους ἥκουσιν, ἐπειδὴ οὗτος ἀποπέφανται εἴκοσι τάλαντα ἔχων χρυσίου· καὶ ἡ τῶν ἐκ προνοίας φόνων ἀξιόπιστος οὖσα βουλὴ τὸ δίκαιον καὶ τἀληθὲς εὑρεῖν, καὶ κυρία δικάσαι τε περὶ τοῦ σώματος καὶ τῆς ψυχῆς ἑκάστου τῶν πολιτῶν, καὶ τοῖς μὲν βιαίῳ θανάτῳ τετελευτηκόσι βοηθῆσαι, τοὺς δὲ παρανόμων τι ἐν τῇ πόλει διαπεπραγμένους ἐκβαλεῖν ἢ θανάτῳ ζημιῶσαι, νῦν ἐπὶ τοῖς κατὰ Δημοσθένους ἀποπεφασμένοις χρήμασιν ἄκυρος ἔσται τοῦ δικαίου;

67. Δείναρχος, Ι[*Κατὰ Δημοσθένους*], 9 ~ 12
[9] τὸ μὲν γὰρ συνέδριον, τὸ πρότερον δοκοῦν εἶναι πιστόν, σὺ καταλύεις, ὁ δημοτικὸς εἶναι φάσκων, ᾧ τὴν τῶν σωμάτων φυλακὴν ὁ δῆμος παρακαταθήκην ἔδωκεν, ᾧ τὴν πολιτείαν καὶ δημοκρατίαν πολλάκις ἐγκεχείρικεν, ὃ διαπεφύλαχε τὸ σὸν σῶμα τοῦ βλασφημεῖν περὶ αὑτοῦ μέλλοντος πολλάκις, ὡς σὺ φῄς, ἐπιβουλευθέν, ὃ φυλάττει τὰς ἀπορρήτους

3. 아레오파고스에 관한 주요사료 315

διαθήκας, ἐν αἷς τὰ τῆς πόλεως σωτήρια κεῖται. [10] Δίκαια μὲν οὖν, δίκαια τρόπον γέ τινα πάσχει τὸ συνέδριον· εἰρήσεται γὰρ ἃ γιγνώσκω. δυοῖν γὰρ θάτερον ἐχρῆν αὐτούς, ἢ καὶ τὴν προτέραν ζήτησιν τὴν ὑπὲρ τῶν τριακοσίων ταλάντων τῶν παρὰ τοῦ Περσῶν βασιλέως ἀφικομένων ζητεῖν, καθάπερ συνέταξεν ὁ δῆμος, ἵνα τότε δόντος δίκην τοῦ θηρίου τούτου, καὶ τῶν μερισαμένων ἐκεῖνα τὰ χρήματα φανερῶν γενομένων, καὶ τῆς περὶ Θηβαίους προδοσίας ἐξελεγχθείσης ἣν οὗτος προέδωκεν, ἀπηλλάγμεθα τούτου τοῦ δημαγωγοῦ δίκην ἀξίαν δόντος· [11] ἢ, εἰ ταῦθ᾽ ὑμεῖς ἐβούλεσθε Δημοσθένει συγχωρεῖν καὶ πολλοὺς ἐν τῇ πόλει τοὺς καθ᾽ ὑμῶν δωροδοκήσοντας εἶναι, τὴν περὶ τῶν νῦν ἀποπεφασμένων ζήτησιν χρημάτων μὴ προσδέχεσθαι, πεῖραν ὑμῶν ἐν τοῖς πρότερον εἰληφότας· ὅπου γ᾽ οὕτω καλῶς καὶ δικαίως τῆς ἀποφάσεως τῆς κατὰ τούτου καὶ τῶν ἄλλων νυνὶ γεγενημένης, καὶ τῆς ἐξ Ἀρείου πάγου βουλῆς οὔτε τὴν Δημοσθένους οὔτε τὴν Δημάδου δύναμιν ὑποστειλαμένης, ἀλλὰ τὸ δίκαιον αὐτὸ καὶ τἀληθὲς προὐργιαίτερον πεποιημένης, οὐδὲν ἧττον περιέρχεται [12] Δημοσθένης περί τε τῆς βουλῆς βλασφημῶν καὶ περὶ ἑαυτοῦ λέγων οἷσπερ ἴσως καὶ πρὸς ὑμᾶς αὐτίκα χρήσεται λόγοις ἐξαπατῶν ὑμᾶς, ὡς "ἐγὼ Θηβαίους ὑμῖν ἐποίησα συμμάχους"...

68. Δείναρχος, I[Κατὰ Δημοσθένους], 15
τὸν δὲ κατάπτυστον τοῦτον καὶ Σκύθην - ἐξάγομαι γάρ -, ὃν οὐχ εἷς ἀνὴρ ἀλλὰ πᾶσ᾽ ἡ ἐξ Ἀρείου πάγου βουλὴ ζητήσασ᾽ ἀποπέφαγκε χρήματ᾽ ἔχειν καθ᾽ ὑμῶν, καὶ ὃς ἀποπέφανται μισθαρνῶν καὶ δωροδοκῶν κατὰ τῆς πόλεως καὶ ταῦτ᾽ ἐξελήλεγκται, τοῦτον οὐ τιμωρησάμενοι παράδειγμα ποιήσετε τοῖς ἄλλοις

69. Δείναρχος, I[Κατὰ Δημοσθένους], 44 ~ 47
[44] ἢ (ἐννοεῖται : προῖκα τοῦτον [τὸν Δημοσθένη] οἴεσθε) τὸ γράψαι Ταυροσθένην Ἀθηναῖον εἶναι, <τὸν> τοὺς μὲν αὐτοῦ πολίτας καταδουλωσάμενον, τῆς δ᾽ Εὐβοίας ὅλης μετὰ τοῦ ἀδελφοῦ Καλλίου προδότην Φιλίππῳ γεγενημένον; ὃν οὐκ ἐῶσιν οἱ νόμοι τῆς Ἀθηναίων χώρας ἐπιβαίνειν, εἰ δὲ μή, τοῖς αὐτοῖς ἔνοχον εἶναι κελεύουσιν οἷσπερ ἄν τις τῶν φευγόντων ἐξ Ἀρείου πάγου κατίῃ. καὶ τοῦτον οὗτος ὁ δημοτικὸς ὑμέτερον ἔγραψε πολίτην εἶναι. [45] ... ἢ κατὰ μικρὸν μὲν δωροδοκεῖν, ἀθρόον δ᾽ οὐκ ἂν προσδέξασθαι τοσοῦτον λῆμμα; ἢ τὴν ἐξ Ἀρείου πάγου βουλὴν Δημοσθένην καὶ Δημάδην καὶ Κηφισοφῶντα ζητήσασαν ἓξ μῆνας ἀδίκως εἰς ὑμᾶς πεποιῆσθαι τὰς ἀποφάσεις;

[46] ... καὶ τὰ πρότερον δοκοῦντα πιστὰ καὶ βέβαι᾽ εἶναι νῦν ἄπιστα διὰ τὴν Δημοσθένους κρίσιν γενήσεται, ὃν ἐκ τῶν ἄλλων προσῆκεν ἀπολωλέναι τῶν πεπολιτευμένων αὐτῷ, ὃς ἁπάσαις ταῖς ἀραῖς ταῖς ἐν τῇ πόλει γιγνομέναις ἔνοχος καθέστηκεν, [47] ἐπιωρκηκὼς μὲν τὰς σεμνὰς θεὰς ἐν Ἀρείῳ πάγῳ καὶ τοὺς ἄλλους θεοὺς οὓς ἐκεῖ διόμνυσθαι νόμιμόν ἐστι, κατάρατος δὲ καθ᾽ ἑκάστην ἐκκλησίαν γιγνόμενος ....

70. Δείναρχος, I[Κατὰ Δημοσθένους], 50 ~ 52
Ἀνάγκη τὴν βουλήν, ὦ ἄνδρες, τὴν ἐξ Ἀρείου πάγου κατὰ δύο τρόπους ποιεῖσθαι τὰς ἀποφάσεις πάσας. τίνας τούτους; ἤτοι αὐτὴν προελομένην καὶ ζητήσασαν, ἢ τοῦ δήμου προστάξαντος αὐτῇ. χωρὶς τούτων οὐκ ἔστιν ὅντιν᾽ ἂν τρόπον ποιήσειεν. εἰ μὲν τοίνυν φῄς, ὦ μιαρὸν σὺ θηρίον, τοῦ δήμου

προστάξαντος ζητήσασαν τὴν βουλὴν περὶ ἐμοῦ ποιήσασθαι τὴν ἀπόφασιν, [51] δεῖξον τὸ ψήφισμα, καὶ τίνες ἐγένοντό μου κατήγοροι γενομένης τῆς ἀποφάσεως, ὥσπερ νῦν ἀμφότερα γέγονε, καὶ ψήφισμα καθ' ὃ ἐζήτησεν ἡ βουλή, καὶ κατήγοροι χειροτονήσαντος τοῦ δήμου, παρ' ὧν νῦν οἱ δικασταὶ τἀδικήματα πυνθάνονται. κἂν ᾖ ταῦτα ἀληθῆ, ἀποθνήσκειν ἕτοιμός εἰμι. εἰ δ' αὐτὴν προελομένην ἀποφῆναί με φῇς, παράσχου μάρτυρας τοὺς Ἀρεοπαγίτας, ὥσπερ ἐγὼ παρέξομαι ὅτι οὐκ ἀπεφάνθην. [52] καταψευσάμενον μέντοι κἀμοῦ καὶ τῆς βουλῆς ὥσπερ σὺ καὶ πονηρὸν καὶ προδότην ἕν' εἰσαγγείλας...

71. Δείναρχος, I[Κατὰ Δημοσθένους], 53 ~ 59
[53] Εἶτ' οὐ δεινόν, ὦ Ἀθηναῖοι, εἰ, ὅτι μὲν εἷς ἀνὴρ ἔφησε Πιστίας Ἀρεοπαγίτης ὢν ἀδικεῖν με, καταψευδόμενος κἀμοῦ καὶ τῆς βουλῆς, ἴσχυσεν ἂν τὸ ψεῦδος τῆς ἀληθείας μᾶλλον, εἰ διὰ τὴν ἀσθένειαν τὴν τότε καὶ τὴν ἐρημίαν τὴν ἐμὴν ἐπιστεύθησαν αἱ κατ' ἐμοῦ ψευδεῖς γενόμεναι κατασκευαί· ἐπειδὴ δὲ τάλαντα παρὰ πάσης τῆς ἐξ Ἀρείου πάγου βουλῆς ὁμολογεῖται, Δημοσθένην εἰληφέναι εἴκοσι τάλαντα χρυσίου καθ' ὑμῶν καὶ ταῦτα πεποιηκότ' ἀδικεῖν, καὶ ὁ δημαγωγὸς ὑμῖν, ἐν ᾧ τὰς ἐλπίδας ἔχουσί τινες, [54] ἐπ' αὐτοφώρῳ χρήματα λαμβάνων εἴληπται, νῦν τὰ νόμιμα τἀκεῖθεν καὶ τὰ δίκαια καὶ τἀληθῆ ἀσθενέστερα γενήσεται τῶν Δημοσθένους λόγων καὶ ἰσχύσει μᾶλλον τῆς ἀληθείας ἡ παρὰ τούτου ῥηθησομένη κατὰ τοῦ συνεδρίου διαβολή, ὡς ἄρα πολλοὺς ἡ βουλὴ ἀποπέφαγκεν ἀδικεῖν τὸν δῆμον, οἳ ἀποπεφεύγασιν εἰσελθόντες εἰς τὸ δικαστήριον, καὶ ἡ βουλὴ ἐπ' ἐνίων τὸ πέμπτον μέρος οὐ μετείληφε τῶν ψήφων; τοῦτο δὲ ὃν τρόπον γίνεται, ῥᾳδίως ἅπαντες μαθήσεσθε. [55] ἡ βουλή, ὦ ἄνδρες, ζητεῖ τὰ προσταχθέντ' ὑφ' ὑμῶν καὶ τὰ γεγενημένα παρ' αὐτοῖς ἀδικήματ' οὐχ ὡς ὑμεῖς - καί μοι μὴ ὀργισθῆτε- δικάζειν ἐνίοτε εἴθισθε, τῇ συγγνώμῃ πλέον ἢ τῷ δικαίῳ ἀπονέμοντες, ἀλλ' ἁπλῶς τὸν ἔνοχον ὄντα τοῖς ζητουμένοις < ἀποφαίνει> καὶ τὸν ὁποιονοῦν ἠδικηκότα <παρά> τὰ πάτρια, νομίζουσα τὸν ἐν τοῖς μικροῖς συνεθιζόμενον ἀδικεῖν τοῦτον τὰ μεγάλα τῶν ἀδικημάτων εὐχερέστερον προσδέξεσθαι. [56] διόπερ τὸν παρ' αὐτῶν ἀποστερήσαντα τὸ ναῦλον τὸν πορθμέα ζημιώσασα πρὸς ὑμᾶς ἀπέφηνε· πάλιν τὸν τὴν πεντεδραχμίαν ἐπὶ τῷ τοῦ μὴ παρόντος ὀνόματι λαβεῖν ἀξιώσαντα, καὶ τοῦτον ὑμῖν ἀπέφηνε, καὶ τὸν τὴν μερίδα τὴν ἐξ Ἀρείου πάγου τολμήσαντ' ἀποδόσθαι παρὰ τὰ νόμιμα ὢν αὐτὸν τρόπον ζημιώσασ' ἐξέβαλε. [57] τούτους ὑμεῖς κρίναντες ἀφήκατε, οὐ τῆς ἐξ Ἀρείου πάγου βουλῆς καταγιγνώσκοντες ψεύδεσθαι, ἀλλὰ τῇ συγγνώμῃ μᾶλλον ἢ τῷ δικαίῳ προσθέμενοι, καὶ τὴν τιμωρίαν μείζω νομίζοντες εἶναι τῆς ὑπὸ τῶν κρινομένων γεγενημένης ἁμαρτίας. ἦ που ἄρα ἡ βουλή, Δημόσθενες, τὰ ψευδῆ ἀπέφηνεν; οὐ δήπου. τούτους μέντοι, ὦ ἄνδρες, καὶ τοιούτους ἑτέρους ἀδικεῖν παρ' ἑαυτοῖς ἀποφηνάσης τῆς βουλῆς ὑμεῖς ἀφήκατε. [58] Πολύευκτον δὲ τὸν Κυδαντίδην τοῦ δήμου προστάξαντος ζητῆσαι τὴν βουλήν, εἰ συνέρχεται τοῖς φυγάσιν εἰς Μέγαρα, καὶ ζητήσασαν ἀποφῆναι πρὸς ὑμᾶς, ἀπέφηνεν ἡ βουλὴ συνιέναι. κατηγόρους εἵλεσθε κατὰ τὸν νόμον, εἰσῆλθεν εἰς τὸ δικαστήριον, ἀπελύσαθ' ὑμεῖς, ὁμολογοῦντος τοῦ Πολυεύκτου βαδίζειν εἰς Μέγαρ' ὡς τὸν Νικοφάνην· ἔχειν γὰρ τὴν αὑτοῦ μητέρα τοῦτον. οὐδὲν οὖν ἄτοπον οὐδὲ δεινὸν ἐφαίνεθ' ὑμῖν ποιεῖν τῷ τῆς μητρὸς ἀνδρὶ διαλεγόμενος ἠτυχηκότι καὶ συνευπορῶν, καθ' ὅσον δυνατὸς ἦν, ἀπεστερημένῳ τῆς πατρίδος. [59] αὕτη, Δημόσθενες, τῆς βουλῆς ἡ ἀπόφασις οὐκ ἐξηλέγχθη ψευδὴς οὖσα, ἀληθινῆς δὲ αὐτῆς οὔσης ἔδοξε τοῖς

δικασταῖς ἀφεῖναι τὸν Πολύευκτον· τὸ μὲν γὰρ ἀληθὲς τῇ βουλῇ προσετάχθη ζητεῖν, τὸ δὲ συγγνώμης ἄξιόν φημι τὸ δικαστήριον ἔκρινε. διὰ τοῦτ' οὐ πιστευτέον τῇ βουλῇ περὶ τῶν γιγνομένων ἀποφάσεων, ἐπειδὴ σε καὶ τοὺς μετὰ σοῦ τὸ χρυσίον ἔχοντας ἀποπέφαγκε;

72. Δείναρχος, I[Κατὰ Δημοσθένους], 61 ~ 63
(61) ἀλλὰ μόνος σὺ τῶν πώποτ' ἀποπεφασμένων ἠξίωσας ἑκὼν σεαυτῷ τούτους κριτὰς καὶ ζητητὰς γενέσθαι, καὶ ἔγραψας κατὰ σαυτοῦ τὸ ψήφισμα, καὶ τὸν δῆμον ἐποιήσω μάρτυρα τῶν ὡμολογημένων, ὁρισάμενος σεαυτῷ ζημίαν εἶναι θάνατον, ἐὰν ἀποφήνῃ <σ'> ἡ βουλὴ τῶν χρημάτων εἰληφότα τι τῶν εἰς τὴν χώραν ὑφ' Ἁρπάλου κομισθέντων. [62] ἀλλὰ μὴν πρότερον ἔγραψας σύ, ὦ Δημόσθενες, κατὰ πάντων τούτων καὶ τῶν ἄλλων Ἀθηναίων κυρίαν εἶναι τὴν ἐξ Ἀρείου πάγου βουλὴν κολάσαι τὸν παρὰ τοὺς νόμους πλημμελοῦντα, χρωμένην τοῖς πατρίοις νόμοις· καὶ παρέδωκας σὺ καὶ ἐνεχείρισας τὴν πόλιν ἅπασαν ταύτῃ, ἣν αὐτίκα φήσεις ὀλιγαρχικὴν εἶναι· καὶ τεθνᾶσι κατὰ τὸ σὸν ψήφισμα δύο τῶν πολιτῶν, πατὴρ καὶ υἱός, παραδοθέντες τῷ ἐπὶ τῷ ὀρύγματι· [63] ἐδέθη τῶν ἀφ' Ἁρμοδίου γεγονότων εἷς κατὰ τὸ σὸν πρόσταγμα· ἐστρέβλωσαν Ἀντιφῶντα καὶ ἀπέκτειναν οὗτοι τῇ τῆς βουλῆς ἀποφάσει πεισθέντες· ἐξέβαλες σὺ Χαρῖνον ἐκ τῆς πόλεως ἐπὶ προδοσίᾳ κατὰ τὰς τῆς βουλῆς ἀποφάσεις καὶ τιμωρίας. κατὰ δὲ σαυτοῦ καὶ ταῦτα γράψας αὐτὸς τὸ ψήφισμ' ἀκυροῖς; καὶ ποῦ ταῦτα δίκαια ἢ νόμιμά ἐστι;

73. Δείναρχος, I[Κατὰ Δημοσθένους], 66 ~ 67
... τίσιν ὀφθαλμοῖς ἕκαστος ὑμῶν τὴν πατρῴαν ἑστίαν οἴκαδ' ἀπελθὼν ἰδεῖν τολμήσει, ἀπολελυκότες μὲν τὸν προδότην τὸν πρῶτον εἰς τὸν ἴδιον εἶκον εἰσενεγκάμενον τὸ δεδωροδοκημένον χρυσίον, κατεγνωκότες δὲ μηδὲν ἀληθὲς μήτε ζητεῖν μήθ' εὑρίσκειν τὸ παρὰ πᾶσιν ἀνθρώποις εἶναι σεμνότατον νομιζόμενον συνέδριον; [67] τίνας δ', ὦ Ἀθηναῖοι, - σκοπεῖτε γὰρ πρὸς ὑμᾶς αὐτούς -, τίνας τὰς ἐλπίδας ἕξομεν, ἐὰν κίνδυνός τις καταλάβῃ τὴν πόλιν, τὸ μὲν δῶρα λαμβάνειν κατὰ τῆς πατρίδος ἀσφαλὲς εἶναι πεποιηκότες, τὸ δὲ τὴν φυλακὴν ἔχον συνέδριον τῆς πόλεως ἐν τοῖς τοιούτοις κινδύνοις ἀδόκιμον καταστήσαντες;

74. Δείναρχος, I[Κατὰ Δημοσθένους], 82 ~ 84 : 86 ~ 87
... καὶ τὸ περὶ ζητήσεως τῶν χτημάτων ψήφισμα, ἃ ἔγραψε Δημοσθένης τῇ ἐξ Ἀρείου πάγου βουλῇ περὶ αὑτοῦ τε καὶ ὑμῶν, ἵνα παρ' ἄλληλα θεωρήσαντες εἰδῆτε τὴν Δημοσθένους ἀπόνοιαν. (ΨΗΦΙΣΜΑ) [83] ἔγραψας σὺ τοῦτο, Δημόσθενες; ἔγραψας· οὐκ ἔστιν ἀντειπεῖν. ἐγένετο ἡ βουλὴ κυρία σοῦ προστάξαντος; ἐγένετο. τεθνᾶσι τῶν πολιτῶν ἄνδρες; τεθνᾶσι. κύριον ἦν τὸ σὸν ψήφισμα κατ' ἐκείνων; ἀδύνατον ἀντειπεῖν. ... [84] ἡ βουλὴ εὕρηκε Δημοσθένην. τί δεῖ πολλῶν λόγων; ἀποπέφαγκεν, ὦ Ἀθηναῖοι. τὸ μὲν τοίνυν δίκαιον ἦν ὑφ' ἑαυτοῦ κεκριμένον εὐθὺς ἀποθνῄσκειν· ἐπειδὴ δ' εἰς τὰς ὑμετέρας ἥκει χεῖρας τῶν ὑπὲρ τοῦ δήμου συνειλεγμένων καὶ τῶν ὀμωμοκότων πείσεσθαι τοῖς νόμοις καὶ τοῖς τοῦ δήμου ψηφίσμασι, τί ποιήσετε; προήσεσθε τὴν πρὸς τοὺς θεοὺς εὐσέβειαν καὶ τὰ παρὰ πᾶσιν ἀνθρώποις δίκαια νομιζόμενα; ... [86] ἐπέτρεψεν [ὁ] αὐτὸς οὗτος ἐν τῷ δήμῳ τῷ συνεδρίῳ τούτῳ κρῖναι περὶ αὑτοῦ, μάρτυρας ὑμᾶς πεποιημένος. ἔθετο συνθήκας μετὰ τοῦ δήμου, γράψας τὸ ψήφισμα καθ' ἑαυτοῦ παρὰ τὴν μητέρα τῶν θεῶν, ἣ πάντων τῶν ἐν τοῖς γράμμασι δικαίων φύλαξ τῇ πόλει καθέστηκε.

διὸ καὶ οὐχ ὅσιόν ὑμῖν ἐστὶ ταύτας ἀκύρους ποιεῖν, οὐδὲ τοὺς θεοὺς ὀμωμοκόσι περὶ ταύτης τῆς κρίσεως ταῖς αὐτῶν τῶν θεῶν πράξεσιν ἐναντίαν τὴν ψῆφον ἐνεγκεῖν. [87] κρίσεως Ποσειδῶν ἀποτυχὼν τῆς ὑπὲρ Ἁλιρροθίου πρὸς Ἄρη γενομένης ἐνέμεινεν· <ἐνέμειναν> αὐταὶ αἱ σεμναὶ θεαὶ τῇ πρὸς Ὀρέστην ἐν τούτῳ τῷ συνεδρίῳ κρίσει γενομένῃ καὶ τῇ τούτου ἀληθείᾳ συνοίκους ἑαυτὰς εἰς τὸν λοιπὸν χρόνον κατέστησαν. ὑμεῖς δὲ τί ποιήσετε οἱ πάντων εἶναι φάσκοντες εὐσεβέστατοι; τὴν τοῦ συνεδρίου γνώμην ἄκυρον καταστήσετε τῇ Δημοσθένους ἐπακολουθήσαντες πονηρίᾳ;

75. Δείναρχος, I[Κατὰ Δημοσθένους], 112
Καὶ ὅταν ἀναβαίνῃ τις συνηγορήσων Δημοσθένει, λογίζεσθ᾽ ὅτι οὗτος ὁ ἄνθρωπος, εἰ μὲν μὴ ἔνοχος ὢν ταῖς μελλούσαις ἀποφάσεσιν ἀναβαίνει, κακόνους ἐστὶ τῇ πολιτείᾳ, καὶ τοὺς ἐπὶ τῷ δήμῳ δῶρα λαμβάνοντας οὐ βουλόμενος δίκην δοῦναι καὶ τὴν κοινὴν τῶν ὑμετέρων σωμάτων φυλακήν, ἐφ᾽ ᾗ τέτακται τὸ ἐν Ἀρείῳ πάγῳ συνέδριον, καταλυθῆναι βούλεται καὶ συγκεχύσθαι πάντα τὰ ἐν τῇ πόλει δίκαια.

76. Δείναρχος, II[Κατὰ Ἀριστογείτονος], 1
ὁ γὰρ πονηρότατος τῶν ἐν τῇ πόλει, μᾶλλον δὲ καὶ τῶν ἄλλων ἀνθρώπων, Ἀριστογείτων διαδικασόμενος ἥκει τῇ ἐξ Ἀρείου πάγου βουλῇ περὶ ἀληθείας καὶ δικαιοσύνης, καὶ νυνὶ μείζονα κίνδυνον ἢ τὴν ἀπόφασιν πεποιημένη βουλὴ κινδυνεύει ἢ ὁ δῶρα λαμβάνων καθ᾽ ὑμῶν καὶ τὴν ὑπὲρ τῶν δικαίων παρρησίαν ἀποδόμενος εἴκοσι μνῶν.

77. Δείναρχος, III[Κατὰ Φιλοκλέους)], 7 ~ 8
... οὐκ ἀποκτενεῖτε, ὦ Ἀθηναῖοι, πάντες ὁμοθυμαδὸν τὸν εἰς τοσαύτην αἰσχύνην καὶ ἀδικίαν πολλοὺς τῶν πολιτῶν ἐμβεβληκότα, τὸν ἀρχηγὸν γενόμενον τοῦ διαδεδομένου χρυσίου καὶ εἰς αἰτίαν καθιστάντα πᾶσαν τὴν πόλιν; ἀλλ᾽ ὑπομενεῖτ᾽ ἀκούειν τοῦ τοσαῦτα διαπεπραγμένου καθ᾽ ὑμῶν, ὡς [ὅτι] τὸ συνέδριον τὸ ἐν Ἀρείῳ πάγῳ ψευδεῖς πεποίηται τὰς ἀποφάσεις, καὶ ὡς αὐτὸς μὲν δίκαιος καὶ χρηστὸς καὶ ἀδωροδόκητός ἐστιν, ἡ δ᾽ ἐξ Ἀρείου πάγου βουλὴ ταῦτα πάντα προεῖται χάριτος ἢ λημμάτων ἕνεκα; [8] ἆρ᾽ ἴσθ᾽ ὅτι ἐπὶ μὲν τῶν ἄλλων ἀδικημάτων σκεψαμένους ἀκριβῶς δεῖ μεθ᾽ ἡσυχίας καὶ τἀληθὲς ἐξετάσαντας, οὕτως ἐπιτιθέναι τοῖς ἠδικηκόσι τὴν τιμωρίαν, ἐπὶ δὲ ταῖς φανεραῖς καὶ παρὰ πάντων ὡμολογημέναις προδοσίαις πρώτην τετάχθαι τὴν ὀργὴν καὶ τὴν μετ᾽ αὐτῆς γιγνομένην τιμωρίαν;

78. Δείναρχος, III[Κατὰ Φιλοκλέους], 17 ~ 8
τὸν δὲ μιαρὸν ἄνθρωπον καὶ προδότην, ὃν οὐχ εἷς ἀνὴρ ἀλλὰ πᾶσα ἡ ἐξ Ἀρείου πάγου βουλὴ ζητήσασα ἀποπέφαγκε χρήματ᾽ ἔχειν καθ᾽ ὑμῶν, ὃς οὐσίαν ἔχων πολλὴν καὶ παίδων ἀρρένων οὐκ ὄντων αὐτῷ, καὶ οὐδενὸς ἄλλου δεόμενος ὢν <ἂν> ἄνθρωπος μέτριος δεηθείη, οὐκ ἀπέσχετο χρημάτων διδομένων κατὰ τῆς πατρίδος, οὐδ᾽ ἀπεκρύψατο τὴν ἔμφυτον πονηρίαν, ἀλλ᾽ ἀνεῖλε πᾶσαν τὴν γεγενημένην αὐτῷ πρὸς ὑμᾶς πίστιν, καὶ οἷς πρότερον ἔφη διαφέρεσθαι, πρὸς τούτους ἔταξεν αὑτόν, καὶ ἐξήλεγξεν αὐτοῦ τὴν προσποίητον καλοκαγαθίαν, ὅτι ψευδὴς ἦν.

79. Δημάδης, Ὑπὲρ τῆς δωδεκαετίας, 60
Ἕκαστον τῶν ἀδικημάτων ἰδίας ἔχει τὰς οἰκονομίας· ἃ μὲν γάρ ἐστι δεόμενα τῆς <ἐξ> Ἀρείου πάγου βουλῆς, ἃ δὲ τῶν ἐλαττόνων δικαστηρίων, ἃ δὲ τῆς

3. 아레오파고스에 관한 주요사료 **319**

ἡλιαίας· πάντα δὲ ταῦτα διώρισται τοῖς ὀνόμασι, τοῖς πράγμασι, τοῖς χρόνοις, τοῖς ἐπιτιμίοις, ταῖς ἀγωγαῖς καὶ τῷ πλήθει τῶν δικαζόντων.

80. Δημοσθένης, XVIII[*Περὶ τοῦ Στεφάνου*], 132 ~ 136
Τίς γὰρ ὑμῶν οὐκ οἶδεν τὸν ἀποψηφισθέντ᾽ Ἀντιφῶντα ὃς ἐπαγγειλάμενος Φιλίππῳ τὰ νεώρι· ἐμπρήσειν εἰς τὴν πόλιν ἦλθεν; ὃν λαβόντος ἐμοῦ κεκρυμμένον ἐν Πειραιεῖ καὶ καταστήσαντος εἰς τὴν ἐκκλησίαν, βοῶν ὁ βάσκανος οὗτος καὶ κεκραγώς, ὡς ἐν δημοκρατίᾳ δεινὰ ποιῶ τοὺς ἠτυχηκότας τῶν πολιτῶν ὑβρίζων καὶ ἐπ᾽ οἰκίας βαδίζων ἄνευ ψηφίσματος, ἀφεθῆναι ἐποίησεν. [133] καὶ εἰ μὴ ἡ βουλὴ ἡ ἐξ Ἀρείου πάγου τὸ πρᾶγμ᾽ αἰσθομένη, καὶ τὴν ὑμετέραν ἄγνοιαν ἐν οὐ δέοντι συμβεβηκυῖαν ἰδοῦσα, ἐπεζήτησε τὸν ἄνθρωπον καὶ συλλαβοῦσ᾽ ἐπανήγαγεν ὡς ὑμᾶς, ἐξήρπαστ᾽ ἂν ὁ τοιοῦτος καὶ τὸ δίκην δοῦναι διαδὺς ἐξεπέπεμπετ᾽ ἂν ὑπὸ τοῦ σεμνολόγου τουτουί· νῦν δ᾽ ὑμεῖς στρεβλώσαντες αὐτὸν ἀπεκτείνατε, ὡς ἔδει γε καὶ τοῦτον. [134] τοιγαροῦν εἰδυῖα ταῦθ᾽ ἡ βουλὴ ἡ ἐξ Ἀρείου πάγου τότε τούτῳ πεπραγμένα, χειροτονησάντων αὐτὸν ὑμῶν σύνδικον ὑπὲρ τοῦ ἱεροῦ τοῦ ἐν Δήλῳ ἀπὸ τῆς αὐτῆς ἀγνοίας ἧσπερ πολλὰ προΐεσθε τῶν κοινῶν, ὡς προσείλεσθε κἀκείνην καὶ τοῦ πράγματος κυρίαν ἐποιήσατε, τοῦτον μὲν εὐθὺς ἀπήλασεν ὡς προδότην, Ὑπερείδῃ δὲ λέγειν προσέταξε. καὶ ταῦτ᾽ ἀπὸ τοῦ βωμοῦ φέρουσα τὴν ψῆφον ἔπραξε, καὶ οὐδεμία ψῆφος ἠνέχθη τῷ μιαρῷ τούτῳ· καὶ ὅτι ταῦτ᾽ ἀληθῆ λέγω, κάλει τούτων τοὺς μάρτυρας.
[Μαρτυροῦσι Δημοσθένει ὑπὲρ ἁπάντων οἵδε, Καλλίας Σουνιεύς, Ζήνων Φλυεύς, Κλέων Φαληρεύς, Δημόνικος Μαραθώνιος, ὅτι τοῦ δήμου ποτὲ χειροτονήσαντος Αἰσχίνην σύνδικον ὑπὲρ τοῦ ἱεροῦ τοῦ ἐν Δήλῳ εἰς τοὺς Ἀμφικτύονας, συνεδρεύσαντες ἡμεῖς ἐκρίναμεν Ὑπερείδην ἄξιον εἶναι μᾶλλον ὑπὲρ τῆς πόλεως λέγειν, καὶ ἀπεστάλη Ὑπερείδης]
Οὐκοῦν ὅτε τοῦτον τοῦ λέγειν ἀπήλασεν ἡ βουλὴ καὶ προσέταξεν ἑτέρῳ, τότε καὶ προδότην καὶ κακόνουν ὑμῖν ἀπέφηνεν.

81. Δημοσθένης, XX[*Πρὸς Λεπτίνην*], 157 ~ 8
ὅπως μὴ γενήσονται οἱ περὶ ἀλλήλους φόνοι, περὶ ὧν ἐξαίρετος ἡ βουλὴ φύλαξ ἡ ἐν Ἀρείῳ πάγῳ τέτακται. ἐν τοίνυν τοῖς περὶ τούτων νόμοις ὁ Δράκων φοβερὸν κατασκευάζων καὶ δεινὸν τὸ τιν᾽ αὐτόχειρ᾽ ἄλλον ἄλλου γίγνεσθαι, καὶ γράφων χέρνιβος εἴργεσθαι τὸν ἀνδροφόνον, σπονδῶν, κρατήρων, ἱερῶν, ἀγορᾶς...

82. Δημοσθένης, XXIII[*Κατὰ Ἀριστοκράτους*], 22 : 24 ~ 26 : cf. 215
[22] ΝΟΜΟΣ ΕΚ ΤΩΝ ΦΟΝΙΚΩΝ ΝΟΜΩΝ ΤΩΝ ΕΞ ΑΡΕΙΟΥ ΠΑΓΟΥ
[Δικάζειν δὲ τὴν βουλὴν τὴν ἐν Ἀρείῳ πάγῳ φόνου καὶ τραύματος ἐκ προνοίας καὶ πυρκαϊᾶς καὶ φαρμάκων, ἐάν τις ἀποκτείνῃ δούς]
[24 ~ 25] γέγραπται γὰρ ἐν μὲν τῷ νόμῳ "τὴν βουλὴν δικάζειν φόνου καὶ τραύματος ἐκ προνοίας καὶ πυρκαϊᾶς καὶ φαρμάκων, ἐάν τις ἀποκτείνῃ δούς". [25] καὶ προσειπὼν ὁ θεὶς τὸν νόμον "ἐὰν ἀποκτείνῃ", κρίσιν πεποίηκεν ὅμως, οὐ πρότερον τί χρὴ πάσχειν τὸν δεδρακότ᾽ εἰρηκε, καλῶς, ὦ ἄνδρες Ἀθηναῖοι, τοῦθ᾽ ὑπὲρ εὐσεβείας ὅλης τῆς πόλεως προϊδών. πῶς; οὐκ ἔνεστιν ἅπαντας ἡμᾶς εἰδέναι τίς ποτ᾽ ἐστὶν ὁ ἀνδροφόνος ...
(26) καὶ ἔτι πρὸς τούτῳ διελογίζετο ὅτι πάντα τὰ τοιαῦτ᾽ ὀνόματα, οἷον ἐάν τις ἀποκτείνῃ, ἐάν τις ἱεροσυλήσῃ, ἐάν τις προδῷ, καὶ τὰ τοιαῦτα πάντα πρὸ μὲν τοῦ κρίσιν γενέσθαι αἰτιῶν ὀνόματ᾽ ἐστίν, ἐπειδὰν δὲ κριθείς τις ἐξελεγχθῇ, τηνικαῦτ᾽ ἀδικήματα γίγνεται. οὐ δὴ δεῖν ᾤετο τῷ τῆς αἰτίας

ὀνόματι τιμωρίαν προσγράφειν, ἀλλὰ κρίσιν. καὶ διὰ ταῦτα, ἄν τις ἀποκτείνῃ τινά, τὴν βουλὴν δικάζειν ἔγραψε, καὶ οὐχ ἅπερ, ἂν ἁλῷ, παθεῖν εἶπεν. cf. [215] πρῶτος νόμος ἄντικρυς εἴρηκεν, ἄν τις ἀποκτείνῃ, τὴν βουλὴν δικάζειν.

83. Δημοσθένης, XXIII[Κατὰ Ἀριστοκράτους], 65 ~ 70
πολλὰ μὲν δὴ παρ᾽ ἡμῖν ἐστι τοιαῦθ᾽ οἷ᾽ οὐχ ἑτέρωθι, ἓν δ᾽ οὖν ἰδιώτατον πάντων καὶ σεμνότατον, τὸ ἐν Ἀρείῳ πάγῳ δικαστήριον, ὑπὲρ οὗ τοσαῦτ᾽ ἔστιν εἰπεῖν καλὰ παραδεδομένα καὶ μυθώδη, καὶ ὧν αὐτοὶ μάρτυρές ἐσμεν, ὅσα περὶ οὐδενὸς ἄλλου δικαστηρίου. ὧν ὡσπερεὶ δείγματος ἕνεκ᾽ ἄξιόν ἐσθ᾽ ἓν ἢ δύ᾽ ἀκοῦσαι. [66] τοῦτο μὲν τοίνυν τὰ παλαιά, ὡς ἡμῖν ἀκούειν παραδέδοται, ἐν μόνῳ τούτῳ τῷ δικαστηρίῳ δίκας φόνου θεοὶ καὶ δοῦναι καὶ λαβεῖν ἠξίωσαν καὶ δικασταὶ γενέσθαι διενεχθεῖσιν ἀλλήλοις, ὥς λόγος, λαβεῖν μὲν Ποσειδῶν ὑπὲρ Ἁλιρροθίου τοῦ υἱοῦ παρ᾽ Ἄρεως, δικάσαι δ᾽ Εὐμενίσι καὶ Ὀρέστῃ οἱ δώδεκα θεοί. καὶ τὰ μὲν δὴ παλαιὰ ταῦτα, τὰ δ᾽ ὕστερον· τοῦτο μόνον τὸ δικαστήριον οὐχὶ τύραννος, οὐκ ὀλιγαρχία, οὐ δημοκρατία τὰς φονικὰς δίκας ἀφελέσθαι τετόλμηκεν, ἀλλὰ πάντες ἀσθενέστερον ἂν τὸ δίκαιον εὑρεῖν ἡγοῦνται περὶ τούτων αὐτοὶ τοῦ παρὰ τούτοις εὑρημένου δικαίου. πρὸς δὲ τούτοις τοιούτοις οὖσιν ἐνταυθοῖ μόνον οὐδεὶς πώποτε οὔτε φεύγων ἁλοὺς οὔτε διώκων ἡττηθεὶς ἐξήλεγξεν ὡς ἀδίκως ἐδικάσθη τὰ κριθέντα. [67] ταύτην τοίνυν τὴν φυλακὴν καὶ τὰς ἐν ταύτῃ νομίμους τιμωρίας παραβὰς ὁ γράφων τὸ ψήφισμα τοδί, ζῶντι μὲν ἐξουσίαν γέγραφε τῷ Χαριδήμῳ ποιεῖν ὅ τι ἂν βούληται, παθόντος δέ τι τοῖς οἰκείοις συκοφαντίαν δέδωκεν. σκέψασθε γὰρ οὑτωσί. ἴστε δήπου τοῦθ᾽ ἅπαντες, ὅτι ἐν Ἀρείῳ πάγῳ, οὗ δίδωσιν ὁ νόμος καὶ κελεύει τοῦ φόνου δικάζεσθαι, πρῶτον μὲν διομεῖται κατ᾽ ἐξωλείας αὐτοῦ καὶ γένους καὶ οἰκίας ὅ τιν᾽ αἰτιώμενος εἰργάσθαι τι τοιοῦτον, [68] εἶτ᾽ οὐδὲ τὸν τυχόντα τιν᾽ ὅρκον τοῦτον ποιήσει, ἀλλ᾽ ὃν οὐδεὶς ὄμνυσιν ὑπὲρ οὐδενὸς ἄλλου, στὰς ἐπὶ τῶν τομίων κάπρου καὶ κριοῦ καὶ ταύρου, καὶ τούτων ἐσφαγμένων ὑφ᾽ ὧν δεῖ καὶ ἐν αἷς ἡμέραις καθήκει, ὥστε καὶ ἐκ τοῦ χρόνου καὶ ἐκ τῶν μεταχειριζομένων ἅπαν, ὅσον ἔσθ᾽ ὅσιον, πεπρᾶχθαι. καὶ μετὰ ταῦθ᾽ ὁ τὸν τοιοῦτον ὅρκον ὀμωμοκὼς οὔπω πεπίστευται, ἀλλ᾽ ἐὰν ἐξελεγχθῇ μὴ λέγων ἀληθῆ, τὴν ἐπιορκίαν ἀπενεγκάμενος τοῖς αὑτοῦ παισὶ καὶ τῷ γένει πλέον οὐδ᾽ ὁτιοῦν ἕξει. [69] ἂν δὲ δόξῃ τὰ δίκαι᾽ ἐγκαλεῖν καὶ ἕλῃ τὸν δεδρακότα τοῦ φόνου, οὐδ᾽ οὕτω κύριος γίγνεται τοῦ ἁλόντος, ἀλλ᾽ ἐκείνου μὲν οἱ νόμοι κύριοι κολάσαι καὶ οἷς προστέτακται, τῷ δ᾽ ἐπιδεῖν διδόναι δίκην ἔξεστιν, ἣν ἔταξεν ὁ νόμος, τὸν νόμον ἀλλήλων, πέρα δ᾽ οὐδὲν τούτων. καὶ τῷ μὲν διώκοντι ὑπάρχει ταῦτα, τῷ δὲ φεύγοντι τὰ μὲν τῆς διωμοσίας ταὐτά, τὸν πρότερον δ᾽ ἔξεστιν εἰπόντα λόγον μεταστῆναι, καὶ οὔθ᾽ ὁ διώκων οὔθ᾽ οἱ δικάζοντες οὔτ᾽ ἄλλος ἀνθρώπων οὐδεὶς κύριος κωλῦσαι. [70] τί δήποτ᾽, ὦ ἄνδρες Ἀθηναῖοι, τοῦθ᾽ οὕτως ἔχει; ὅτι οἱ ταῦτ᾽ ἐξ ἀρχῆς τὰ νόμιμα διαθέντες, οἵτινές ποτ᾽ ἦσαν, εἴθ᾽ ἥρωες εἴτε θεοί, οὐκ ἐπέθεντο τοῖς ἀτυχήμασιν, ἀλλ᾽ ἀνθρωπίνως ἐπεκούφισαν, εἰς ὅσον εἶχε καλῶς, τὰς συμφοράς. ταῦτα μέντοι πάνθ᾽ οὕτω καλῶς καὶ νομίμως ἔχονθ᾽ ὁ γράφων τὸ ψήφισμα τουτὶ παραβεβηκὼς φαίνεται· ἓν γὰρ οὐδ᾽ ὁτιοῦν ἔνι τούτων ἐν τῷ ψηφίσματι τῷ τούτου. καὶ πρῶτον μὲν παρ᾽ ἑνὸς τούτου δικαστηρίου καὶ [παρὰ] τοὺς γεγραμμένους νόμους καὶ τἄγραφα νόμιμα τὸ ψήφισμ᾽ εἴρηται.

3. 아레오파고스에 관한 주요사료 **321**

84. Δημοσθένης, XXIV[Κατ ἀ Τιμοκράτους], 22
[e.i. περὶ τῶν ἀποχειροτονηθέντων νόμων) ἐὰν δ᾽ οἱ πρυτάνεις μὴ ποιῶσι κατὰ τὰ γεγραμμένα τὴν ἐκκλησίαν ἢ οἱ πρόεδροι μὴ χρηματίσωσι κατὰ τὰ γεγραμμένα, ὀφείλειν τῶν μὲν πρυτάνεων ἕκαστον χιλίας δραχμὰς ἱερὰς τῇ Ἀθηνᾷ, τῶν δὲ προέδρων ἕκαστος ὀφειλέτω τετταράκοντα δραχμὰς ἱερὰς τῇ Ἀθηνᾷ. καὶ ἐνδείξεις αὐτῶν ἔστω πρὸς τοὺς θεσμοθέτας, καθάπερ ἐάν τις ἄρχῃ ὀφείλων τῷ δημοσίῳ. οἱ δὲ θεσμοθέται τοὺς ἐνδειχθέντας εἰσαγόντων εἰς τὸ δικαστήριον κατὰ τὸν νόμον ἢ μὴ ἀνιόντων εἰς Ἄρειον πάγον, ὡς καταλύοντες τὴν ἐπανόρθωσιν τῶν νόμων.

85. Δημοσθένης, XXV[Κατὰ Ἀριστογείτονος, I), 23
τὸ τὴν ἐξ Ἀρείου πάγου βουλήν, ὅταν ἐν τῇ βασιλείῳ στοᾷ καθεζομένη περισχοινίσηται, κατὰ πολλὴν ἡσυχίαν ἐφ᾽ ἑαυτῆς εἶναι, καὶ ἅπαντας ἐκποδὼν ἀποχωρεῖν.

86. Δημοσθένης, XXVI[Κατὰ Ἀριστογείτονος, II), 5
τοῦτο μὲν γὰρ ὅταν ἀποχειροτονηθῶσί τινες τῶν ἐν ταῖς ἀρχαῖς, παραχρῆμα πέπαυνται ἄρχοντες καὶ τοὺς στεφάνους περιῄρηνται· τοῦτο δ᾽ ὅσοις τῶν θεσμοθετῶν εἰς Ἄρειον πάγον οὐχ οἷόν τ᾽ ἐστὶν ἀνελθεῖν, παρέντες τὸ βιάζεσθαι στέργουσιν ταῖς ὑμετέραις γνώσεσι.

87. Δημοσθένης, XL[Πρὸς Βοιωτὸν περὶ προικὸς μητρῴας, II), 32 ~ 33
οὗτος δ᾽ ἐμοὶ μετὰ Μενεκλέους τοῦ πάντων τούτων ἀρχιτέκτονος ἐπιβουλεύσας, καὶ ἐξ ἀντιλογίας καὶ λοιδορίας πληγὰς συνάψα- μενος, ἐπιτεμὼν τὴν κεφαλὴν αὐτοῦ τραύματος εἰς Ἄρειον πάγον με προσεκαλέσατο, ὡς φυγαδεύσων ἐκ τῆς πόλεως. καὶ εἰ μὴ Εὐθύδικος ὁ ἰατρός, πρὸς ὃν οὗτοι τὸ πρῶτον ἦλθον δεόμενοι ἐπιτεμεῖν τὴν κεφαλὴν αὐτοῦ, πρὸς τῆς ἐξ Ἀρείου πάγου βουλῆς εἶπε τὴν ἀλήθειαν πᾶσαν, τοιαύτην ἂν δίκην οὗτος εἰλήφει παρ᾽ ἐμοῦ οὐδὲν ἀδικοῦντος, ἣν ὑμεῖς οὐδὲ κατὰ τῶν τὰ μέγιστ᾽ ἀδικούντων ὑμᾶς ἐπιχειρήσαιτ᾽ ἂν ποιήσασθαι.

88. Δημοσθένης, XL[Πρὸς Βοιωτὸν περὶ προικὸς μητρῴας, II), 57
ὅπου γὰρ οὕτω φανερῶς μοι ἐπιβουλεύσαντες εἰς Ἄρειον πάγον ἀγῶνα κατεσκεύασαν, τίνος οὗτοι ἢ φαρμακείας ἂν ἢ κακουργίας τοιαύτης ὑμῖν ἀποσχέσθαι δοκοῦσιν;

89. Δημοσθένης, LIV[Κατὰ Κόνωνος), 25
τὸν γοῦν τῆς Βραυρωνόθεν ἱερείας πατέρ᾽ ὁμολογουμένως οὐχ ἁψάμενον τοῦ τελευτήσαντος, ὅτι τῷ πατάξαντι τύπτειν παρεκελεύσατο, ἐξέβαλ᾽ ἡ βουλὴ ἡ ἐξ Ἀρείου πάγου, δικαίως.

90. Δημοσθένης, LIV (Κατὰ Κόνωνος), 28
ἀλλὰ τοῦτο μὲν πρὸ τοῦ τὴν δίκην ληχθῆναι, ἡνίκ᾽ ἀσθενῶς ἐγὼ κατεκείμην, καὶ οὐκ εἰδὼς εἰ περιψεύξομαι, πρὸς ἅπαντας τοὺς εἰσιόντας τοῦτον ἀπέφαινον τὸν πρῶτον πατάξαντα καὶ τὰ πλεῖσθ᾽ ὧν ὑβρίσμην διαπεπραγμένον, τότ᾽ ἂν εὐθέως ἧκεν ἔχων μάρτυρας πολλοὺς ἐπὶ τὴν οἰκίαν, τότ᾽ ἂν τοὺς οἰκέτας παρεδίδου καὶ τῶν ἐξ Ἀρείου πάγου τινὰς παρεκάλει· εἰ γὰρ ἀπέθανον, παρ᾽ ἐκείνοις ἂν ἦν ἡ δίκη.

91. Δημοσθένης, LVIII (Κατὰ Θεοκρίνους), 29
καὶ τὴν μὲν ἀρχὴν ἣν ἐκεῖνος ἄρχων ἐτελεύτησεν, ἱεροποιὸς ὤν, παρὰ τοὺς νόμους ἦρχεν οὗτος, οὔτε λαχὼν οὔτ᾽ ἐπιλαχών· ὑπὲρ ὧν δ᾽ ἔπαθεν ἐκεῖνος, μέχρι τούτου σχετλιάζων περιῇει καὶ φάσκων εἰς Ἄρειον πάγον Δημοχάρην προκαλεῖσθαι, ἕως διελύσατο πρὸς τοὺς τὴν αἰτίαν ἔχοντας.

92. Δημοσθένης, LIX (Κατὰ Νεαίρας), 80 ~ 83
Ὡς γὰρ ἐγένετο τὰ ἱερὰ ταῦτα καὶ ἀνέβησαν εἰς Ἄρειον πάγον οἱ ἐννέα ἄρχοντες ταῖς καθηκούσαις ἡμέραις, εὐθὺς ἡ βουλὴ ἡ ἐν Ἀρείῳ πάγῳ, ὥσπερ καὶ τἄλλα πολλοῦ ἀξία ἐστὶ τῇ πόλει περὶ εὐσέβειαν, ἐζήτει τὴν γυναῖκα ταύτην τοῦ Θεογένους ἥτις ἦν, καὶ ἐξήλεγχε, καὶ περὶ τῶν ἱερῶν πρόνοιαν ἐποιεῖτο, καὶ ἐζημίου τὸν Θεογένην ὅσα κυρία ἐστίν, ἐν ἀπορρήτῳ δὲ καὶ διὰ κοσμιότητος· οὐ γὰρ αὐτοκράτορές εἰσιν, ὡς ἂν βούλωνται, Ἀθηναίων τινὰ κολάσαι. [81] γενομένων δὲ λόγων, καὶ χαλεπῶς φερούσης τῆς ἐν Ἀρείῳ πάγῳ βουλῆς καὶ ζημιούσης τὸν Θεογένην, ὅτι τοιαύτην ἔλαβε γυναῖκα καὶ ταύτην εἴασε ποιῆσαι τὰ ἱερὰ τὰ ἄρρητα ὑπὲρ τῆς πόλεως...
[83] ὑποσχομένου δὲ ταῦτα τοῦ Θεογένους καὶ δεομένου, ἅμα μὲν καὶ ἐλεήσασα αὐτὸν ἡ ἐν Ἀρείῳ πάγῳ βουλὴ διὰ τὴν ἀκακίαν τοῦ τρόπου, ἅμα δὲ καὶ ἐξηπατῆσθαι τῇ ἀληθείᾳ ἡγουμένη ὑπὸ τοῦ Στεφάνου, ἐπέσχεν. ὡς δὲ κατέβη ἐξ Ἀρείου πάγου ὁ Θεογένης, εὐθὺς τήν τε ἄνθρωπον τὴν ταυτησί Νεαίρας θυγατέρα ἐκβάλλει ἐκ τῆς οἰκίας, τόν τε Στέφανον τὸν ἐξαπατήσαντα αὐτὸν τουτονὶ ἀπελαύνει ἀπὸ τοῦ συνεδρίου. καὶ οὕτως ἐπαύσαντο οἱ Ἀρεοπαγῖται κρίνοντες τὸν Θεογένην καὶ ὀργιζόμενοι αὐτῷ, καὶ συγγνώμην εἶχον ἐξαπατηθέντι.

93. Δημοσθένης, Ἐπιστολαί, III, 42
οὐ μὴν οὐδὲ παρ᾽ Ἁρπάλου με λαβόντα δείξετε· οὔτε γὰρ ἠλέγχθην οὔτ᾽ ἔλαβον. εἰ δὲ τὸ περιφανὲς ἀξίωμα τῆς βουλῆς ἢ τὸν Ἄρειον πάγον προσβλέπετε, τῆς Ἀριστογείτονος κρίσεως ἀναμνησθέντες ἐγκαλύψασθε.

94. (Δημοσθένης), Σχόλια [XX, Πρὸς Λεπτίνην], 484, 14
οὐ γὰρ ᾤετο δεῖν ὁ Σόλων] τὴν γνώμην τοῦ νομοθέτου φησί. θεσμοθέται δὲ ἐκλέγονται ἐξ τοῦ ἐνιαυτοῦ, οἱ τῶν ἐννέα ἀρχόντων εἰσί, δι᾽ ὧν τὰ πολλὰ διοικεῖται πράγματα. νομοθέται δὲ οἱ αἱρούμενοι δικασταί, τὸν εἰσαγόμενον νόμον ἢ λύοντες ἢ κυροῦντες. οἱ θεσμοθέται οὖν τὸν ἐνιαυτὸν ἦρχον· δεύτερον δὲ ἐδοκιμάζοντο διὰ τὸ ἐκεῖθεν εἰς τὸν Ἄρειον πάγον ἀνέρχεσθαι, εἰ μή τις μεταξὺ διεβέβλητο· ἕως δὲ θανάτου ἔμενον Ἀρειοπαγῖται[1].
1. Ἀρειοπαγῖται] Legebatur οἱ Ἀρειοπαγῖται.

95. (Δημοσθένης), Σχόλια [XXI, Κατὰ Μειδίου], 552, 6
περιεῖδε δὲ ταῖς σεμναῖς θεαῖς ἱεροποιὸν αἱρεθέντα] μείζων ἔτι ἡ πίστις αὕτη τοῦ καθαρὸν εἶναι τὸν ῥήτορα, καὶ διὰ τοῦτο ἔοιδε τελευταία φυλάξαι τὰ καίρια. "τί γάρ" φησίν "ἔθυσα ταῖς σεμναῖς θεαῖς;" εἰ δὲ ἔφορος καὶ τιμωροὶ τῶν φόνων αὐταί, πῶς ἂν ἠνέγκαντο τὴν θυσίαν; ἀλλὰ καὶ ἡ ἐξ Ἀρείου πάγου βουλὴ εἵλετό με ἱεροποιόν, ἥτις μάλιστα τὰς φονικὰς δίκας ἀκριβῶς δικάζειν πεπίστευται." καὶ οὐκ εἶπεν ὅτι "ἔλαχον ἱεροποιεῖν," ἀλλ᾽ "ᾑρέθην," ἵνα μὴ τῆς τύχης, ἀλλὰ γνώμης φανῇ τὸ ἔργον. ἱεροποιὸν δὲ καλοῦσι τὸν ἐποπτεύοντα τοὺς μάντεις, ὅτε θύουσι, μὴ πού τι κακουργῶσιν ἐν ταῖς θυσίαις. "τρίτον δὲ αὐτὸν" εἰπὼν τὸ ἀξίωμα ἑαυτοῦ δηλοῖ· διὸ καὶ ἔκρυψε τῶν ἄλλων τὰς προσηγορίας. τερῖς δὲ ἴσως ἐπέστησαν, ἐπεὶ καὶ τρεῖς

δοκοῦσιν εἶναι αἱ θεαί. ἡ ἐξ Ἀρείου δὲ πάγου βουλὴ τὸν ἱεροποιόν ἡρεῖτο. ἐπειδὴ γὰρ ἐν Ἀρείῳ πάγῳ τὰ τῶν ἱερῶν τῶν Εὐμενίδων ἐπετέτραπτο καὶ πλησίον ἵδρυτο τῆς βουλῆς. καὶ οἱ μέν φασιν ὅτι διὰ τὸν Ὀρέστην ἐκεῖ καθιδρύθη· βέλτιον δὲ λέγειν ὅτι διὰ τὰς φονικάς. ἐπειδὴ γὰρ ἐν Ἀρείῳ πάγῳ τὰ τῶν φόνων ἐγυμνάζετο, ἵν', εἴ τι καὶ λανθάνειν μέλλοι τὴν βουλήν, αὗται συναγωνίζωνται πρὸς τὸν ἔλεγχον, ἐγγὺς ἐφεστῶσαι.

96. (Δημοσθένης), Σχόλια [XXI, Κατὰ Μειδίου], 552, 19 : 23
552, 19. μέλλετε καὶ ζητεῖτε καὶ τετύφωσθε] πολλὴν εὐχέρειαν καὶ ἀλογίαν αὐτοῦ κατηγόρησε. πρῶτον οὖν ὅτι ὡς ἐφ' ὡμολογημένοις παρώξυνε τὴν βουλήν, καὶ τὰ τοιαῦτα κατηγόρει τοῦ σεμνοτάτου τῶν συνεδρίων. τοῦτο δὲ πόσης θρασύτητος; ἐξ οὗ συνίστησιν ὅτι πότ' ἂν ἐφείσατο Δημοσθένους ὁ τῆς βουλῆς μὴ φεισάμενος;
552, 23. καὶ χρώμενος ὥσπερ ἂν ἄλλος τις] τὴν ἀπόνοιαν δηλοῖ τοῦ Μειδίου, εἰ τοῖς Ἀρεοπαγίταις ἔλεγε "τετύφωσθε." καὶ ἐνταῦθα δὲ βούλεται τρέψαι τὴν κοινωνίαν τοῦ φόνου ἐπὶ τὸν Μειδίαν. εἰ γὰρ ἐγὼ διὰ τὸ συνεῖναι αὐτῷ νομίζομαι συνειδέναι τῷ φόνῳ πολλῷ πλέον ἂν ἔχοις αὐτὸς τὴν αἰτίαν, ὁ πλείστην πρὸς αὐτὸν τὴν ἑταιρίαν ἀσπασάμενος.

97. (Δημοσθένης), XXII[Κατὰ Ἀνδροτίωνος παρανόμων), Ὑποθέσεις
a. Λιβανίου Ὑπόθεσις. Δύο ἦσαν ἐν Ἀθήναις βουλαί, ἡ μὲν διηνεκής, ἡ ἐν Ἀρείῳ πάγῳ περί τε φόνων ἑκουσίων καὶ τραυμάτων καὶ τοιούτων τινῶν δικάζουσα, ἑτέρα δὲ ἡ τὰ πολιτικὰ πράττουσα· αὕτη δὲ κατ' ἐνιαυτὸν ἡμείβετο, ἐκ πεντακοσίων ἀνδρῶν τῶν τὴν βουλευτικὴν ἡλικίαν ἀγόντων συνισταμένη...
b. Ἑτέρα Ὑπόθεσις. ... Τούτων μία ἦν τῶν κληρωτῶν ἡ βουλὴ τῶν πεντακοσίων. τῶν πεντακοσίων δὲ εἴπομεν πρὸς ἀντιδιαστολὴν τῆς ἐν Ἀρείῳ πάγῳ. εἰσὶ δὲ τούτων διαφοραὶ τρεῖς. Καὶ πρώτη ἐστὶ τὸ τὴν τῶν πεντακοσίων τὰ δημόσια πράγματα διοικεῖν, τὴν δὲ ἐν Ἀρείῳ πάγῳ τὰ φονικὰ μόνον. εἰ δέ τις εἴποι ὅτι καὶ αὕτη δημόσια διώκει, λέγομεν ὅτι, ἡνίκα μεγίστη ἀνάγκη ἐγίγνετο, τότε μόνον περὶ δημοσίων συνήγετο. δευτέρα διαφορά, ὅτι ἡ μὲν τῶν πεντακοσίων ἀριθμῷ ὑποπίπτει ὡρισμένῳ, ἡ δὲ ἀορίστῳ. ὡς γάρ τινες τῶν ῥητόρων λέγουσι, κατ' ἔτος οἱ ἐννέα ἄρχοντες αὐτῇ προσετίθεντο· ὡς δέ τινες, ὅτι οἱ ἓξ μόνον θεσμοθέται. ἦσαν γὰρ ἓξ θεσμοθέται, οἱ περὶ ἑταιρήσεως δικάζοντες· ἦσαν δὲ καὶ ἄλλοι τρεῖς, εἷς ἐπώνυμος, ἐξ οὗ καὶ ὁ ἐνιαυτὸς [ἐπώνυμος] ὠνομάζετο, δεύτερος ὁ βασιλεύς, ὁ τὰ τῶν ὀρφανῶν καὶ ἀσεβείας διοικῶν, τρίτος ὁ πολέμαρχος, ὁ τῶν πολεμικῶν ἐπιμελούμενος. οἱ δὲ θεσμοθέται ἐνιαυτὸν μόνον ἦρχον, πρὸ τῆς ἀρχῆς κρινόμενοι περὶ τοῦ προλαβόντος παντὸς βίου· καὶ εἰ μὲν εὑρέθησαν ἐν πᾶσι δίκαιοι, ἦρχον τὸν ἐνιαυτόν. εἶτα πάλιν μετὰ τὸν ἐνιαυτὸν ἐκρίνοντο, εἰ καλῶς ἐν αὐτῷ ἦρξαν· καὶ εἰ δικαίως ὤφθησαν ἄρξαντες, προσετίθεντο τῇ βουλῇ τῶν Ἀρεοπαγιτῶν (καὶ διὰ τοῦτο οὐχ ὑπέπιπτεν ἀριθμῷ)· εἰ δὲ μή, ἐξεβάλλοντο. τρίτη διαφορά, ὅτι ἡ μὲν τῶν πεντακοσίων κατ' ἐνιαυτὸν διεδέχετο, ἡ δὲ τῶν Ἀρεοπαγιτῶν ἦν ἀδιάδοχος· εἰ μὴ γάρ τις ἥμαρτε μεγάλως, οὐκ ἐξεβάλλετο.
Ἐπειδὴ δὲ οὐ πρόκειται ἡμῖν περὶ τῆς ἐν Ἀρείῳ πάγῳ βουλῆς, ἀλλὰ περὶ τῶν πεντακοσίων, ἀναγκαῖον μαθεῖν ἡμᾶς πῶς ἦρχεν...

98. Διόδωρος ὁ Σικελιώτης, I, lxxv, 3
ἐξ Ἡλίου γὰρ πόλεως καὶ θηβῶν καὶ Μέμφεως δέκα δικαστὰς ἐξ ἑκάστης προέκρινον· καὶ τοῦτο τὸ συνέδριον οὐκ ἐδόκει λείπεσθαι τῶν Ἀθήνησιν Ἀρεοπαγιτῶν ἢ τῶν παρὰ Λακεδαιμονίοις γερόντων.

99. Διόδωρος ὁ Σικελιώτης, 4, lxxvi, 7
... ὁ δὲ Δαίδαλος φθονήσας τῷ παιδί, καὶ νομίζων αὐτὸν πολὺ τῇ δόξῃ προέξειν τοῦ διδασκάλου, τὸν παῖδα ἐδολοφόνησε. θάπτων δ' αὐτὸν καὶ περικατάληπτος γενόμενος, ἐπηρωτήθη τίνα θάπτει, καὶ ἔφησεν ὄφιν καταχωννύειν. θαυμάσαι δ' ἄν τις τὸ παράδοξον, ὅτι διὰ τὸ ζῷον ἐξ οὗ τοῦ πρίονος ἐνεθυμήθη τὴν κατασκευήν, διὰ τούτου καὶ τοῦ φόνου τὴν ἐπίγνωσιν συνέβη γενέσθαι. κατηγορηθεὶς δὲ καὶ καταδικασθεὶς ὑπὸ τῶν Ἀρεοπαγιτῶν φόνου, τὸ μὲν πρῶτον ἔφυγεν εἰς ἕνα τῶν κατὰ τὴν Ἀττικὴν δήμων, ἐν ᾧ τοὺς κατοικοῦντας ἀπ' ἐκείνου Δαιδαλίδας ὀνομασθῆναι.

100. Διόδωρος ὁ Σικελιώτης, 11, lxxvii, 6
Ἅμα δὲ τούτοις πραττομένοις ἐν μὲν ταῖς Ἀθήναις Ἐφιάλτης ὁ Σοφωνίδου, δημαγωγὸς ὢν καὶ τὸ πλῆθος παροξύνας κατὰ τῶν Ἀρεοπαγιτῶν, ἔπεισε τὸν δῆμον ψηφίσματι μειῶσαι τὴν ἐξ Ἀρείου πάγου βουλὴν καὶ τὰ πάτρια καὶ περιβόητα νόμιμα καταλῦσαι.

101. Διογένης ὁ Λαέρτιος, I, 110[Ἐπιμενίδης]
Ὅθεν καὶ Ἀθηναίοις τότε λοιμῷ κατεχομένοις ἔχρησεν ἡ Πυθία καθῆραι τὴν πόλιν· οἱ δὲ πέμπουσι ναῦν τε καὶ Νικίαν τὸν Νικηράτου εἰς Κρήτην, καλοῦντες τὸν Ἐπιμενίδην. καὶ ὃς ἐλθὼν Ὀλυμπιάδι τεσσαρακοστῇ ἕκτῃ ἐκάθηρεν αὐτῶν τὴν πόλιν καὶ ἔπαυσε τὸν λοιμὸν τοῦτον τὸν τρόπον. λαβὼν πρόβατα μελανά τε καὶ λευκὰ ἤγαγε πρὸς τὸν Ἄρειον πάγον. κἀκεῖθεν εἴασεν ἰέναι οἷ βούλοιντο, προστάξας τοῖς ἀκολούθοις ἔνθα ἂν κατακλίνοι αὐτῶν ἕκαστον, θύειν τῷ προσήκοντι θεῷ· καὶ οὕτω λῆξαι τὸ κακόν.

102. Διογένης ὁ Λαέρτιος, II, 101[Ἀρίστιππος]
Ὁ δ' οὖν Θεόδωρος προσκαθίσας ποτὲ Εὐρυκλείδῃ τῷ ἱεροφάντῃ, "λέγε μοι", ἔφη, "Εὐρυκλείδη, τίνες εἰσὶν οἱ ἀσεβοῦντες περὶ τὰ μυστήρια;" εἰπόντος δ' ἐκείνου, "οἱ τοῖς ἀμυήτοις αὐτὰ ἐκφέροντες", "ἀσεβεῖς ἄρα", ἔφη, "καὶ σύ, τοῖς ἀμυήτοις διηγούμενος". καὶ μέντοι παρ' ὀλίγον ἐκινδύνευσεν εἰς Ἄρειον ἀχθῆναι πάγον, εἰ μὴ Δημήτριος ὁ Φαληρεὺς αὐτὸν ἐρρύσατο. Ἀμφικράτης δ' ἐν τῷ Περὶ ἐνδόξων ἀνδρῶν φησι κώνειον αὐτὸν πιεῖν καταδικασθέντα[FHG, iv, 300)]

103. Διογένης ὁ Λαέρτιος, II, 116[Στίλπων]
τοῦτόν φασιν περὶ τῆς Ἀθηνᾶς τοῦ Φειδίου τοιοῦτόν τινα λόγον ἐρωτῆσαι· "ἆρά γε ἡ τοῦ Διὸς Ἀθηνᾶ θεός ἐστι;" φήσαντος δέ, "ναί", "αὕτη δέ γε", εἶπεν, "οὐκ ἔστι Διός, ἀλλὰ Φειδίου'" συγχωρουμένου δέ, "οὐκ ἄρα", εἶπε, "θεός ἐστιν". ἐν ᾧ καὶ εἰς Ἄρειον πάγον προσκληθέντα μὴ ἀρνήσασθαι, φάσκειν δ' ὀρθῶς διειλέχθαι· μὴ γὰρ εἶναι αὐτὴν θεόν, ἀλλὰ θεάν· θεοὺς δὲ εἶναι τοὺς ἄρρενας. καὶ μέντοι τοὺς Ἀρεοπαγίτας εὐθέως αὐτὸν κελεῦσαι τῆς πόλεως ἐξελθεῖν.

104. Διογένης ὁ Λαέρτιος, VII, 168 ~ 9[Ζήνων]
Κλεάνθης Φανίου Ἄσσιος[cf. 33/0 ~ 232/1 ἢ 231/30) ... διεβοήθη δ᾽ ἐπὶ φιλοπονίᾳ, ὅς γε πένης ὢν ἄγαν ὥρμησε μισθοφορεῖν· καὶ νύκτωρ μὲν ἐν τοῖς κήποις ἤντλει, μεθ᾽ ἡμέραν δ᾽ ἐν τοῖς λόγοις ἐγυμνάζετο· ὅθεν καὶ Φρεάντλης ἐκλήθη· φασὶ δ᾽ αὐτὸν καὶ εἰς δικαστήριον ἀχθῆναι, λόγους δώσοντα πόθεν ἐς τοσοῦτον εὐέκτης ὢν διαζῇ· ἔπειτ᾽ ἀποφυγεῖν, τόν τε κηπουρὸν μάρτυρα παρασχόντα παρ᾽ ὃν ἤντλει, καὶ τὴν ἀλφιτόπωλιν παρ᾽ ᾗ τὰ ἄλφιτα ἔπεττεν. ἀποδεξαμένους δ᾽ αὐτὸν τοὺς Ἀρεοπαγίτας ψηφίσασθαι δέκα μνᾶς δοθῆναι, Ζήνωνα δὲ κωλῦσαι λαβεῖν. φασὶ δὲ καὶ Ἀντίγονον αὐτῷ τρισχιλίας δοῦναι.

105. Ἑλλάνικος, FGH, 323a, F.1. [cf. T.56a :106a :185]
SYNAG. LEX. p.444, I Bkr[ET. GEN. p.41 Miller : ET. M. p.139, 8 : SUDA s.v.] Ἄρειος πάγος· δικαστήριον Ἀθήνησιν ... ἐκλήθη δὲ Ἄρειος πάγος ἤτοι ὅτι ἐν πάγωι ἐστὶ καὶ ἐν ὕψει τὸ δικαστήριον, Ἄρειος δέ, ἐπεὶ τὰ φονικὰ δικάζει, ὁ δὲ Ἄρης ἐπὶ τῶν φόνων· ἢ ὅτι ἔπηξε τὸ δόρυ ἐκεῖ ὁ Ἄρης ἐν τῇ πρὸς Ποσειδῶνα ὑπὲρ Ἁλιρροθίου δίκῃ, ὅτε ἀπέκτεινεν αὐτὸν βιασάμενον Ἀλκίππην, τὴν αὐτοῦ καὶ Ἀγραύλου τῆς Κέκροπος θυγατέρα, ὥς φησιν Ἑλλάνικος ἐν α΄.

106. Ἑλλάνικος, FGH, 323a, F.22
a) SCHOL. EYRIP. Or. 1648 : περὶ τῆς Ὀρέστου κρίσεως ἐν Ἀρείωι πάγωι ἱστορεῖ καὶ Ἑλλάνικος ταῦτα γράφων· << τοῖς ἐκ Λακεδαίμονος ἐλθοῦσι καὶ τῶι Ὀρέστηι οἱ Ἀθηναῖοι *** ἔφρασαν. τέλος δὲ ἀμφοτέρων ἐπαινούντων οἱ Ἀθηναῖοι[1] τὴν δίκην ἐνέστησαν ἐννέα γενεαῖς ὕστερον μετὰ τὴν Ἄρει καὶ Ποσειδῶνι περὶ Ἁλιρροθίου δίκην, μετὰ δὲ τὴν Κεφάλου τοῦ Δηιονέως, ὅστις τὴν Πρόκριν τὴν Ἐρεχθέως ἔχων γυναῖκα καὶ ἀποκτείνας ἐξ Ἀρείου πάγου δίκην [ὡς δικασθεὶς] ἔφυγεν, ἓξ γενεαῖς ὕστερον. μετὰ δὲ τὴν Δαιδάλου δίκην Τάλω σοφίας πέρι ἀγωνιζόμενον ἀδελφιδοῦν ἀποκτείναντος δολόεντι θανάτωι καὶ φυγόντος δίκην τρισὶ γενεαῖς ὕστερον αὕτη ἡ Κλυταιμνήστρας τῆς Τυνδάρεω Ἀγαμέμνονα ἀποκτεινάσης ὑπὲρ Ὀρέστου δίκη ἐγένετο.
b)-- 1651 πάγοισιν ἐν Ἀρείοισιν] ἐνταῦθα πρῶτον μὲν Ἄρης καὶ Ποσειδῶν ἠγωνίσαντο, δεύτερον δὲ μετὰ τρεῖς γενεὰς Κέφαλος <ὁ> Δηιονέως ἐπὶ γυναικὶ Πρόκριδι, καὶ μετὰ τρεῖς Δαίδαλος ἐπὶ τῶι ἀδελφιδῶι Τάλωι, εἶτα μετὰ τρεῖς Ὀρέστης, ὡς Ἑλλάνικος.
1. οἱ Ἀθηναῖοι <ἐν Ἀρείωι πάγωι> Schwartz : οἱ Ἀρεοπαγῖται Kirchhoff.

* Etymologicum Genuinum[ed. Miller, p.41], s.v.. Ἄρειος πάγος : cf. T.105[Ἑλλάνικος, FGH, 323a, F.1]

106a. Etymologicum Magnum, p.139, 8 ~ 18 (cf. T.105)
Ἄρειος πάγος : Δικαστήριον Ἀθήνησιν οὕτω καλούμενον· καὶ οἱ δικασταί, Ἀρεοπαγῖται· πρώτη γὰρ κρίσις ἐκεῖ ἐγένετο ἀνθρώποις. Ἢ ὅτι αἱ Ἀμαζόνες ἐπὶ τὸν τόπον ἐκεῖνον ἐστρατεύοντο, Ἄρεος οὖσαι. Ἢ ὅτι ἐν πάγῳ ἐστὶ καὶ ἐν ὕψει τὸ δικαστήριον. Ἄρειος δέ, ἐπεὶ τὰ φονικὰ ἐκεῖσε ἐκρίνοντο· δικάζοι δὲ ὁ Ἄρης τὸν φόνον· πάγος δὲ ὁ λόφος. Ἢ ὅτι ἔπηξε τὸ δόρυ ἐκεῖ ὁ Ἄρης, Ποσειδῶνος κατηγορήσαντος διὰ τὸν φόνον τοῦ υἱοῦ αὐτοῦ Ἁλιρροθίου, ὅτε ἀπέκτεινεν αὐτὸν Ἄρης, βιασαμένου Ἀλκίππην τὴν

θυγατέρα Άρεος καί Άγραύλου της Κέκροπος θυγατρός, ώς φησιν Έλλάνικος έν πρώτη.

107. Εύριπίδης, *Ηλέκτρα*, 1258 ~ 1272
Έστιν δ' Άρεώς τις όχθος, ού πρώτον θεοί
έζοντ' έπί ψήφοισιν αϊματος πέρι,
Άλιρρόθιον ότ' έκταν· ώμόφρων Άρης,
μήνιν θυγατρός άνοσίων νυμφευμάτων,
πόντου κρέοντος παϊδ', ϊν' εύσεβεστάτη
ψήφος βεβαία τ' έστιν έκ τέ του θεών.
Ένταΰθα καί σέ δεϊ δραμεϊν φόνου πέρι,
Ίσαι δέ σ' έκσώζουσι μή θανεϊν δίκη
ψήφοι τεθεϊσαι· Λοξίας γάρ αίτίαν
ές αύτόν οϊσει, μητέρος χρήσας φόνον.
Καί τοϊσι λοιποϊς όδε νόμος τεθήσεται,
νικάν ϊσαις ψήφοισι τον φεύγοντ' άεί.
Δειναί μέν ούν θεαί τώδ' άχει πεπληγμέναι
πάγον παρ' αύτόν χάσμα δύσονται χθονός,
σεμνόν βροτοϊσιν εύσεβές χρηστήριον.

108. Εύριπίδης, *Ίφιγένεια ή έν Ταύροις*, 961 ~ 972
Ώς δ' είς Άρειον όχθον ήκον, ές δίκην
έστην, έγώ μέν θάτερον λαβών βάθρον,
τό δ' άλλο πρέσβειρ' ήπερ ήν Έρινύων.
Είπών <δ'> άκούσας θ' αϊματος μητρός πέρι
Φοίβός μ' έσωσε μαρτυρών· ϊσας δέ μοι
ψήφους διηρίθμησε Παλλάς ώλένη,
νικών δ' άπήρα φόνια πειρατήρια.
Όσαι μέν ούν έζοντο πεισθεϊσαι δίκη,
ψήφον παρ' αύτήν ίερόν ώρίσαντ' έχειν·
όσαι δ' Έρινύων ούκ έπείσθησαν νόμω,
δρόμοις άνιδρύτοισιν ήλάστρουν μ' άεί,
έως ές άγνόν ήλθον αύ Φοίβου πέδον.

* (Εύριπίδης), *Σχόλια, Όρέστης*, 1648, 1651 : cf. Τ.106['Ελλάνικος, *FGH*, 323a, F.22]

109. Gellius (Aulus), *Noctes Atticae*, XXII, 7[cf. Valerius Maximus, VIII, i amb 2 = T.194]
Quam ob causam Cn. Dollabella (πρβλ. 66 π.Χ.) proconsul ream mulierem veneficii confitentemque ad Ariopagitas reiecerit.
Ad Cn. Dolabellam proconsulari imperio provinciam Asiam obtinentem deducta mulier Smyrnaea est. Eadem mulier virum et filium eodem tempore venenis clam datis vita interfecerat atque id fecisse se confitebatur dicebatque habuisse se faciendi causam, quoniam idem illi maritus et filius alterum filium mulieris ex viro priore genitum, adulescentem optimum et innocentissimum, exceptum insidiis occidissent. Idque ita esse factum controversia non erat. Dolabella retulit ad consilium. Nemo quisquam ex consilio sententiam ferre in causa tam. ancipiti audebat, quod et confessum veneficium, quo maritus et filius necati forent, non

3. 아레오파고스에 관한 주요사료 **327**

admittendum inpunitum videbatur et digna tamen poena in homines sceleratos vindicatum fuisset. Dolabella eam rem Athenas ad Ariopagitas ut ad iudices graviores exercitatioresque reiecit. Ariopagitae cognita causa accusatorem mulieris et ipsam, quae accusabatur, centesimo anno adesse iusserunt. Sic neque absolutum mulieris veneficium est, quod per leges non licuit, neque nocens damnata poenitaque, quae digna venia fuit. Scripta haec historiast in libro

110. Ἡρακλείδης ὁ Ποντικός, Ἐκ τῶν Ἡρακλείδου περὶ Πολιτειῶν, I 'Αθηναίων X[C. Müller, *FHG*, ii, p.209] [cf. Ἀριστοτέλης, F.611, 7]
Θεμιστοκλῆς καὶ Ἀριστείδης καὶ[1] ἡ ἐξ Ἀρείου Πάγου[2] βουλὴ πολλὰ ἐδύνα(ν)το[3]. Καὶ τῶν ὁδῶν ἐπιμελοῦνται, ὅπως μή τινες ἀνοικοδομῶσιν αὐτὰς ἢ δρυφάκτους ὑπερτείνωσιν.
1. uncis inclusit Schneidewinus. 2. καὶ οἱ ἐξ Ἀρείοπ. A
3. δύνατο ABC Pap : ἐδύναντο cett.

111. Ἡρακλείδης ὁ Ποντικός, F.170[ed. F. Wehrli, *Die Schule des Aristoteles*]
Anonymus in Aristotelis Ethica Nicom. III 2 p.145 Heylbut : λέγει δὲ περὶ Αἰσχύλου καὶ Ἡρακλείδης ὁ Ποντικὸς ἐν τῷ πρώτῳ περὶ Ὁμήρου, ὡς κινδυνεύοντος ἐπὶ σκηνῆς ἀναιρεθῆναι ἐπὶ τῷ τῶν μυστικῶν περιφέρειν τινὰ δοκεῖν, εἰ μὴ προαισθόμενος κατέφυγεν ἐπὶ τὸν τοῦ Διονύσου βωμόν, καὶ Ἀρεοπαγιτῶν αὐτὸν παραιτησαμένων ὡς ὀφείλοντα κριθῆναι πρῶτον, ἐδόκει ὑπαχθῆναι εἰς δικαστήριον καὶ ἀποφυγεῖν, αὐτὸν τῶν δικαστῶν ἀφέντων μάλιστα διὰ τὰ πραχθέντα αὐτῷ ἐν τῇ ἐπὶ Μαραθῶνι μάχῃ. ὁ μὲν γὰρ ἀδελφὸς αὐτοῦ Κυνέγειρος ἀπεκόπη τὰς χεῖρας, αὐτὸς δὲ πολλὰ τρωθεὶς φοράδην ἀνηέχθη.

112. Ἡρόδοτος, VIII, 52
οἱ δὲ Πέρσαι ἱζόμενοι ἐπὶ τὸν καταντίον τῆς ἀκροπόλιος ὄχθον, τὸν Ἀθηναῖοι καλέουσι Ἀρήιον πάγον, ἐπολιόρκεον τρόπον τοιόνδε· ὅκως στυππεῖον περὶ τοὺς ὀϊστοὺς περιθέντες ἅψειαν, ἐτόξευον ἐς τὸ φράγμα. ἐνθαῦτα Ἀθηναίων οἱ πολιορκεόμενοι ὅμως ἠμύνοντο, καίπερ ἐς τὸ ἔσχατον κακοῦ ἀπιγμένοι καὶ τοῦ φράγματος προδεδωκότος· οὐδὲ λόγους τῶν Πεισιστρατιδέων προσφερόντων περὶ ὁμολογίης ἐνεδέκοντο, ἀμυνόμενοι δὲ ἄλλα τε ἀντεμηχανῶντο καὶ δὴ καὶ προσιόντων τῶν βαρβάρων πρὸς τὰς πύλας ὀλοιτρόχους ἀπίεσαν, ὥστε Ξέρξην ἐπὶ χρόνον συχνὸν ἀπορίῃσι ἐνέχεσθαι οὐ δυνάμενον σφέας ἑλεῖν.

113. Ἡσύχιος, s.v. Ἄρειος πάγος
ἐν Ἀθήναις δικαστήριον ἐν τῇ Ἀκροπόλει.

114. Ἡσύχιος, s.v. Ἀρεοπαγίτης
ὁ δικάζων. καὶ σιωπῶν δι᾽ ὅλου κατὰ ἀνάγκην.

115. Ἡσύχιος, *Περὶ τῶν ἐν παιδείᾳ διαλαμψάντων* (σοφῶν), (Θ) 33[ed. K. Müller, *FHG*, v.4]
Θεόδωρος ὁ κληθεὶς ἄθεος, εἶτα θεός, παντάπασιν ἀνῄρει τὰς περὶ θεῶν δόξας. Τέλος δὲ ὑπελάμβανε χαρὰν καὶ λύπην, τὴν μὲν ἐπὶ φρονήσει, τὴν δὲ ἐπὶ ἀφροσύνῃ· ἀγαθὰ δὲ φρόνησιν καὶ δικαιοσύνην, κακὰ δὲ τὰς ἐναντίας

ἕξεις· μέσα δὲ ἡδονὴν καὶ πόνον. Ἀνῄρει δὲ καὶ φιλίαν, διὰ τὸ μήτε ἐν ἄφροσιν αὐτὴν εἶναι, μήτε ἐν σοφοῖς. Τοῖς μὲν γὰρ τῆς χρείας ἀναιρεθείσης καὶ τὴν φιλίαν ἐκποδὼν εἶναι· τοὺς δὲ σοφοὺς αὐτάρκεις ὑπάρχοντας μὴ δεῖσθαι φίλων. Ἔλεγε δὲ καὶ εὔλογον εἶναι τὸν σπουδαῖον [μὴ] ἐξαγαγεῖν ὑπὲρ τῆς πατρίδος ἑαυτόν, οὐ γὰρ ἀποβάλλειν τὴν φρόνησιν ἕνεκα τῆς τῶν ἀφρόνων ὠφελείας· εἶναί τε πατρίδα τὸν κόσμον. Καὶ κλέψειν τε καὶ μοιχεύσειν καὶ ἱεροσυλήσειν ἐν καιρῷ· μηδὲν γὰρ τούτων φύσει αἰσχρὸν εἶναι, τῆς ἐπ' αὐτοῖς δόξης αἰρομένης ἣ σύγκειται ἕνεκα τῆς τῶν ἀφρόνων συνοχῆς. Οὗτος ἐκινδύνευσέ ποτε εἰς Ἄρειον πάγον ἀχθῆναι, εἰ μὴ Δημήτριος ὁ Φαληρεὺς αὐτὸν ἐρρύσατο· οἱ δέ φασι καὶ κώνειον αὐτὸν πιεῖν καταδικασθέντα.

116. (Θουκυδίδης), *Βίος* (ἀνώνυμος), 6
Πυριλάμπης γάρ τις τῶν πολιτῶν ἄνδρα φίλον καὶ ἐρώμενον ἴδιον διά τινα ζηλοτυπήσας ἐφόνευσε, ταύτης δὲ τῆς δίκης ἐν Ἀρείῳ πάγῳ κρινομένης πολλὰ τῆς ἰδίας σοφίας ἐπεδείξατο, ἀπολογίαν ποιούμενος ὑπὲρ τοῦ Πυριλάμπους, καὶ Περικλέους κατηγοροῦντος ἐνίκα.

117. Ἱμέριος, Λόγος VII[*Ἀρεοπαγιτικὸς ἢ ἐλευθερωτικός*], 1
Ἄνδρες οἱ καὶ θεοῖς ὑπὲρ νίκης πάλαι, καὶ νῦν Ἀθηναίοις ὑπὲρ ἐλευθερίας δικάζοντες ...
Οὐκοῦν τῷ νόμῳ πειθόμενος, τὰ τῆς χρείας μόνης φθέγξομαι ῥήματα ... ἐγὼ καὶ σοφιστὴς ἐγενόμην παρ' ὑμῖν καὶ πατήρ· εἰ σοφιστὴς δεξιός, ὑμεῖς ἐπίστασθε· λέγω γὰρ ἀεί, καὶ τὴν ἐμὴν πολιτείαν ἔχει τὰ θέατρα· εἰ πατὴρ Ἀττικός, ἡ παροῦσα δείκνυσι πρόφασις· οὐ γὰρ ἀνέχομαι τὸν Ἀθηναίων παῖδα μὴ προσαγορεύειν ἐλεύθερον· πιστεύω καὶ πρὸ ἥβης τὴν ἐλευθερίαν τῷ παιδί. ἐμός ἐστιν, Ἀθηναῖός ἐστι, πόλεως καὶ πλέον τιμώσης τὸ κοινὸν γῆρας ἢ τὸ τῶν πατέρων ἕτεροι ...
Οὗτός ἐστιν ἐκ Πλουτάρχου, δι' οὗ πάντας ὑμεῖς παιδεύετε· οὗτος ἐκ Μινουκιανοῦ, τοῦ διὰ τῆς ἑαυτοῦ φωνῆς πολλοὺς πολλάκις ἐλευθερώσαντος· τὸν ἐκ Νικαγόρου προσήγαγον ὑμῖν, τὸν ἐξ ἐμαυτοῦ. σοφιστῶν ὑμῖν καὶ φιλοσόφων λέγω κατάλογον, Ἀττικὴν ὄντως εὐγένειαν ...
1. Titulus : ἐκ τοῦ Ἀρεοπαγιτικοῦ ἢ ἐλευθερωτικοῦ τοῦ υἱοῦ αὐτοῦ τοῦ Ῥουφίνου Φ (αὐτοῦ Ῥουφίνου Φm) : cf. Φκ, p.8, 31 ~ 32 μεθ' ὅν ἐστιν ὁ Ἀρεοπαγιτικὸς ἢ καὶ ἐλευθερωτικὸς Ῥουφίνου τοῦ οἰκείου υἱοῦ.

118. Ἱμέριος, Λόγος XXVII[*Εἰς Σκυλάκιον τὸν ἀνθύπατον Ἑλλάδος*]
Εἰς Σκυλάκιον τὸν ἀνθύπατον Ἑλλάδος ... | τῆς ἐπιδείξεως Ἀρεοπαγίτης γενόμενος[1]. |
1. εἰς κυλ[άκιον ... 32 ... | τῆς ἐπιδείξεως Ἀρεοπαγίτης γενόμενος R.

119. Ἰουλιανός, λόγος, I[*Κωνστάντιος ἢ περὶ Βασιλείας*), 60d ~ 61b
ἐπεὶ καὶ τἆλλα δῆλός ἐστιν Ἀχιλλεῖ χαριζόμενος, καὶ ὥσπερ θεατὰς ἄγων τὸ στράτευμα μόνον ἄμαχον καὶ ἀνυπόστατον ἐπάγει τοῖς πολεμίοις, κτείνοντα μὲν τοὺς ἐντυγχάνοντας, τρεπόμενον δὲ ἀπαξαπλῶς πάντας φωνῇ καὶ σχήματι καὶ τῶν ὀμμάτων ταῖς προσβολαῖς. ἀρχομένης τε οἶμαι τῆς παρατάξεως, καὶ ἐπὶ τοῦ Σκαμάνδρου ταῖς ἠόσιν ἕως εἰς τὸ τεῖχος ἄσμενοι ξυνελέγησαν οἱ διαφυγόντες. Ταῦτα ἐκεῖνος πολλοῖς ἔπεσι διηγούμενος καὶ θεῶν ἀναπλάττων μάχας καὶ ἐπικοσμῶν μύθοις τὴν ποίησιν, δεκάζει τοὺς κριτὰς

καὶ οὐκ ἐπιτρέπει δικαίαν φέρειν καὶ ἀψευδῆ ψῆφον. ὅστις δὲ ἐθέλει μηδὲν ὑπὸ τοῦ κάλλους ἐξαπατᾶσθαι τῶν ῥημάτων καὶ τῶν ἔξωθεν ἐπιφερομένων πλασμάτων ὥσπερ ἐν ἀρχῇ περὶ ἀρωμάτων τινῶν καὶ χρωμάτων, Ἀρεοπαγίτης ἔστω κριτής, καὶ οὐκ εὐλαβησόμεθα τὴν κρίσιν. εἶναι μὲν γὰρ ἀγαθὸν στρατιώτην ὁμολογοῦμεν τὸν Πηλέως, ἐκ τῆς ποιήσεως ἀναπειθόμενοι, κτείνει μὲν ἄνδρας εἴκοσι.

120. Ἰουστίνος ὁ Φιλόσοφος καὶ Μάρτυς, *Λόγος Παραινετικὸς πρὸς Ἕλληνας*, 22[*P.G.* v. 3, p.280]
Ταῦτα τοίνυν ἐν Αἰγύπτῳ μαθὼν ὁ Πλάτων, καὶ σφόδρα ἀρεσθεὶς τοῖς περὶ ἑνὸς θεοῦ εἰρημένοις, τοῦ μὲν ὀνόματος Μωϋσέως, διὰ τὸ ἕνα καὶ μόνον διδάσκειν θεὸν, μνημονεῦσαι παρ᾽ Ἀθηναίοις οὐκ ἀσφαλὲς ἡγεῖτο, δεδιὼς τὸν Ἄρειον πάγον.

121. Ἰουστίνος ὁ Φιλόσοφος καὶ Μάρτυς, *Λόγος Παραινετικὸς πρὸς Ἕλληνας*, 36[*P.G.* v. 3, p.305]
Ἀλλὰ Σωκράτης μέν, ταύτην ὑστάτην ἐν τῷ Ἀρείῳ πάγῳ φωνὴν ἀφείς, ἐπὶ τὸ δεσμωτήριον ὥρμησε, τῷ Θεῷ μόνῳ τὴν τῶν παρ᾽ ἡμῖν ἀδήλων πραγμάτων ἀναφέρων γνῶσιν· οἱ δὲ μετ᾽ αὐτόν, μηδὲ τὰ ἐπὶ γῆς γνῶναι δυνάμενοι, τὰ ἐν οὐρανῷ ὡς ἑωρακότες εἰδέναι ἐπαγγέλλονται.

122. Ἰσοκράτης, VII[*Ἀρεοπαγιτικός*], 37 ~ 38
Ἐκεῖνοι γὰρ οὐκ ἐν μὲν ταῖς παιδείαις πολλοὺς τοὺς ἐπιστατοῦντας εἶχον, ἐπειδὴ δ᾽ εἰς ἄνδρας δοκιμασθεῖεν, ἐξῆν αὐτοῖς ποιεῖν ὅ τι βουληθεῖεν, ἀλλ᾽ ἐν αὐταῖς ταῖς ἀκμαῖς πλέονος ἐπιμελείας ἐτύγχανον ἢ παῖδες ὄντες. οὕτω γὰρ ἡμῶν οἱ πρόγονοι σφόδρα περὶ τὴν σωφροσύνην ἐσπούδαζον, ὥστε τὴν ἐξ Ἀρείου πάγου βουλὴν ἐπέστησαν ἐπιμελεῖσθαι τῆς εὐκοσμίας, ἧς οὐχ οἷόντ᾽ ἦν μετασχεῖν πλὴν τοῖς καλῶς γεγονόσι καὶ πολλὴν ἀρετὴν ἐν τῷ βίῳ καὶ σωφροσύνην ἐνδεδειγμένοις, ὥστ᾽ εἰκότως αὐτὴν διενεγκεῖν τῶν ἐν τοῖς Ἕλλησι συνεδρίων. [38] σημείοις δ᾽ ἄν τις χρήσαιτο περὶ τῶν τότε καθεστώτων καὶ τοῖς ἐν τῷ παρόντι γιγνομένοις· ἔτι γὰρ καὶ νῦν ἁπάντων τῶν περὶ τὴν αἵρεσιν καὶ τὴν δοκιμασίαν κατημελημένων ἴδοιμεν ἂν τοὺς ἐν τοῖς ἄλλοις πράγμασιν οὐκ ἀνεκτοὺς ὄντας, ἐπειδὰν εἰς Ἄρειον πάγον ἀναβῶσιν, ὀκνοῦντας τῇ φύσει χρῆσθαι καὶ μᾶλλον τοῖς ἐκεῖ νομίμοις ἢ ταῖς αὑτῶν κακίαις ἐμμένοντας. τοσοῦτον φόβον ἐκεῖνοι τοῖς πονηροῖς ἐνειργάσαντο, καὶ τοιοῦτο μνημεῖον ἐν τῷ τόπῳ τῆς αὑτῶν ἀρετῆς καὶ σωφροσύνης ἐγκατέλιπον.

123. Ἰσοκράτης, VII[*Ἀρεοπαγιτικός*], 51
ἐκεῖνοι[e.i. οἱ ὀλίγῳ πρὸ ἡμῶν τὴν πόλιν διοικήσαντες] γὰρ ἦσαν οἱ προτρέψαντες ἐπὶ ταύτας τὰς ὀλιγωρίας καὶ καταλύσαντες τὴν τῆς βουλῆς δύναμιν.

124. Ἰσοκράτης, XII[*Παναθηναϊκός*], 154
Ἐγὼ δ᾽ ὁμολογῶ μὲν ἐρεῖν πολλὰ τῶν ἐκεῖ καθεστώτων, οὐχ ὡς Λυκούργου τι τούτων εὑρόντος ἢ διανοηθέντος, ἀλλ᾽ ὡς μιμησαμένου τὴν διοίκησιν ὡς δυνατὸν ἄριστα τὴν τῶν προγόνων τῶν ἡμετέρων, καὶ τήν τε δημοκρατίαν καταστήσαντος παρ᾽ αὐτοῖς τὴν ἀριστοκρατίᾳ μεμιγμένην, ἥπερ ἦν παρ᾽ ἡμῖν, καὶ τὰς ἀρχὰς οὐ κληρωτὰς ἀλλ᾽ αἱρετὰς ποιήσαντος, καὶ τὴν τῶν γερόντων αἵρεσιν τῶν ἐπιστατούντων ἅπασι τοῖς πράγμασι μετὰ τοσαύτης σπουδῆς

ποιεῖσθαι νομοθετήσαντος, μεθ' ὅσης πέρ φασι καὶ τοὺς ἡμετέρους περὶ τῶν εἰς "Αρειον πάγον ἀναβήσεσθαι μελλόντων, ἔτι δὲ καὶ τὴν δύναμιν αὐτοῖς περιθέντος τὴν αὐτήν, ἥνπερ ἥδει καὶ τὴν βουλὴν ἔχουσαν τὴν παρ' ἡμῖν.

125. (Ἰσοκράτης), VII[*Ἀρεοπαγιτικός*] 'Υπόθεσις ἀνωνύμου γραμματικοῦ[cf. Ἀριστοτέλης, F.404]
'Εν τούτῳ τῷ λόγῳ συμβουλεύει ὥστε τοὺς Ἀρεοπαγίτας ἀναλαβεῖν τὴν προτέραν πολιτείαν, ἥτις ἦν ἔχουσα πᾶσαν ἐξουσίαν σχεδὸν εἰπεῖν, τῶν ἐν τῇ πόλει πάντων πραγμάτων. Ἦσαν γὰρ αὐτὴν ἀποβαλόντες ἀπὸ τοιαύτης αἰτίας. Ἐφιάλτης τις καὶ Θεμιστοκλῆς χρεωστοῦντες τῇ πόλει χρήματα καὶ εἰδότες ὅτι, ἐὰν δικάσωσιν οἱ Ἀρεοπαγῖται, πάντως ἀποδώσουσι, καταλῦσαι αὐτοὺς ἔπεισαν τὴν πόλιν, οὕτως οὕπως τινὸς μέλλοντος κριθῆναι (ὁ γὰρ Ἀριστοτέλης λέγει ἐν τῇ Πολιτείᾳ τῶν Ἀθηναίων [XXV] ὅτι καὶ ὁ Θεμιστοκλῆς αἴτιος ἦν μὴ πάντα δικάζειν τοὺς Ἀρεοπαγίτας)· δῆθεν μέν, ὡς δι' αὐτοὺς τοῦτο ποιοῦντες, τὸ δ' ἀληθὲς διὰ τοῦτο πάντα κατασκευάζοντες. Εἶτα οἱ Ἀθηναῖοι ἀσμένως ἀκούσαντες τῆς τοιαύτης συμβουλῆς κατέλυσαν αὐτούς. Καὶ ἡ μὲν ὑπόθεσις αὕτη· ἡ δὲ στάσις τοῦ λόγου πραγματική· κεφάλαιον δὲ τὸ συμφέρον. Ἐγράφη δ' ὁ λόγος ἐν ἀρχαῖς τῶν Φιλιππικῶν χρόνων, ὡς καὶ αὐτὸς δηλοῖ.

126. Ἴστρος, *FGH*, 334 F.21.
HARPOKR. s.v. Παιανιεῖς καὶ Παιονίδαι· Αἰσχίνης ἐν τῶι Κατὰ Κτησιφῶντος (III, 51) <<ὅτ' ἐγράψατο εἰς "Αρειον πάγον Δημομέλη τὸν Παιανιέα ...>>.

127. *Καινὴ Διαθήκη, Πράξεις τῶν ἀποστόλων*, XVII, 19 : 21 ~ 22 : 33 ~ 34
19. ἐπιλαβόμενοι(e.i. οἱ Ἀθηναῖοι) τε αὐτοῦ (e.i. Παύλου) ἐπὶ τὸν "Αρειον πάγον ἤγαγον λέγοντες δυνάμεθα γνῶναι τίς ἡ καινὴ αὕτη ἡ ὑπὸ σοῦ λαλουμένη διδαχή; ...
21. Ἀθηναῖοι δὲ πάντες καὶ οἱ ἐπιδημοῦντες ξένοι εἰς οὐδὲν ἕτερον εὐκαίρουν ἢ λέγειν τι καὶ ἀκούειν καινότερον.
22. Σταθεὶς δὲ ὁ Παῦλος ἐν μέσῳ τοῦ Ἀρείου πάγου ἔφη· ἄνδρες Ἀθηναῖοι, κατὰ πάντα ὡς δεισιδαιμονεστέρους ὑμᾶς θεωρῶ. ...
33. καὶ οὕτως ὁ Παῦλος ἐξῆλθεν ἐκ μέσου αὐτῶν.
34. τινὲς δὲ ἄνδρες κολληθέντες αὐτῷ ἐπίστευσαν, ἐν οἷς καὶ Διονύσιος ὁ Ἀρεοπαγίτης καὶ γυνὴ ὀνόματι Δάμαρις καὶ ἕτεροι σὺν αὐτοῖς.

* Κικέρων : cf. Cicero

128. Κλείδημος, *FGH*, 323 F..21[=Πλούτ. *Θεμιστοκλῆς*, X, 6][cf. Ἀριστοτέλης, F.398]
οὐκ ὄντων δὲ δημοσίων χρημάτων τοῖς Ἀθηναίοις, Ἀριστοτέλης['Αθπ. XXIII, 1] μέν φησι τὴν ἐξ Ἀρείου πάγου βουλὴν πορίσασαν ὀκτὼ δραχμὰς ἑκάστωι τῶν στρατευομένων αἰτιωτάτην γενέσθαι τοῦ πληρωθῆναι τὰς τριήρεις, Κλείδημος δὲ καὶ τοῦτο τοῦ Θεμιστοκλέους ποιεῖται στρατήγημα.

129. Κλήμης ὁ Ἀλεξανδρεύς, *Στρωματεῖς*, II, 14
Τὸ γοῦν ἀκούσιον οὐ κρίνεται (διττὸν δὲ τοῦτο, τὸ μὲν γινόμενον μετ' ἐγνοίας, τὸ δὲ ἀνάγκῃ)· ἐπεὶ πῶς ἂν καὶ δικάσειας περὶ τῶν κατὰ τοὺς

3. 아레오파고스에 관한 주요사료 331

ἀκουσίους τρόπους ἁμαρτάνειν λεγομένων; ἢ γὰρ αὐτόν τις ἠγνόησεν, ὡς Κλεομένης καὶ Ἀθάμας οἱ μανέντες, ἢ τὸ πρᾶγμα ὃ πράσσει, ὡς Αἰσχύλος (τὰ μυστήρια ἐπὶ σκηνῆς ἐξειπὼν ἐν Ἀρείῳ πάγῳ κριθεὶς οὕτως ἀφείθη ἐπιδείξας αὑτὸν μὴ μεμυημένον), ἢ τὸ περ<ὶ ὃν> πράττεται ἀγνοῆσαι τις, ὥσπερ ὁ τὸν ἀντίπαλον ἀφεὶς καὶ ἀποκτείνας οἰκεῖον ἀντὶ τοῦ πολεμίου, ἢ τὸ ἐν τίνι πράττεται, καθάπερ ὁ ταῖς ἐσφαιρωμέναις λόγχαις γυμναζόμενος καὶ ἀποκτείνας τινὰ τοῦ δόρατος ἀποβαλόντος τὴν σφαῖραν, ἢ τὸ παρὰ τὸ πῶς, ὡς ὁ ἐν σταδίῳ ἀποκτείνας τὸν ἀνταγωνιστήν (οὐ γὰρ θανάτου, ἀλλὰ νίκης χάριν ἠγωνίζετο), ἢ τὸ οὗ ἕνεκα πράττεται, οἷον ὁ ἰατρὸς δέδωκεν ἀντίδοτον ὑγιεινὴν καὶ ἀπέκτεινεν, ὃ δὲ οὐ τούτου χάριν δέδωκεν, ἀλλὰ τοῦ σῶσαι.

* Lexica Segueriana : cf. Bekker

130. Λουκιανός, Χ[Περὶ τοῦ οἴκου], 18.
Ἐῶ γὰρ λέγειν ὅτι καὶ οἱ παρόντες αὐτοὶ καὶ πρὸς τὴν ἀκρόασιν παρειλημμένοι ἐπειδὰν εἰς τοιοῦτον οἶκον παρέλθωσιν, ἀντὶ ἀκροατῶν θεαταὶ καθίστανται, καὶ οὐχ οὕτω Δημόδοκος ἢ Φήμιος ἢ Θάμυρις ἢ Ἀμφίων ἢ Ὀρφεύς τις λέγων ἐστίν, ὥστε ἀποσπάσαι τὴν διάνοιαν αὐτῶν ἀπὸ τῆς θέας· ἀλλ᾽ οὖν ἕκαστος, ἐπειδὰν μόνον ὑπερβῇ τὸν οὐδόν, ἀθρόῳ τῷ κάλλει περιχυθεὶς λόγων μὲν ἐκείνων ἢ ἀκροάσεως ἀλλ᾽ οὐδὲ τὴν ἀρχὴν ἀΐοντι ἔοικεν, ὅλος δὲ πρὸς τοῖς ὁρωμένοις ἐστίν, εἰ μὴ τύχοι τις παντελῶς τυφλὸς ὢν ἢ ἐν νυκτὶ ὥσπερ ἡ ἐξ Ἀρείου πάγου βουλὴ ποιοῖτο τὴν ἀκρόασιν.

131. Λουκιανός, ΧΧV[Τίμων], 46
Γναθωνίδης: Τί τοῦτο; παίεις, ὦ Τίμων; μαρτύρομαι· ὦ Ἡράκλεις, ἰοὺ ἰού, προκαλοῦμαί σε τραύματος εἰς Ἄρειον πάγον.
Τίμων: Καὶ μὴν ἄν γε μικρὸν ἐπιβραδύνῃς, φόνου τάχα προκεκλήσομαι.
Γναθωνίδης: Μηδαμῶς· ἀλλὰ σύ γε πάντως τὸ τραῦμα ἴασαι μικρὸν ἐπιπάσας τοῦ χρυσίου· δεινῶς γὰρ ἰσχαιμόν ἐστι τὸ φάρμακον.

132. Λουκιανός, ΧΧVII[Βίων πρᾶσις], 7
Ἑρμῆς: Οὗτος ὁ τὴν πήραν ἐξηρτημένος, ὁ ἐξωμίας, ἐλθὲ καὶ περίιθι ἐν κύκλῳ τὸ συνέδριον. βίον ἀνδρικὸν πωλῶ, βίον ἄριστον καὶ γεννικόν, βίον ἐλεύθερον· τίς ὠνήσεται;
Ἀγοραστής: Ὁ κῆρυξ, πῶς ἔφης σύ; πωλεῖς τὸν ἐλεύθερον;
Ἑρμῆς: Ἔγωγε.
Ἀγοραστής: Εἶτ᾽ οὐ δέδιας μὴ σοι δικάσηται ἀνδραποδισμοῦ ἢ καὶ προκαλέσηταί σε εἰς Ἄρειον πάγον;
Ἑρμῆς: Οὐδὲν αὐτῷ μέλει τῆς πράσεως· οἴεται γὰρ εἶναι παντάπασιν ἐλεύθερος.

133. Λουκιανός, ΧΧΙΧ [Δὶς Κατηγορούμενος], 4
Ζεύς : ... πάντας ὁπόσοι τὰς γραφὰς ἀπενηνόχασιν, ἥκειν τήμερον εἰς Ἄρειον πάγον, ἐκεῖ δὲ τὴν μὲν Δίκην ἀποκληροῦν σφίσι τὰ δικαστήρια κατὰ λόγον τῶν τιμημάτων ἐξ ἁπάντων Ἀθηναίων· εἰ δέ τις ἄδικον οἴοιτο γεγενῆσθαι τὴν κρίσιν, ἐξεῖναι ἐφέντι ἐπ᾽ ἐμὲ δικάζεσθαι ἐξ ὑπαρχῆς, ὡς εἰ μηδὲ τὸ παράπαν ἐδεδίκαστο. σὺ δέ, ὦ θύγατερ, καθεζομένη παρὰ τὰς σεμνὰς θεὰς ἀποκλήρου τὰς δίκας καὶ ἐπισκόπει τοὺς δικάζοντας.

134. Λουκιανός, XXIX[Δίς Κατηγορούμενος], 12
Ἑρμῆς : Ἀκούετε λεῴ· ἀγορὰν δικῶν ἀγαθῇ τύχη καταστησόμεθα τήμερον Ἐλαφηβολιῶνος ἑβδόμῃ ἱσταμένου. ὁπόσοι γραφὰς ἀπήνεγκαν, ἥκειν εἰς Ἄρειον πάγον, ἔνθα ἡ Δίκη ἀποκληρώσει τὰ δικαστήρια καὶ αὐτὴ παρέσται τοῖς δικάζουσιν· οἱ δικασταὶ ἐξ ἁπάντων Ἀθηναίων· ὁ μισθὸς τριώβολον ἑκάστης δίκης· ἀριθμὸς τῶν δικαστῶν κατὰ λόγον τοῦ ἐγκλήματος. ὁπόσοι δὲ ἀποθέμενοι γραφὴν πρὶν εἰσελθεῖν ἀπέθανον, καὶ τούτους ὁ Αἰακὸς ἀναπεμψάτω· ἢν δέ τις ἄδικα δεδικάσθαι οἴηται, ἐφέσιμον ἀγωνιεῖται τὴν δίκην· ἡ δὲ ἔφεσις ἐπὶ τὸν Δία.
Πᾶν : Βαβαὶ τοῦ θορύβου' ἡλίκον, ὦ Δίκη, ἀνεβόησαν, ὡς δὲ καὶ σπουδῇ συνθέουσιν ἕλκοντες ἀλλήλους πρὸς τὸ ἄναντες εὐθὺ τοῦ Ἀρείου πάγου. καὶ ὁ Ἑρμῆς δὲ ἤδη πάρεστιν. ὥστε ὑμεῖς μὲν ἀμφὶ τὰς δίκας ἔχετε καὶ ἀποκληροῦτε καὶ διακρίνετε ὥσπερ ὑμῖν νόμος, ἐγὼ δὲ ἐπὶ τὸ σπήλαιον ἀπελθὼν συρίξομαί τι μέλος τῶν ἐρωτικῶν ᾧ τὴν Ἠχὼ εἴωθα ἐπικερτομεῖν· ἀκροάσεων δὲ καὶ λόγων τῶν δικανικῶν ἅλις ἔχει μοι ὁσημέραι τῶν ἐν Ἀρείῳ πάγῳ δικαζομένων ἀκούοντι.

135. Λουκιανός, XXIX [Δίς Κατηγορούμενος], 13 ~ 17 : 24
[13] Δίκη : Οἶσθα ὃ δράσωμεν, ὦ Ἑρμῆ; τὰς μὲν ἄλλας δίκας εἰς τὴν αὔριον ὑπερβαλώμεθα, τήμερον δὲ κληρῶμεν τὰς τοιαύτας ὁπόσαι τέχναις ἢ βίοις ἢ ἐπιστήμαις πρὸς ἄνδρας εἰσὶν ἐπηγγελμέναι. καί μοι ταύτας ἀνάδος τῶν γραφῶν.
Ἑρμῆς : Μέθη κατὰ τῆς Ἀκαδημείας περὶ Πολέμωνος ἀνδραποδισμοῦ.
Δίκη : Ἑπτὰ κλήρωσον.
Ἑρμῆς : Ἡ Στοὰ κατὰ τῆς Ἡδονῆς ἀδικίας, ὅτι τὸν ἐραστὴν αὐτῆς Διονύσιον ἀπεβουκόλησεν.
Δικη : Πέντε ἱκανοί.
Ἑρμῆς : Περὶ Ἀριστίππου Τρυφὴ πρὸς Ἀρετήν.
Δίκη : Πέντε καὶ τούτοις δικασάτωσαν.
Ἑρμῆς : Ἀργυραμοιβικὴ δρασμοῦ Διογένει.
Δίκη : Τρεῖς ἀποκλήρου μόνους.
Ἑρμῆς : Γραφικὴ κατὰ Πύρρωνος λιποταξίου.
Δίκη : Ἐννέα κρινάτωσαν.

[14] Δικη : Ἰδού, καὶ τὰς ὑπερορίους ἤδη Ἀθήνησιν ἐν Ἀρείῳ πάγῳ ἀποκληρώσας, ἃς ὑπὲρ τὸν Εὐφράτην καλῶς εἶχε δεδικάσθαι; πλὴν ἀλλὰ κλήρου ἕνδεκα τοὺς αὐτοὺς ἑκατέρᾳ τῶν δικῶν.
Ἑρμῆς: Εὖ γε, ὦ Δίκη, φείδῃ μὴ πολὺ ἀναλίσκεσθαι τὸ δικαστικόν.
[15] Δίκη : Οἱ πρῶτοι καθιζέτωσαν τῇ Ἀκαδημείᾳ καὶ τῇ Μέθῃ· σὺ δὲ τὸ ὕδωρ ἔγχει. προτέρα δὲ σὺ λέγε ἡ Μέθη. τί σιγᾷ καὶ διανεύει; μάθε, ὦ Ἑρμῆ, προσελθών.
Ἑρμῆς : "Οὐ δύναμαι", φησί, "τὸν ἀγῶνα εἰπεῖν ὑπὸ τοῦ ἀκράτου τὴν γλῶτταν πεπεδημένη, μὴ γέλωτα ὄφλω ἐν τῷ δικαστηρίῳ." μόλις δὲ καὶ ἕστηκεν, ὡς ὁρᾷς.
Δίκη : Οὐκοῦν συνήγορον ἀναβιβασάσθω τῶν δεινῶν τούτων τινά· πολλοὶ γὰρ οἱ κἂν ἐπὶ τριωβόλῳ διαρραγῆναι ἕτοιμοι. ...

(16) Ἀκαδημεία : Ἀκούετε, ὦ ἄνδρες δικασταί, πρότερα τὰ ὑπὲρ τῆς Μέθης· ἐκείνης γὰρ τό γε νῦν ῥέον.

Ἠδίκηται ἡ ἀθλία τὰ μέγιστα ὑπὸ τῆς Ἀκαδημείας ἐμοῦ. ἀνδράποδον ὃ μόνον εἶχεν εὔνουν καὶ πιστὸν αὐτῇ, μηδὲν αἰσχρὸν ὧν προστάξειεν οἰόμενον ἀφαιρεθεῖσα τὸν Πολέμωνα ἐκεῖνον, ὃς μεθ᾽ ἡμέραν ἐκώμαζεν διὰ τῆς ἀγορᾶς μέσης, ψαλτρίας ἔχων καὶ καταδόμενος ἔωθεν εἰς ἑσπέραν, μεθύων ἀεὶ καὶ κραιπαλῶν καὶ τὴν κεφαλὴν τοῖς στεφάνοις διηνθισμένος. καὶ ταῦτα ὅτι ἀληθῆ, μάρτυρες Ἀθηναῖοι ἅπαντες, οἱ μηδὲ πώποτε νήφοντα Πολέμωνα εἶδον. ...

(17) Ἀκαδημεία : ... τοῦτον, ὦ ἄνδρες δικασταί, παραλαβοῦσα γελοίως ἔχοντα, μήτε φωνὴν ἀφιέναι μήτε ἑστάναι ὑπὸ τοῦ ἀκράτου δυνάμενον, ἐπέστρεψα καὶ ἀνένηψα καὶ ἀντὶ ἀνδραπόδου κόσμιον ἄνδρα καὶ σώφρονα καὶ πολλοῦ ἄξιον τοῖς Ἕλλησιν ἀπέδειξα· καὶ μοι αὐτός τε χάριν οἶδεν ἐπὶ τούτοις καὶ οἱ προσήκοντες ὑπὲρ αὐτοῦ. ...

(24) Διογένης : Καὶ μὴν ἄν γε μὴ παύσηται ἐνοχλοῦσα, ὦ Δίκη, οὐκέτι δρασμοῦ δικάσεταί μοι, ἀλλὰ πολλῶν καὶ βαθέων τραυμάτων· ἐγὼ γὰρ αὐτίκα μάλα πατάξας τῷ ξύλῳ -.

(26) Ῥητορική : Πρῶτον μέν, ὦ ἄνδρες Ἀθηναῖοι, ... [27] ... ὦ ἄνδρες δικασταί, ... [for the same expression, cf. ibid. 21 : 30 : 33 : 34]

136. Λουκιανός, XXXVII [Ἀνάχαρσις], 19

Σόλων : ... ἢν μέντοι μὴ ἐξαγώνια μηδὲ πόρρω τοῦ σκοποῦ τὰ λεγόμενα ᾖ, κωλύσει οὐδέν, οἶμαι, εἰ καὶ μακρὰ λέγοιτο, ἐπεὶ καὶ τῇ βουλῇ τῇ ἐξ Ἀρείου πάγου, ἥπερ τὰς φονικὰς ἡμῖν δίκας δικάζει, πάτριον οὕτω ποιεῖν. ὁπόταν γὰρ ἀνελθοῦσα εἰς τὸν πάγον συγκαθέζηται φόνου ἢ τραύματος ἐκ προνοίας ἢ πυρκαϊᾶς δικάσοντες, ἀποδίδοται λόγος ἑκατέρῳ τῶν κρινομένων καὶ λέγουσιν ἐν τῷ μέρει ὁ μὲν διώκων ὁ δὲ φεύγων, ἢ αὐτοὶ ἢ ῥήτορας ἀναβιβάζονται τοὺς ἐροῦντας ὑπὲρ αὐτῶν. οἱ δὲ ἔστ᾽ ἂν μὲν περὶ τοῦ πράγματος λέγωσιν, ἀνέχεται ἡ βουλὴ καθ᾽ ἡσυχίαν ἀκούουσα· ἢν δέ τις ἢ φροίμιον εἴπῃ πρὸ τοῦ λόγου, ὡς εὐνουστέρους ἀπεργάσαιτο αὐτούς, ἢ οἶκτον ἢ δείνωσιν ἔξωθεν ἐπάγῃ τῷ πράγματι - οἷα πολλὰ ῥητόρων παῖδες ἐπὶ τοὺς δικαστὰς μηχανῶνται - παρελθὼν ὁ κῆρυξ κατεσιώπησεν εὐθύς, οὐκ ἐῶν ληρεῖν πρὸς τὴν βουλὴν καὶ περιπέττειν τὸ πρᾶγμα ἐν τοῖς λόγοις, ὡς γυμνὰ τὰ γεγενημένα οἱ Ἀρεοπαγῖται βλέποιεν. Ὥστε καὶ σέ, ὦ Ἀνάχαρσι, Ἀρεοπαγίτην ἐν τῷ παρόντι ποιοῦμαι ἔγωγε, καὶ κατὰ τὸν τῆς βουλῆς μου νόμον ἄκουε, καὶ σιωπᾶν κέλευε, ἢν αἴσθῃ καταρρητορευόμενος· ἄχρι δ᾽ ἂν οἰκεῖα τῷ πράγματι λέγηται, ἐξέστω ἀπομηκύνειν, οὐδὲ γὰρ ὑφ᾽ ἡλίῳ ἔτι ποιησόμεθα τὴν συνουσίαν, ὡς ἄχθεσθαι εἰ ἀποτείνοιτο ἡ ῥῆσις, ἀλλὰ ἥ τε σκιὰ πυκνὴ καὶ ἡμεῖς σχολὴν ἄγομεν.

Ἀνάχαρσις : Εὐγνώμονά σου ταῦτα, ὦ Σόλων, καὶ ἔγωγε ἤδη χάριν οὐ μικρὰν εἰδά σοι καὶ ἐπὶ τούτοις, ὅτι πάρεργον τοῦ λόγου καὶ τὰ ἐν Ἀρείῳ πάγῳ γιγνόμενα ἐδίδαξώ με, θαυμάσια ὡς ἀληθῶς καὶ ἀγαθῶν βουλευτῶν ἔργα πρὸς ἀλήθειαν οἰσόντων τὴν ψῆφον. ἐπὶ τούτοις οὖν ἤδη λέγε, καὶ ὁ Ἀρεοπαγίτης ἐγώ- τοῦτο γὰρ ἔθου με - κατὰ σχῆμα τῆς βουλῆς ἀκούσομαί σου.

137. Λουκιανός, XLV[Περὶ Ὀρχήσεως], 39
... καὶ τὴν ἔριν τὴν περὶ τῆς Ἀττικῆς, καὶ Ἁλιρρόθιον καὶ τὴν πρώτην ἐν Ἀρείῳ πάγῳ κρίσιν, καὶ ὅλως τὴν Ἀττικὴν πᾶσαν μυθολογίαν.

138. Λουκιανός, LXVIII [Σκύθης ἢ Πρόξενος], 2
κατὰ τὸν λοιμὸν τὸν μέγαν ἔδοξεν ἡ Ἀρχιτέλους γυνή, Ἀρεοπαγίτου[1] ἀνδρός, ἐπιστάντα οἱ τὸν Σκύθην κελεῦσαι εἰπεῖν Ἀθηναίοις ὅτι παύσονται τῷ λοιμῷ ἐχόμενοι, ἢν τοὺς στενωποὺς οἴνῳ πολλῷ ῥάνωσι. τοῦτο συχνάκις γενόμενον - οὐ γὰρ ἠμέλησαν οἱ Ἀθηναῖοι οἱ ἀκούσαντες - ἔπαυσε μηκέτι λοιμώττειν αὐτούς, εἴτε ἀτμούς τινας πονηροὺς ὁ οἶνος σβέσας τῇ ὀδμῇ, εἴτε ἄλλο τι πλέον εἰδὼς ὁ ἥρως ὁ Τόξαρις, ἅτε ἰατρικὸς ὤν, συνεβούλευσεν.
1. Ἀρεοπαγείτου Γ

139. Λουκιανός, LXX (Ἑρμότιμος περὶ Αἱρέσεων), 64
Λύκινος: Κριτικῆς τινος, ὦ θαυμάσιε, καὶ ἐξεταστικῆς παρασκευῆς καὶ νοῦ ὀξέος καὶ διανοίας ἀκριβοῦς καὶ ἀδεκάστου, οἵαν χρὴ εἶναι τὴν περὶ τῶν τηλικούτων δικάσουσαν, ἢ μάτην ἂν ἅπαντα ἑωραμένα εἴη. ἀποδοτέον οὖν φησι καὶ τῷ τοιούτῳ χρόνον οὐκ ὀλίγον καὶ προθέμενον ἅπαντα εἰς μέσον αἱρεῖσθαι διαμέλλοντα καὶ βραδύνοντα καὶ πολλάκις ἐπισκοποῦντα, μήτε ἡλικίαν τοῦ λέγοντος ἑκάστου μήτε σχῆμα ἢ δόξαν ἐπὶ σοφίᾳ αἰδούμενον, ἀλλὰ κατὰ τοὺς Ἀρεοπαγίτας αὐτὸ ποιοῦντα, οἳ ἐν νυκτὶ καὶ σκότῳ δικάζουσιν, ὡς μὴ ἐς τοὺς λέγοντας, ἀλλ᾽ ἐς τὰ λεγόμενα ἀποβλέποιεν. καὶ τότ᾽ ἤδη ἐξέσται σοι βεβαίως ἑλομένῳ φιλοσοφεῖν.

140. Λουκιανός, LXXX[Ἑταιρικοὶ Διάλογοι), vii, 2
Μουσάριον : Ἀλλὰ καλὸς καὶ ἀγένειος, καὶ φησὶν ἐρᾶν καὶ δακρύει καὶ Δεινομάχης καὶ Λάχητος υἱός ἐστι τοῦ Ἀρεοπαγίτου καὶ φησὶν ἡμᾶς γαμήσειν καὶ μεγάλας ἐλπίδας ἔχομεν παρ᾽ αὐτοῦ, ἢν ὁ γέρων μόνον καταμύσῃ.

141. Λυκοῦργος, Ι[κατὰ Λεωκράτους], 12
ἀλλ᾽ οὐ δίκαιον ὑμᾶς μὲν ἀξιοῦν δικαίαν τὴν ψῆφον φέρειν αὐτοὺς δὲ μὴ δικαίαν τὴν κατηγορίαν ποιεῖσθαι τούτων δ᾽ αἴτιοι ὑμεῖς ἐστε, ὦ ἄνδρες· τὴν γὰρ ἐξουσίαν ταύτην δεδώκατε τοῖς ἐνθάδ᾽ εἰσιοῦσι καὶ ταῦτα κάλλιστον ἔχοντες τῶν Ἑλλήνων παράδειγμα τὸ ἐν Ἀρείῳ πάγῳ συνέδριον, ὃ τοσοῦτον διαφέρει τῶν ἄλλων δικαστηρίων ὥστε καὶ παρ᾽ αὐτοῖς ὁμολογεῖσθαι τοῖς ἁλισκομένοις δικαίαν ποιεῖσθαι τὴν κρίσιν. πρὸς ὃ δεῖ καὶ ὑμᾶς ἀποβλέποντας μὴ ἐπιτρέπειν τοῖς ἔξω τοῦ πράγματος λέγουσιν.

142. Λυκοῦργος, Ι[κατὰ Λεωκράτους], 52
τὸ γὰρ ἀδίκημα τοῦτο κεκριμένον ἐστὶ καὶ κατεγνωσμένον. ἡ μὲν γὰρ ἐν[1] Ἀρείῳ πάγῳ βουλή (καὶ μηδείς μοι θορυβήσῃ· ταύτην γὰρ ὑπολαμβάνω μεγίστην τότε γενέσθαι τῇ πόλει σωτηρίαν) τοὺς φυγόντας τὴν πατρίδα καὶ ἐγκαταλιπόντας τότε τοῖς πολεμίοις λαβοῦσα ἀπέκτεινε. καίτοι, ὦ ἄνδρες, μὴ νομίζετε τοὺς τὰ τῶν ἄλλων φονικὰ ἀδικήματα ὁσιώτατα δικάζοντας αὐτοὺς ἄν εἴς τινα τῶν πολιτῶν τοιούτου τι παρανομῆσαι.

143. Λυσίας, Ι['Υπὲρ τοῦ Ἐρατοσθένους φόνου ἀπολογία], 30
Ἀνάγνωθι δέ μοι καὶ τοῦτον τὸν νόμον <τὸν> ἐκ τῆς στήλης τῆς ἐξ Ἀρείου πάγου.

ΝΟΜΟΣ

Ἀκούετε, ὦ ἄνδρες, ὅτι αὐτῷ τῷ δικαστηρίῳ τῷ ἐξ Ἀρείου πάγου[1], ᾧ καὶ πάτριόν ἐστι καὶ ἐφ᾽[2] ἡμῶν[3] ἀποδέδοται[4] τοῦ φόνου τὰς δίκας δικάζειν, διαρρήδην εἴρηται τούτου μὴ καταγιγνώσκειν φόνον, ὃς ἂν ἐπὶ δάμαρτι τῇ ἑαυτοῦ μοιχὸν λαβὼν ταύτην τὴν τιμωρίαν ποιήσηται.
1. ἐν Ἀρείῳ πάγῳ M[C]   2. ὑφ᾽ M   3. ἡμῶν Reiske : ὑμῶν L   4. ἀποδίδοται, ut vid., D[C]

144. Λυσίας, VI[Κατ᾽ Ἀνδοκίδου Ἀσεβείας), 13 ~ 15
ὑμεῖς οὖν μὴ βούλεσθε εἰς ὑμᾶς τὴν αἰτίαν ταύτην περιτρέψαι, ἐξὸν τὸν ἀδικοῦντα κολάσασιν ἀπηλλάχθαι. [14] ἔπειτα δ᾽ ἐκεῖνοι μὲν ἀρνοῦνται τὰ μεμηνυμένα, οὗτος δὲ ὁμολογεῖ ποιῆσαι. καίτοι καὶ ἐν Ἀρείῳ πάγῳ, ἐν τῷ σεμνοτάτῳ καὶ δικαιοτάτῳ δικαστηρίῳ, ὁμολογῶν μὲν ἀδικεῖν ἀποθνῄσκει, ἐὰν δὲ ἀμφισβητῇ, ἐλέγχεται καὶ πολλοὶ οὐδ᾽ ἔδοξαν ἀδικεῖν. οὔκουν ὁμοίαν χρὴ γνώμην ἔχειν περί τε τῶν ἀρνουμένων καὶ περὶ τῶν ὁμολογούντων. δεινὸν δέ μοι δοκεῖ εἶναι· [15] ἐὰν μέν τις ἀνδρὸς σῶμα τρώσῃ, κεφαλὴν ἢ πρόσωπον ἢ χεῖρας ἢ πόδας, οὗτος μὲν κατὰ τοὺς νόμους τοὺς ἐξ Ἀρείου πάγου φεύξεται τὴν τοῦ ἀδικηθέντος πόλιν [ἢ τραύματος ἐκ προνοίας], καὶ ἐὰν [μὲν] κατίῃ, ἐνδειχθεὶς θανάτῳ ζημιωθήσεται.

145. Λυσίας, VII[Ἀρεοπαγιτικός περὶ τοῦ σηκοῦ ἀπολογία], 21 ~ 22 : 25
[21] τούτων τοίνυν οὐδὲν ποιήσας διὰ τοὺς σοὺς λόγους ἀξιοῖς με ἀπολέσθαι, καὶ κατηγορεῖς ὡς ὑπὸ τῆς ἐμῆς δυνάμεως καὶ τῶν ἐμῶν χρημάτων οὐδεὶς ἐθέλει σοι μαρτυρεῖν. [22] καίτοι εἰ <ὅτε> φῄς μ᾽ ἰδεῖν τὴν μορίαν ἀφανίζοντα τοὺς ἐννέα ἄρχοντας ἐπήγαγες ἢ ἄλλους τινὰς τῶν ἐξ Ἀρείου πάγου, οὐκ ἂν ἑτέρων ἔδει σοι μαρτύρων. ... [25] αὐτοὺς τοίνυν ὑμᾶς (e.i. τοὺς βουλευτὰς τοῦ Ἀρείου Πάγου) τούτων μάρτυρας παρέξομαι, ἐπιμελουμένους μὲν ἑκάστου μηνός, ἐπιγνώμονας δὲ πέμποντας καθ᾽ ἕκαστον ἐνιαυτόν· ὡς οὐδεὶς πώποτ᾽ ἐξημίωσέ μ᾽ ὡς ἐργαζόμενον τὰ περὶ τὰς μορίας χωρία.

146. Λυσίας, X[Κατὰ Θεομνήτους, Α], 6 ~ 7 : 11 ~ 12
[6] Ἴσως τοίνυν, ὦ ἄνδρες δικασταί, περὶ τούτων μὲν οὐδὲν ἀπολογήσεται, ἐρεῖ δὲ πρὸς ὑμᾶς ἅπερ ἐτόλμα λέγειν καὶ πρὸς τὸν διαιτητήν, ὡς οὐκ ἔστι τῶν ἀπορρήτων, ἐάν τις εἴπῃ τὸν πατέρα ἀπεκτονέναι· τὸν γὰρ νόμον οὐ ταῦτ᾽ ἀπαγορεύειν, ἀλλ᾽ ἀνδροφόνον οὐ ἐὰν λέγειν. [7] ἐγὼ δὲ οἶμαι <δεῖν> ὑμᾶς, ὦ ἄνδρες δικασταί, οὐ περὶ τῶν ὀνομάτων διαφέρεσθαι ἀλλὰ τῆς τούτων διανοίας, καὶ πάντας εἰδέναι, ὅτι ὅσοι <ἀπεκτόνασί τινας, καὶ ἀνδροφόνοι εἰσί, καὶ ὅσοι> ἀνδροφόνοι εἰσί, καὶ ἀπεκτόνασί τινας. ...
[11] Ἔτι τοίνυν σκέψασθε, ὦ ἄνδρες δικασταί· οὑτοσὶ γάρ μοι δοκεῖ ὑπὸ ῥαθυμίας καὶ μαλακίας οὐδ᾽ εἰς Ἄρειον πάγον ἀναβεβηκέναι. πάντες γὰρ ἐπίστασθε ὅτι ἐν ἐκείνῳ τῷ χωρίῳ, ὅταν τὰς τοῦ φόνου δίκας δικάζωνται, οὐ διὰ τούτου τοῦ ὀνόματος τὰς διωμοσίας ποιοῦνται, ἀλλὰ δι᾽ οὗπερ ἐγὼ κακῶς ἀκήκοα· ὁ μὲν γὰρ διώκων ὡς ἔκτεινε διόμνυται, ὁ δὲ φεύγων ὡς οὐκ ἔκτεινεν. [12] οὐκ οὖν ἄτοπον ἂν εἴη τὸν δράσαντ᾽ ἀφεῖναι φάσκοντα

ἀνδροφόνον εἶναι, ὅτι ὁ διώκων, ὡς ἔκτεινε, τὸν φεύγοντα διωμόσατο; τί γὰρ ταῦτα, ὧν οὗτος ἐρεῖ, διαφέρει;

147. Λυσίας, Χ[Κατὰ Θεομνήτους, Α], 31
... ὃς μόνος, ἐπειδὴ τάχιστα ἐδοκιμάσθην, ἐπεξῆλθον τοῖς τριάκοντα ἐν Ἀρείῳ πάγῳ.

148. Λυσίας, XXII[Κατὰ Ἐρατοσθένους τοῦ γενομένου τῶν Τριάκοντα], 69
ὑμεῖς δέ, ὦ ἄνδρες Ἀθηναῖοι, πραττούσης μὲν τῆς ἐν Ἀρείῳ πάγῳ βουλῆς σωτήρια, ἀντιλεγόντων δὲ πολλῶν Θηραμένει, εἰδότες δὲ ὅτι οἱ μὲν ἄλλοι ἄνθρωποι τῶν πολεμίων ἕνεκα τἀπόρρητα ποιοῦνται, ἐκεῖνος δ᾽ ἐν τοῖς αὑτοῦ πολίταις οὐκ ἠθέλησεν εἰπεῖν ταῦθ᾽ ἃ πρὸς τοὺς πολεμίους ἔμελλεν ἐρεῖν, ὅμως ἐπετρέψατε αὐτῷ πατρίδα καὶ παῖδας καὶ γυναῖκας καὶ ὑμᾶς αὐτούς.

149. Λυσίας, XXVI[Περὶ τῆς Εὐάνδρου δοκιμασίας], 11 ~ 12
ταύτης δὲ τῆς ἀρχῆς ἠξιωμένος αὐτὸς καθ᾽ αὑτὸν ἄρξει, καὶ μετὰ τῆς ἐν Ἀρείῳ πάγῳ βουλῆς τὸν ἅπαντα χρόνον τῶν μεγίστων κύριος γενήσεται ὥστε ὑμῖν καθήκειν περὶ ταύτης τῆς ἀρχῆς ἀκριβεστέραν τὴν δοκιμασίαν ἢ περὶ τῶν ἄλλων ἀρχῶν ποιεῖσθαι. ... [12] καὶ φόνου δίκας δικάζοντα, ὃν ἔδει αὐτὸν ὑπὸ τῆς ἐν Ἀρείῳ πάγῳ βουλῆς κρίνεσθαι; καὶ πρὸς τούτοις ἴδωσιν ἐστεφανωμένον, καὶ ἐπικλήρων καὶ ὀρφανῶν κύριον γεγενημένον, ὧν ἐνίοις αὐτὸς [ὢν] οὗτος τῆς ὀρφανίας αἴτιος γεγένηται;

* Λυσίας, , 178 [Sauppe] : cf. T.54 [ʽΑρποκρατίων, s.v. ἐπιθέτους ἑορτάς]

150. Μάξιμος ὁ Ὁμολογητής, Πρόλογος εἰς τὰ τοῦ Ἁγίου Διονυσίου, P.G. v.4, p.16 ~ 17 [cf. T.198]
Τὴν μὲν εὐγένειαν, τό τε περιφανὲς ἐν πλούτῳ μεγάλου Διονυσίου καὶ μόνον αὐτῷ τὸ κατὰ Ἀθηναίους βουλευτήριον, καθ᾽ ὃ βουλεύειν ᾑρέθη, παρίστησι. Τῶν γὰρ Ἀρεοπαγιτῶν εἷς ἐτύγχανεν οὗτος, ὡς ὁ θεῖος ἐδήλωσε Λουκᾶς, ἱστορῶν τὰς τῶν ἱερῶν ἀποστόλων ἱερὰς πράξεις· εἰπὼν γὰρ τὸν ἁγιώτατον ἀπόστολον Παῦλον γενόμενον ἐν Ἀθήναις, συμβαλόντα τέ τισιν εἰς λόγους τῶν ἐξ Ἐπικούρου φιλοσόφων, καὶ τῶν γε μὴν ἀπὸ τῆς στοᾶς· καὶ κηρύξαντα τὴν εἰς τὸν Κύριον ἡμῶν Ἰησοῦν Χριστὸν πίστιν, τήν τε τῶν νεκρῶν ἀνάστασιν, καὶ τὴν καθολικὴν κρίσιν, συλληφθῆναι παρὰ τῶν ἀφιλοσόφων (οὐ γὰρ ἀληθῶς φιλοσόφων) ἄχθηναί τε κατὰ τὸν Ἄρειον πάγον, καὶ δημηγορήσαντα, παραχρῆμά τινας ἑλεῖν, καὶ πρὸς τὸ τῆς ἀληθείας μεταθεῖναι φῶς, ἐπάγει· Καὶ οὕτως ὁ Παῦλος ἐξῆλθεν ἐκ μέσου αὐτῶν· τινὲς δὲ ἄνδρες, κολληθέντες αὐτῷ, ἐπίστευσαν· ἐν οἷς καὶ Διονύσιος ὁ Ἀρεοπαγίτης, καὶ γυνὴ ὀνόματι Δάμαρις, καὶ ἕτεροι σὺν αὐτοῖς. Ἐγὼ μὲν οὖν οὐ μάτην ἀκούω τοῦ παρὰ πάντας τοὺς πεπιστευκότας τότε διὰ τοῦ θείου Παύλου, μόνον τὸν ἄριστον Διονύσιον ἐξονομασθῆναι παρὰ τοῦ θεοφόρου συγγραφέως, προστεθείσης αὐτοῦ καὶ τῆς ἀξίας· φασὶ γὰρ Ἀρεοπαγίτης, ἐπιβάλλω δὲ μᾶλλον, ὅτι διά τε τὸ κατὰ σοφίαν περιττόν, καὶ διὰ τὸ ἐν Ἀθηναίοις ἀνεπιλήπτου πολιτείας ἔκκριτον, μνημονευθῆναι μετὰ τῆς οἰκίας αὐτοῦ. Χρὴ δὲ εἰδέναι, καθὰ προέφην, ὡς οὐ παντὸς ἀνδρὸς ἦν, εἰς τὴν ἐξ Ἀρείου πάγου βουλὴν τελεῖν· ἀλλ᾽ οἱ παρ᾽ Ἀθηναίοις πρωτεύοντες ἔν τε γένει καὶ πλούτῳ καὶ βίῳ χρηστῷ· καὶ κατὰ τοῦθ᾽ οἱ ἐπίσημοι καθεστῶτες ἐβούλευον εἰς τὴν ἐξ Ἀρείου πάγου βουλήν· ἐκ γὰρ τῶν ἐννέα

καθισταμένων ἀρχόντων Ἀθήνησιν, τοὺς Ἀρεοπαγίτας ἔδει συνεστάναι δικαστάς, ὥς φησιν Ἀνδροτίων ἐν δευτέρα τῶν Ἀτθίδων· ὕστερον δὲ πλειόνων γέγονεν ἡ ἐξ Ἀρείου πάγου βουλή, τουτέστιν ἡ ἐξ ἀνδρῶν περιφανεστέρων πεντήκοντα καὶ ἑνός, πλὴν ἐξ εὐπατριδῶν, ὡς ἔφημεν, καὶ πλούτῳ καὶ βίῳ σώφρονι διαφερόντων, ὡς ἱστορεῖ Φιλόχορος διὰ τῆς τρίτης τῶν αὐτῶν Ἀτθίδων. Ἔξω δὲ τῆς πόλεως ἦν τὸ κατὰ Ἄρειον πάγον δικαστήριον, κληθὲν οὕτω (καθ᾽ ἃ μυθολογοῦσιν Ἀθηναῖοι) ἐκ τοῦ κατ᾽ αὐτὴν τὴν ἐξοχὴν τοῦ κατὰ τὴν πόλιν ὄρους συστάντος δικαστηρίου μεταξὺ Ποσειδῶνος καὶ Ἄρεως· ὁ γὰρ Ποσειδῶν δίκην εἶπε πρὸς Ἄρεα κατὰ τοὺς ἀρχαίους μύθους παρ᾽ Ἀθηναίοις ἐν τῷ τόπῳ τούτῳ, φάσκων ἀναιρεθῆναι τὸν ἴδιον υἱὸν Ἁλιρρόθιον ὑπ᾽ Ἄρεως· κἀκεῖθεν ἐξ Ἄρεως ὁ πάγος ἐκεῖνος Ἄρειος ἐκλήθη. Ἐδίκαζον οὖν Ἀρεοπαγῖται περὶ πάντων σχεδὸν τῶν σφαλμάτων καὶ παρανομιῶν, ὡς ἅπαντά φησιν Ἀνδροτίων ἐν πρώτῃ, καὶ Φιλόχορος ἐν δευτέρα καὶ τρίτη τῶν Ἀτθίδων.

Διὰ δὲ τοῦτο ἅτε καινῶν δαιμονίων καταγγελέα τὸν θειότατον Παῦλον, ὡς ἱστόρησεν ὁ φιλαλήθης Λουκᾶς, οἱ τῆς ὑπὸ θεοῦ μωρανθείσης σοφίας ἐρασταὶ πρὸς τὴν ἐξ Ἀρείου πάγου βουλὴν ἕλκουσιν. Ἀλλ᾽ ἐν τοῖς Ἀρεοπαγίταις τηνικαῦτα χρόνου βουλεύων, ἅτε δικαστὴς ἀκλινέστατος, ὁ πάμμεγας Διονύσιος, ἀδέκαστον ἀπένειμε τῇ κατὰ τὸν πνευματοφόρον Παῦλον ἀληθείᾳ τὴν ψῆφον, ἐρρῶσθαί τε πολλὰ φράσας τῇ Ἀρεοπαγιτῶν ἀνοήτῳ σεμνότητι, τὸν ἀληθῆ καὶ πανεπίσκοπον κριτὴν ἐννοίας Χριστὸν Ἰησοῦν, τὸν τοῦ Θεοῦ καὶ Πατρὸς Υἱὸν μονογενῆ καὶ Λόγον, ὅν ὁ Παῦλος ἐκήρυξεν, εὐθὺς εἴχετο τοῦ φωτός.

151. *Μηναῖα τῆς Ἑλληνικῆς Ἐκκλησίας, Ὀκτωβρίου, γ'*
Οὗτος [ε.ι. Διονύσιος Ἀρεοπαγίτης] πλούτῳ καὶ δόξῃ καὶ συνέσει καὶ σοφίᾳ τῶν ἁπάντων ὑπερέχων, τῶν ἐν τῷ Ἀρείῳ πάγῳ βουλευτῶν εἷς ἦν.

152. Μιχαὴλ Ἀποστόλιος, VII, 80
Εἰς Ἄρειον πάγον ἐκρίθη.

153. Μιχαὴλ ὁ Σύγκελος, *Ἐγκώμιον εἰς τὸν Ἅγιον Διονύσιον*, P.G. v.4, pp.620 ~ 621 : 624 : 630
[pp.620 ~ 621) ὅθεν Διονύσιος οὗτος ὡρμᾶτο, καὶ οὐ διασημότατος προηγέτης, καὶ τῶν ἐν Ἀρείῳ πάγῳ δικαστῶν ἐχρημάτιζε προύχων καὶ πρόκριτος, ὧν τὸ τοῦ γένους περίοπτον καὶ μεγαλόδοξον τοῖς τῶν Ἀτθίδων συγγραφεῦσιν, Ἀνδροτίωνι καὶ Φιλοχόρῳ, κατὰ πλάτος ἱστόρηται.
Ἀφ᾽ ὧν ἔστι τε καὶ τεκμήρασθαι καὶ τὸ τῶν προγόνων αὐτοῦ πρωτεῖον, καὶ ἔντιμον καὶ διαβόητον· οὐ γὰρ ἂν παρ᾽ Ἀθηναίοις τοῖς ἀγερώχοις εἰς ἀρχὴν προῆκτο τοσαύτην, εἰ μὴ πρὸς τῇ σοφίᾳ καὶ τῇ τῶν φρενῶν εὐκοσμίᾳ, σωφροσύνῃ τε καὶ δικαιοσύνῃ, καὶ ἀνδρίᾳ, καὶ τῇ περιβλέπτῳ τοῦ γένους ὑπεροχῇ κατηγλάϊστο· τῷ γὰρ Λουκᾶν τὸν φιλαληθέστατον καὶ σοφώτατον ἐν τῇ τῶν ἀποστολικῶν Πράξεων ἁγίᾳ καὶ πανσόφῳ συγγραφῇ, περὶ τῶν Ἀθήνησι πεπιστευκότων διὰ τῆς κατὰ τὸν Ἄρειον πάγον θεοπνεύστου τοῦ μακαρίου Παύλου διδαχῆς καὶ δημηγορίας διηγούμενον, φάναι κατ᾽ ἐξοχῆς τρόπον, Ἐν οἷς ἦν Διονύσιος ὁ Ἀρεοπαγίτης· ἐναργῶς τὸ τοῦ νοεροῦ τοῦδε λαμπτῆρος κατά τε φένους ἐπισημότητα, καὶ ἐλλογιότητος περιουσίαν, ὑπερφερὲς ἀποδείκνυται. ...
Οὗτός ἐστι, φησίν, ὁ τῶν καθ᾽ Ἑλλάδα λογάδων καὶ εὐπατριδῶν εὐκλεέστατος, καὶ τῆς Ἀρεοπαγίτιδος βουλῆς ἐξοχώτατος· οὐ μὲν τοσοῦτον

ἐκ τῆς ἀξίας περικλυτὸς ἀποφανθείς, ὅσον αὐτὸς ἐκείνην περιφανεστέραν ἀπέφηνεν ... [p.624] καὶ τοὺς ἐξ Ἐπικούρου καὶ τοὺς τῆς Ποικίλης στοᾶς φιλοσόφους τῇ ξένῃ καὶ ἀποῤῥήτῳ καὶ ὑπερκοσμίῳ σοφίᾳ κατέπληξε, κἀπὶ τοῦ Ἀρείου πάγου κριτήριον ἀπενήνεκται, καὶ τοὺς ἁπάντων ὑπερακοντίειν φιλοσοφίᾳ κατεκήλησεν· αὐτίκα Διονύσιος ἀπέστη τῆς βορβορώδους τῆς εἰδωλομανίας λίμνης, καὶ Παύλῳ τῷ πνέοντι θείαν εὐωδίαν ἐκολλήθη.
[p.630] Παύλου τοίνυν στάντος ἐν μέσῳ τοῦ Ἀρείου πάγου καὶ παῤῥησιαστικώτατα διαγορεύσαντος· «Ἄνδρες Ἀθηναῖοι, ...

154. Νικόλαος ὁ Δαμασκηνός, *FGH*, 90, F.25
EXC DE INSID. p.8, 29 : ὅτι Αἴγισθος Ἀγαμέμνονα κτείνας τὸν βασιλέα συμβουλῇ τῆς γυναικὸς Κλυταιμνήστρας καὶ τὸν Ὀρέστην τὸν τοῦ Ἀγαμέμνονος υἱὸν ἔμελλεν ἀνελεῖν. τοῦτον δὲ ἐρρύσατο Ταλθύβιος ἐξαρπάσας καὶ ἐκθέμενος εἰς τὴν Φωκίδα παρὰ Στρόφιον. δεκάτῳ δ' ἔτει ἐκ Φωκέων ἐλθὼν μετὰ Πυλάδου τοῦ Στροφίου Αἴγισθον καὶ τὴν μητέρα κτείνας τῶν Μυκηνῶν ἐβασίλευεν. ἐλαυνόμενος δὲ ὑπὸ τῶν Αἰγίσθου φίλων (κατὰ δὲ τὸν πλεῖστον λόγον ὑπὸ Ἐρινύων) ὥς ἐναγής, θεοῦ κελεύσαντος εἰς Ἀθήνας ἀφίκετο, καὶ ἐν Ἀρείῳ πάγῳ κριθεὶς ἀπέφυγιν. αὕτη δίκη φόνου τετάρτη ἐν Ἀθήναις ἐκρίθη. s. F 48.

155. Ξενοφῶν, *Ἀπομνημονεύματα*, III, v, 20
Καὶ ὁ Σωκράτης ἔφη· Ἡ δὲ ἐν Ἀρείῳ πάγῳ βουλή, ὦ Περίκλεις, οὐκ ἐκ τῶν δεδοκιμασμένων καθίσταται;
Καὶ μάλα, ἔφη.
Οἶσθα οὖν τινας, ἔφη, κάλλιον ἢ νομιμώτερον ἢ σεμνότερον ἢ δικαιότερον τάς τε δίκας δικάζοντας καὶ τἆλλα πάντα πράττοντας;
Οὐ μέμφομαι, ἔφη, τούτοις.

156. Παυσανίας, I[Ἀττικά], XXVIII, 5 ~ 7
[5] ἔστι δὲ Ἄρειος πάγος καλούμενος, ὅτι πρῶτος Ἄρης ἐνταῦθα ἐκρίθη, καί μοι καὶ ταῦτα δεδήλωκεν ὁ λόγος ὡς Ἁλιρρόθιον ἀνέλοι καὶ ἐφ' ὅτῳ κτείνειε. κριθῆναι δὲ καὶ ὕστερον Ὀρέστην λέγουσιν ἐπὶ τῷ φόνῳ τῆς μητρός· καὶ βωμός ἐστιν Ἀθηνᾶς Ἀρείας, ὃν ἀνέθηκεν ἀποφυγὼν τὴν δίκην. τοὺς δὲ ἀργοὺς λίθους, ἐφ' ὧν ἑστᾶσιν ὅσοι δίκας ὑπέχουσι καὶ οἱ διώκοντες, τὸν μὲν Ὕβρεως τὸν δὲ Ἀναιδείας αὐτῶν ὀνομάζουσι.
[6] Πλησίον δὲ ἱερὸν θεῶν ἐστιν ἃς καλοῦσιν Ἀθηναῖοι Σεμνάς, Ἡσίοδος δὲ Ἐρινῦς ἐν Θεογονίᾳ· πρῶτος δέ σφισιν Αἰσχύλος δράκοντας ἐποίησεν ὁμοῦ ταῖς ἐν τῇ κεφαλῇ θριξὶν εἶναι· τοῖς δὲ ἀγάλμασιν οὔτε τούτοις ἔπεστιν οὐδὲν φοβερὸν οὔτε ὅσα ἄλλα κεῖται θεῶν τῶν ὑπογαίων. κεῖται δὲ καὶ Πλούτων καὶ Ἑρμῆς καὶ Γῆς ἄγαλμα· ἐνταῦθα [e.i. στὸ ἱερό των Σεμνῶν Θεῶν] θύουσι μὲν ὅσοις ἐν Ἀρείῳ πάγῳ τὴν αἰτίαν ἐξεγένετο ἀπολύσασθαι, θύουσι δὲ καὶ ἄλλως ξένοι τε ὁμοίως καὶ ἀστοί. [7] ἔστι δὲ καὶ ἐντὸς τοῦ περιβόλου μνῆμα Οἰδίποδος, πολυπραγμονῶν δὲ εὕρισκον τὰ ὀστᾶ ἐκ Θηβῶν κομισθέντα· τὰ γὰρ ἐς τὸν θάνατον Σοφοκλεῖ πεποιημένα τὸν Οἰδίποδος Ὅμηρος οὐκ εἴα μοι δόξαι πιστά, ὃς ἔφη Μηκιστέα τελευτήσαντος Οἰδίποδος ἐπιτάφιον ἐλθόντα ἐς Θήβας ἀγωνίσασθαι.

157. Παυσανίας, I[Ἀττικά], XXIX, 15
ῥήτορές τε Ἐφιάλτης, ὃς τὰ νόμιμα τὰ ἐν Ἀρείῳ πάγῳ μάλιστα ἐλυμήνατο.

3. 아레오파고스에 관한 주요사료 **339**

158. Παυσανίας, IV[Μεσσηνιακά], v, 2 : 7
[2] [e.i. Μεσσήνιοι] Πολυχάρην δὲ ἐκδοῦναι μὲν ἐπὶ τιμωρίᾳ Λακεδαιμονίοις οὔ φασιν, ὅτι μηδὲ ἐκεῖνοι σφίσιν Εὔαιφνον, ἐθέλειν μέντοι παρὰ Ἀργείοις συγγενέσιν οὖσιν ἀμφοτέρων ἐν Ἀμφικτυονίᾳ διδόναι δίκας, ἐπιτρέπειν δὲ καὶ τῷ Ἀθήνῃσι δικαστηρίῳ, καλουμένῳ δὲ Ἀρείῳ πάγῳ, ὅτι δίκας τὰς φονικὰς τὸ δικαστήριον τοῦτο ἐδόκει δικάζειν ἐκ παλαιοῦ.
[7] Ἀντίοχος δὲ βασιλεύων ἤδη μόνος ἔπεμπεν ἐς Σπάρτην ὡς ἐπιτρέπειν ἐθέλοι τοῖς δικαστηρίοις ἃ ἤδη λέλεκταί μοι. Λακεδαιμόνιοι δὲ οὐ λέγονται τοῖς κομίσασι τὰ γράμματα ἀποκρίνασθαι.

159. [Πλάτων], Ἀξίοχος, 367A
καὶ πᾶς ὁ τοῦ μειρακίσκου χρόνος ἐστὶν ὑπὸ σωφρονιστὰς καὶ τὴν ἐπὶ τοὺς νέους αἵρεσιν τῆς ἐξ Ἀρείου πάγου βουλῆς.

159α. (Πλάτων), Σχόλια, Φαίδρος, 229D
Ἀρείου πάγου. δικαστήριον Ἀθήνησιν ἐν ἀκροπόλει οὕτω καλούμενον, πάγος μὲν ὅτι ἐν τόπῳ ὑψηλῷ τοῦτο, Ἄρειος δὲ παρ᾽ ὅσον οἱ φόνοι ἐκεῖσε κρίνονται, ὁ δ᾽ Ἄρης τούτων ἔφορος. ἢ ὅτι τὸ δόρυ ἔπηξεν ἐκεῖσε, ὁπότε δίκην ἔλαχε πρὸς Ποσειδῶνα, τὸν τούτου υἱὸν Ἁλιρρόθιον ἀνελών, ὃς Ἀλκίππην ἐβιάσατο τὴν Ἄρεως αὐτοῦ καὶ Ἀγραύλου τῆς Κέκροπος θυγατρός.

160. Πλούταρχος, Βίοι Παράλληλοι, Δημοσθένης, XIV, 5
σφόδρα δ᾽ ἀριστοκρατικὸν αὐτοῦ πολίτευμα καὶ τὸ περὶ Ἀντιφῶντος· ὃν ὑπὸ τῆς ἐκκλησίας ἀφεθέντα συλλαβὼν ἐπὶ τὴν ἐξ Ἀρείου πάγου βουλὴν ἀνήγαγε, καὶ παρ᾽ οὐδὲν τὸ προσκροῦσαι τῷ δήμῳ θέμενος ἤλεγξεν ὑπεσχημένον Φιλίππῳ τὰ νεώρια ἐμπρήσειν· καὶ παραδοθεὶς ὁ ἄνθρωπος ὑπὸ τῆς βουλῆς ἀπέθανε.

161. Πλούταρχος, Δημοσθένης, XXVI, 1.
Ὁ δὲ Δημοσθένης ὁμόσε χωρῶν εἰσήνεγκε ψήφισμα τὴν ἐξ Ἀρείου πάγου βουλὴν ἐξετάσαι τὸ πρᾶγμα καὶ τοὺς ἐκείνῃ δόξαντας ἀδικεῖν δοῦναι δίκην. ἐν δὲ πρώτοις αὐτοῦ τῆς βουλῆς ἐκείνου καταψηφισαμένης, εἰσῆλθε μὲν εἰς τὸ δικαστήριον, ὀφλὼν δὲ πεντήκοντα ταλάντων δίκην καὶ παραδοθεὶς εἰς τὸ δεσμωτήριον, ...

* Πλούταρχος, Θεμιστοκλῆς, X, 6 : cf. T.128[Κλείδημος, F.21]

162. Πλούταρχος, Κικέρων, XXIV, 7
Κρατίππῳ δὲ τῷ Περιπατητικῷ διεπράξατο μὲν Ῥωμαίῳ γενέσθαι παρὰ Καίσαρος ἄρχοντος ἤδη, διεπράξατο δὲ καὶ τὴν ἐξ Ἀρείου πάγου βουλὴν ψηφίσασθαι δεηθῆναι μένειν αὐτὸν ἐν Ἀθήναις καὶ διαλέγεσθαι τοῖς νέοις ὡς κοσμοῦντα τὴν πόλιν.

163. Πλούταρχος, Κίμων , XV, 1 ~ 2
ὡς δὲ πάλιν ἐπὶ στρατείαν ἐξέπλευσε, τελέως ἀνεθέντες οἱ πολλοὶ καὶ συγχέαντες τὸν καθεστῶτα τῆς πολιτείας κόσμον τά τε πάτρια νόμιμα, οἷς ἐχρῶντο πρότερον, [2] Ἐφιάλτου προεστῶτος ἀφείλοντο τῆς ἐξ Ἀρείου πάγου βουλῆς τὰς κρίσεις πλὴν ὀλίγων ἁπάσας, καὶ τῶν δικαστηρίων

κυρίους εαυτούς ποιήσαντες εἰς ἄκρατον δημοκρατίαν ἐνέβαλον τὴν πόλιν, ἤδη καὶ Περικλέους δυναμένου καὶ τὰ τῶν πολλῶν φρονοῦντος.

164. Πλούταρχος, *Περικλῆς*, IX, 3 ~ 4
καὶ ταχὺ θεωρικοῖς καὶ δικαστικοῖς λήμμασιν ἄλλαις τε μισθοφοραῖς καὶ χορηγίαις συνδεκάσας τὸ πλῆθος, ἐχρῆτο κατὰ τῆς ἐξ Ἀρείου πάγου βουλῆς, ἧς αὐτὸς οὐ μετεῖχε διὰ τὸ μήτ' ἄρχων μήτε θεσμοθέτης μήτε βασιλεὺς μήτε πολέμαρχος λαχεῖν. αὗται γὰρ αἱ ἀρχαὶ κληρωταί τε ἦσαν ἐκ παλαιοῦ, καὶ δι' αὐτῶν οἱ δοκιμασθέντες ἀνέβαινον εἰς Ἄρειον πάγον. διὸ καὶ μᾶλλον ἰσχύσας ὁ Περικλῆς ἐν τῷ δήμῳ κατεστασίασε τὴν βουλήν, ὥστε τὴν μὲν ἀφαιρεθῆναι τὰς πλείστας κρίσεις δι' Ἐφιάλτου, Κίμωνα δ' ὡς φιλολάκωνα καὶ μισόδημον ἐξοστρακιθῆναι ...

165. Πλούταρχος, *Σόλων*, XIX
[1] Συστησάμενος δὲ τὴν ἐν Ἀρείῳ πάγῳ βουλὴν ἐκ τῶν κατ' ἐνιαυτὸν ἀρχόντων, ἧς διὰ τὰ ἄρξαι καὶ αὐτὸς μετεῖχεν, ἔτι δ' ὁρῶν τὸν δῆμον οἰδοῦντα καὶ θρασυνόμενον τῇ τῶν χρεῶν ἀφέσει, δευτέραν προσκατένειμε βουλήν, ἀπὸ φυλῆς ἑκάστης, τεττάρων οὐσῶν, ἑκατὸν ἄνδρας ἐπιλεξάμενος, οὓς προβουλεύειν ἔταξε τοῦ δήμου καὶ μηδὲν ἐᾶν ἀπροβούλευτον εἰς ἐκκλησίαν εἰσφέρεσθαι. [2] τὴν δ' ἄνω βουλὴν ἐπίσκοπον πάντων καὶ φύλακα τῶν νόμων ἐκάθισεν, οἰόμενος ἐπὶ δυσὶ βουλαῖς ὥσπερ ἀγκύραις ὁρμοῦσαν ἧττον ἐν σάλῳ τὴν πόλιν ἔσεσθαι καὶ μᾶλλον ἀτρεμοῦντα τὸν δῆμον παρέξειν.

Οἱ μὲν οὖν πλεῖστοι τὴν ἐξ Ἀρείου πάγου βουλήν, ὥσπερ εἴρηται, Σόλωνα συστήσασθαί φασι· καὶ μαρτυρεῖν αὐτοῖς δοκεῖ μάλιστα τὸ μηδαμοῦ τὸν Δράκοντα λέγειν μηδ' ὀνομάζειν Ἀρεοπαγίτας, ἀλλὰ τοῖς ἐφέταις ἀεὶ διαλέγεσθαι περὶ τῶν φονικῶν. [3] ὁ δὲ τρισκαιδέκατος ἄξων τοῦ Σόλωνος τὸν ὄγδοον ἔχει τῶν νόμων οὕτως αὐτοῖς ὀνόμασι γεγραμμένον. "Ἀτίμων· ὅσοι ἄτιμοι ἦσαν πρὶν ἢ Σόλωνα ἄρξαι, ἐπιτίμους εἶναι πλὴν ὅσοι ἐξ Ἀρείου πάγου ἢ ὅσοι ἐκ τῶν ἐφετῶν ἢ ἐκ πρυτανείου καταδικασθέντες ὑπὸ τῶν βασιλέων ἐπὶ φόνῳ ἢ σφαγαῖσιν ἢ ἐπὶ τυραννίδι ἔφευγον ὅτε ὁ θεσμὸς ἐφάνη ὅδε". [4] ταῦτα δὴ πάλιν ὡς πρὸ τῆς Σόλωνος ἀρχῆς καὶ νομοθεσίας τὴν ἐξ Ἀρείου πάγου βουλὴν οὖσαν ἐνδείκνυται. τίνες γὰρ ἦσαν οἱ πρὸ Σόλωνος ἐν Ἀρείῳ πάγῳ καταδικασθέντες, εἰ πρῶτος Σόλων ἔδωκε τῇ ἐξ Ἀρείου πάγου βουλῇ τὸ κρίνειν; εἰ μὴ νὴ Δία γέγονέ τις ἀσάφεια τοῦ γράμματος ἢ ἔκλειψις, ὥστε τοὺς ἡλωκότας ἐπ' αἰτίαις αἷς κρίνουσι νῦν οἱ Ἀρεοπαγῖται καὶ ἐφέται καὶ πρυτάνεις, ὅτε ὁ θεσμὸς ἐφάνη ὅδε, μένειν ἀτίμους, τῶν ἄλλων ἐπιτίμων γενομένων. Ταῦτα μὲν οὖν καὶ αὐτὸς ἐπισκόπει.

166. Πλούταρχος, *Σόλων*, XXII, 3
Σόλων δὲ τοῖς πράγμασι τοὺς νόμους μᾶλλον ἢ τὰ πράγματα τοῖς νόμοις προσαρμόζων, καὶ τῆς χώρας τὴν φύσιν ὁρῶν τοῖς γεωργοῦσι γλίσχρως διαρκοῦσαν, ἀργὸν δὲ καὶ σχολαστὴν ὄχλον οὐ δυναμένην τρέφειν, ταῖς τέχναις ἀξίωμα περιέθηκε, καὶ τὴν ἐξ Ἀρείου πάγου βουλὴν ἔταξεν ἐπισκοπεῖν ὅθεν ἕκαστος ἔχει τὰ ἐπιτήδεια, καὶ τοὺς ἀργοὺς κολάζειν.
[cf. ibid. XVII, 1 Πρῶτον μὲν οὖν τοὺς Δράκοντος νόμους ἀνεῖλε πλὴν τῶν φονικῶν ἅπαντας, διὰ τὴν χαλεπότητα καὶ τὸ μέγεθος τῶν ἐπιτιμίων. μία γὰρ ὀλίγου δεῖν ἅπασιν ὥριστο τοῖς ἁμαρτάνουσι ζημία θάνατος, ὥστε καὶ τοὺς ἀργίας ἁλόντας ἀποθνήσκειν ...

3. 아레오파고스에 관한 주요사료 341

Ibid. XXXI, 2 ὡς δὲ Θεόφραστος ἱστόρηκε, καὶ τὸν τῆς ἀργίας νόμον οὐ Σόλων ἔθηκεν, ἀλλὰ Πεισίστρατος, ᾧ τήν τε χώραν ἐνεργοτέραν καὶ τὴν πόλιν ἠρεμαιοτέραν ἐποίησεν).

167. Πλούταρχος, Σόλων, XXXI, 2.
ὅς γε καὶ φόνου προσκληθεὶς εἰς Ἄρειον πάγον, ἤδη τυραννῶν, ἀπήντησε· κοσμίως ἀπολογησόμενος, ὁ δὲ κατήγορος οὐκ ὑπήκουσε.

168. Πλούταρχος, Φωκίων, XVI, 3.
γενομένης δὲ τῆς ἥττης[e.i. 338 B.C., στὴν Χαιρώνεια] καὶ τῶν θορυβοποιῶν καὶ νεωτεριστῶν ἐν ἄστει τὸν Χαρίδημον ἑλκόντων ἐπὶ τὸ βῆμα καὶ στρατηγεῖν ἀξιούντων, ἐφοβήθησαν οἱ βέλτιστοι· καὶ τὴν ἐξ Ἀρείου πάγου βουλὴν ἔχοντες ἐν τῷ δήμῳ δεόμενοι καὶ δακρύοντες μόλις ἔπεισαν ἐπιτρέψαι τῷ Φωκίωνι τὴν πόλιν.

169. Πλούταρχος, Ἠθικά [Πότερον Ἀθηναῖοι κατὰ πόλεμον ἢ κατὰ σοφίαν ἐνδοξότεροι), 348B
τῶν δὲ δραματοποιῶν τὴν μὲν κωμῳδιοποιίαν οὕτως ἄσεμνον ἡγοῦντο καὶ φορτικόν, ὥστε νόμος ἦν μηδένα ποιεῖν κωμῳδίας Ἀρεοπαγίτην.

170. Πλούταρχος, Ἠθικά [Εἰ πρεσβυτέρᾳ πολιτευτέον], 790B ~ C
εἰ δ᾽ οὐκ ἄξιον ταῦτα λέγειν περὶ Ἀγησιλάου καὶ Νομᾶ καὶ Δαρείου, μηδὲ τῆς ἐξ Ἀρείου πάγου βουλῆς Σόλωνα μηδὲ τῆς συγκλήτου Κάτωνα διὰ τὸ γῆρας ἐξάγωμεν, οὐκοῦν μηδὲ Περικλεῖ συμβουλεύωμεν ἐγκαταλιπεῖν τὴν δημοκρατίαν.

171. Πλούταρχος, Ἠθικά [Εἰ πρεσβυτέρῳ πολιτευτέον], 794A ~ B
Οὐδὲ γὰρ ἐν ἀρχαῖς τὸν τηλικοῦτον ὥρα φέρεσθαι, πλὴν ὅσαι μέγεθός τι κέκτηνται καὶ ἀξίωμα· καθάπερ ἣν σὺ νῦν Ἀθήνησι μεταχειρίζῃ τῆς ἐξ Ἀρείου πάγου βουλῆς ἐπιστασίαν καὶ νὴ Δία τὸ πρόσχημα τῆς Ἀμφικτυονίας, ἥν σοι διὰ τοῦ βίου παντὸς ἡ πατρὶς ἀνατέθεικε 'πόνον ἡδὺν κάματόν τ᾽ εὐκάματον" ἔχουσαν.

172. Πλούταρχος, Ἠθικά [Πολιτικὰ Παραγγέλματα], 812C ~ D
ὡς Περικλῆς Μενίππῳ μὲν ἐχρῆτο πρὸς τὰς στρατηγίας, δι᾽ Ἐφιάλτου δὲ τὴν ἐξ Ἀρείου πάγου βουλὴν ἐταπείνωσε, διὰ δὲ Χαρίνου τὸ κατὰ Μεγαρέων ἐκύρωσε ψήφισμα, Λάμπωνα δὲ Θουρίων οἰκιστὴν ἐξέπεμψεν.

173. Πλούταρχος, Ἠθικά [Περὶ τῶν δέκα ῥητόρων], 846B ~ C
αἰτίαν ἔσχεν ὁ Δημοσθένης δωροδοκίας, ὡς διὰ τοῦτο μήτε τὸν ἀριθμὸν τῶν ἀνακομισθέντων μεμηνυκώς μήτε τὴν τῶν φυλασσόντων ἀμέλειαν. εἰσαχθεὶς δ᾽ εἰς δικαστήριον ὑπὸ Ὑπερείδου Πυθέου Μενεσαίμου Ἱμεραίου Πατροκλέους, οἳ ἐποίησαν καταγνῶναι αὐτοῦ τὴν ἐξ Ἀρείου πάγου βουλήν, καὶ ἁλοὺς ἔφυγε, πενταπλάσιοντα ἀποτῖσαι μὴ δυνάμενος (εἶχε δ᾽ αἰτίαν τριάκοντα τάλαντα λαβεῖν), ἢ ὡς ἔνιοι οὐχ ὑπομείνας τὴν κρίσιν.

174. Πλούταρχος, (Ἠθικά, Περὶ τῶν δέκα ῥητόρων), 850Α
συστάντος δὲ πρὸς Δηλίους ἀμφισβητήματος, ποτέρους δεῖ προΐστασθαι τοῦ ἱεροῦ, αἱρεθέντος Αἰσχίνου συνειπεῖν, ἡ ἐξ Ἀρείου πάγου βουλὴ Ὑπερείδην ἐχειροτόνησεν.

175. Πλούταρχος, Ἠθικά [Περὶ τῶν ἀρεσκόντων τοῖς φιλοσόφοις βιβλία πέντε], 880E
Ἔνιοι τῶν φιλοσόφων, καθάπερ Διαγόρας ὁ Μήλιος καὶ Θεόδωρος ὁ Κυρηναῖος καὶ Εὐήμερος ὁ Τεγεάτης, καθόλου φασὶ μὴ εἶναι θεούς· τὸν δ' Εὐήμερον καὶ Καλλίμαχος ὁ Κυρηναῖος αἰνίττεται ἐν τοῖς Ἰάμβοις γράφων ... ταῦτ' ἔστι τὰ περὶ τοῦ μὴ εἶναι θεούς. καὶ Εὐριπίδης δ' ὁ τραγῳδοποιὸς ἀποκαλύψασθαι μὲν οὐκ ἠθέλησε, δεδοικὼς τὸν Ἄρειον πάγον.

176. Πλούταρχος, *Epistola ad Trajanum*, VII, 2
Cordis locum auctore Plutarcho Senatus obtinet. Senatus vero, sicut majoribus placuit, officii nomen est et habet aetatis notam: siquidem sic dicitur a senectute. Eum vero Athenienses Areopagum dicebant, eo quod in illius totius populi virtus consisteret, et quum ab eis praeclara plurima inventa sint, nihil salubrius, nihil gloriosius institutum est quam senatus.

177. Πολυδεύκης, VIII, 33
Ἰσαῖος δὲ καὶ τὸ ἐπὶ φόνῳ προειπεῖν· <εἰς Ἄρειον πάγον αὐτῷ ἐπέσκημμαι>.

178. Πολυδεύκης, VIII, 57
Παραγραφὴ δ' ἦν ἡ αὐτὴ καὶ παραμαρτυρία, ὅταν τις μὴ εἰσαγώγιμον λέγῃ εἶναι τὴν δίκην ἢ ὡς κεκριμένος ἢ διαίτης γεγενημένης ἢ ὡς ἀφειμένος, ἢ ὡς τῶν χρόνων ἐξηκόντων ἐν οἷς ἔδει κρίνεσθαι ... οἷον οὐκ εἰσαγγελίας ἀλλὰ παρανόμων, οὐ δημοσίᾳ ἀλλ' ἰδίᾳ, ἢ ὡς οὐ παρὰ τούτοις κρίνεσθαι δέον, οἷον οὐκ ἐν Ἀρείῳ πάγῳ ἀλλ' ἐπὶ Παλλαδίῳ. ἄγραπτος δὲ δίκη ἐκαλεῖτο ἡ ὑπὸ τῆς παραγραφῆς ἀναιρεθεῖσα καὶ διαγραφεῖσα.

179. Πολυδεύκης, VIII, 87 ~ 88[cf. Ἀριστοτέλης, F.417]
ἰδίᾳ δὲ οἱ μὲν θεσμοθέται προγράφουσι πότε δεῖ δικάζειν τὰ δικαστήρια, καὶ τὰς εἰσαγγελίας εἰσαγγέλλουσιν εἰς τὸν δῆμον καὶ τὰς χειροτονίας, καὶ τὰς προβολὰς εἰσάγουσι καὶ τὰς τῶν παρανόμων γραφάς, καὶ εἴ τις μὴ ἐπιτήδειον νόμον γράψειεν, καὶ στρατηγοῖς εὐθύνας. γίνονται δὲ γραφαὶ πρὸς αὐτοὺς ξενίας, δωροξενίας, δώρων, συκοφαντίας, ψευδοκλητείας, ψευδεγγραφῆς, βουλεύσεως, ἀγραφίου, μοιχείας. εἰσάγουσι δὲ καὶ δοκιμασίαν ταῖς ἀρχαῖς, καὶ τοὺς ἀπεψηφισμένους, καὶ τὰς ἐκ τῆς βουλῆς καταγνώσεις, καὶ δίκας ἐμπορικὰς καὶ μεταλλικάς, καὶ ἐὰν δοῦλος κακῶς ἀγορεύῃ τὸν ἐλεύθερον, καὶ ταῖς ἀρχαῖς ἐπικληροῦσι τὰ δικαστήρια καὶ τὰ ἴδια καὶ τὰ δημόσια, καὶ τὰ σύμβολα τὰ πρὸς πόλεις κυροῦσι, καὶ δίκας τὰς ἀπὸ συμβόλων εἰσάγουσι, καὶ τὰς τῶν ψευδομαρτυριῶν τῶν ἐξ Ἀρείου πάγου.

180. Πολυδεύκης, VIII, 90[cf. Ἀριστοτέλης, F.424]
ὁ δὲ βασιλεὺς μυστηρίων προέστηκε μετὰ τῶν ἐπιμελητῶν καὶ Ληναίων καὶ ἀγώνων τῶν ἐπὶ λαμπάδι καὶ τὰ περὶ τὰς πατρίους θυσίας διοικεῖ· δίκαι δὲ πρὸς αὐτὸν λαγχάνονται ἀσεβείας, ἱερωσύνης ἀμφισβητήσεως. καὶ τοῖς γένεσι καὶ τοῖς ἱερεῦσι πᾶσιν αὐτὸς δικάζει, καὶ τὰς τοῦ φόνου δίκας εἰς Ἄρειον πάγον εἰσάγει καὶ τὸν στέφανον ἀποθέμενος σὺν αὐτοῖς δικάζει. προαγορεύει δὲ τοῖς ἐν αἰτίᾳ ἀπέχεσθαι μυστηρίων καὶ τῶν ἄλλων νομίμων. δικάζει δὲ καὶ τὰς τῶν ἀψύχων δίκας. τὴν δὲ συνοικοῦσαν αὐτῷ βασίλισσαν καλοῦσιν.

181. Πολυδεύκης, VIII, 99[cf. Ἀριστοτέλης, F.441]
πωληταὶ τὰ τέλη πιπράσκουσι μετὰ τῶν ἐπὶ τὸ θεωρικὸν ᾑρημένων, καὶ τὰς τῶν ἐξ Ἀρείου πάγου μετὰ τὸν πρότερον λόγον φυγόντων οὐσίας, καὶ τὰ δεδημευμένα πρυτανεύει δ' ἐξ αὐτῶν εἰς, ὃς τὰ πωλούμενα βεβαιοῖ.

182. Πολυδεύκης, VIII, 117 ~ 120
[117] Δικαστήρια Ἀθήνησιν. Ἄρειος πάγος· ἐδίκαζε δὲ φόνου καὶ τραύματος ἐκ προνοίας, καὶ πυρκαϊᾶς, καὶ φαρμάκων, ἐάν τις ἀποκτείνῃ δούς. ἐγίνετο δὲ διωμοσία, καὶ μετὰ τὴν διωμοσίαν κρίσις· προοιμιάζεσθαι δὲ οὐκ ἐξῆν, οἶδ' οἰκτίζεσθαι. μετὰ δὲ τὸν πρότερον λόγον ἐξῆν φυγεῖν, πλὴν εἴ τις γονέας εἴη ἀπεκτονώς. καθ' ἕκαστον δὲ μῆνα τριῶν ἡμερῶν ἐδίκαζον ἐφεξῆς, τετάρτῃ φθίνοντος, τρίτῃ, δευτέρᾳ. [118] οἱ δ' ἐννέα ἄρχοντες οἱ καθ' ἕκαστον ἐνιαυτὸν μετὰ τὸ δοῦναι τὰς εὐθύνας ἀεὶ τοῖς Ἀρεοπαγίταις προσετίθεντο. ὑπαίθριοι δ' ἐδίκαζον. φόνου δὲ ἐξῆν ἐπεξιέναι μέχρις ἀνεψιῶν, καὶ ἓν τῷ ὅρκῳ ἐπερωτᾶν τίς προσήκων ἐστὶ τῷ τεθνεῶτι· κἂν οἰκέτης ᾖ, ἐπισκήπτειν συγκεχώρηται. τὸ ἐπὶ Παλλαδίῳ. ἐν τούτῳ λαγχάνεται περὶ τῶν ἀκουσίων φόνων· μετὰ γὰρ Τροίας ἅλωσιν Ἀργείων τινὰς τὸ Παλλάδιον ἔχοντας Φαληρῷ προσβάλειν, ἀγνοίᾳ δὲ ὑπὸ τῶν ἐγχωρίων ἀναιρεθέντας ἀπορριφῆναι. καὶ τῶν μὲν οὐδὲν προσήπτετο ζῷον, [119] Ἀκάμας δὲ ἐμήνυσεν ὅτι εἶεν Ἀργεῖοι τὸ Παλλάδιον ἔχοντες. καὶ οἱ μὲν ταφέντες ἀγνῶτες προσηγορεύθησαν τοῦ θεοῦ χρήσαντος, αὐτόθι δ' ἱδρύθη τὸ Παλλάδιον, καὶ περὶ τῶν ἀκουσίων ἐν αὐτῷ δικάζουσιν, τὸ ἐπὶ Δελφινίῳ ἱδρῦσθαι μὲν ὑπὸ Αἰγέως λέγεται Ἀπόλλωνι Δελφινίῳ καὶ Ἀρτέμιδι Δελφινίᾳ, ἐκρίθη δὲ ἐν αὐτῷ πρῶτος Θησεὺς ἀφοσιούμενος τὸ ἄγος τῶν ὑπ' αὐτοῦ ἀνῃρημένων λῃστῶν καὶ τῶν Παλλαντιδῶν, οὓς ὡμολόγει μὲν ἀποκτεῖναι, δικαίως δ' ἔφη τοῦτο δεδρακέναι. [120] τὸ ἐπὶ Πρυτανείῳ δικάζει περὶ τῶν ἀποκτεινάντων, κἂν ὦσιν ἀφανεῖς, καὶ περὶ τῶν ἀψύχων τῶν ἐμπεσόντων καὶ ἀποκτεινάντων. προειστήκεσαν δὲ τούτου τοῦ δικαστηρίου φυλοβασιλεῖς, οὓς ἔδει τὸ ἐμπεσὸν ἄψυχον ὑπερορίσαι. τὸ ἐν Φρεαττοῖ. ἐν τούτῳ ἐκρίνετο εἴ τις τῶν φευγόντων ἐπὶ ἀκουσίου φόνου αἰτίᾳ δευτέραν αἰτίαν ἑκουσίου προσλάβοι. ἦν δ' ἐπὶ θαλάττῃ τὸ δικαστήριον, καὶ τὸν ἐν αἰτίᾳ προσπλεύσαντα τῆς γῆς οὐ προσαπτόμενον ἀπὸ τῆς νεὼς ἐχρῆν ἀπολογεῖσθαι, μήτ' ἀποβάθραν μήτ' ἄγκυραν εἰς τὴν γῆν βαλλόμενον.

183. Πολυδεύκης, VIII, 125
ἐφέται τὸν μὲν ἀριθμὸν εἷς καὶ πεντήκοντα, Δράκων δ' αὐτοὺς κατέστησεν ἀριστίνδην αἱρεθέντας· ἐδίκαζον δὲ τοῖς ἐφ' αἵματι διωκομένοις ἐν τοῖς πέντε δικαστηρίοις. Σόλων δ' αὐτοῖς προσκατέστησε τὴν ἐξ Ἀρείου πάγου βουλήν. κατὰ μικρὸν δὲ κατεγελάσθη τὸ τῶν ἐφετῶν δικαστήριον. δοκοῦσι δ' ὠνομάσθαι, ὅτι πρότερον τοῦ βασιλέως τοὺς ἐπ' ἀκουσίῳ φόνῳ κρινομένους ἐξετάζοντος ὁ Δράκων τοῖς ἐφέταις παρέδωκε τὴν κρίσιν, ἐφέσιμον ἀπὸ τοῦ βασιλέως πεποιηκώς.

184. Quintilianus, *Institutiones Orationae*, V, ix, 13
Nec mihi videntur Areopagitae, cum damnaverint puerum coturnicum oculos eruentem, aliud iudicasse quam id signum esse perniciosissimae mentis multisque malo futurae, si adolevisset.

185. Σούδα, s.v. Ἄρειος πάγος[cf. Ἑλλάνικος, F.1 = T.105]
δικαστήριον Ἀθήνησιν. ἐν αὐταῖς βουλαὶ β΄, ἡ μὲν τῶν φ΄ καθ᾽ ἕκαστον
ἐνιαυτὸν κληρουμένη βουλεύειν, ἡ δὲ εἰς μίαν τῶν Ἀρεοπαγετῶν. ἐδίκαζε δὲ
καὶ τὰ φονικὰ καὶ τὰ ἄλλα πολιτικὰ διῴκει σεμνῶς. ἐκλήθη δὲ Ἄρειος
πάγος, ἤτοι ὅτι ἐν τῷ πάγῳ ἐστὶ καὶ ἐν ὕψει τὸ δικαστήριον· Ἄρειος δέ, ἐπεὶ
τὰ φονικὰ δικάζει· ὁ δὲ Ἄρης ἐπὶ τῶν φόνων· ἢ ὅτι ἔπηξε τὸ δόρυ ἐκεῖ ἐν τῇ
πρὸς Ποσειδῶνα ὑπὲρ Ἁλιρροθίου δίκῃ, ὅτε ἀπέκτεινεν αὐτὸν βιασάμενον
Ἀλκίππην τὴν αὐτοῦ καὶ Ἀγραύλου τῆς Κέκροπος θυγατρός, ὥς φησιν
Ἑλλάνικος ἐν α΄. καὶ Ἄρειον τεῖχος καὶ Ἀρειοπαγίτης.

186. Σούδα, s.v. Ἀρεοπαγίτης
διφορεῖται. καὶ παροιμία, Ἀρεοπαγίτης[1], ἐπὶ τῶν σκυθρωπῶν καὶ
ὑπερσέμνων καὶ σιωπηλῶν. καὶ Ἄρεως νεοττός, καὶ Ἄρεως παιδίον, ἐπὶ τῶν
θρασυτάτων. κέχρηται τῷ μὲν πρώτῳ Πλάτων Πεισάνδρῳ τῷ δὲ δευτέρῳ
Ἀλεξανδρίδης Πεισάνδρῳ.
1. Ἀρεοπαγίτης utrob.] Ἀρεωπαγίτης G^{ac}I^{ac}T^{ac}V^{ec}.

* Σούδα, s.v. τοξόται, cf. T.52[Σχόλια στὸν Ἀριστοφάνης, Ἀχαρνῆς, 54)

187. Stephanos Byzanz, s.v. Ἄρειος πάγος[cf. T.197]
Ἄρειος πάγος· ἀκρωτήριον Ἀθήνησιν, ὡς Ἀπολλόδωρος ἐν τῶι περὶ Θεῶν
ἐνάτωι, ἐν ὧι τὰς φονικὰς κρίσεις ἐδίκαζον, διὰ τὰς ἀπὸ τοῦ σιδήρου
γινομένας μιαιφονίας. Φιλόχορος δ᾽ ἐν Ἀτθίδος δευτέρῳ βιβλίωι, ὅτι
Ἁλιρρόθιον τὸν Ποσειδῶνος ἀποθανεῖν ὑπὸ Ἄρεος, βιαζόμενον τὴν
Ἀλκίππην τὴν αὐτοῦ θυγατέρα. τὸ ἐθνικὸν[1] ἐκ δύο ἓν Ἀρεοπαγίτης[2]. ἔστι
καὶ ἐν Ῥώμῃ Ἄρειον πεδίον. τὸ ἐθνικὸν ἔδει Ἀρειοπεδιεύς[3], ἀλλ᾽ οὐχ
ἁρμόζει Ῥωμαίοις ὁ τύπος. ἔσται οὖν τοῦ πεδίον πεδῖνος ἢ πεδιανός καὶ
Ἀρεοπεδῖνος καὶ Ἀρεοπεδιανός[4]. ἔστι καὶ Θράκης ἔρημον[5] πεδίον
χαμαιπετῆ δέντρα ἔχον, ὥς Πολύβιος τρισκαιδεκάτῃ.
1. τὸ ἐθνικὸν - Ἄρειον πεδίον add. PpRV.
2. Ἀρεοπαγίτης PpΠR, Ἀρειοπαγίτης V. Cf. Lobeck. ad Phryn. p.698.
3. Ἀριοπεδιεύς V.
4. Ἀρεοπεδινός καὶ Ἀρεοπεδιανός R : Ἀρεοπεδῖνος καὶ Ἀρεοπεδι-
νός καὶ Ἀρεοπεδιανός V : Ἀρεοπεδῖνος καὶ Ἀρεοπεδινός Α.
5. Ἄρειον pro ἔρημον B.

188. Συμεὼν ὁ Μεταφραστής, Βίος καὶ πολιτεία τοῦ ἐν Ἁγίοις Πατρὸς ἡμῶν
Διονυσίου ἐπισκόπου Ἀθηνῶν, τοῦ Ἀρειοπαγίτου [P.G. v. 4, p.592]
Ἐπειδὴ δὲ Ἀθήνησι Παῦλος ἐγένετο, καὶ τοῖς Ἐπικουρείοις τὰ Πυθαγόρου
κρατύνουσι συμβαλών, ἔργου εἴχετο τῷ τῆς ἀσεβείας αὐτοὺς ἀποστῆσαι
δογμάτων, καὶ μεταθεῖναι πρὸς τὴν εὐσέβειαν, τούς τε τῶν εἰδώλων
καταστρέφεσθαι ναούς, καὶ πεῖσαι Ἀθηναίοις ἐν τῇ ἐσχάτῃ ἡμέρᾳ τῆς
κρίσεως ἀναστήσεσθαι μέλλειν, καὶ δίκας τῶν αὐτοῖς εἰργασμένων
εἰσπραχθήσεσθαι· οὗτοι δέ, τῶν ἄλλων ἅτε δεισιδαιμονέστερον διακείμενοι,
καὶ εἰς πολλὰς δόξας καὶ πίστεις μεριζόμενοι, μυκτηρίζειν αὐτὸν
ἐπεχείρουν, καινῶν τινῶν καὶ ξένων δαιμονίων καταγγελέα καλοῦντες· ὅπως
δὲ μὴ μυκτηρισμῷ μόνον παρ᾽ αὐτῶν βάλλοιτο, ἀλλά τι καὶ τῶν ἀνιαρῶν
ὑποσταίη δίκας τῶν ὑπ᾽ αὐτοῦ κηρυττομένων διδούς, ἐπιλαβόμενοι αὐτοῦ

ἐπὶ τὸν Ἄρειον πάγον ἤγαγον· ὅς τόπους μὲν ἦν συναγωγῆς, καὶ τῶν Ἀθηνῶν ἔτι καθίστατο δικαστήριον. Εἰ γὰρ καὶ Ῥωμαῖοι πάντων τότε ἐκράτουν, ἀλλ' Ἀθηναίους καὶ Λακεδαιμονίους αὐτονόμους ἀφῆκαν. Εἴρηται δὲ μυθικῶς οὕτω, καθάπερ ἐκεῖνοί φασιν, ἀπὸ τοῦ δίκην ἐν αὐτῷ τὸν Ποσειδῶ κατὰ τοῦ Ἄρεως ὑποσχεῖν, ὅτι τὸν τούτου υἱὸν ἀπέκτεινεν Ἁλιρρόθιον. Ἀγαγόντες οὖν αὐτὸν (ἐπεὶ καὶ τῷ τῶν θρόνων ὕψει, καὶ τῇ καταργουμένῃ σοφίᾳ μέγα ἐφρόνουν, καὶ ἅμα τῶν γινομένων ἀκροαταί καὶ κριταὶ προεκάθηντο· ὧν εἷς καὶ Διονύσιος ἦν, κἂν τοῖς λόγοις κἂν τοῖς δικαστηρίοις τὸ πλεῖον ἀποφερόμενος)· ... «Ἄνδρες, εἶπεν, Ἀθηναῖοι, ...

189. Tacitus, *Annales*, II, 55

At Cn. Piso quo properantius destinata inciperet civitatem Atheniensium turbido incessu exterritam oratione saeva increpat, oblique Germanicum perstringens quod contra decus Romani nominis non Atheniensis, tot cladibus extinctos, sed conluviem illam nationum comitate nimia coluisset: hos enim esse Mithridatis adversus Sullam, Antonii adversus divum Augustum socios. Etiam vetera obiectabat, quae in Macedones inprospere, violenter in suos fecissent, offensus urbi propria quoque ira quia Theophilum quendam Areo iudicio falsi damnatum precibus suis non concederent.

190. Trebellius Pollius, Gallieni duo[*Scriptores Historiae Augustae*], XI, 3 ~ 5

Cum tamen sibi milites dignum principem quaererent, Gallienus apud Athenas archon erat, id est summus magistratus, vanitate illa, qua et civis adscribi desiderabat et sacris omnibus interesse. quod neque Hadrianus in summa felicitate neque Antoninus in adulta fecerat pace, cum tanto studio Graecarum docti sint litterarum ut raro aliquibus doctissimis magnorum arbitrio cesserint virorum. Areopagitarum praeterea cupiebat ingeri numero contempta prope re publica.

191. Ὑπερείδης, V[*Κατὰ Δημοσθένους ὑπὲρ τῶν Ἁρπαλείων*], col. 2 ~ 6

[2] ταῦτα σ[ὺ (e.i. Δημοσθένης) ἔ]ξαρνος ἐγένου μ[ὴ] λαβεῖν, καὶ πρόκλησιν γράψας ἐν ψηφίσματι προσήνεγκας τῷ δήμῳ, ἐπιτρέπων ὑπὲρ ὧν τὴν αἰτίαν ἔσχες τῇ βουλῇ τῇ ἐξ Ἀρείου πά[γου τὴν δίαιταν, ... [3] καὶ συκοφαντεῖς τὴν βουλήν, προκλήσεις ἐκτιθείς, καὶ ἐρωτῶν ἐν ταῖς προκλήσεσιν, πόθεν ἔλαβες τὸ χρυσίον, καὶ τίς ἦν σοι ὁ δούς, καὶ ποῦ· τελευτῶν δ' ἴσως ἐρωτήσεις καὶ ὅτι ἐχρήσω λαβὼν τῷ χρυσίῳ, ὥσπερ τραπεζιτικὸν λόγον παρὰ τῆς βουλῆς ἀπαιτῶν. [4] ἐγὼ δὲ τοὐναντίον | ἡδέως ἂ]ν παρὰ σοῦ [πυθοίμ]ην, τίνος [ἂν ἕν]εκα ἡ ἐξ Ἀρείου [πάγου βου]λὴ ἔφη[νε τῷ δήμῳ] σ' ἐδίκ[ως εἰλ]ηφό]τα τὸ χρυ[σίον, ὅτε] φησὶ του[... ωτατις ... [5] ...]ε δικαστ[.....]αν ἐνοι[....]εσθαι ἐμ[..... δι]καίως τω[...] τὰς ἀποφάσεις. Οὐκ ἔστι ταῦτα, ἀλλὰ πάντων φανήσονται μάλιστα δημο[τικώ]τατα τῷ πράγματι κεχρημένοι. Τοὺς μὲν γὰρ ἀδικοῦντας ἀπέφηναν καὶ ταῦ[τ' οὐ]χ ἑκόντες, ἀλλ' ὑπὸ [τοῦ δ]ήμου πολλάκις [ἀναγ]καζόμενοι· τὸ [δὲ κο]λάσαι τοὺς ἀδι[κοῦντα]ς οὐκ ἐφ' αὑτοῖς [ἐποί]ησαν, ἀλλ' ὑμῖν [ἀπέδ]οσαν τοῖς κυρίοις. [6] Δ[η]μοσ[θένης] δ' οὐ μόνον ἐπὶ τοῦ αὑτοῦ ἀγῶνος οἴεται δεῖν ὑμᾶς παρακρούσασθαι, διαβαλών τὴν ἀπόφασιν, ἀλλὰ καὶ τοὺς ἄλλους ἀγῶνας ἅπαντας ἀφελέσθαι ζητεῖ τοὺς τῆς πόλεως· ὑπὲρ οὗ δεῖ ὑμᾶς νυνὶ βουλεύσασθαι προσέχοντας τὸν νοῦν, καὶ μὴ τῷ λόγῳ ὑπὸ τούτου ἐξαπατηθῆναι. τὰς γὰρ ἀποφάσεις ταύτας τὰς ὑπὲρ

τῶν χρημάτων Ἁρπάλου πάσας ὁμοίως ἡ βουλὴ πεποίηται καὶ τὰς αὐτὰς κατὰ πάντων, καὶ οὐδεμιᾷ προσγέγραφεν, διὰ τί ἕκαστον ἀποφαίνει, ἀλλ᾽ ἐπὶ κεφαλαίου γράψασα ὁπόσον ἕκαστος εἴληφεν χρυσίον, τοῦτ᾽ οὖν [ὀφε]ιλέτω.

* Ὑπερείδης, F.138[ed. Ch. Jensen, Stuttgart, 1963] : cf.T.5['Αθήναιος, Δειπνοσοφισταί, XIII, 566f]

192. Ὑπερείδης, Υ[Κατὰ Δημοσθένους ὑπὲρ τῶν Ἁρπαλείων), col. 38 ~ 39
[38] καὶ τὸ μὲν κατηγορεῖν ἐν τῷ δικαστηρίῳ καὶ ἐξελέγχειν τοὺς εἰληφότας τὰ χρήματα καὶ δεδωροδοκηκότας κατὰ τῆς πατρίδος ἡ[μῖν] προσ[έτ]αξεν [τοῖς ᾑρημένοις] κατη[γόροις]· τὸ δ᾽ ἀ[ποφῆναι τοὺς ε]ἰληφότας [ἀπέδωκεν τ]ῇ βουλῇ [τῇ ἐξ 'Αρείου] πάγου, ἢ [τούτους εἰς τ]ὸν δῆ[μον ἀπέδει]ξεν· τὸ [δὲ κολάσαι τ]οὺς [ἀδικοῦντας ... [39] ... ἐξ 'Αρείου] πάγου· ἐὰν δὲ ἡ ψῆφος μὴ ἀκόλουθος γένηται τοῖς νόμοις καὶ τοῖς δικαίοις, τοῦτο δή, ὦ ἄνδρες δικασταί, παρ᾽ ὑμῖν ἔσται καταλελειμμένον.

193. Valerius Maximus, V, iii, Ext. 3
... cum interim cineribus nostris foede ac miserabiliter dispersis Oedipodis [ossa], caede patris, nuptiis matris contaminati, inter ipsum Arium pagum, divini atque humani certaminis venerabile domicilium et excelsam praesidis Minervae arcem honore arae decoratos sacro sanctiores colis.

194. Valerius Maximus VIII, 1, amb 2[cf. Aulus Gellius, Noctes Atticae, XII, 7 = T.109
Eadem haesitatione Publi quoque Dolabellae proconsulari imperio Asiam obtinentis animus fluctuatus est. mater familiae Zmyrnaea uirum et filium interemit, cum ab his optimae indolis iuuenem, quem ex priore uiro enixa fuerat, occisum conperisset. quam rem Dollabella ad se delatam Athenas ad Arei pagi[1] cognitionem relegauit, quia ipse neque liberare duabus caedibus contaminatam neque punire tam iusto dolore inpulsam sustinebat. considerantur et mansuete populi Romani magistratus, sed Areopagitae quoque non minus sapienter, qui inspecta causa et accusatorem et ream post centum annos ad se reuerti iusserunt, eodem affectu moti, quo Dolabella. sed ille transferendo quaestionem, hi differendo damnandi atque absoluendi inexplicabilem cunctationem uitabant.

1. Areo pagi A[2], u. Ario pagitaru margo A e Par.

195. Vitruvius, II, i, 5
Phryges vero, qui campestribus locis sunt habitantes, propter inopiam silvarum egentes materiae eligunt tumulos naturales eosque medios fossura detinentes et itinera perfodientes dilatant spatia, quantum natura loci patitur. Insuper autem stipitis inter se religantes metas efficiunt, quas harundinibus et sarmentis tegentes exaggerabant supra habitationis e terra maximos grumos. Ita hiemes calidissimas, aestatis frigidissimas efficiunt tectorum rationes. Nonnulli ex ulva palustri componunt tiguria tecta. Apud ceteras quoque gentes et nonnulla loca pari similique ratione casarum perficiuntur constitutiones. Non minus etiam Massiliae animadvertere possumus sine tegulis subacta cum paleis terra tecta. Athenis

3. 아레오파고스에 관한 주요사료 **347**

Areopagi antiquitatis exemplar ad hoc tempus luto tectum. Item in Capitolio commonefacere potest et significare mores vetustatis Romuli casa et in arce sacrorum stramentis tecta. Ita his signis de antiquis inventionibus aedificiorum, sic ea fuisse ratiocinantes, possumus iudicare.

196. Φαβώρινος, *Πρὸς φυγῆς*, XXI, 53 ~ XXII, 3
... οἱ ἐν Ἀρείῳ πάγῳ δικασταί ...

* Φανόδημος, *FGH*, 325, F.10 : cf. T.2 ['Αθήναιος, 168A]

* Φιλόδημος, *περὶ μουσικῆς*, IV, 33 : cf. T.65 (Δάμων, F.2. ed. H. Diels)

197. Φιλόχορος, *FGH*, 328, F.3[cf. T.187]
STEPH. BYZ. s.v. Ἄρειος πάγος· ἀκρωτήριον Ἀθήνησίν, ὡς Ἀπολλόδωρος ἐν τῶι περὶ Θεῶν θ´ [244, F.94], ἐν ὧι τὰς φονικὰς κρίσεις ἐδίκαζον διὰ τὰς ἀπὸ τοῦ σιδήρου γινομένας μιαιφονίας. Φιλόχορος δ᾽ ἐν Ἀτθίδος β´ βιβλίωι, ὅτι Ἁλιρρόθιον τὸν Ποσειδῶνος ἀποθανεῖν ὑπὸ Ἄρεος, βιαζόμενον, [διὰ] τὴν Ἀλκίππην τὴν αὐτοῦ θυγατέρα.

* Φιλόχορος, *FGH*, 328, F.4[= Ἀνδροτίων, F.3] : cf. T.198[Φιλόχορ. F.20]

198. Φιλόχορος, *FGH*, 328, F.20[cf. Ἀνδροτ., *FGH*, 324, F.3[T.197], 4 : Μάξιμο τὸν Ὁμολογητή, *Πρόλογος εἰς τὰ τοῦ Ἁγίου Διονυσίου*, P.G. v. 4, pp.16 ~ 17 ; T.150]
a) MAXIM. (CONF.) SCHOL. DIONYS. AREOP. Patrol. Gr. 4 p.17 Migne :
ἐδίκαζον οὖν Ἀρεοπαγῖται περὶ πάντων σχεδὸν τῶν σφαλμάτων καὶ παρανομιῶν, ὡς ἅπαντά φησιν Ἀνδροτίων ἐν πρώτῃ[324 F.3] καὶ Φιλόχορος ἐν δευτέρᾳ[F.4] καὶ τρίτῃ τῶν Ἀτθίδων.
b) -- 4, p.16 : ἐκ γὰρ τῶν ἐννέα καθισταμένων ἀρχόντων Ἀθήνησι τοὺς Ἀρεοπαγίτας ἔδει συνεστάναι δικαστάς, ὥς φησιν Ἀνδροτίων ἐν δευτέρᾳ τῶν Ἀτθίδων[324, F.4]· ὕστερον δὲ πλειόνων γέγονεν ἡ ἐξ Ἀρείου πάγου βουλή, τουτέστιν ἡ ἐξ ἀνδρῶν περιφανεστέρων πεντήκοντα καὶ ἑνός, πλὴν ἐξ εὐπατριδῶν, ὡς ἔφημεν, καὶ πλούτῳ καὶ βίῳ σώφρονι διαφερόντων ὡς ἱστορεῖ Φιλόχορος διὰ τῆς τρίτης τῶν αὐτοῦ Ἀτθίδων.
c) MICHAEL SYNK. Enc. Dionys. Areopag. ebd. p.620 : τῶν ἐν Ἀρείῳ πάγῳ δικαστῶν ἐχρημάτιζε ... ὧν τὸ τοῦ γένους καὶ περίοπτον καὶ μεγαλόδοξον τοῖς τῶν Ἀτθίδων συγγραφεῦσιν Ἀνδροτίωνί τε καὶ Φιλοχόρῳ κατὰ πλάτος ἱστόρηται.

199. Φιλόχορος, *FGH*, 328, F.64.
a) HARPOKR. s.v. νομοφύλακες· ἀρχή τις παρ᾽ Ἀθηναίοις οὕτως ἐκαλεῖτο, διαφέρουσα τῶν θεσμοθετῶν[1]· Δείναρχος Καθ᾽ Ἱμεραίου[XIV 2 Tur] καὶ ἐν τῷ Κατὰ Πυθέου[VI, ii]. Φιλόχορος δὲ ἐν ζ´. ἀλλὰ τέ τινα διεξῆλθε περὶ αὐτῶν, καὶ ὅτι οὗτοι τὰς ἀρχὰς ἐπηνάγκαζον τοῖς νόμοις χρῆσθαι.
b) a. LEX. CANTABR. p.351, 10 N : νομοφύλακες· ἕτεροί εἰσι τῶν θεσμοθετῶν, ὡς Φιλόχορος ἐν τῇ ζ´. οἱ μὲν γὰρ ἄρχοντες ἀνέβαινον εἰς Ἄρειον πάγον ἐστεφανωμένοι, οἱ δὲ νομοφύλακες στρόφια λευκὰ ἔχοντες

καὶ <ἐν> ταῖς θέαις ἐναντίον <τῶν ἐννέα>² ἀρχόντων ἐκαθέζοντο, καὶ τὴν πομπὴν ἔπεμπον τῇ Παλλάδι. τὰς δὲ ἀρχὰς ἠνάγκαζον τοῖς νόμοις χρῆσθαι, καὶ ἐν τῇ ἐκκλησίᾳ καὶ ἐν τῇ βουλῇ μετὰ τῶν προέδρων ἐκάθηντο, κωλύοντες τὰ ἀσύμφορα τῇ πόλει πράττειν. ἑπτὰ δὲ ἦσαν καὶ κατέστησαν, ὡς Φιλόχορος, ὅτε Ἐφιάλτης μόνα κατέλιπε τῇ ἐξ Ἀρείου πάγου βουλῇ τὰ ὑπὲρ τοῦ σώματος. b. PHOT. SUD. s.v. οἱ νομοφύλακες τίνες· ἔδοξέ τισι τοὺς αὐτοὺς εἶναι τοῖς θεσμοθέταις³. ἀλλ᾽ οὐκ ἔστιν οὕτως. οἱ μὲν γὰρ θεσμοθέται κατὰ τὰ πάτρια ἐστεφανωμένοι ἐπὶ τὸν Ἄρειον πάγον ἀνέβαινον, οἱ δὲ νομοφύλακες στροφίοις λευκοῖς ἐχρῶντο, καὶ ἐν ταῖς θέαις ἐπὶ θρόνων ἐκάθηντο καταντικρὺ τῶν ἐννέα ἀρχόντων καὶ τῇ Παλλάδι τὴν πομπὴν ἐκόσμουν, ὅτε κομίζοιτο τὸ ξόανον ἐπὶ τὴν θάλασσαν. ἠνάγκαζον δὲ καὶ τὰς ἀρχὰς χρῆσθαι τοῖς νόμοις, καὶ ἐν ταῖς ἐκκλησίαις ἐκάθηντο μετὰ τῶν προέδρων, κωλύοντες ψηφίζειν, εἴ τι παράνομον αὐτοῖς εἶναι δόξειεν <ἢ> ἀσύμφορον τῇ πόλει.
1. ἄρχοντες α´ θεσμοθέται β´.   2. <τῶν ἐννέα> β.
3. θεσμοθέταις: νομοθέταις Sud (AFV).

200. Φιλόχορος, *FGH*, 328, F.65[=Ἀθήναιος, VI, 245 C)
καὶ Φιλόχορος δ᾽ ἐν ἑβδόμῃ Ἀτθίδος "οἱ γυναικονόμοι", φησί, "μετὰ τῶν Ἀρεοπαγιτῶν ἐσκόπουν τὰς ἐν ταῖς οἰκίαις συνόδους ἔν τε τοῖς γάμοις καὶ ταῖς ἄλλαις θυσίαις".

* Φιλόχορος, *FGH*, 328, F.196 : cf. Τ.2[Ἀθήναιος, Δειπνοσοφισταί, IV, 168a]

201. Φώτιος, *Βιβλιοθήκη*, 279. Ἑλλαδίου, 873H
ὅτι ἐν τοῖς ἐφεξῆς τοῦ τετάρτου λόγου ἀποφθέγματά τινα λέγει καὶ σύμβολα τῆς Ἀθηναίων φιλανθρωπίας τε καὶ συμπαθείας καὶ τῆς προνοίας καὶ ἐπιμελείας τοῦ πρέποντος καὶ τῆς ἄλλης ὁσιότητος· ὧν ἐστι καὶ ταῦτα. ἱέρακα φεύγων στρουθὸς ἐν Ἀρείῳ πάγῳ τῶν Ἀρεοπαγιτῶν ἑνὸς κατέπεσεν εἰς τὸν κόλπον· ὁ δὲ τὸν πρόσφυγα, δέον σῴζειν, ἀνεῖλε· τὸ δὲ συνέδριον ἀπεκήρυξεν ὡς οὐχ ὅσια δράσαντα τοῦτον. ἔδωκε τοίνυν οὐχὶ στρουθοῦ χάριν δίκην, τῆς δ᾽ ἰταμότητος τῶν τρόπων. φιλανθρωπίας δὲ καὶ συμπαθείας παράδειγμα· τὸν Δημοσθένην, φησίν, ἐπὶ τοῖς Ἁρπαλείοις χρήμασιν αἰτίαν λαβόντα καὶ φεύγειν μέλλοντα συνέσχον μὲν οἱ Ἀθηναῖοι καὶ περιστάντες εἶχον ὀρρωδοῦντα, ἕκαστος δ᾽ ὑπὸ μάλης ἔχων τι εἰς ἀφόδιον ἐπεδίδου, ὁ μὲν ἀργύριον, ὁ δὲ χρυσίον, καὶ προὔπεμπον αὐτὸν εὐμενῶς, καὶ θαρρεῖν ἐκέλευον καὶ φέρειν τὴν συμφορὰν γενναίως· ... καὶ Καλλικλέα δὲ ἐπὶ τῇ αὐτῇ τῶν Ἁρπαλείων χρημάτων αἰτίᾳ ὑπόνοιαν παρασχόντα ἐπεί περ ἄγειν ἐκέλευσαν οἱ Ἀρεοπαγῖται, τὴν οἰκίαν καταλαβόντες οἱ ἀπεσταλμένοι καὶ τὰ πρόθυρα ἰδόντες ἐστεφανωμένα καὶ γνόντες ὡς εἴη τεθυκὼς νυνὶ γάμους, ἀφέντες τὴν ζήτησιν ἀνεχώρησαν· οὐ γὰρ ᾠήθησαν εὖ ἔχειν ἐπεισελθεῖν γυναικὶ νεογάμῳ.

202. Φώτιος, *Βιβλιοθήκη*, 279. Ἑλλαδίου, 874H.
ὅτι ἐν ταῖς Ἀθήναις καὶ οὗτος τέσσαρα δικαστήρια φονικὰ εἶναι λέγει, α´ τὸ ἐν Ἀρείῳ πάγῳ, ὃ δικάζει τοὺς ἐκ προνοίας τὸν φόνον δεδρακότας, β´ τὸ ἐπὶ Παλλαδίῳ, ὅπερ ἐτάζει τοὺς ἀκουσίως, γ´ τὸ [δὲ] ἐπὶ Δελφινίῳ, ὃ συνίσταται ἐπὶ τῶν λεγόντων δικαίως τὴν ἀναίρεσιν πεποιηκέναι, καὶ τέταρτον τὸ ἐν Φρεατοῖ, ὃ δικάζει τὸν χρόνον μέν τινα φεύγοντα ῥητόν, αἰτίαν δὲ πρότερον

3. 아레오파고스에 관한 주요사료 349

ἔχοντα φόνου· ὃς καὶ κρινόμενος ἐπὶ νηὸς ἔξωθεν τοῦ Πειραιῶς ἀπολογούμενος ἄγκυραν καθίει, διότι ὁ νόμος αὐτὸν οὐκ ἐδίδου τῆς γῆς ἐπιβῆναι. Ἀρεοπαγῖται μὲν οὖν ἐκαλοῦντο οἱ τὸν ἑκούσιον φόνον κρίνοντες, οἱ δὲ ἐν τοῖς ἄλλοις δικαστηρίοις κοινῶς ἐφέται.

203. Ὠριγένης, Κατὰ Κέλσου. IV, 67
Εἰ γὰρ κατὰ τὰς τεταγμένας ἀνακυκλήσεις ἀνάγκη τὰ αὐτὰ ἀεὶ καὶ γεγονέναι, καὶ εἶναι, καὶ ἔσεσθαι ἐν τῇ τῶν θνητῶν περιόδῳ, δῆλον ὅτι ἀνάγκη ἀεὶ Σωκράτη μὲν φιλοσοφήσειν, καὶ κατηγορηθήσεσθαι ἐπὶ καινοῖς δαιμονίοις, καὶ τῇ τῶν νέων διαφθορᾷ. Ἄνυτον δὲ καὶ Μέλιτον ἀεὶ κατηγορήσειν αὐτοῦ· καὶ τὴν ἐν Ἀρείῳ πάγῳ βουλὴν καταψηφίσεσθαι αὐτοῦ τὸν διὰ τοῦ κωνείου θάνατον.

204. Ὠριγένης, Κατὰ Κέλσου, V, 20 ~ 21
[20] Οὗτοι δ᾽ οἱ ἄνδρες φασὶ τῇ ἑξῆς περιόδῳ τοιαῦτα ἔσεσθαι, καὶ Σωκράτην μὲν πάλιν Σωφρονίσκου υἱὸν καὶ Ἀθηναίον ἔσεσθαι, καὶ τὴν Φαιναρέτην, γημαμένην Σωφρονίσκῳ, πάλιν αὐτὸν γεννήσειν. Καὶ μὴ ὀνομάζωσιν οὖν τὸ τῆς ἀναστάσεως ὄνομα, τῷ πράγματί γε δηλοῦσιν, ὅτι Σωκράτης ἀπὸ σπερμάτων ἀρξάμενος ἀναστήσεται τῶν Σωφρονίσκου, καὶ ἐν τῇ ὑστέρᾳ Φαιναρέτης διαπλασθήσεται, καὶ ἀνατραφεὶς Ἀθήνησι φιλοσοφήσει· οἱονεὶ καὶ τῆς πρότερον φιλοσοφίας ἀνισταμένης, καὶ ὁμοίως ἀπαραλλάκτου τῆς προτέρας ἐσομένης. Καὶ Ἄνυτος δὲ καὶ Μέλιτος ἀναστήσονται, πάλιν Σωκράτους κατήγοροι, καὶ ἡ ἐξ Ἀρείου πάγου βουλὴ καταδικάσεται τὸν Σωκράτην...

[21] Ἀνάγκη τοίνυν κατὰ τοῦτον τὸν λόγον, τῶν ἀστέρων ἐκ μακρᾶς περιόδου ἐλθόντων ἐπὶ τὴν αὐτὴν σχέσιν πρὸς ἀλλήλους, ὁποίαν εἶχον ἐπὶ Σωκράτους, πάλιν Σωκράτη γενέσθαι ἐκ τῶν αὐτῶν, καὶ τὰ αὐτὰ παθεῖν, κατηγορούμενον ὑπὸ Ἀνύτου καὶ Μελίτου, καὶ καταδικαζόμενον ὑπὸ τῆς ἐξ Ἀρείου πάγου βουλῆς.

B. 주요 금석문사료

205. Hesp. XXVI, n. 64
[--------]ντο κυροντε
[ς---Ἀρεί]ωι πάγωι ἐπι
[-------Ἐ]ὐκλέος Ρ
[αμνοσίου ----]ριον πει
[-----------]ναι
[-------------]

206. IG, II~III², 204[cf. SIG³, 204], ψήφισμα γιὰ τοὺς ὅρους τῶν ἱερῶν
line 16 ... ἐπι]μελεῖσθαι [δ]ὲ τῆς ἱερᾶς ὀργάδος καὶ τῶν ἄλλω-
[ν ἱερῶν ἁπάντ]ων τῶν Ἀθήνησιν ἀπὸ τῆσδε τῆς ἡμέρας εἰς τὸν
[ἀεὶ χρόνον οὕ]ς τε ὁ νόμος κελεύει περὶ ἑκάστου αὐτῶν καὶ τ
[ὴν βουλὴν τὴν] ἐ[ξ] Ἀρείου πάγου καὶ τὸν στρατηγὸν τὸν ἐπὶ τῇ
20 [ν φυλ]ακὴ[ν τῆς χ]ώρας κεχειροτονημένον καὶ τοὺς περιπολά-
ρχ]ους καὶ το[ὺ]ς [δη]μάρχους καὶ τὴν βουλὴν τὴν ἀεὶ βουλεύου-
[σαν] καὶ τῶν [ἄ]λλ[ων Ἀθη]ναίων τὸμ βουλόμενον τρόπωι ὅτωι ἂν

[ἐπ]ίστω[ν]ται. ...

207. *Hesp.* XXI, p.355 ~ 6. ὁ νόμος τοῦ Εὐκράτη
Ἐπὶ Φρυνίχου ἄρχοντος ἐπὶ τῆς Λεωντίδος ἐν
άτης πρυτανείας ἧι Χαιρέστρατος Ἀμεινίου
Ἀχαρνεὺς ἐγραμμάτευεν· τῶν προέδρων ἐπεψή
φιζεν Μενέστρατος Αἰξωνεύς· Εὐκράτης Ἀρισ
τοτίμου Πειραιεὺς εἶπεν· ἀγαθῆι τοῦ δ   5
ήμου τοῦ Ἀθηναίων· δεδόχθαι τοῖς νομοθέται
ς᾽ ἐάν τις ἐπαναστῆι τῶι δήμωι ἐπὶ τυραννίδι
ἢ τὴν τυραννίδα συνκαταστήσηι ἢ τὸν δῆμον τ
ὸν Ἀθηναίων ἢ τὴν δημοκρατίαν τὴν Ἀθήνησιν
καταλύσηι, ὃς ἂν τὸν τούτων τι ποιήσαντα ἀπὸ   10
κτείνηι ὅσιος ἔστω· μὴ ἐξεῖναι δὲ τῶν βουλευ
τῶν τῶν τῆς βουλῆς τῆς ἐξ Ἀρείου πάγου καταλ
ελυ<μ>ένου τοῦ δήμου ἢ τῆς δημοκρατίας τῆς Ἀθ
ήνησιν ἀνιέναι εἰς Ἄρειον πάγον μηδὲ συνκα
θίζειν ἐν τῶι συνεδρίωι μηδὲ βουλεύειν μη   15
δὲ περὶ ἑνός· ἐὰν δέ τις τοῦ δήμου ἢ τῆς δημοκρ
ατίας καταλελυμένων τῶν Ἀθήνησιν ἀνίηι τῶ
ν βουλευτῶν τῶν ἐξ Ἀρείου πάγου εἰς Ἄρειον π
άγον ἢ συνκαθίζηι ἐν τῶι συνεδρίωι ἢ βολεύη
ι περί τινος ἄτιμος ἔστω καὶ αὐτὸς καὶ γένος   20
τὸ ἐξ ἐκείνου καὶ ἡ οὐσία δημοσία ἔστω αὐτοῦ
καὶ τῆς θεοῦ τὸ ἐπιδέκατον· ἀναγράψαι δὲ τὸν
δὲ τὸν νόμον ἐν στήλαις λιθίναις δυοῖν τὸν γ
ραμματέα τῆς βουλῆς καὶ στῆσαι τὴμ μὲν ἐπὶ τ
ῆς εἰσόδου τῆς εἰς Ἄρειον πάγον τῆς εἰς τὸ βο   25
υλευτήριον εἰσιόντι, τὴν δὲ ἐν τῆι ἐκκλησία
ι· εἰς δὲ τὴν ἀναγραφὴν τῶν στηλῶν τὴν ταμίαν
δοῦναι τοῦ δήμου : ΔΔ : δραχμὰς ἐκ τῶν κατὰ ψη
φίσματα ἀναλισκομένων τωι δήμωι ... vacat

208. a. *IG*, II ~ III[2], 1412, οἱ ταμίες τῆς Ἀθηνᾶς[γραμματεῖο][ν παρὰ τῆς βουλῆς
τῆ]ς ἐξ Ἀρείο [πάγο σεσημασμένον]

b. *IG*, II ~ III[2], 1421, οἱ ταμίες τῆς Ἀθηνᾶς (line 95 ~ 96, γραμματεῖον παρὰ
τῆς βο[λῆς]Ι τῆς ἐξ Ἀρείο πάγο σεσημασμ[ένον])

c. *IG*, II ~ III[2], 1455, οἱ ταμίες τῆς Ἀθηνᾶς (line 7 ~ 8, γραμματεῖον
σ(ε)σ(η)μασμένον ὑπὸ τῆς ἐξ Ἀρέο [π]άγο)

d. *IG*, II ~ III[2], 1460, οἱ ταμίες τῆς Ἀθηνᾶς καὶ τὰ περιλείμματα τῶν θεῶν (line
22 ~ 23 ; [... γραμματεῖον σεσημασμέ]ινον ὑπὸ τῆς βουλ[ῆς τῆς
ἐξ Ἀρείου πάγου ...])

e. *IG*, II ~ III[2], 1492[*SIG*[3], 334], οἱ ταμίες τῆς Ἀθηνᾶς καὶ τῶν ἄλλων θεῶν
    line 125   ... ἐπὶ δέκα χρήμ]
        126   [ατα ἀ]νεκόμισεν κατὰ ψήφισμα δήμ[ου, ὃ] ἐγ[ραψε Δη]
        127   [μοχ]άρης Λευκονοεύς, Ἀ[ρ]ε[ο]παγ[ι]τ[ῶ]ν οἵδε· ...
        134   ... σύμπαν [κε]φάλαι[ον τῶν]
        135   [χρημάτων, ὧν] ἀνεκόμισαν Ἀρεοπα[γῖ]ται καὶ ὁ τα[μίας τῶν]

3. 아레오파고스에 관한 주요사료 351

136 [στρατιωτικῶν] ...)

209. *IG*, II ~ III², 479, ψήφισμα πρὸς τιμὴ τοῦ Πυρ ... Ἡρακλεώτου
line 6   ... βου]-
[λὴν τ]ὴν ἐξ Ἀρείου πάγου ἐπέδ[ωκε----]
[--εἰ]ς τὴν σωτηρίαν τοῦ δήμ[ου---]
--- τὸν ἡ β[ο]υλὴ ἡ ἐξ Ἀρείου [πάγου --]
10   [--δ]οῦναι τοῦτο τὸ ἀργύρ[ιον -----].

210. Marmor Parium, Jacoby *FGH*, 239[Zeittafeln], A 3
ἀφ' οὗ δίκη 'Αθήνησι ἐγένετο Ἄρει καὶ Ποσειδῶνι ὑπὲρ Ἁλιρροθίου τοῦ Ποσειδῶνος, καὶ ὁ τόπος ἐκλήθη Ι Ἄρειος πάγος, ἔτη *ΧΗΗϜΔΓΙΙΙ* (1531/0 B.C.), βασιλευόντος 'Αθηνῶν Κρ[ανα]οῦ.

211. Marmor Parium, Jacoby *FGH*, 239[Zeittafeln], A 25
ἀφ' οὗ Ὀρέστη[ι τ]ῶι Ἀ[γαμέμνονος (?) καὶ τῆι Α]ἰγίσθου θυγατρὶ ['Ηριγ]όν[ηι ὑπὲρ Αἰ]γίσθου καὶ Κλυ[ταιμήστρας δίκη / ἐγένε]το ἐν 'Αρείωι πάγωι, ἣν Ὀρέστης ἐνίκησεν [ἴσων γενομένων τ]ῶν [ψήφων], ἔτη [ϜΪ]ΗΗΗΗΔ ΔΔ[ΔΙΙ]ΙΙ (?), (1[208/7] B.C.) βασιλεύοντος 'Αθηνῶν Δημοφῶντος.

212. *IG*, II², 1013, ψήφισμα γιὰ μέτρα καὶ στάθμα
line 56 [ἐ]ὰν δέ τις ἁλίσκηται κακουργῶν περὶ τὰ μέτρα καὶ τὰ σταθμὰ τὰ κε[ί]με[να ἔν τε τῆι σκι]
[άδ]ι καὶ ἐν 'Ελευσῖνι καὶ ἐμ Π[ειραιε]ῖ καὶ ἐν 'Ακροπόλει, ἐάν τε ἄρχων ἐάν τε [ἰδιώτης ἐ]
ἄν τε δημόσιος, [ἔ]νο[χ]ος ἔστω τῶι ν[όμ]ωι τῶι κε[ιμ]ένωι περὶ τῆς τ[ῶ]ν κακούργων [ζημίας].
<u>ἐπιμελείσθω δὲ καὶ [ἡ β]ου[λὴ ἡ] ἐξ 'Αρείου πάγου καὶ τὸν κακουργοῦντά</u> τι πε[ρὶ ταῦτα κο]
60   λαζέτω μετὰ τοὺς ἐπὶ <u>τῶ[ν] κακούργων κειμένους νόμους.</u>

4. 아레오파고스에 관한 금석문사료

1) 목록

AJPh,	LXXX(1959), p.368 : B 9	
Hesp.	IV(1935),	n.27[p.64] : B 201
	V(1936),	n.10[line 37 ; p.398, cf. p.409] : A 5
	VI(1937),	n.12[p.464] : B 32
	VIII(1939),	n.27[p.82] : B 87
	X(1941),	n.32[p.74 ~ 75] : B 62
		n.42[p.242] : B 107
		n.61[p.257] : B 2
	XI(1942),	n.7[p.37] : A 32
		n.5[p.348] : B 88
	XII(1943),	n.25[p.84] : B 200
	XV(1946),	n.65[p.234) : B 89
		n.66[p.235] : B 166
	XVI(1947),	n.8[p.66] : B 218
		n.9[p.67] : B 219
		n.75[p.174] : B 119
		n.76[p.175] : B 120
	XXI(1952),	pp.355 ~ 6 : A 7
	XXVI(1957),	n.64[p.216] : A 1
	XXVII(1958),	pp.38 ~ 46 : cf. *Hesp.* Supple. XII, pp.164 ~ 170
	XXVIII(1959),	p.87[= *IG*, II ~ III^2, 4209] : B 33
		n.9[p.282] : B 63

Hesp.   XXIX(1960), n.54[p.46] : B 64
            n.57[p.48] : B 121
            n.58[p.48] : B 179
            n.91[p.59] : B 65
        XXX(1961), n.31[p.233] : A 43
            n.32[p.236] : A 47
            n.108[p.272] : B 180
            n.109[p.272] : B 181
        XXXII(1963), n.34[p.37] : B 21
            n.72[p.49] : B 182.
            n.73[p.49] : B 183.
        XXXIII(1964), n.74[p.226 = IG, II ~ III^2, 4004] : B 191.
            p.64 : B 217.
        XLII(1973), pp.352 ~ 357 : A 56
        LII(1983),   n.4[p.163] : A 48
        Supple. VIII, p.243[IG, II ~ III^2, 3631+3796] : B 147.
            p.287[IG, II ~ III^2, 1109· 2771· 3412] : A 45
        Supple. XII, pp.164 ~ 170[IG, II~III^2, 1999· 2003· 2339] : A 44
        Supple. XIII, pp.5 ~ 9 : cf. Oliver, J.H., *Greek Constitutions*, n.18 [pp.367
                                                                            ~ 373]

IG, II ~ III^2, 204 [= SIG ^{3} 204] : A. 4[= T.191]
    479 : A 10[= T.194]   839 : A 12
    1013 : A 15[= T.197]   1039 : A 18
    1043 : A 21   1051 : A 22
    1069 : A 28   1074 : A 34
    1077 : A 49   1078 : A 53
    1086 : A 51   1101 : A 36
    1102 : A 37   1103 : A 35
    1109 : [cf.*Hesp.* Supple. VIII, p.287]
    1111 : A 46   1118 : A 50
    1119 : A 52   1412 : A 2[= T.193]
    1421 : A 3[= T.193]   1455 : A 6[= T.193]
    1460 : A 8[= T.193]   1492[SIG ^{3}, 334] : A 9[= T.193]
    1534 : A 11   1539 : A 13
    1714 : A 17   1717 : A 20
    1718 : A 23   1720 : A 24
    1721 : A 25   1722 : A 26
    1723 : A 27   1728 : A 29
    1736 : A 31   1990 : A 32a
    1999 : [cf. *Hesp.* XXVII, pp.38 ~ 46 : *Hesp.* Supple. XII, pp.164 ~ 170]
    2021 : A 33   2086 : A 39
    2103 : A 40   2336 : A 16
    2339 : [cf. *Hesp.* XXVII, p.38 ~ 46 : *Hesp.* Supple. XII, pp.164 ~ 170]

IG, II ~ III^2, 2773 : A 54
2803 : B 22
2806 : B 68
2959 : B 146
3185 : B 49
3238 : B 39
3247 : B 214
3259 : B 36
3266b : B 40
3270 : B 42
3273 : B 45
3283b : B 60
3286 : B 99
3311 : B 131
3431 : B 37
3449 : B 44
3501 : B 81
3522 : B 25
3535 : B 57
3545 : B 82
3550 : B 70
3558 : B 85
3571 : B 101
3577 : B 102
3584 : B 133
3592 : B 160
3594 : B 139
3600 : B 118
3607 : B 141
3613 : B 164
3617 : B 136
3625 : B 149
3630 : B 151
3631 : [cf.*Hesp*. Supple. VIII, p.243]
3635 ? : B 152
3643 : B 173
3652 : B 159
3659 : B 189
3666 : B 192
3668 : B 209
3672 : B 184
3688 : B 193
3697 : B 205
3704 : B 207
3712 : B 199

2804 : B 66
2805 : B 67
2807 : B 69
3008 : B 98
3197 : B 167
3243 : B 19
3258 : B 35
3261 : B 34
3268 : B 41
3271 : B 43
3277 : B 58
3284 : B 100
3287 : B 106
3312 ? : B 132.
3446 : B 23
3500 : B 80
3521 : B 24
3523 : B 26
3540 : B 69
3546 : B 83
3551 : B 71
3566 : B 90
3573 : B 104
3578 : [cf.4080] : B 130
3589 : B 105
3593 : B 137
3595 : B 140
3606 : B 163
3612 : B 142
3616 : B 172
3622 : B 148
3629 : B 150

3637 : B 153
3647 : B 174
3656 : B 190
3664 : B 108
3667 : B 208
3669 : B 211
3678 : B 185
3689/3690 : B 202
3698 : B 206
3705 : B 210
3716 : B 215

IG, II ~ III², 3721 : B 220
3733 : B 117
3737 : B 135
3760 : B 186
3786 : B 11
3788 : B 13
3791 : B 27
3799 : B 109
3803 : B 178
3806 : B 175
3812 : B 194
3827 : B 1
3907 : B 16
3920 : B 29
3927 : B 50
3931 : B 72
3932a : B 31
3945 : B 92
3947 : B 94
3955 : B 111
3957 : B 123
3959 : B 125
3964 add. : B 127
3969 : B 138
3984 : B 161
3986 : B 176
3988 : B 169
3995 : B 188
4005 : B 195
4010 : B 17
4012 : B 222
4043 : B 52
4052 : B 95
4059 : B 113
4062 : B 128
4071 : B 145
4075 : B 156
4080 : [cf.3578)]
4088 : B 197
4104 : B 3
4109 : B 5
4113 : B 7
4126 : B 20
4171 : B 38
4176 : [cf.SEG, XII 158]

3731 : B 91
3736 : B 122
3744 : B 143
3765 : B 203
3787 : B 12
3789 : B 1
3798 : B 103
3800 : B 110
3804 : B 154
3809 : B 187
3817 : B 212
3906 : B 15
3919 : B 28
3921 : B 30
3928 : B 51
3932 : B 73
3933 : B 74
3946 : B 93
3952 : B 86
3956 : B 112
3958 : B 124
3963 : B 126
3967 : B 144
3982 : B 155
3985 : B 162
3987 : B 168
3989 : B 170
4004 : [cf.*Hesp.* XXXIII, 74]
4006 : B 204
4011 : B 221
4017 : B 225
4044 : B 55
4054 : B 96
4060 : B 114
4064 : B 115
4073 : B 157
4078 : B 171
4087 : B 196
4091 : B 223
4106 : B 4
4111 : B 6
4124 : B 8
4128 : B 18
4173 : B 48
4177 : [cf. *SEG*, XII, 159]

4. 아레오파고스에 관한 금석문사료 **357**

IG, II ~ III², 4183 : B 53
        4193 : B 61
        4195 : B 177
        4199 : B 78
        4205 : B 97
        4208 : B 116
        4210 : B 129
        4217 : B 198
        4222 : B 216
        4232 : B 56
        4245 : B 77
        13221 : A 55

        4184 : B 54
        4194 : B 84
        4198 : B 75
        4200/1 : B 76
        4205a : [cf.*Hesp.* XV, 65]
        4209 : [cf.*Hesp.* XXVIII, p.87]
        4212 : B 158
        4221 : B 213
        4228 : B 224
        4244 : B 79

IG, III, 62 : cf. Oliver, J.H., *Greek Constitutions*, n.183.
IG, III, 957· 958· 959· 961· 962· 963· 963a· 963b· 963d· 964· 965b·
    965c· 965e· 966a· 966b· 966e· 968· 969 : B 226
IG, III, 3848 ? : A 57
IG, IV, 936 ~ 938 = IV² 82 ~ 84 : [cf. *SIG*³, 796B]

Oliver, J.H., *Greek Constitutions*, n.183[cf. *IG*, III, 62] : A 41
    _____ n.184[pp.367 ~ 373][cf. *Hesp.* Supple. XIII, pp.5 ~ 9] : A 42
Peek, W., *Kerameikos.* III, *Inschriften, Ostraka, Fluchtafeln*(Berlin, Walter de Gruyter,
    1941), Fluchtafeln, 9(p.98) : A 58
RBPh, VI(1927), pp.753 ~ 754 : A 38
SEG, XII, 158[= *IG*, II ~ III², 4176] : B 46
    XII, 159[= *IG*, II ~ III², 4177] : B 47
    XVIII, 82 : B 134
    XIX, 208 : B 10
*SIG*³, 204 : [cf. *IG*, II ~ III², 204]
    334 : [cf. *IG*, II ~ III², 1492]
    697A : A 14
    796B[= *IG*, IV, 936 ~ 8 = IV², 82 ~ 84] : A 30
    856 : B 165

2) 금석문사료

A. 여러가지 주제

1. *Hesp.* XXVI, n.64 : cf. T.205   c.a.400 B.C.
2. *IG*, II ~ III², 1412, οἱ ταμίες τῆς Ἀθηνᾶς : cf. T.208   p.a.385/4 B.C.
3. *IG*, II ~ III², 1421, οἱ ταμίες τῆς Ἀθηνᾶς : cf. T.208   a.373/2 B.C.
4. *IG*, II ~ III², 204[cf. *SIG* ³, 204], ψήφισμα γιὰ τοὺς ὅρους τῶν ἱερῶν : cf. T.206   a.352/1 B.C.
5. *Hesp.* V, n.10 [line 37, p.398, cf. 409), ἐνοικίαση τοῦ ὀρυχείου καὶ πώληση τῶν δημευμένων περιουσιῶν (ἀναφορὰ γιὰ τὸν Ἄρειο πάγο)   a.342/1 B.C.
6. *IG*, II ~ III², 1455, οἱ ταμίες τῆς Ἀθηνᾶς : cf. T.208   a.340/39 B.C.
7. *Hesp.* XXI, pp.35 ~ 6. ὁ νόμος τοῦ Εὐκράτη : cf. T.207   a.337/6 B.C.
8. *IG*, II ~ III², 1460, οἱ ταμίες τῆς Ἀθηνᾶς : cf. T.208   a.330/29 B.C.
9. *IG*, II ~ III², 1492, οἱ ταμίες τῆς Ἀθηνᾶς[=*SIG* ³, 334] : cf. T.208   a.305/4 B.C.
10. *IG*, II ~ III², 479, ψήφισμα πρὸς τὴν τιμὴ τοῦ Πυρ ... Ἡρακλεώτου : cf. T.209   c.a.305/4 π.Χ.
11. *IG*, II ~ III², 1534 ?, κατάλογος ἀναθημάτων γιὰ τὰν Ἀσκληπιό.   a.232/1 B.C.
    line 147   ... τοὺς]
    148 [λαχόντας προέδρους εἰς τὴν ἐπιοῦσαν ἐ]κκλησίαν χρηματίσαι πε[ρὶ τούτων, γνώμην δὲ ξυμβάλλεσθαι τῆς βουλῆς εἰς τὸν δῆμον ὅτι δοκεῖ τῆι]
    149 [βουλῆι ... τὸν δῆμον χειροτ]ονῆσαι δέκα ἄνδρας ἤδη, π[έντε μὲν ἐξ Ἀρεοπαγιτῶν , πέντε δὲ ἐξ ἑαυτοῦ, οἵτινες παρόντος τοῦ τε]
    150 [ἱερέως τοῦ Ἀσκληπιοῦ καὶ τοῦ δημοσίου] μετὰ τοῦ στρατηγοῦ τοῦ [ἐπὶ τὴν παρασκευὴν ἐξετάσουσι τοὺς τύπους καὶ εἴ τι ἄλλο ἐστὶν ἀργυροῦν
    151 [ἢ χρυσοῦν.
12. *IG*, II ~ III², 839, ψήφισμα γιὰ τὴν κατασκευὴ οἰνοχόης ἀπὸ παλιὰ ἀναθήματα γιὰ στὸν Ἥρωα Ἰατρό,   a.221/0 B.C.
    line 23   ... γνώ]
    [μην] δὲ ξυμβάλλεσ[θαι τῆς βουλῆς εἰς τὸν δ]
    [ῆμον] ὅτι δο[κ]εῖ τ[ῆι βουλῆι, ἑλέσθαι τὸν δῆ]μον [δύ]ο μέ[ν ἄνδρας ἐξ Ἀρευπαγιτῶν],
    27   [τ]ρεῖς δὲ ἐξ ἑαυτῶ[ν ...

4. 아레오파고스에 관한 금석문사료 **359**

51   ἐξ Ἀρευπαγιτῶν· Θέογνις Κυδα-
52   [θ]η[να]ιεύς, ⋁ ⋁ Χάρης Ἀφιδναῖος

13. *IG*, II ~ III², 1539, πλίνθος ἀναθημάτων γιὰ τὸν Ἀσκληπιό (ἐξ Ἀρευπγιτῶν «Ὀπάωνος Φαληρέως, Θεόγνιδο[ς] [Κυδαθη]ν [α]ιέω», στρατηγοῦ, δημοσίου) a.215/4 B.C.
14. *SIG* ³, 697 A, οἱ ἄρχοντες ποὺ ἐτέλεσαν τὴν Πυθαῖδα (ἐννέα ἄρχοντες, κῆρυξ βουλῆς τῆς ἐξ Ἀρείου πάγου, [ἱ]ερομνή[μων]) a.128/7 B.C.
15. *IG*, II ~ III², 1013, ψήφισμα γιὰ μέτρα καὶ σταθμά : cf. T.12   2C. B.C.(end)
16. *IG*, II ~ III², 2336, κατάλογος ἀρχόντων καὶ ἱερέων προσφερόντων στὸν Πύθιο Ἀπόλλωνα ἀπαρχές(κῆρυξ βουλῆς τῆς ἐξ Ἀρείου πάγου : line 33[a.102/1 B.C.]· 146[a.99/8 B.C.]· 176[a.97/6 B.C.]· 186· 242[a.98/7 B.C.]. κῆρυξ Ἀρεοπαγιτῶν ; line 100[a.100/99 B.C.])
17. *IG*, II ~ III², 1714, κατάλογος τῶν διάφορων ἀρχόντων(βασιλεύς, πολέμαρχος, θεσμοθέται, κῆρυξ βουλῆς ἐξ Ἀρείου πάγου) c.a.90 B.C.
18. *IG*, II ~ III², 1039(line 64), τιμητικὸ ψήφισμα γιὰ τοὺς ἐφήβους(ἐπιμεληθῆναι τὸν στρατηγὸν καὶ τὸν κήρυκα τῆς βουλῆς τῆς ἐξ Ἀρείου πάγου) a.83 ~ 73 B.C.
19. *Hesp.* XI(1973), n.3, ψηφίαματα γιὰ τὴν ὑπεράσπιση τοῦ δημοκρατικοῦ πολιτεύματος καὶ γιὰ τὴν ἀλλαγὴ τῶν νόμων ἀπὸ τὴν "ἐν Ἀρείῳ πάγῳ βουλήν" a.84/3 or 80/79 B.C.
20. *IG*, II ~ III², 1717, κατάλογος τῶν διάφορων ἀρχόντων (ἄρχων, βασιλεύς, πολέμαρχος, θεσμοθέται, κῆρυξ τῆς ἐξ Ἀρείου πάγου βουλῆς, αὐλητής, κῆρυξ ἄρχοντος, δημόσιος) a.56/5 B.C.
21. *IG*, II ~ III², 1043(στ. 54-55), Ψήφισμα γιὰ μνημεῖο γιὰ τοὺς ἐφήβους(τ[ῆς δὲ ἀναγορεύ]ΙΙ[σεως τοῦ στεφάνου ἐπιμελ]ηθῆναι τὸν στρατηγὸν καὶ τὸν κήρυκα τῆς ἐξ Ἀρείου πάγου βουλ[ῆς) a.38/7 B.C.
22. *IG*, II ~ III², 1051, ψήφισμα γιὰ τὶς ἀντιρρήσεις τῶν Λιμνίων κληρούχων (ὁ ἐπὶ τ[οὺς ὁπλείτας στρατηγὸς] [καὶ ὁ] κῆρυξ [τῆς ἐ]ξ Ἀρείου πάγου βο[υλῆς καὶ ὁ γραμματεύς] [τῆς] βουλῆς καὶ τοῦ δήμου)   p.a.38/7 B.C
23. *IG*, II ~ III², 1718, κατάλογος τῶν διάφορων ἀρχόντων (ἄρχων, βασιλεύς, πολέμαρχος, θεσμοθέται, κῆρυξ τῆς ἐξ Ἀρείου πάγου βουλῆς, κῆρυξ ἄρχοντος.) a.36/7 ~ 18/7 B.C.
24. *IG*, II ~ III², 1720, κατάλογος τῶν διάφορων ἀρχόντων (ἄρχων, βασιλεύς, πολέμαρχος, θεσμοθέται, κῆρυξ τῆς ἐξ Ἀρείου πάγου βουλῆς, αὐλητής, κῆρυξ ἄρχοντι, δημόσιος)   1 C B.C.(the epoch of Augustus)
25. *IG*, II ~ III², 1721, κατάλογος τῶν διάφορων ἀρχόντων (ἄρχων, βασιλεύς, πολέμαρχος, θεσμοθέται, κῆρυξ τῆς ἐξ Ἀρείου πάγου βουλῆς, κῆρυξ ἄρχοντι, αὐλητής, λειτουργός) a.14/3 B.C.
26. *IG*, II ~ III², 1722, κατάλογος τῶν διάφορων ἀρχόντων (ἄρχων, βασιλεύς, πολέμαρχος, θεσμοθέται, κῆρυξ τῆς ἐξ Ἀρείου πάγου βουλῆς, κῆρυξ ἄρχοντι, αὐλητής, λειτουργός) p.a.9/8 B.C.

27. *IG*, II ~ III², 1723, κατάλογος τῶν διάφορων ἀρχόντων (ἄρχων, στρατηγός, κῆρυξ τῆς ἐξ Ἀρείου πάγου βουλῆς, θεσμοθέται)   p.a. 9/8 B.C.
28. *IG*, II ~ III², 1069, τιμητικὸ ψήφισμα γιὰ τὸν Νικάνορα, Νέο ″Ομηρο καὶ Θεμιστοκλῆ (ἡ ἐξ Ἀρείου πάγου βουλὴ καὶ ἡ βουλὴ [τῶν Χ])
1C B.C.(end)
29. *IG*, II ~ III², 1728, κατάλογος τῶν διάφορων ἀρχόντων(θεσμοθέ-ται, κῆρυξ τῆς ἐξ Ἀρείου πάγου βουλῆς, κῆρυξ ἄρχοντι, αὐλητής, λειτουργός)
1C A.D.(beginning)
30. *SIG* ³, 796 B (= *IG*, IV 936 ~ 8 = IV² 82 ~ 84), παρηγορητικὰ ψηφίσματα τῶν Ἀθηναίων(line 4 ~ 5 ; ἡ ἐξ Ἀρείου πάγου βουλὴ καὶ ἡ βουλὴ τῶν ἐξακοσίων καὶ ὁ δῆμος· line 8 ; ″Αρειος πάγος ἐν Ἐλευσεῖνι· line 37 ; ἡ βουλὴ ἡ ἐξ Ἀρείου πάγου καὶ ἡ βουλὴ τῶν ἐξακοσίων καὶ ὁ δῆμος)
c.a.40 A.D.
31. *IG*, II ~ III², 1736, κατάλογος τῶν διάφορων ἀρχόντων(βασιλεύς, πολέμαρχος, θεσμοθέται, κῆρυξ τῆς ἐξ Ἀρείου πάγου βουλῆς)1C A.D.(middle)
32. *Hesp.* XI, n.7   1C A.D.(middle)
[ἐτ]είμησαν καὶ ἐ[στεφάνωσαν καὶ ἀνέγραψαν]
[γυ]μνασιαρχοῦν[τος -------, κηρυκεύοντ]
[ος] τῆς ἐξ Ἀρείου πάγου βουλῆς ----, ἱ]
[ερ]ατεύοντο[ς ---
33. *IG*, II ~ III², 2021, ἀφιέρωση στὴν ἀρχὴ τοῦ καταλόγου τῶν ἐφήβων (ἡ ἐξ Ἀρείου πάγου βουλὴ καὶ ἡ βουλὴ τῶν ἑξακοσίων καὶ ὁ δῆμος ὁ Ἀθηναίων)   p.a.112/3 A.D.
34. *IG*, II ~ III², 1074(line 8 ~ 9) τιμητικὸ ψήφισμα γιὰ τοὺς πρυτάνεις (ἀναφορὰ στὴν "ἐξ Ἀρείου πάγου βουλή"),   c.a.120 A.D.
35. *IG*, II ~ III², 1103, ἐπιστολὴ τοῦ Ἁδριανοῦ γιὰ τὴν τιμωρία τῆς παράνομης πώλησης ψαριῶν.   a.124/5 or later
line 7   βούλομαι ἢ ἔνδειξιν αὐτῶν γείνεσθαι πρ[ὸς τ]ὸν κ[ή]ρυκα
τῆς ἐξ Ἀ-
8   ρείου πάγου βουλῆς· τὸν δὲ εἰσάγειν εἰς το[ὺς Ἀ]ρεοπαγείτας, τοὺς δὲ
9   τειμᾶν ὅ, τι χρὴ παθεῖν ἢ ἀποτεῖσαι· ...
36. *IG*, II ~ III², 1101, ἐπιστολὴ τοῦ Ἁδριανοῦ στοὺς Ἀθηναίους(τῇ ἐξ Ἀρείου πάγου βουλῇ καὶ τῇ βουλῇ τῶν Φ΄ καὶ τῷ δήμῳ τῷ Ἀθηναίων)
a. 127/28 A.D.
37. *IG*, II ~ III², 1102, ἐπιστολὴ τοῦ Ἁδριανοῦ στοὺς Ἀθηναίους(τῇ ἐξ Ἀρείου πάγου βουλῇ καὶ τῇ βουλῇ τῶν Φ΄ καὶ τῷ δήμῳ τῷ Ἀθηναίων)
a. 131/2 A.D.
38. *RBPh*, VI(1927), pp.753 ~ 754. ἐπιστολὴ τοῦ αὐτοκράτορα Ἀντωνίνου τοῦ Σεβαστοῦ στοὺς Ἀθηναίους([… τῇ ἐξ Ἀρείου πάγου βουλῇ]| καὶ τῇ βουλῇ [τῶν Φ΄ καὶ τῷ δήμῳ ᾧ" Ἀθηναίων]| χαίρειν") a.140 ~ 145A.D.
39. *IG*, II ~ III², 2086, κατάλογος τῶν ἐφήβων (… τοῦ ἄρξαντος τὴν ἐπώνυμον ἀρχὴν καὶ κηρυκεύσαντος τῆς ἐξ Ἀρείου πάγου βουλῆς υἱός)
a.163/4 A.D.

40. *IG*, II ~ III², 2103, ἀφιέρωση στὴν ἀρχὴ τοῦ καταλόγου τῶν ἐφήβων (ἡ ἐξ
    Ἀρείου πάγου βουλὴ καὶ ἡ βουλὴ τῶν Φ´ καὶ ὁ δῆμος ὁ Ἀθηναίων)
                     a.172/3 or later
41. Oliver, J.H., *Greek Constitution*, n.183 (= *IG*, III, 62, ἐπιστολὴ τοῦ Μάρκου
    Αὐρηλίου στοὺς Ἀθηναίους(τῇ ἐξ Ἀρείου πάγου βουλῇ καὶ τῇ βουλῇ
    τῶν Φ´ καὶ τῷ δήμῳ τῷ Ἀθηναίων χαίρειν)   a.169/180 A.D.
42. Oliver, J.H., *Greek Constitution*, n. 184(cf. *Hesp.* Supple. XIII, pp.5 ~ 9),
    ἐπιστολὴ τοῦ Μάρκου Αὐρηλίου στοὺς Ἀθηναίους   a.174/5 A.D.
    line 27 ... Νόστιμος Διονυσίου γεγενῆσθαι κατὰ τοὺς νόμους Ἀ[ρεοπα]
    28 γείτης οὐκ ἔδειξεν, ἀλλ᾽ εἰ ἔστιν ἐν τούτωι ὡς τῆι ἐξ Ἀρείου πάγου
      βουλῆι προσγραφῆναι δύνασθαι, δι[αγνώ]
      σουσιν οἱ Κυιντίλιοι· διότι δ᾽ ἂν ἀπεωσθείη τῆς κοινωνίας τοῦ
      συνεδρίου τῶν Πανελλήνων [δοκεῖ ἀποδε]
    30 [δ]εῖχθ[αι]υ δικάζοντί μοι περὶ τῆς ἐκκλήτου τῆς πρὸς Εὐφρᾶν
      Νίκωνος γενομένης ᵛ Ποπίλι[ος Πεῖος ἐπὶ]
      τῶι δικαίωι τῆς πολειτείας τῆς Ἀθηναίων μενεῖ καθὰ ἐπέγνωσαν οἱ
      Ἀρεοπαγεῖται· χρὴ [γὰρ τῆς στὰ]
      σεως αὐτῶι τὴν βεβαιότητα ὑπάρχειν καὶ τοῖς ἄλλοις, ὅσοι, τῆι
      δοθείσηι ἐξουσίαι ὑποφθο[ρὰν παθόν]
      τι τά[φ]ου ἐπακολουθοῦντες, τοῖς Ἀρεοπαγείταις τὰ ἑαυτῶν δίκαια
      παρέσχοντο· εἰς δὲ τὸ μέλλο[ν κατὰ]
      τοὺς νόμους καὶ κατὰ τὰ πάτρια ἔθη παραφυλαχθήσονται καὶ
      δοκιμασθήσεται εἴ τις ἐκ γένους [Ἀθηναῖ]
    35 ος ἐστιν·

    47 Ἀγαθοκλεῖ Ἀγαθοκλέους ἡ διὰ τὰς πρεσβείας ἀξίωσι[ς ἃς πα]
    48 ρ᾽ ἐμο[ί] συντελεῖ, ᵛ ἀποδοθήσεται δή· καὶ τῆι πατρίδι καὶ τῶι τῶν
      Ἀρεοπαγείτων συνεδρίωι αἱ ἐγγύαι τῶν [ἐκκλή]
      των δικῶν ἃς ἐποιήσαντο οἱ διοικηταὶ τῶν τοῦ κρ. Ἡρώιδου πρὸς
      Αἴ[λ] Ἀμεινίαν ᵛ ... (ἀποδοθήσονται [line 52]).

    57 ... Ὅσην εἰσφέρομαι σπουδὴν ὑπὲρ τῆς δόξης τῶν Ἀθηνῶν, ὡς τῆς
      παλαιᾶς αὐτὴ[ν ἐ]
      πικρατεῖν σεμνότητος, ἱκανῶς δεδηλωκέναι νομίζω, καὶ ἡνίκα τὸ παρ᾽
      αὐτοῖς ἔκκριτον συνέδριο[ν]
      ἐπαναγαγεῖν ἐπειράθην πρὸς τὸ παλαιὸν ἔθος, καθ᾽ ὃ τούτους μό.ους
      εἰς Ἄρειον πάγον εἰσεδέχον[το]
    60 τοὺς ἀπὸ τῆς τριγονίας ἐξετασθέντας· καὶ εἴθε ἦν περιουσία τῶν
      ἐνδόξων γενῶν, ἵν᾽ ἐξῆι μοι κα[ὶ νῦν]
      ἔτι τὴν γνώμην τὴν ἡμετέραν φυλάξαι, ἀλλ᾽ ἐπειδὴ τὰ συμβάντα διὰ τὴν
      τύχην ὑπολογιζομένου[ς, ἐ]
      φ᾽ οἷς πολλὰς καὶ ἄλλας πόλεις οἶδα θεραπείας εἰς τὰ μάλιστα
      ἐπιδικασαμένας, τὰ μὲν ἐπανιέναι δει [τηι]
      πρὸς τὸ παρεληλυθὸς φιλανθρωπίαι, τὰ δὲ τῆι πρὸς τὸ μέλλον
      αὐτάρκως ἱδρῦσαι, μέχρι τοσούτου συν[θέ]
      μενος Ἀθηναίοις ἐνδώσω ὡς ἐπὶ μὲν τοῦ παρεληλυθότος χρόνου πρὸς
      τοῦτο μόνον ἀφορᾶν εἴ τ[ινι πα]

65 τῆρ εὐγενής, κἄν τις τῶν ἐξ Ἀρείου πάγου διὰ τὸν κανόνα τῆς
τριγονίας ἐξεῶσθαι φαίνηται, τὸ ἀξίωμα ἀ[να]
κομιεῖται, μετὰ ταῦτα δὲ τὸ ἐξ ἀμφοῖν τῶν γονέων εἶναί τινα εὖ
γεγονότων ἀρκέσει. Τοῖς μετὰ τὴν ἐπ[ιστο]
λὴν τὴν ἡμετέραν ἀπελευθέρου πατρὸς οὖσιν καὶ εἰς Ἄρειον πάγον
ἑαυτοὺς ἐνβεβληκόσιν τῆς ἀγν[οίας]
ὥρα π[επαῦ]σθαι· μέντοι τις πρὸ τῆς ἐπιστολῆς ἀπελευθέρου πατρὸς
γεγονὼς ὑπ' οὐδενὸς δικαστηρ[ίου]
τῶν ἐπὶ τούτο[ι]ς ἀποδοθῆναι δυναμένων ἐξεώσθη, μενεῖ ᵛ Ὅσοι μετὰ
τὰ ἡμέτερα γράμματα διὰ τὸ τὸν [πάπ]
70 πον ἀπηλευθερῶσθαι ἢ ὑπεξήχθησαν τῆς ἐν Ἀρείωι πάγωι βουλῆς ἢ
ἑκόντες ὑπεξῆλθον, τὴν τιμήν, ἔ[τι]
ἀπείργονται· τούς γε μὴν ὑπεξστησομένους διὰ τὰ προειρημένα ἐκ τοῦ
συνεδρίου χρὴ μηδὲν ἐκ τοῦ τοι[οῦ]
του π[α]ραλυπεῖσθαι πρὸς τὸ τὰς ἄλλας τιμὰς καὶ τάξεις μετιέναι ᵛ
Εἴ τινες εἶεν ὑπεναντίον τοῖς ὑφ' ἡμῶν ἐ[πε]
σταλμένοις κατειλεγμένοι, οὓς οὐδὲ μετὰ τὴν νῦν ἐξενεχθεῖσαν γνῶσιν
οἵον τέ ἐστιν ἐν Ἀρείωι π[άγωι]
καθῆσθαι, ἀπαλλαττέσθωσαν ἐντὸς ἐνιαυτοῦ· ὃς δ' ἂν καὶ μετὰ τὰ
ἀπηγορευμένα διατελέσηι μένω[ν ἢ καὶ]
75 παρὰ τὰ προγεγραμμένα εἰσδύηται, ἐν ἴσωι ταχθήσεται τοῖς
ὑπεξαχθεῖσιν διὰ τοῦ δικαστηρίου ἐλάττοσί[ν τε]
ἐκ τούτου καὶ ἐν τῶι μετιέναι τὰς καταδεεστέρας τάξεις κ[α]ὶ τιμάς ᵛ
Ἐάν τινες ἐξ Ἀρειοπαγειτῶν ἐν τοῖς [Πανέλ]
ησιν ὄντες τήμερον καταλημφθῶσιν τὴν τριγονίαν παρασχεῖν μὴ
δυνάμενοι, οὐ διὰ τοῦτο ἀπ[εω]
σθήσονται τοῦ συνεδρίου, πρὸς δὲ τὸ μέλλον οὐδεὶς ἄλλος ἐξ
Ἀρεοπαγειτῶν τοῖς Πανέλλησιν ἐνγρα[φή]
σεται ἢ ὅσοι πρὸς τὰς χειροτονίας ἀφικνεῖσθαι δύνανται τὴν
τριγονίαν ἔχοντες. Τὸ πρὸς τὴν βου[λὴν]
80 τῶν Πεντακοσίων φέρον [ἀ]ποχρώντως ἔχει ταύτηι τετάχθαι ὥστε
αὐτοὺς τοὺς καταλεγομένους ε[ὖ γε]
γονέναι.

97 ... εἴ τινες ἐκ πατέρων ἀπε[λευ]
98 θέρων γεγονότες τῆς βουλῆς τῶν Πεντακοσίων ἐξανέστησαν, τούτοις
ἐπανιέναι πάλιν εἰς τὴν [ἐξέ]
τασιν κατὰ [τ]ὰ αὐτὰ συνκεχωρήσθω καθὰ καὶ τοῖς ἐξ Ἀρείου πάγου·
ἀποδεικνύτωσαν δὲ οἱ ἐκ τ[ῆς τῶν]
100 Πεντακοσίων βουλῆς σφᾶς αὐτοὺς ἐν ἐλευθερίᾳ γεγενῆσθαι· χρὴ γὰρ
οὐ τοὺς ἐκ πατέρων ἀπ[ελευ]
θέρων ἀλλὰ τοὺς αὐτοὺς ἀπελευθερωθέν[τα]ς εἴργεσθαι μόνους, ὅπερ
καὶ πρὸς τὸ μέλ[λ]ον [περὶ αὐ]
102 τῶν διηκρίβωται   vacat
43. Hesp. XXX, n.31, ἐπιστολὴ τοῦ Μάρκου Αὐρηλίου καὶ τοῦ Κομμόδου(τῇ ἐξ
Ἀρείου πάγου βουλῇ καὶ τῇ βουλῇ τῶν πεντακοσίων καὶ τῷ δήμῳ τῷ
Ἀθηναίων)   a.176 A.D.

44. *Hesp.* Supple. XII, pp.164 ~ 170[cf. *Hesp.* XXVII, pp.38 ~ 46 and *IG*, II ~ III², 1999+2003+2339] κατάλογος μὲ ὀνόματα(τῶν Ἀρεοπαγιτῶν) ποὺ ἔχει βρεθῆ στὸ Ἐλευσίνιον στὴν Ἀθήνα(Ἀρεοπαγίται)
The epoch of Kommodus
45. *Hesp.* Supple. VIII, p.243 (= *IG*, II ~ III², 1109), ἐπιστολὴ τοῦ Κομμόδου(τ]ῆι ἐξ Ἀρείου πάγου βουλῆι κ[αὶ τῆι βουλῆι τῶν πεντακοσίων καὶ τῶι δήμωι τῶι Ἀθηναίων [χαίρειν]) a.187 A.D.
46. *IG*, II ~ III², 1111, ἐπιστολὴ τοῦ Κομμόδου([τῆι ἐξ Ἀρείου πάγου βουλῆι καὶ τῆι β]ουλῆι τῶν π[εντακοσίων καὶ τῶι δήμωι τῶι Ἀθηναίων Ι χαίρειν)   a.186 ~ 192 A.D.
47. *Hesp.* XXX, n.32. πιθανῶς ἐπιστολὴ τοῦ αὐτοκράτορα (ἀναφορὰ γιὰ τὰ γενέθλια τοῦ αὐτοκράτορα, τὴν ἐξ Ἀρείου πάγου βουλὴ καὶ τὸ ποσὸ τῶν χρημάτων)   2C A.D.(end)
48. *Hesp.* LII, n.4, [ἔδο]ξεν τῆι ἐξ Ἀ[ρείου πάγου βουλῆι ... 8 ... ἐ]πὶ τοῖς [δόγ]μασιν τοῖς [βουλῆς καὶ δήμου ....   2C A.D.(end)
49. *IG*, II ~ III², 1077, τιμητικὸ ψήφισμα γιὰ τὴν οἰκογένεια τοῦ Σεπτιμίου Σεβήρου(line 10 ~ 11 ; [ἡ ἐξ Ἀρείου] πάγου βουλὴ καὶ ἡ βουλὴ τῶν Φ´ καὶ ὁ δῆμος ὁ Ἀθηναί]ί[ων μετὰ τῶν ἀρχόντων ... line 14 ~ 15 ; καὶ τοῦ κή[ρυκος τῆς ἐξ] Ἀρείου πάγου ... line 26 ~ 28 : δεδόχθαι Ι [τῆι] ἐ[ξ Ἀ[ρείου] πάγου βουλῆ καὶ τῆ βουλῆ τῶν Φ καὶ τῷ δήμῳ τῳ Ἀθηναίων)   a.209/10 A.D.
50. *IG*, II ~ III², 1118, νόμος γιὰ ἐμπορία καὶ τιμὴ τῶν καρπῶν c.a.209/10 A.D.
    (b) ... τὴν ἐξ Ἀρείου π[άγου βουλὴν],
    (c) ..Ἀ]ρεοπαγείταις τοὺς ἀτιΙ-- νιοι παραλαβεῖν ὀφε[ιλό]ντ[ων
    (d) ... τὰ χρήματα ὑποσχ[έσθαι ? ...
51. *IG*, II ~ III², 1086, ψήφισμα γιὰ τὴν Ἐλευσίνα (ἀναφορὰ γιὰ ἱεροσυλία)
                                                           3C A.D.(beginning)
    line 11   ... τοῖς ἱε[ρ ...
         12   - Ῥωμαί]ων Αἰραρίῳ φυ[λαχθῆναι ...
         13   ἡ βουλὴ τ]ῶν Ἀρεοπαγει[τῶν -
52. *IG*, II ~ III², 1119,   3 ? C A.D.(beginning)
    line 11   - - - - - ι τοῖς ἱεροσυλίας [ἐπιτιμίοις ?
         12   - - - τῶι Ῥωμα]ίων Αἰραρίωι φυ[λαχθῆναι -
         13   - - - - - - ἡ βο]υλὴ τῶν [Ἀρεοπαγιτῶν
53. *IG*, II ~ III², 1078, ψήφισμα γιὰ τὰ ἱερὰ τῆς Ἐλευσίνας c.a.220 A.D.
    line 36 ... γενέσθαι δὲ τὴν γνώμην ταύτην φα[νερ]-
         37 ἂν καὶ τῆι ἐξ Ἀρείου πάγου βουλῆι καὶ τῆι βουλ[ῆι] τῶν
         38 Φ ᵛ καὶ τῶι ἱεροφάντηι καὶ τῶι γένει τῶν Εὐ[μο]λπιδῶν.
54. *IG*, II ~ III², 2773, προσωπικὴ διαθήκη γιὰ φιλοδωρία (ἀπὸ τὸν κήρυκα τῆς ἐξ Ἀρείου πάγου βουλῆς στὸ σεμνότατο συνέδριο τῶν Ἀρεοπαγιτῶν)
                                                           c.a.240 A.D.
55. *IG*, II ~ III², 13221, ἐπιτύμβια ἐπιγραφὴ μὲ κατάρες καὶ ἀπαράβατους νόμους ποινῶν (Ἀρεοπάγου οἱ ταμίαι)   3C A.D.
56. *Hesp.* XLII, pp.352 ~ 357, ἔδο]ξεν τῆι ἐξ Ι [Ἀρείου πάγου βουλῆι ...

57. *IG*, III, 3848 ? (βουλῆς Ἀρείας)
58. Peek, W., *Kerameikos*. III, *Inschriften, Ostraka, Fluchtafeln*(Berlin, Walter de Gruyter, 1941), Fluchtafeln, 9[p.98]
   line 4   ... Νικίαν καταδῶ, τὰς χεῖρας τοῦ Ἀρεοπαγί[του]
   5 [πρὸς] τὸν Ἑρμεν{εν} τὸν κάτοχον, πόδας την γλῶταν τὸ σῶμα
   6 τὸ Νικίου. ...

B. 헌납[조령의 형식적 서두가 없는 것]

*생략용어   ἡ ἐξ Ἀρείου Πάγου βουλή = Ἀ.π.
             ἡ βουλὴ τῶν Τ, Φ, Χ = Τ, Φ, Χ]
             ὁ δῆμος = δῆμ.

1. *IG*, II ~ III², 3827(Ἀ.π.)   4C B.C.(middle)
2. *Hesp*. X, n.61(ψηφισαμένης τῆς ἐξ Ἀρείου πάγου βουλῆς καὶ τῆς βουλῆς τῶν
   Φ καὶ τοῦ δήμου τοῦ Ἀθηναίων)   2C B.C. ?(end)
3. *IG*, II ~ III², 4104(δῆμ. Ἀ.π.)   c.a.71 B.C.
4.   4106(Ἀ.π., Χ, δῆμ.)   a.a.1 B.C.(middle)
5.   4109(δῆμ. Ἀ.π.)   c.a.50 B.C.
6.   4111(Ἀ.π., Χ, δῆμ.)   c.a.45 B.C.
7.   4113(Ἀ.π.)   a.42 ~ 40 B.C.
8.   4124(Ἀ.π.)   c.a.22 B.C. ?
9. *AJPh*, LXXX(1959), p.368 (ἡ βουλὴ ἡ ἐξ Ἀρήου πάγου)   The epoch of Augustus
10. *SEG*, XIX, 208(Ἀ.π.)   The epoch of Augustus
11. *IG*, II ~ III², 3786(Ἀ.π., Χ, δῆμ. ὁ Ἀθηναίων)   The epoch of Augustus
12.   3787(Ἀ.π., Χ, δῆμ.)   The epoch of Augustus
13.   3788(Ἀ.π., Χ, δῆμ. ὁ Ἀθηναίων)   The epoch of Augustus
14.   3789(Ἀ.π., Χ, δῆμ. ὁ Ἀθηναίων)   The epoch of Augustus
15.   3906(Ἀ.π.)   The epoch of Augustus
16.   3907(Ἀ.π., Χ, δῆμ.)   The epoch of Augustus
17.   4010(Ἀ.π.)   The epoch of Augustus
18.   4128(Ἀ.π.)   c.a.9 B.C.
19.   3243(Ἀ.π.)   p.a.4 B.C.
20.   4126(Ἀ.π., Χ, δῆμ.)   a.4 B.C. or later
21. *Hesp*. XXXII, n.34(Ἀ.π.).   1C A.D.(beginning)
22. *IG*, II ~ III², 2803(Ἀ.π., Χ, δῆμ. ὁ Ἀθηναίων)   1C A.D.(beginning)
23.   3446(Ἀ.π., δῆμ.)   1C A.D.(beginning)
24.   3521(κατὰ τὰ δόξαντα τοῖς Ἀρεοπαγείταις)   1C A.D.(beginning)
25.   3522(Ἀ.π.)   1C A.D.(beginning)
26.   3523(Ἀ.π., Χ, δῆμ.)   1C A.D.(beginning)

27.	3791('Α.π.)	1C A.D.(beginning)
28.	3919('Α.π.)	1C. A.D.(biginning or middle)
29.	3920('Α.π., δῆμ.)	1C A.D.(beginning)
30.	3921('Α.π., Δῆμ.)	1C A.D.(beginning)
31.	3932a('Α.π.)	1C A.D.(beginning)
32.	*Hesp.* VI, n.12(δῆμ. 'Α.π.)	a.14 A.D.
33.	*Hesp.* XXVIII, p.87[= *IG*, II ~ III², 4209]('Α.π., δῆμ. X)	a.14 ~ 37 A.D.
34.	*IG*, II ~ III², 3261('Α.π., X, δῆμ.)	a.14 ~ 37 A.D.
35.	3258('Α.π., δῆμ.)	a.18 A.D.
36.	3259('Α.π., δῆμ.)	a.18 A.D.
37.	343('Α.π.)	p.a.20 A.D.
38.	4171('Α.π., δῆμ.)	c.a.27 ~ 30 A.D.
39.	3238('Α.π., X, δῆμ.)	a.29 A.D.(or later)
40.	3266b('Α.π., X, δῆμ.)	a.37 ~ 41 A.D.
41.	3268('Α.π., X, δῆμ.)	a.41 A.D.
42.	3270('Α.π., X, δῆμ.)	a.41 A.D.
43.	3271('Α.π., X, δῆμ.)	a.42 A.D.
44.	3449('Α.π., X, δῆμ.)	p.a.48 A.D.
45.	3273('Α.π., X, δῆμ.)	a.49 ~ 53 A.D.
46.	*SEG*, XII 158[cf. *IG*, II ~ III², 4176]('Α.π., X, δῆμ.)	1C A.D.(middle)
47.	*SEG*, XII 159[cf. *IG*, II ~ III², 4177]('Α.π., X, δῆμ.)	1C A.D.(middle)
48.	*IG*, II ~ III², 4173('Α.π., X, δῆμ.)	1C A.D.(middle)
49.	3185, ἀφιέρωση γιὰ τὸ δημόσιο μνημεῖο('Εστία καὶ 'Απόλλωνι καὶ Θεοῖς Σεβαστοῖς καὶ τῆι βουλῆι τῆι ἐξ 'Αρείου πάγου καὶ τῆι βουλῆι τῶν ἑξακοσίων καὶ τωι δήμωι)	1C A.D.(middle)
50.	3927('Α.π., X, δῆμ.)	1C A.D.(middle)
51.	3928('Α.π., X, δῆμ.)	1C A.D.(middle)
52.	4043('Α.π., X, δῆμ.)	1C A.D.(middle)
53.	4183('Α.π., δῆμ.)	1C A.D.(middle)
54.	4184('Α.π., X, δῆμ.)	1C A.D.(middle)
55.	4044('Α.π., X, δῆμ.)	p.1C. A.D.(middle)
56.	4232('Α.π., δῆμ.)	p.1C. A.D.(middle)
57.	3535('Α.π., X, δῆμ.)	c.a. 57 A.D.
58.	3277('Α.π., X, δῆμ.)	a.61/2 A.D.
59.	3540(ἀφιέρωση γιὰ τὸν κήρυκα τῆς ἐξ 'Αρείου πάγου βουλῆς ἀπὸ τοὺς ἐννέα ἄρχοντες)	66 A.D.(probably)
60.	3283b('Α.π., X, δῆμ.)	a.69/79 ? A.D.
61.	4193('Α.π., X, δῆμ. ὁ 'Αθηναίων)	a.85/6 ~ 94/5 A.D.
62.	*Hesp.* X, n.32	a.85/6 ~ 94/5

line 1 'Η ἐξ 'Αρείου πάγο]υ βουλ[ὴ ᵛ καὶ ἡ β[ουλὴ τῶν X]

11 [Τὸ κοι]ν[ὸν Να]ρβωνητῶν ἐπαρχείας [τῇ ἐξ 'Αρείου πά]
12 [γου β]ου[λῇ καὶ τ]ῇ βουλῇ τῶν [ἑξ]ακοσίων [vacat]
13   χαίρειν.

29 [Οἱ] ἄρχον[τες καὶ] ἡ [β]ουλὴ Τολωσί[ων ᵛᵛ τῇ ἐξ Ἀ|ρείου
πάγου βουλῇ κ]αὶ τῇ βουλῇ τῶν ἑξακοσίων καὶ τῷ δή]
30 μῳ τῷ [Ἀθηνα]ίων   vacat [χαίρειν I vacat vacat

63.	Hesp. XXVIII, n.9(ʽΑ.π., Χ, δῆμ.)	1C A.D.
64.	Hesp. XXIX, n.54(ʽΑ.π., Χ, δῆμ.)	1C A.D.
65.	Hesp. XXIX, n.91(ʽΑ.π.)	1C A.D.
66.	IG, II ~ III², 2804(ʽΑ.π., Χ, δῆμ.)	1C.A.D.
67.	2805(ʽΑ.π., Χ, δῆμ.)	1C A.D.
68.	2806(ʽΑ.π., Χ, δῆμ.)	1C A.D.
69.	2807(ʽΑ.π., Χ)	1C A.D.
70.	3550(ʽΑ.π., δῆμ.)	1C A.D.
71.	3551(ʽΑ.π., Χ, δῆμ.)	1C A.D.
72.	3931(ʽΑ.π., Χ)	1C A.D.
73.	3932(ʽΑ.π.)	1C A.D.
74.	3933(κατὰ τὸν ὑπομνηματισμὸν Ἀρεοπαγειτῶν καὶ τὸ ἐπερώτημα τῆς βουλῆς τῶν [Φ)	1C A.D.
75.	4198(ʽΑ.π., δῆμ.)	1C A.D.
76.	4200/1(κατὰ τὸ ἐπερώτημα τῆς ἐξ Ἀρείου πάγου βουλῆς)	1C A.D.
77.	4245(καθ᾽ ὑπομνηματισμὸν Ἀρεοπαγειτῶν)	1C A.D.
78.	4199(ʽΑ.π., Χ, δῆμ.)	1C A.D.(probably)
79.	4244(ʽΑ.π., Φ or Χ, δῆμ.)	1C A.D.(probably)
80.	3500(δῆμ. ʽΑ.π., Χ)	1C A.D.(end)
81.	3501(δῆμ. ʽΑ.π., Χ)	1C A.D.(end)
82.	3545(ʽΑ.π., Χ, δῆμ.)	1C A.D.(end)
83.	3546(κηρυκεύσαντα τῆς ἐξ Ἀρείου πάγου βουλῆς)	1C A.D.(end)
84.	4194(ʽΑ.π., δῆμ.)	1C A.D.(end)
85.	3558(ὁ κῆρυξ τῆς ἐξ Ἀρείου πάγου βουλῆς)	1C(end)/ 2C(biginning) A.D.
86.	3952(κατὰ τὸν Ἀρεοπαγειτῶν ὑπομνηματισμόν)	1C(end)/ 2C(biginning) A.D.
87.	Hesp. VIII, n.27(ʽΑ.π., Χ, δῆμ.) ?	c.a.100 A.D.
88.	Hesp. XI, p.348(ʽΑ.π.)	1/2C A.D.
89.	Hesp. XV, n.65(= IG, II ~ III², 4205a) (ʽΑ.πκ, δ¹μ.)	1/2C A.D.
90.	IG, II ~ III², 3566(κατὰ τὸ ἐπερώτημα τῆς ἐξ Ἀρείου πάγου βουλῆς)	1/2C A.D.
91.	3731(ʽΑ.π., Φ or Χ, δῆμ.)	1/2C A.D.
92.	3945(ψηφίσματι τῆς ἐξ Ἀρείου πάγου βουλῆς)	1/2C A.D.
93.	3946(καθ᾽ ὑπομνηματισμὸν Ἀρεοπαγειτῶν)	1/2C A.D.
94.	3947(καθ᾽ ὑπομνηματισμὸν Ἀρεοπαγειτῶν)	1/2C A.D.
95.	4052(καθ᾽ ὑπομνηματισμὸν τῆς ἐξ Ἀρείου πάγου βουλῆς)	1/2C A.D.
96.	4054(καθ᾽ ὑπομνηματισμὸν Ἀρεοπαγειτῶν)	1/2C A.D.
97.	4205(ʽΑ.π., Φ or Χ, δῆμ.)	1/2C A.D.
98.	3008(κατὰ τὰ δόξαντα τῇ ἐξ Ἀρείου πάγου βουλῇ καὶ τῇ βουλῇ τῶν ἑξακοσίων καὶ τῷ δήμῳ)	c.a.112 A.D.
99.	3286(ʽΑ.π., Χ, δῆμ. ὁ Ἀθηναίων)	a.112/3 A.D.

100. *IG*, II ~ III², 3284(Ἀ.π., Χ, δῆμ. ὁ Ἀθηναίων)　　a.113 A.D.(probably)
101.　　3571 (ἡ Ἀρεοπαγειτῶν βουλὴ, Χ, δῆμ.)　　p.a.117/8 A.D.
102.　　3577(κατὰ τὰ δόξαντα τῇ ἐξ Ἀρείου πάγου βουλῇ καὶ τῇ βουλῇ τῶν
　　　　Χ)　　　　　　　　　　　　　　　　　　　　　　a.a.126/7 A.D.
103.　　3798(Ἀ.π., Χ, δῆμ.)　　　　　　　　　　　　　a.119/20 A.D.
104.　　3573(Ἀ.π., Χ, δῆμ.)　　　　　　　　　　　　　c.a.119/20 A.D.
105.　　3589(Ἀ.π., Χ, δῆμ.)　　　　　　　　　　　　　a.122/3 A.D.
106.　　3287(Ἀ.π., Χ, δῆμ.)　　　　　　　　　　　　　a.124 ~ 5 A.D.
107. *Hesp.* Χ, n.42(κατ᾽ ἐπερώτημα Ἀ.π., Φ, δῆμ.)　　p.a.125 A.D.
108. *IG*, II ~ III²,3664(Ἀ.π., Χ, δῆμ.)　　　　　　　a.a.126/7 A.D.
109.　　3799(Ἀ.π., Χ, δῆμ.)　　　　　　　　　　　　　a.a.126/7 A.D.
110.　　3800(Ἀ.π., Χ, δῆμ.)　　　　　　　　　　　　　a.a.126/7 A.D.
111.　　3955(Ἀ.π., Χ, δῆμ.)　　　　　　　　　　　　　a.a.126/7 A.D.
112.　　3956(Ἀ.π., Χ, δῆμ.)　　　　　　　　　　　　　a.a.126/7 A.D.
113.　　4059(Ἀ.π., Χ, δῆμ.)　　　　　　　　　　　　　a.a.126/7 A.D.
114.　　4060(Ἀ.π., Χ, δῆμ.)　　　　　　　　　　　　　a.a.126/7 A.D.
115.　　4064(Ἀ.π., Χ, δῆμ.)　　　　　　　　　　　　　a.a.126/7 A.D.
116.　　4208(Ἀ.π., Χ, δῆμ.)　　　　　　　　　　　　　a.a.126/7 A.D.
117.　　3733(οἱ δεῖνα αἰτησάμενοι παρὰ τῆς ἐξ Ἀρείου πάγου βουλῆς)
　　　　　　　　　　　　　　　　　　　　　　　　　　a.126/7 A.D.
118.　　3600(Ἀ.π., Χ, δῆμ.)　　　　　　　　　　　　　a.a.128/9 A.D.
119. *Hesp.* XVI, n.75(Ἀ.π., Φ, δῆμ.)　　　　　　　　p.a.126/7 A.D.
120. *Hesp.* XVI, n.76[cf. *IG*, II ~ III², 4196](ψηφισαμένης τῆς ἐξ Ἀρεί-ου πάγου
　　βουλῆς καὶ τῆς βουλῆς τῶν Φ καὶ τοῦ δήμου τοῦ Ἀθηναίων)
　　　　　　　　　　　　　　　　　　　　　　　　　　p.a.126/7 A.D.
121. *Hesp.* XXIX, n.57(Ἀ.π., Φ, δῆμος ὁ Ἀθηναίων)　　p.a.126/7 A.D.
122.　　3736(Ἀ.π., Φ, δῆμ.)　　　　　　　　　　　　　p.a.126/7 A.D.
123.　　3957(Ἀ.π., Φ)　　　　　　　　　　　　　　　　p.a.126/7 A.D.
124.　　3958(Ἀ.π., Φ, δῆμ. τῶν Ἀθηναίων)　　　　　　p.a.126/7 A.D.
125.　　3959(Ἀ.π., Φ, δῆμ.)　　　　　　　　　　　　　p.a.126/7 A.D.
126.　　3963(Ἀ.π., Φ, δῆμ.)　　　　　　　　　　　　　p.a.126/7 A.D.
127.　　3964 add.(Ἀ.π., Φ, δῆμ.)　　　　　　　　　　　p.a.126/7 A.D.
128.　　4062(Ἀ.π., Φ, δῆμ. ὁ Ἀθηναίων)　　　　　　　　p.a.126/7 A.D.
129.　　4210(ἐπιψηφισαμένης τῆς ἐξ Ἀρείου πάγου βουλῆς καὶ τῆς βουλῆς
　　　　τῶν Φ ? καὶ τοῦ δήμου τῶν Ἀθηναίων)　　　　p.a.126/7 A.D.
130.　　3578(cf. 4080)(κατὰ ὑπομνηματισμὸν τῆς ἐξ Ἀρείου πάγου βουλῆς)
　　　　　　　　　　　　　　　　　　　　　　　　　　c.a.128/9 A.D.
131.　　3311(Ἀ.π., Φ, δῆμ.)　　　　　　　　　　　　　c.a.132 A.D.
132.　　3312 ? [ἡ ἐξ Ἀρείου πάγου βουλὴ κτλ.]　　　　c.a.132 A.D.
133.　　3584(κατὰ τόν Ἀρεοπαγειτων ὑπομνηματισμὸν)
　　　　　　　　　　　　　　　　　　　　　　a.117 ~ 138(the epoch of Hadrianus)
134. *SEG*, XVIII 82(καθ᾽ ὑπομνηματισμὸν Ἀρεοπαγειτῶν)
　　　　　　　　　　　　　　　　　　　　　　2C A.D.(the epoch of Hadrianus)
135. *IG*, II ~ III², 3737(παρὰ Ἀρεοπαγειτῶν αἰτησάμενοι)　a.136/7 ~ 169/70 A.D.
136.　　3617(Ἀ.π., Φ, δῆμ. ὁ Ἀθηναίων)　　　　　　　a.138 ~ 161 A.D.

137.	IG, II ~ III², 3593(˙Α.π., Φ, δῆμ. ὁ ᾿Αθηναίων)	a.a.139/40 A.D.
138.	3969(ψηφίσματι τῆς ἐξ ᾿Αρείου πάγου βουλῆς καὶ τῆς βουλῆς τῶν	
	πεντακοσίων καὶ τοῦ δήμου τοῦ ᾿Αθηναίων)	a.148/50 A.D.
139.	3594(˙Α.π., Χ, δῆμ.)	p.a.2C A.D.(middle)
140.	3595(˙Α.π., Χ, δῆμ.)	p.a.2C A.D.(middle)
141.	3607(κατὰ τὰ ἐπερώτημα τῶν κρατίστων ᾿Αροπαγειτῶν)	
		2 C A.D.(middle)
142.	3612(˙Α.π., Φ, δῆμ. ὁ ᾿Αθηναίων)	2C A.D.(middle)
143.	3744(˙Α.π.)	2C A.D.(middle)
144.	3967(˙Α.π.)	2C A.D.(middle)?
145.	4071(καθ᾿ ὑπομνηματισμὸν τῆς ἐξ ᾿Αρείου πάγου βουλῆς)	
		2C A.D.(middle)
146.	2959(κατὰ τὸ ἐπερώτημα τῆς ἐξ ᾿Αρείου πάγου βουλῆς)	
		2C A.D.(middle) or a little later
147.	Hesp. Supple. VIII, p.243(IG, II ~ III², 3631+3796)(καθ᾿ ὑπομνηματισμὸν	
	᾿Αρεοπαγειτῶν)	p.2C A.D.(middle)
148.	IG, II ~ III², 3622(˙Α.π., Φ, δῆμ. ὁ ᾿Αθηναίων)	p.2C A.D.(middle)
149.	3625(˙Α.π., Φ, σεμνότατος δῆμος ὁ ᾿Αθηναίων)	
		p.2C A.D.(middle)
150.	3629(˙Α.π., Φ, δῆμ. ὁ ᾿Αθηνναίων)	p.2C A.D.(middle)
151.	3630(˙Α.π.)	p.2C A.D.(middle)
152.	3635(κατὰ τὸ ἐπερώτημα[τῆς ἐξ ᾿Αρείου πάγου βου]ὶ[λῆς)	
		p.2C A.D.(middle)
153.	3637(κατὰ τὸ ἐπερώτημα τῶν σεμνοτάτων ᾿Αρεοπαγειτῶν)	
		p.2C A.D.(middle)
154.	3804(οἱ δεῖνα αἰτησάμενοι παρὰ τῆς ἐξ ᾿Αρείου πάγου βουλῆς)	
		p.2C A.D.(middle)
155.	3982(κατὰ τὸν ὑπομνηματισμὸν τῶν ᾿Αρεοπαγειτῶν, καὶ τὸ	
	ἐπερώτημα τῆς βουλῆς τῶν Φ καὶ τοῦ δήμου)	p.2C A.D.(middle)
156.	4075(ἀφιέρωση γιὰ τὸν κηρυκεύσαντα τῇ ἐξ ᾿Αρείου πάγου βουλῇ ...	
	τὴν γυναίκα)	p.2C A.D.(middle)
157.	4073(τῆς ἐξ ᾿Αρείου πάγου βουλῆς ψηφισαμένης)	p.a.160 A.D.
158.	4212(ψηφισαμένης τῆς ἐξ ᾿Αρείου πάγου βουλῆς)	c.a.160 A.D.
159.	3652(κατὰ τὸ ἐπερώτημα τῆς ἐξ ᾿Αρείου πάγου βουλῆς)	p.a.161 A.D.
160.	3592(˙Α.π., Φ, δῆμ.)	165/6 ~ 168/9 A.D.
161.	3984(καθ᾿ ὑπομνηματισμὸν τῆς ἐξ ᾿Αρείου πάγου βουλῆς)	
		c.a.166/7 A.D.
162.	3985(καθ᾿ ὑπομνηματισμὸν τῆς ἐξ ᾿Αρείου πάγου βουλῆς)	
		c.a.166/7 A.D.
163.	3606 (ἀφιέρωση γιὰ τὴν ἐπιστροφὴ τοῦ Ἡρώδου τοῦ ᾿Αττικοῦ)	
		c.a.175 A.D.
	line 24 τῶν δ᾿ ὄπιθεν βουλὴ κεκριμένη Κεκρόπων	
	25 ἔξαιτος προτέρῳ κίον ἀθρόοι, ἡ μὲν ᾿Αρείω[ν],	
	26 ἡ δ᾿ ἑτέρη μείων ἕσπετο τῇ κατόπιν	
164.	3613(κατ᾿ ἐπερώτημα ᾿Α.π., Φ, δῆμ.)	c.a.186 A.D.
165.	SIG³, 856 ?(ἐπερώτημα τῶν κρατίστων ᾿Αρεοπαγειτῶν)	2C A.D.

166. *Hesp.* XV, n.66(Ἁ.π., δῆμ.) 2C A.D.
167. *IG*, II ~ III², 3197([ἡ] ἐξ Ἀρείο[υ πάγου βουλὴ]ǀ [Ἀσ]κληπίῳ [καὶ Ὑγιείᾳ])
2 C A.D.
168. 3987(Ἁ.π.) 2 C A.D.
169. 3988(Ἁ.π., Φ, δῆμ.) 2 C A.D.
170. 3989(κατὰ τὰ δόξαντα τῇ ἐξ Ἀρείου πάγου βουλῇ) 2 C A.D.
171. 4078(Ἁ.π., Φ, δῆμ.) 2C A.D.(probably)
172. 3616(ἀφιέρωση ἀπὸ τοὺς Ἁ.π., Φ, δῆμ. γιὰ τὸν στρατηγήσαντα, βασιλεύσαντα, καὶ κηρυκεύσαντα τῆς ἐξ Ἀρείου πάγου βουλῆς)
2C A.D.(end)
173. 3643(ψηφισαμένης τῆς ἐξ Ἀρείου πάγου βουλῆς) 2C A.D.(end)
174. 3647(Ἁ.π., δῆμ.) 2C A.D.(end)
175. 3806(ψηφισαμένης τῆς ἐξ Ἀρείου πάγου βουλῆς) 2C A.D.(end)
176. 3986(Ἁ.π.) 2C A.D.(end)
177. 4195(Ἁ.π.) 2C A.D.(end)
178. 3803(κατ᾽ ὑπομνηματισμὸν τῆς ἐξ Ἀρείου πάγου βουλῆς) p.2 C A.D.
179. *Hesp.* XXIX, n.58(ἡ ἐξ Ἀρήου π]άγου βο[υλὴ καὶ ἡ βου]λὴ τῶν Φ´ καὶ Ἀθηναίων ὁ δῆμ]ος) 2/3C A.D.
180. *Hesp.* XXX, n.108(Ἁ.π., Φ or X, δῆμ.) 2/3C A.D.
181. *Hesp.* XXX, n.109(κατὰ τὰ δόξαντα Ἁ.π., Φ or X, δῆμ.) 2/3C A.D.
182. *Hesp.* XXXII, n. 72(κατὰ ἐπερώτημα τῶν σεμνοτάτων Ἀρεοπαγι-τῶν)
2/3C A.D.
183. *Hesp.* XXXII, n. 73(ἀφιέρωση(κατὰ ἐπερώτημα τῶν σεμνοτάτων Ἀρεοπαγιτῶν) 2/3C A.D.
184. *IG*, II ~ III², 3672(οἱ συνάρχοντες αἰτησάμενοι παρὰ τῆς ἐξ Ἀρείου πάγου)
2/3C A.D.
185. 3678(κατὰ ὑπομνηματισμὸν τῆς ἐξ Ἀρείου πάγου βουλῆς καὶ ἐπερώτημα τῆς βουλῆς τῶν Φ καὶ τοῦ δήμου) 2/3C A.D.
186. 3760(κατὰ τὸ ἐπερώτημα τῶν Ἀρεοπαγειτῶν) 2/3C A.D.
187. 3809(Ἁ.π.) 2/3C A.D.
188. 3995(δόγματι Ἀρεοπαγειτῶν) 2/3C A.D.
189. 3659(κατὰ τὰ δόξαντα < τῇ ἐξ Ἀρείου πάγου βουλῇ) c.a.200 A.D.
190. 3656(κατὰ τὸ ἐπερώτημα τῶν Ἀρεοπαγειτῶν) 3C A.D.(beginning)
191. *Hesp.* XXXIII, n.74 (= *IG*, II ~ III², 4004)(ψηφισαμένης τῆς ἐξ Ἀρείου πάγου βουλῆς) 3C A.D.(beginning)
192. *IG*, II ~ III², 3666(γιὰ τὸν κήρυκα τῆς ἐξ Ἀρείου πάγου βουλῆς)
3C A.D.(beginning)
193. 3688(γιὰ τῆ θυγατέρα τοῦ κηρυκεύσαντος τῆς ἐξ Ἀρείου πάγου βουλῆς) 3C A.D.(beginning)
194. 3812(κατὰ τὰ δόξαντα Ἀρεοπαγείταις) 3C A.D.(beginning)
195. 4005(Ἁ.π.) 3C A.D.(beginning)?
196. 4087(γιὰ τῆ θυγατέρα τοῦ κηρυκεύσαντος τῆς ἐξ Ἀρείου πάγου βουλῆς) 3C A.D.(beginning)
197. 4088(Ἁ.π., Φ, δῆμ.) 3C A.D.(beginning)
198. 4217(Ἁ.π.) 3C A.D.(beginning)

199.	IG, II ~ III², 3712('Α.π., Φ or X, δῆμ.)	c.a.211 ~ 218 A.D.
200.	Hesp. XII, n. 25('Α.π., Φ, δῆμος ὁ Ἀθηναίων),	a.215 ~ 217 A.D.
201.	Hesp. IV, n. 27('Α.π.)	a.218/9 A.D.(a little later)
202.	IG, II ~ III², 3689/3690, ἀφιέρωση γιὰ τὸν λαμπρότατον ἀνθύπατον Καλύδιον Ἰλλυριόν, Ἀρεοπαγείτην καὶ εὐεργέτην	a.225/50 A.D.
203.	3765(ψηφισαμένης τῆς ἐξ Ἀρείου πάγου βουλῆς)	a.226/7 ~ 234/5 A.D.
204.	4006(βουλῆς με Ἀρείας ψῆφος)	c.a.230 A.D. ?
205.	3697(δόγματι τῶν κρατίστων Ἀρεοπαγειτῶν)	a.3C A.D.(middle)
206.	3698(δόγματι τῶν κρατίστων Ἀρεοπαγειτῶν)	a.3C A.D.(middle)
207.	3704(ψηφισαμένης τῆς ἐξ Ἀρείου πάγου βουλῆς)	a.3C A.D.(middle)
208.	3667(κατὰ τὰ δόξαντα τῳ συνεδρίῳ τῶν Ἀρεοπαγειτῶν)	3C A.D.(middle)
209.	3668('Α.π., Φ)	3C A.D.(middle)
210.	3705(δόγματι Ἀρεοπαγειτῶν αἰτησαμένου τοῦ ἐπωνύμου ἄρχοντος)	3C A.D.(middle)
211.	3669(κατὰ τὸ ἐπερώτημα τῆς ἐξ Ἀρείου πάγου βουλῆς καὶ τῆς βουλῆς τῶν >ΨΝ< καὶ τοῦ δήμου τοῦ Ἀθηναίων)	c.a.269/70 A.D.
212.	3817('Α.π.)	3C A.D.
213.	4221('Α.π., δῆμ.)	3C A.D.
214.	3247('Α.π., X)	a.4C A.D.
215.	3716('Α.π., T)	4C A.D.
216.	4222(ἡ ἐξ Ἀρείου πάγου βουλὴ καὶ ἡ βουλὴ τῶν τριακοσίων καὶ ὁ δῆμος ὁ Ἀθηναίων γιὰ τὸν "λαμπρότατον ἀνθύπατον τῆς Ἑλλάδος 'Ρούφιον Φῆστον καὶ Ἀρεοπαγείτην)	4C A.D.(end)
217.	Hesp. XXXIII, p.64	c.a.400 A.D.

τοῦτον καὶ μετὰ πότμον ἀθωπευτοῖς γλυφίδεσσ[ι]
ὁ στεγανὸς τῖσεν Πάγος Ἄρεος οὕνεκα πύργους
τείχεος ἕρκος ἔτευξεν Ἰάμβλιχος ὄλβον ὁπάσσας ...

218.	Hesp. XVI, n.8('Α.π., Φ or X, δῆμ.)	Roman period
219.	Hesp. XVI, n.9(δόγματι Ἀρεοπαγειτῶν)	Roman period
220.	IG, II ~ III², 3721('Α.π., X, δῆμ.)	Emperial period
221.	4011(κατὰ τὸ ἐπερώτημα τῆς ἐξ Ἀρείου πάγου βουλῆς)	Emperial period
222.	4012(καθ᾽ ὑπομνηματισμὸν τῆς ἐξ Ἀρείου πάγου βουλῆς)	Emperial period
223.	4091(κατὰ τὰν ὑπομνηματισμὸν τῆς ἐξ Ἀρείου πάγου βουλῆς)	Emperial period
224.	4228(... τῆς ἐξ Ἀρείου πάγου βουλῆς καὶ τοῦ δήμου)	Emperial period
225.	4017(ἀφιέρωση γιὰ τὸν Ἀρεοπαγείτη)	
226.	IG, III, 957('Α.π., Φ or X, δῆμ.)	

    958   ('Α.π., X[or Φ ?], δῆμ.)
    959   ('Α.π., X[or Φ])·
    961, ἀφιέρωσα ?('Α.π., Φ or X)
    962   ('Α.π.)· 963('Α.π., X[or Φ], δῆμ.)
    963a ('Α.π., Φ or X)· 963b('Α.π., X)

4. 아레오파고스에 관한 금석문사료 **371**

963d (Ἀ.π.)
964 ? (Κατὰ τὸ ἐπ]ερώ[τημα τῆς β]ουλῆ[ς τῆς ἐξ Ἀρείου πάγο]υ)
965c ([Κατὰ τὸ ἐπερ]ώτημα| [τῆς ἐξ Ἀρείου πάγου β]ουλῆς)
965b ([Κατὰ τὸ] ἐπερώτ[ημα| [τῆς ἐξ Ἀρεί]ου πάγου [βουλῆς])
965e (ψη<φίσματι[or φισαμένης> τῆς ἐξ Ἀρείου]| πάγ[ου βουλῆς)
966a ?(καθ᾽ ὑπομνη|[μα]τισμὸν| [τῆς ἐξ Ἀρείου πάγου βουλῆς])·
966b (κα[τὰ τὸν ὑπομνημα]|τισ[μὸν τῆς ἐξ Ἀ]|ρε[ίου πάγου βουλῆς]| κα[ὶ τὸ ἐπερώτημα τῆ]|ς τ[ῶν............])
966e (Ἀ.π.)
968 (Ἀ.π., Φ or Χ, δῆμ.)
969, ἀφιέρωση ?(Ἀ.π., δῆμ.)

5 참고문헌

Andrewes, A., "The growth of the Athenian State", in *Cambridge Ancient History*, v.3 part 3⟨2nd ed.⟩, ed. J. Boardman · N.G.L. Hammond. London, 1982.

Bengtson, H., *Griechische Geschichte : von den Anfängen bis in die Römische Kaiserzeit* ⟨5th ed.⟩. München, 1977.

_____, *Die Staatsverträge des Altertums*, v.2 [*Die Verträge der Griechisch-Römischen Welt von 700 bis 338 v.chr.*] München/Berlin, 1962.

Bers, V., "Solon's law forbidding Neutrality and Lysias 31"(*Historia*, XXIV, 1975). pp. 493~98.

Beloch, K.J., *Griechische Geschichte*⟨2nd ed.⟩, v.1, part 1, 2. Strassburg, 1912/1913 : v.2, part 1~2. Strassburg, 1914/1916.

Bleckmann, F., *Griechische Inschriften zur Griechischen Staatskunde*. Bonn, 1913.

Böckh, A., *De Areopago per Ephialten Imminuto*. Index Lectionum. *Philologie und Pädagik*. Heft 4, 1826.

Bonner, R.J. & Smith, G., *The Administration of Justice from Homer to Aristotle*, v.1~2. Chicago, 1930/1938.

Borecky, B., "Die politische isonomie"(*Eirene*, IX, 1971), pp.5~24.

Brown, A.L., "The Erinyes and the Oresteia : Real Life, the Supernatural and the Stage" (*JHS*, CIII, 1983), pp.13~34.

Bury, J.B. · R. Meiggs, *A History of Greece*⟨4nd ed.⟩. London, 1975.

Busolt, G., *Griechische Geschichte*, v.3, part 1~2. Gotha, 1897/1904.

Busolt, G. · Swoboda, H., *Griechische Staatskunde*, v.1~2. München, 1920/1926.

Cawkwell, G.L., "Nomophylakia and the Areopagus"(*JHS*, CVIII, 1988), pp.1~22.

Chevalier, J., *Etude critique du dialogue pseudo-platonicien l'Axiochos sur la mort et sur l'immortalité de l'ame* [non vidi, cf. Ch. Pelekidis, *Histoire de l'éphébie attique des origines à 31 a.J.Ch.* Paris, 1962, p.52, n.1]

Christophilopoulos, A.P., "nomophylakes kai Thesmophylakes"(*Platon*, XX, 1968), pp. 134~43.

Class, M., *Gewissenregungen in der Griechischen Tragrödie*. Hildesheim, 1964.

Cohn, L., *Berliner Philologische Wochenschrift*(XLIV, 1893), pp.1393~9.

Coman, J., *L' Idée de la Némésis chez Eschyle*. Lib. Felix Alcan. Paris, 1931.

Conacher, D.J., *Aeschylus' Oresteia : A Literary Commentary*. Toronto, 1987.

Davies, J.F., *The Eumenides of Aeschylus*. Dublin, 1885.

Dawe, R.D., "Inconsistency of plot and character in Aeschylus' Agamemnon"(*Phoenix*, XXX, 1976), pp.328~36

Day, J. · Chambers, M., *Aristotle's History of Athenian Democracy*. Berkeley/Los Angeles, 1962.

Deman, M.A., "Le régime de l' Areopage de 493 à 462 an. J.C."(*RBPh*, XXXII, 1954), p. 1300.

Denniston, J.D. · Page, D., eds. *Aeschylus, Agamemnon*. Oxford, 1957.

Develin, R., "Solon's Law on Stasis"(*Historia*, XXVI, 1977), pp.507~8.

Dirksen, H.J., *Die Aischyleische Gestalt des Orest*. Nürnberg. 1965.

Dodds, E.R., Morals and Politics in the Oresteia(*PCPS*, CLXXXVI, 1963), pp.19~31[cf. rep. *The Ancient Concept of Progress*. Oxford, 1973, pp.43~63]

Dover, K.J., "The political aspect of Aeschylus' Eumenides"(*JHS*, LXXVII, 1957), pp.230~7.

Drake, B., *Aeschyli, Eumenides, The Greek Text with English Notes*. Cambridge, 1853.

Drerup, E., "Über die beiden Attischen Rednern eingelegten Urkunden"(*Jahrb. f. kl. Philol.* Supple. XXIX, 1898), pp.221~365.

Dyer, R.R., "The evidence of purification rituals at Delphi and Athens"(*JHS*, LXXXIX, 1969), pp.38~56.

Ehrenberg, V., *From Solon to Socrates, Greek History and Civilization during the Sixth and Fifth Centuries B.C.* London, 1968.

_____, "Das Harmodioslied"(*WS*, LXIX, 1956), pp.57~69.

_____, "Origins of Democracy"(*Historia*, I, 1950), pp.515~48.
Ferguson, W.S., "The Laws of Demetrius of Phalerum and their Guardians"(*Klio*, XI, 1909), pp.265~76
_____, "Researches in Athenian and Delian Documents, III"(*Klio*, IX, 1909), pp.328~30.
Forchhammer, P.W., *De Areopago : Non Privato per Ephialten Homicidii Judiciis contra Böckhium Disputato. Particula Quaestionum Areopagiticarum*. Kiliae, 1828.
Fornara, C.W., "The Cult of Harmodios and Aristogeiton"(*Philologus*, CXIV, 1970), pp. 155~80.
Von Fritz, K., "Nochmals das Solonische Gesetz gegen Neutralität im Bürgerzwist" (*Historia*, XXVI, 1977), pp.245~47.
Fuks, A., *The Ancestral Constitution*. London, 1953.
Gagarin, M., *Aeschylean Drama*. Berkeley/Los Angeles, 1976.
_____, *Drakon and Early Athenian Homicide Law*. New Haven/London, 1981.
_____, "The thesmothetai and the earliest Athenian tyranny law"(*TAPhA*, CXI, 1981), pp. 71~7.
_____, "The vote of Athena"(*AJPh*, XCVI, 1975), pp.121~7.
Geagan, D.J., *The Athenian Constitution after Sulla. Hesperia*. Supple. XII. Princeton, 1967.
_____, "A law code of the first Century B.C."(*Hesperia*. XL. 1971), pp.101~8.
_____, "Ordo Areopagitarum Atheniensium" in *Phoros. Tribute to D.M. Bejamin*. ed. W. Bradeen · M.F. McGregor. N.Y., 1974. pp.51~6.
Gernet, L., *Lysias*, v.1. ed. Budé. Paris, 1924.
Gilbert, G., "Beiträge zur Entwicklungsgeschichte des Griechischen Gerichtsverfahrens" (*Jahrb. f. Klass. Philol*. Supple. XXIII, 1896), pp.445~535.
_____, *Handbuch der Griechischen Staatsalterthümer*. v.1⟨2nd ed.⟩ [*Der Staat der Lakedaimonier und der Athener*]. Leipzig, 1893.
Gleue, H., *De Homicidarum in Areopago Atheniensi Iudicio*. Dissertatio. Göttingae, 1894.
Glotz, G., *La Cité Grecque*. Paris, 1928.
Glotz, G. · Cohen, R., *Histoire Greque*, v.3. Paris, 1941.
Goldstein, J. A., "Solon's law for an activist citizenry"(*Historia*, XXI, 1972), pp.538~45.
Gomme, A.W., *A Historical Commentary on Thucydides*, v.2~3. Oxford, 1956.
_____, *More Essays in Greek History and Literature*. Oxford, 1962.

Gröneboom, P., *Commentary on Eumenides*. Groningen, 1952.
Grote, G., *History of Greece*, v.3~4⟨2nd ed.⟩ : v.5⟨1st ed.⟩. London/John, 1849.
Harrison, A.R.W., *The Law of Athens*, v.2〔Procedure〕. Oxford, 1971.
Hansen, M.H., *Apagoge, Endeixis and Ephegesis against Kakourgoi, Atimoi and Pheugontes*. Odense U. Class. Studies, VIII. Odense, 1976.
_____, *Eisangelia. The Sovereignty of the People's Court in Athens in the Fourth Century B.C. and Impeachment of Generals and Politicians*. Odense U. Class. Studies, VI. Odense, 1975.
Hansen, M.H. · Elkrog, B., "Areopagosrädets Historie i 4 Årh. og. Samtidens forestillinger om Rädets Kompetens för Efialtes"(*Museum Tusculanum*. Köbenhavn : Inst. för Klassik Filologi, XXI~XXII, 1973), pp.17~47.
Headlam, W., "The last scene in the Eumenides"(*JHS*, XXVI, 1906), pp.268~77.
_____, "Notes on early Athenian History"(*CR*, VI, 1892), pp.249~53, 293~98.
Von Heraldus, *Animadversiones in Ius Atticum et Romanum* [non vidi, cf. J.H. Lipsius, *Das Attische Recht und Rechtsverfahren*, p.605〕
Hermann, G., *Aeschyli Tragoediae*, ii. Leipzig, 1852.
Hermann, K.F. · Th. Thalheim, *Lehrbuch der Griechischen Staatsalterthümer*⟨3rd ed.⟩. Freiburg/Tübingen, 1884.
Hignett, C., *A History of the Athenian Constitution*. Oxford, 1952.
Hirzel, R., *Agraphos Nomos*. Leipzig, 1900 〔*Abhandlungen der Königlichen Sächsischen Gesellschaft der Wissenschaften, philologisch · historischen Classe*, XX, no.1〕
Ireland, S., *Aeschylus. Greece and Rome* : New Surveys in the Classics. No. XVIII, 1986.
Jacoby, F., *Atthis : The Local Chronicles of Ancient Athens*. Oxford, 1949.
_____, *Die Fragmente der Griechischen Historiker*(*FGH*), v.3b, Supple. i~ii. Leiden, 1954.
Jaeger, W., "The date of Isokrates' Areopagiticus and the Athenian opposition" in *Athenian Studies Presented to W.S. Ferguson*. HSCPh, Supple. I. Cambridge, Mass., 1940(rep. N.Y., 1973), pp.409~50.
Jones, J., *On Aristotle and Greek Tragedy*. London, 1962.
Kahrstedt, U., "Untersuchungen zu Athenischen Behörden. i. Areopag und Epheten"(*Klio*, XXX, 1937), pp.10~33.
Kaibel, G., *Stil und Text der Athenaion Politeia des Aristoteles*. Berlin, 1893.
Keil, B., *Anonymus Argentinensis. Fragmente zur Geschichte des Perikleischen Athen aus*

einem Strassburger Papyrus. Strassburg, 1902 [non vidi, cf. U. Wilcken, "Der Anonymus Argentinensis"(Hermes, XLII, 1907), p.412 : J.H. Lipsius, Das Attische Recht und Rechtsverfahren, p.35]

_____, Beiträge zur Geschichte des Areopags. Leipzig, 1920 [Berichte über die Verhandlungen der Sächsischen Academie der Wissenschaften. Band LXXI, 1919, Heft 8]

_____, Die Solonische Verfassung in Aristoteles Verfassungsgeschichte Athens. Berlin, 1892.

Kirchner, I., Prosopographia Attica, v.1~2. Berlin, 1901/1903.

Kleine Pauly, v.5, ed. K. Ziegler, W. Sontheimer & H. Gärtner. München, 1975.

Lang, M., "A note on Ithome"(GRBS, VIII, 1967), p.267~73.

_____, "Cleon as the anti-Pericles"(CPh, LXII, n.3, 1972), pp.159~69.

Lange, L., "Die Epheten und der Areopag vor Solon"(Abhandlungen der Königlichen Sächsischen Gesellschaft der Wissenschaften, philologische-historischen Classe, XVII, Leipzig, 1874), pp.189~263.

Laqueur, R., "Die Litterarische Stellung des Anonymus Argentinensis"(Hermes, XLIII, 1908), pp.220~28.

Latte, K., "Mord"(RE, XVI, part 1, 1933), pp.278~89.

Ledl, A., "Zum Drakontischen Blutgesetz"(WS, XXXIII, 1911), pp.1~36.

_____, Studien zur älteren Athenischen Verfassungsgeschichte. Heidelberg, 1914.

Lesky, A., "Decision and responsibiliry in the tragedy of Aeschylus"(JHS, LXXXVI, 1966), pp.78~85.

_____, A History of Greek Literature, trans. in Eng. London, 1966. [1st ed. Geschichte der Griechischen Literatur. Bern, 1957/1958 ; 2nd. ed. 1963]

Lewis, D.M., "The Areopagus"(CR, XL, 1990), pp.356~358.

Lipsius, J.H., "Die Archonten im Areopag"(Leipziger Studien zur Klassischen Philologie, IV, 1881), pp.151~6.

_____, Das Attische Recht und Rechtsverfahren : mit Benutzung des Attischen Processes von M.H.E. Meier und G.F. Schömann dargestellt. v.1~3. Darmstadt, 1905/15.

Lipsius, J.H. · Schömann, G.F., Griechische Alterth mer. cf. Schömann, G.F.

Livingstone, R.W., "The problem of the Eumenides of Aeschylus"(JHS, XLV, 1925), pp.120~31.

Lloyd-Jones, H., The Eumenides by Aeschylus. Englewood Cliffs, 1970.

_____, *The Justice of Zeus*. Berkeley and Los Angeles. 1971.

MacDowell, D.M., *Andokides on the Mysteries*. Oxford, 1962.

_____, *Athenian Homicide Law in the Age of the Orators*. Edinburgh, 1963.

_____, *The Law in Classical Athens*. N.Y., 1978.

Mackendrick, P., *The Athenian Aristocracy, 399~31 B.C.* Martin Class. Lect. XIII. Cambridge, Mass., 1969.

Macleod, C W., "Politics and the Oresteia"(*JHS*, CII, 1982), pp.124~44.

Martin, J., "Von Kleisthenes zu Ephialtes zur Entstehung der Athenischen Demokratie" (*Chiron*, IV, 1974), pp.5~42.

Mathieu, G., *Aristote, Constitution d' Athènes : Essai sur la méthode suivie par Aristote dans la discussion des testes*. Bibl. Ec. Haut. Et.(ccvi). Paris, 1915.

Meier, M.H.E. & Schömann, G.F., *Der Attische Process*. Halle, 1824.

Meritt, B.D., "Law against tyranny" in "Greek inscriptions"(*Hesperia*, XXI, 1952), pp. 355~9.

Meursius, I., *De Areopago*. Leiden, 1624.

Meyer, Ed., *Geshcichte des Altertums*, v.2⟨1st ed.⟩. Stuttgart, 1893 : v.3⟨2nd ed.⟩. Stuttgart, 1937 : v.5⟨1st ed.⟩. Stuttgart, 1902.

Miltner, Fr., "Die Datierung des Areopagitikos des Isokrates"(*MVPhW*, I, 1924), pp.42~6.

Momigliano, A., *Entretiens sur l' antiquité classique*, XIII(1966), p.204〔non vidi, cf. *Kleine Pauly*, v.5, p.105, H. Volkmann, s.v. Senatus〕.

Mossé, C., "A propos de la loi d' Eucrates sur la tyrannie(338~337 av.J.C.)"(*Eirene*, VIII, 1970), pp.71~8.

Müller, K.O., *Aeschylos, Eumeniden*. Göttingen, 1833.

Oliver, J.H., "Areopagites"(*Hesperia*, XXVII, 1958), pp.38~46.

_____, *Greek Constitutions of Early Roman Emperors from Inscriptions and Papyri*. Philadelphia, 1989.

Ostwald, M., "The Athenian Legislation against Tyranny and Subversion"(*TAPhA*, LXXXVI, 1955), pp.103~128.

_____, *Nomos and the Beginnings of the Athenian Democracy*. Oxford, 1969.

_____, *The Unwritten Laws and the Ancestral Constitution of Ancient Athens*. Diss. (partial fulfillment). Columbia U., 1952.

_____, "Was there a concept of agraphos nomos in Classical Greece ?" in *Exegesis* and Argument. Studies in Greek Philosophy Presented to G. Vlastos. ed. E.N. Lee, A.P. D. Mourelatos & R.M. Rorty : Phronesis Supple. I, 1973. Assen Van Forcum. pp.70〜104.

Papamichalopoulos, K.N., *The Areopagos in the ancient Athens*. Athens. 1881.

Passow, W., *De Crimine Bouleuseos*. Göttingae, 1886.

Pelekidis, Ch., *Histoire de l' ph bie attique des origines à 31 a.J.Ch*. Paris, 1962.

Philippi, A., *Der Areopag und die Epheten*. Berlin, 1874.

_____, "Der Athenische Volksbeschluss von 409〜8"(*Neue Jahrbücher für Philologie und Pädagogik*, CV, 1872), pp.577〜607.

Podlecki, A.J., *The Political Background of Aeschylean Tragedy*. Ann Arbor, 1966.

Raubitschek, A.E., "The origin of Ostracism"(*AJA*, LV, 1951), pp.221〜9.

Reinach, T., "Aristote ou Critias"(*REG*, IV, 1891), pp.143〜58.

Reinhardt, K., *Aischylos als Regisseur und Theologie*. Bern, 1949.

Rhodes, P.J., *The Athenian Boule*. Oxford, 1972.

_____, *A Commentary on the Aristotelian Athenaion Politeia*. Oxford, 1981.

_____, "Eisangelia in Athens"(*JHS*, XCIX, 1979), pp.103〜14.

_____, "Athenaion Politeia, 23〜8"(*LCM*, I, 1976), pp.147〜54.

Ruschenbusch, E., "Ephialtes"(*Historia*, XV, 1966), pp.369〜76.

_____, "Patrios Politeia. Theseus, Drakon, Solon und Kleisthenes in Publizistik und Geschichtsschreibung des 5 und 4 Jahrhunderts v. Chr."(*Historia*, VII, 1958), pp.398〜424.

_____, *Solonos Nomoi. Die Fragmente des Solonischen Gesetzeswerkes mit einer Text und Überlieferungsgeschichte*. Historia. Einzelschriften, Heft 9. Wiesbaden, 1966.

_____, "Phonos : Zum Recht Drakons und seiner Bedeutung, für das Werden des Athenischen Staates"(*Historia*, IX, 1960), pp.129〜54.

De Sanctis, G., *Atthis, Storia della Republica Ateniese*〈2nd ed.〉. Torino, 1912.

Sandys, J.E., *Aristotle's Constitution of Athens*〈2nd ed.〉. London, 1912.

Schömann, C.G., "Jahresbericht über die Griechischen Antiquitäten"(*Philologus*, I, 1846), pp.705〜32.

Schömann, G.F., "Die Epheten und der Areopag"(*Neue Jahrbücher für Philologie und Pädagogik*, CXI, 1875), pp.153〜65["De Areopago et Ephetis"(*Opusc. Acad*. I, 1856), pp. 190〜9 = Griefswald, 1833]

Schömann, G.F. · Lipsius, J.H., *Griechische Alterthümer*, v.1⟨4th ed.⟩[*Das Staatswesen*]. Berlin, 1897.

Schömann, G.F. · Meier, M.H.E., *Der Attische Process*. cf. Meier, M.H.E.

Schreiner, J.H., *Aristotle and Perikles*. SO. Supple. XXI, 1968.

―――, "Athenian Politeia 23~8"(*LCM*, III, 1978). pp.213~14

Sealy, R., "The Athenian courts for homicide"(*CPh*, LXXVIII, 1983), pp.155~80.

―――, "Ephialtes"(*CPh*, LIX, 1964), pp.11~22[rep. *Essays in Greek Politics*. N.Y., 1965. pp.42~58]

―――, "Ephialtes, Eisangelia and the Council"(in *Studies in Honour of M.E. McGregor*. ed. G.S. Schrimpton & D.J. McGregor. N.Y., 1981), pp.125~34.

―――, *A History of the Greek City-State ca. 700~338 B.C.* London, 1976.

―――, "On penalizing Areopagites"(*AJPh*, LXXIX, 1958), pp.71~3.

Sheppard, J.T., *Aeschylus. The Prophet of Greek Freedom*. The Interpreter Series, v. IV. N.Y., 1974.

Shorey, p., *Plato, Republic*, v.2. Loeb Class. Lib. Cambridge Mass., 1935.

Sidgwick, A., *Aeschylus, Eumenides*. Oxford, 1887.

Smertenko, C.M., "The political sympathies of Aeschylus"(*JHS*, LII, 1932), pp.233~5.

Smith, G., "Dicasts in the Ephetic Courts"(*CPh*, XXII, 1927), pp.61~70.

Smith, S.B., "The establishment of the public courts at Athens"(*TAPhA*, LVI, 1925), pp. 106~19.

Smyth, H.W., *Aeschylean Tragedy*. Cambridge, Mass., 1924[rep. N.Y., 1969]

Solmsen, F., *Hesiod and Aeschylos*. N.Y., 1949.

Starker, J., *De Nomophylacibus Atheniensium*. Diss. Breslau, 1880[non vidi, cf. W.S. Ferguson, "The laws of Demetrius of Phalerum and their guardians"(*Klio*, XI, 1911), pp. 274~5]

Sundwall, j., *Epigraphische Beiträge zur sozial-politischen Geschichte, Athens in Zeitalter des Demosthenes*. Klio. Beiheft 4. Leipzig, 1906.

Thalheim, Th., "Areios Pagos"(*RE*, II, part 1, 1895), pp.627~33.

―――, "Eisangeliegesetz in Athen"(*Hermes*, XLI, 1906), pp.304~9.

Thiel, J.H., "De Antiphontis oratione prima"(*Mnemosyne*, II, lvi, 1928), pp.390~4.

Thomson, G., *The Oresteia of Aeschylus*, v.1. Amsterdam, 1966.

Tod, M.N., *A Selection of Greek Historical Inscriptions*, v.2[from 403 to 323B.C.]. Oxford,

1948.[1st ed. 1933]

Ure, P.N., "When was Themistocles last in Athens ?"(JHS, XLI, 1921), pp.165~78.

Verall, A.W., The Eumenides of Aeschylus. London, 1908.

Vinogradoff, P., Outlines of Historical Jurisprudence, v.2. London, 1922.

Wade · Gery, H.T., Essays in Greek History. Oxford, 1958.

_____, "Eupatridai, Archons and Areopagus"(CQ, XXV, 1931), pp.1~11, 77~89.

Wallace, R.W., The Areopagos Council, to 307 B.C. Baltimore/London, 1989.

_____, "Ephialtes and the Areopagus"(GRBS, XV, 1974), pp.259~69.

Wecklein, N., "Der Areopag, die Epheten und die Naukraren"(Sitzungsberichte der philosophisch-philologischen und historischen Klasse der Königs Bayerischen Academie der Wissenschaften zu Müunchen. Band III, 1873), pp.1~48[G. Franz]

Westermann, "Das Amnestiegesetz des Solon"(Berichte über die Verhandlung der Sächsischen Akademie der Wissenschaften, I, 1849), pp.151~8.

Von Wilamowitz · Möllendorff, U., Aristoteles und Athen, v.1~2. Berlin, 1893.

_____, Aischylos Interpretationen. Berlin, 1914.

_____, "Die erste Rede des Antiphon"(Hermes, XXII, 1887), pp.194~210.

_____, Griechische Tragödien, ii. Berlin, 1919.

Wilcken, U., "Der Anonymus Argentinensis"(Hermes, XLII, 1907), pp.374~418.

Winnington · Ingram, R.P., "Clytemnesta nd the vote of Athena"(JHS, LXVIII, 1948), pp. 130~47.[rep. Studies in Aeschylus. London, 1983. pp.101~31]

Zeitlin, F., "The dynamics of misogyny : Myth and mith-making in the Oresteia"(Arethusa, XI, 1978), pp.149~84.

Ziegler, K., RE, XIII, part 1. 1957. p.1029[s.v. Proxenos]

鄭在媛, "Oretes의 석방과 Zeus의 법(Dike)"(『서양고전학 연구』, 제4집, 1990), pp.27~54.

찾아보기

1) 아레오파고스에 관한 고대사료(Testimony)

1 : 282(21), 286
2 : 202, 282(21), 286
3 : 85
5 : 280(11), 281(13), 281(13)
9 : 108, 197, 224(108), 280, 282(24), 288
10 : 243(12), 281(11), 281(12)
11 : 249
12 : 199, 203(44)
13 : 249
14 : 195, 203(44), 224(106), 282(27), 284
16 : 94
18 : 65, 80(19), 168, 169(80), 265(9), 281(11), 281(14)
24 : 50(2)
25 : 37, 137, 190, 282(16), 284
26 : 141, 204, 205, 206(57)
31 : 85
32 : 280, 280(11), 281(11), 281(14)
33 : 13, 33, 74, 75ff. 110, 111, 121, 278(3). 282(16). 285
34 : 13, 33, 111, 121, 278(3), 280, 282(16)
35 : 77ff. 208(64)ff. 278(3), 279
36 : 13, 111, 113, 121, 122, 282(16), 285
37 : 130, 131(63), 140, 196(18), 278(17), 278(18), 178(19), 283(30), 283(31), 287
38 : 90, 93, 125, 130(59), 135, 278(4), 281(12), 281(13), 285
40 : 189, 190(2), 213(74)
41 : 280, 282(17), 281(28), 284, 286
42 : 63, 101(59), 105(64), 241ff. 244, 249, 252(23), 253, 262ff. 263(7)
43 : 239(4), 255
44 : 255
45 : 31, 84, 226(116), 278(3), 283(30), 287

46 : 31
47 : 26(26), 31, 130, 131(63), 140, 283(30), 283(31), 287
48 : 31
49 : 31
50 : 31
54 : 136(1)
56 : 103
57 : 144
58 : 120(29)
59 : 278(4), 280
60 : 95
62 : 197(25)
63 : 197(25)
66 : 198, 221, 231(127), 278(4)
67 : 195, 198, 278(4)
70 : 198, 200, 278(4), 281(12), 281(13)
71 : 194(11), 198, 199, 199(29), 278(4), 281(12)
72 : 194(12), 197(22), 198, 199, 200, 232(128), 281(12), 282(16), 284
75 : 221, 279
77 : 281
80 : 91, 198, 199, 200(31)
81 : 279
82 : 55, 63, 241, 242(9), 243(12), 244, 249ff. 253, 262ff.
83 : 61(29), 63, 112, 239(5), 240(7), 262ff.
84 : 104, 203(44), 280(11), 281(14)
85 : 203(44), 281
86 : 104, 105(64), 203(44), 280(11), 281(14)
87 : 249

90 : 91, 249
91 : 280(11), 281(14)
92 : 74(5), 102, 104, 107, 112, 192, 201, 201(36), 280(11), 281(14), 282(20), 287
93 : 143(27), 280(11), 281(14)
94 : 94, 100(54)
95 : 193(9)
97 : 99, 103, 104, 282(17), 283(30), 287
100 : 111, 280, 282(17), 283(28), 240, 286
102 : 194
103 : 194, 280(11), 281(13)
104 : 202
106 : 65
109 : 259(33)
110 : 202, 282(24)
111 : 144
114 : 114
118 : 95
120 : 193
121 : 194
122 : 84, 85, 101, 105, 112, 282(21), 284
124 : 125(42)
127 : 108
128 : 131, 282(18), 285
129 : 144
131 : 280(11)
132 : 280(11)
133 : 63, 280(11), 281(14)
134 : 64, 261(1), 280(11), 281(14)
135 : 261(1), 280(11), 281(14)
136 : 281(12), 281, 281(13)
139 : 63

142 : 95, 282(27), 288
144 : 61(29), 243(13), 244, 263
145 : 74(5), 75, 90, 106, 112, 143(27), 192(8), 201(36), 282(20)
146 : 106, 281(11)
148 : 282(18), 283(30, 32), 286
149 : 74(5), 100, 102, 105, 195, 282(17), 284(30), 287
150 : 85, 87~88(28)
155 : 100, 102, 105, 203(44)
158 : 259(32)
159 : 91, 112, 195(14), 282(26), 284
160 : 200(31)
161 : 31, 198
162 : 31, 282(22), 284
163 : 31, 140
164 : 31, 96, 100, 105, 140
165 : 31, 49, 60, 73, 75ff. 82, 83ff. 98ff. 105, 210, 227(120), 281(11)
166 : 31, 112, 201, 282(23), 284
168 : 31, 108, 200(30)
175 : 31, 144, 194

176 : 31
178 : 31, 65
180 : 31, 101
181 : 31
182 : 31, 57(20), 99, 103, 240(7), 241
183 : 31, 49, 58(21), 66(37)
185 : 262(4)
186 : 85
191 : 232(129), 281(12)
194 : 259(33)
198 : 66, 67, 86ff.
199 : 104, 107, 107(68, 69), 141, 143(27), 203(46), 206, 279, 281(11), 281(14), 282(16), 286
200 : 194(13), 282(25), 286
204 : 112
205 : 191(7)
206 : 193(10), 197(21)
207 : 203, 207ff.
208 : 195(15)
209 : 282(18), 285
212 : 196(17), 203(43), 282(22), 285

2) 일반 고대사료

Aischines, I, 9 : 165(72), 256
         III, 25 : 203(42)
Aischylos : *Agamemnon*, 213~4 : 157(59)
         935ff. 935~47 : 181(99), 157
         946~7 : 157(60)

I, 19 : 105(64)

177 : 31
956~7 : 158(60)

1432~3 : 158
1577~82 : 158
1638~41 : 159
1651~4 : 159
1670~3 : 159
Choephoroi, 219ff. : 170
  930 : 160(62)
  997~1006 : 160~1
  1016~7 : 161
  1042~3 : 160(63)

1521~9 : 158
1610~11,~16 : 159
1646~8 : 159
1658 : 159

306~14 : 179
977~9 : 160
1010 : 153(49), 161
1034~38 : 161
1061~2 : 153(49)

Eumenides, 40~45, 41 : 161, 156(56)
  151~4 : 162
  185~95 : 170
  232~4, 234 : 162, 156(56)
  235~9, 236, 237 : 153(49), 155, 156(56)
  280~3 : 156 292~7, 292ff. : 181
  321~7 : 162 334ff.
  354~9 : 184
  389~96, 392 : 179, 178(93)
  398~402 : 181
  434 : 171
  445ff. : 155, 156
  468ff. : 156(57)
  611~3 : 153(49)
  772~777 : 185
  777 : 173(88)
  800~3 : 175
  810~7 : 174
  829~36 : 175
  851~6, 855 : 171, 182(102)
  864~9, 867~9 : 171~2, 180, 182(101), 183
  892~6 : 172

172 : 178(93)
205~11 : 162

334~7 : 178(93), 179
368~71 : 163

429f. : 166(74)
435 : 171
462ff. : 156(57)
539~43 : 163
693~4 : 167(76)
723~4 : 178(93), 178, 176
794~6 : 175
804~7 : 171, 183(103)
824~5 : 175
848~9 : 171
851~869, 858~63 : 173(87), 175

895ff. 895~7 : 173, 180

6. 찾아보기 **387**

```
            901~905 : 175                913~7 : 183(103)
            916~20 : 176(91), 180, 182(101), 184
            921~6 : 176~7                927~9 : 183(103)
            932~7 : 172                  935~7, 936 : 163, 174
            938~48 : 177                 949 : 169, 173(88)
            959ff. : 178(93)             960~7 : 179
            976~8, ~991 : 173, 177, 183(103)
            990~1, ~3 : 180, 183(103)
            996~7, 1009 : 182, 183(103)
            1003~5 : 182, 183(103)       1007~8 : 176
            1008~9 : 173(88)             1010~3 : 183, 183(103)
            1014~20 : 183                1021 : 172
            1028~31 : 177                1034~9 : 177
            1044~5 : 183, 184
Andokides, I : 201(34)                   I, 36 : 215
           I, 81ff.                      I, 82ff.
           I, 95 : 214(76)               I, 96ff. : 208(64)
Antiphon,  I : 251ff.                    IV c 5 : 255
           V, 11ff. : 214(76)            V, 87ff. : 240(7)
           VI : 251ff.                   VI, 42 : 101(59)
Aristophanes, Ekklesiazousai, 681ff. : 228(121)
              1089~90 : 129(55)
Aristoteles, Athenaion Politeia, II : 116(20)
             III, 3 : 137                III, 4 : 82
             V~VI : 116(20)              V, 1~2 : 116
             VI, 2 : 116                 VII, 3 : 120(28)
             VII, 4 : 101(57)            VIII, 1 : 84
             VIII, 2 : 77                VIII, 3 : 52(8)
             VIII, 5 : 227(119)          XI, 2 : 117
             XIV, 2 : 117                XVI, 10 : 116(18), 117(22)
             XXII : 128(53)              XXII, 5 : 92(38), 128(53)
             XXVI, 2 : 92(38)            XXIX, 3 : 25(24)
```

XXIX, 5ff. : 212(71)
XXXIV, 3 : 213(74)
XLVII, 1 : 101(57)
LV, 2 : 100(55)
LVI, 6〜7 : 102
_____, Politika, 1272a 31〜35 : 77(11)
    1274a 15 : 122
    1289a 28 : 17
    1290b 2 : 226(115)
    1291b 30〜37 : 21, 24(23)
    1291b 39〜1292a 4 : 17〜18
    1292a 5〜7 : 18, 20(15)
    1292a 39〜1292b 10 : 18
    1292a 7ff. : 24(23)
    1297b 24〜27 : 19(13)
    1299b 26 : 226(115)
    1320b 21〜22 : 226(117)

XXX〜XXXI : 212
XLI, 2 : 196(19), 229(123)
L, 2 : 203(42)
LV, 3 : 101(57)
LVIII, 1 : 228(121)

1279b 19ff. : 20(15)
1290a 30〜1290b 2 : 20
1291b 26 : 20

1292a 9 : 18,20

1297b 13〜14 : 77(11)
1298b 18〜22 : 24(23)
1300a 4〜8 : 226
1320b 30〜33 : 213(73)

_____, Rhetorike, 1368a 17 : 228(121)
    1354a 26〜31 : 239
Arrianos, Anabasis, III, xvi, 8 : 228(121)
Athenaios, IV, 171e : 276(4)   XV, 695a : 228(121)
Bekker, Anecdota Graeca, v. i(Lexica Segueriana), p.250(Lexeis Rhetorikai)
    s.v. hendeka tines eisi : 165(72), 258
_____, ibid. p.252(Lekseis Rhetorikai), s.v. epitheta : 136(1)
_____, ibid. p.188(Dikon onomata), s.v. ephetai : 58(23)
_____, ibid. p.310, 1〜3(s.v. Tines poion dikasterion eichon ten hegemonian) : 201(37)
Cicero, De Legibus, III, 614 : 206(59)
_____, Epistolae ad Familiares, V, xii, 5 : 125(42)
Galenos, v.15, p.425, Hippokratpus peri diaites okson nosematon biblion kai Galenou hypomnemata, A, 5 : 254, 257(30)
Georgios Syngelos, Corpus Scriptorum Historiae Byzantinae(ed. B.G. Niebuhrii.

Bonnae, 1829), p.273B : 204(47)
Deinarchos, I, 26, 29, 66 : 221(98)
   I, 98 : 222
   I, 103 : 221(98)
   III, 8, 12, 18 : 221(98)
   Scholia, I, 63 : 197(24)
Demetrios Phalereas, FGH, 228, F.5 : 106
_____, Peri Nomon : 206(56)
Demochares, FGH, 75, F. A 11 : 206(59)
Demosthenes, III, 21 : 225(111)
   XVII, 10 : 214(76), 218(91)
   XVII, 14 : 214(76)
   XX, 159 : 231
   XXIII, 37 : 252, 261(2)
   XXIII, 219 : 241(8)
   XXIV, 148 : 220(94)
   XXVII, 52 : 225(111)
   XLVIII, 55 : 225(111)
   LVIII, 40 : 225(111)
   LIX, 75 : 21(16)

   I, 94 : 223(103)
   I, 99 : 221(99)
   I, 107 : 221(98, 99)

   XVII, 7 : 219(93)
   XVII, 13 : 216
   XVII, 15 : 218(91), 219(93)
   XXIII, 28〜29 : 239(5)
   XXIII, 79 : 239
   XXIV, 144 : 220
   XXIV, 149 : 214(78)
   XLVII, 68〜69 : 101(59)
   LVIII, 28〜29 : 249
   LVIII, 65 : 22(19), 225(113)

(Dem.) Scholia, XXIII, 37 : 58(23)
(Dem.) Scholia, Cod. Bav. ad Dem. XXIII, 37, p.98R. : 58(22)
Diodoros, X, 17 : 228(121)   XVI, xci, 1〜2 : 218(88)
Diogones Laertios, Solon, LV : 201
Etymologicum Magnum, s.v. ephetai : 58(23)
Harpokration, s.v. eisangelia : 128(51)
_____, s.v. ephetai : 58(23)
Herodotos, III, 81 : 228   III, 82 : 229
   VI, xxi, 2 : 126(49)
Homeros, Scholia, Iliada, XI, 515a : 254
   II, 204 : 268(1)
Hypereides, II(Apologia hyper Lykophronos), 12 : 222(102)

IV(Kat' Athenogenous), 29 : 224(109)
III(Hyper Euxenippou), 7~8 : 128(51), 208(64)ff., 220(95)
V, col.32 : 218(90)   V, col.38 : 221

Idomeneus, FGH, 338, F.3 : 228(121)

Isokrates,   IV[Panegyrikos] : 230   VII[Areopagitikos] : 230
        VII, 57 : 231, 272   VIII[Peri Eirenes] : 230
        X, 36 : 21(16)   XII, 122 : 165, 258
        XII, 126~129 : 21(16)   XII, 148 : 214(76)
        XVI, 5~6 : 212(72)

Kleidemos, FGH, 323, F.20 : 57(20), 67(41)

Krateros, FGH, 342, F.11 : 126(50), 221(100)

Lexica Segueriana, cf. Bekker, Anecdota Graeca

Lexicon Rhetoricum Cantabrigiense, s.v. eisangelia : 128(51), 221(100)

Loukianos, Dem. Enkom. XXXI : 218(92)

Lykourgos,   I, 16 : 224(105)   I, 18 : 222(101)
        I, 21 : 221(101)   I, 53 : 224(105, 108)
        I, 89 : 222(101)   I, 121 : 222(101)
        I, 124 : 222(101)   I, 125 : 214(77)
        I, 127 : 223(104)
        F.9[Kat' Autolykou] : 224(108)
        F.C 11~12[Kata Lykophronos]= F.70 : 222(102)

Lysias,   I : 201(34)   I, 29 : 263(7)
       I, 37 : 239(4), 263(7)   I, 40 : 239(4)
       I, 45 : 239(4)   III : 246
       III, 20 : 248   III, 35~37 : 248
       III, 40 : 248   III, 41 : 239(4)
       III, 41~42 : 246   III, 42 : 249
       III, 43 : 249   IV : 246
       IV, 5~6 : 239(4), 247   IV, 8 : 249
       IV, 11 : 249   VI : 201(34)
       XIII, 46 : 221(96)   XIX, 55 : 22(19), 225(111)
       XX, 13 : 212(72), 214(80)

XXVII, 10 : 225(111)　　　　　XXXI, 13 : 224
XXXI, 27～28 : 289ff.
Pausanias,　I, ix, 4 : 218(89)
　　　　I, xxv : 206(59)　　　　　　I, viii, 5 : 228(121)
Phanodemos, FGH, 325, F.11 : 105(64)
Philochoros, FGH, 328, F.67 : 106
Philon Ioudaios, Peri tes pros ta propaideumata synodou, 53〔ed. P. Wendland, v.3,
　　p.82, line 17〕: 254
Photios, s.v. ephetai : 58(23)
Platon, Nomoi, 865B : 255
_____, Politeia, 550Dff. : 226　　　　551A : 226(114)
　　562C～D : 226(117)
_____, Politeia, Scholia, 565C : 128(51)
_____, Politikos, 298C, E : 254　　　　291E : 225
Plinius, Naturalis Historia, XXIV, 17 : 228(121)
Ploutarchos, Dem. XXII, 3 : 217(86)
_____, Kimon, XV, 3 : 25(24)
_____, Lykourgos, XXIV : 201(37)
_____, Solon, XII, 1～3 : 52(5)　　　　XXX, 4 : 117
_____, Phokion, XXXVI, 4 : 229(124)
Polybios, XII, xiii, 11 : 206(59)
Polydeukes, VIII, 51ff. : 128(51)　　　　VIII, 52 : 222
　　VIII, 102 : 204, 205
Sextos Empeirikos, Pros Mathematikous, I, 95 : 254
Souda, s.v. eisangelia(ei. 222) : 128(51)
_____, s.v. ephetai : 58(23)
Strabon, IX, 398 : 206(59)
Theophrastos, Charakteres, XXVI, 6 : 230
Timaios, Lexikon Platonikon, s.v. ephetai : 58(22)
_____, s.v. orchestra : 228(121)
Thoukidides,VI, xxvii, 3 : 215(81)　　　　VI xxviii, 2 : 215(81)
　　VIII, xlvii, 2 : 212(72), 214(79)　　　VIII, liv, 4 : 212(72), 214(79)

VIII, xcviii : 212(72)
Xenophon, Athenaion Politeia, I, 13~14 : 22(19)
  II, 14 : 22(19)   III, 5 : 225(110)
  IV : 230
_____, Anabasis, III, i, 39 : 80(19)
_____, Hellenika, I, vii, 20 : 129 I, vii, 28 : 221(97)
  II, iii, 2 : 213(74)   II, iii, 28 : 213(75)
  II, iii, 41 : 213(73)   II, iii, 42 : 213(73)
  II, iii, 48 : 213(75)   II, iii, 55 : 213(73)
Zonaras, s.v. ephetai : 58(22), 59
Bleckmann, F., Griechische Inschriften zur Griechischen Staatenkunde, p.9(ho nomos ton Ilieon) : 212(69)
Geagan, D.J., The Athenian Constitution after Sulla. Hesperia, Supple. XII, pp. 164~70 : 96(48)
Hesperia, XL(1971), n.3(p.102) : 192(7)
IG. I⟨2nd ed.⟩, 311, line 12 : 282(15)
IG. I⟨3rd ed.⟩, 104 : 58(21), 66(37), 252(23), 261(2)
IG. II~III⟨2nd ed.⟩, 1077 : 107 1118 : 282(19)
  1717 : 107   1718 : 107
  1720 : 107   1721 : 107
  1722 : 107   1723 : 107
  1728 : 107   1736 : 107
  1990(IG. III, 1085) : 91(36) 1999 : 96(48)
  2003 : 96(48)   2339 : 96(48)
  3689~3690 : 95   4222 : 95
Marmor Parium, FGH, 239, A 45 : 228(121), 241
  239, B 13 : 204(47)
Oliver, J.H., Greek Constitutions of Early Roman Emperors from Inscriptions and Papiri, n.184(cf. Hesp. Supple. XIII, pp. 5~9) : 95(46)
SiG⟨3rd ed.⟩, 83, line 11, n. 4 : 282(15)
  697 : 107(67)   796B, line 14, 36[부록 4, A 30] : 281
Tod. n. 144, 147 : 214(77)

3) 용어 및 인명 찾아보기

[ㄱ]

갈리에누스 Gallienus : 95
건축물 : 197[25], 282
견유학파 Cynicos : 193
경찰관 astynomoi : 203
계획적 살인 : →고의적 살인
고발 eisangelia : 38, 43
고아 : 102
고의적 살인 : 53, 56, 101, 166, 237
과두정, 과두파 : 귀족정의 타락된 형태, 17f. ; 여러가지 종류, 18f ; 분권적 경향, 22ff, 116f, 219, 273f, 290f ; 과두파 혁명, 22, 56ff, 119, 225ff, 274, 290ff ; '민중해체'와의 관계, 118 ; →삼십인
관[冠] : 104[64]f, 141
군주정 : 18, 21
권한 상실[자] atimia [atimoi] : 49, 201, 208ff.
귀족, 귀족정 : 상호간의 대립, 15, 17, 22ff, 44ff ; 원심적 경향→과두파 ; 귀족의 영향력 감소, 20.
기부금 : 282f.

[ㄴ]

나일[강] : 181
나우크라로이 Naukraroi, 나우크라리아 이 Naukrariai : 52, 38, 109[1]
내란 stasis : 184, 290
네아이라 Neaira : 102, 192
노스티모스 디오니시오스 Nostimos Dionysios : 96

[ㄷ]

다마리스 Damaris : 108
덕, 덕성 : 92, 84f, 97
데마르코스 demarchos : 193
데메트리오스 팔레레아스 Demetrios Phaleras : 47, 194, 204ff.
데모스 Demos : 92
데모스테네스 Demosthenes : 아이스키네스를 비난, 91 ; 조령의 제안, 197 ; 수뇌혐의, 198, 222, 231f ; 안티폰을 체포, 200 ; 반마케도니아, 218 ; 필립의 신상 건립 제안, 218 ; 자살, 218f.
데모판토스 Demophantos : 208ff, 231
델로스 Delos : 42, 91, 197, 216, 231
델포이 Delphoi : 154, 161, 163
델피니온 Delphinion : 50ff, 35ff, 237f.
도망자 : 155, 199
독살 : 251ff.
돌라벨라 : 259
드라콘 : 드라콘[살인]법 : 44, 50ff, 60, 110f, 190 ; 에페타이의 창설→에페타이

디오니소스 Dionysos : 192
디오니시오스 아레오파기테스 Dionysios Areopagites : 87f, 108

[ㄹ]

라케다이모니아 Lakedaimonia : 130
라미아 Lamia : 217, 219
레오크라테스 Leokrates : 222ff.
렙티네스 Leptines : 231
로도스 Rhodos : 222
로마 Rome : 32, 39, 85, 95ff.
루피우스 페스투스 Rhuphius Phestus : 95
리코프론 Lykophron : 222
리비아 Lybia : 181
리쿠르고스 Lykourgos : 106

[ㅁ]

마르쿠스 아우렐리우스 Marcus Aurelius : 95
마약 philtron : 253ff.
마케도니아 Makedonia : 91, 216ff, 232, 272
맹서 diomosia : 240
메가라 Megara : 199, 222
메네데모스 Menedemos : 202
메세니아 Messenia : 259
모세 Moyseas : 193

모의 bouleusis : 252
무게 stathma : 203
미트리다테스 Mithridates : 191
민주정, 민중 : 집권적 경향, 12, 22, 24, 130ff ; 여러가지 종류, 17f ; 전체시민으로서의 민중, 12, 19ff, 24 ; 민중세력의 증가, 119ff, 129ff ; 아레오파고스와의 협조, 196ff
민중재판소 dikasteria : 11ff, 26, 39, 41, 119, 123ff, 138ff, 194, 198ff, 258, 269, 289
민중해체 : 38, 116ff, 123ff, 139, 210ff, 220ff, 272
민회 : 권한의 확대→민중
밀레토스 Miletos : 126
밀티아데스 Miltiades : 124, 132

[ㅂ]

바실레우스 Basileus : 15, 82, 96, 100ff, 137, 238, 245
방화 : 256
배반 : 127, 220ff, 272, 282
법률수호 nomophylakia, 법률수호자 nomophylakes : 14, 32, 34ff, 42ff, 104, 107, 110ff, 141ff, 146ff, 190f, 203ff, 279, 283.
보이오티아 Boiotia : 221
복합정체 : 21, 24, 25, 84, 119, 122, 139
부가적 권한 epitheta : 135ff, 271
부귀 : 85ff, 89, 92, 97
불[에 탄 것] : 63, 241, 255ff.

불경 : → 신성모독
불문법 agraphos nomos : 112
불레 boule : 400인, 14, 26, 32, 35, 38, 39, 43, 47, 109, 110, 119, 212; 401인, 34, 35; 500인, 11ff, 26, 39ff, 43, 45, 47, 90, 123, 138, 193, 195, 199, 217, 220 ; → 아레오파고스
비잔틴 Byzantine : 85

[ㅅ]

사면[법] amnesteia : 50[2], 51, 68, 210, 266
사모스 Samos : 19
사백인정부 : 212, 215
사법권 : 34ff, 55, 112f
사신 syndikos : 197, 231
사전편찬자 lexikographos : 221
살라미스 Salamis : 27, 130ff, 139
살인, 살해 phonos, sphagai : 31ff, 49ff, 63, 237
삼세대 원칙 trigonia : 95
삼십인 : 22, 41, 189ff, 212, 221, 229, 242
삼천인 : 221
상해 trauma : 91, 241, 245[15], 246ff
생략필법 haplographia : 81
선동정치가 demagogos : 18, 19[14], 230
성문법 : 11
소위원회 : → 아레오파고스
소크라테스 Sokrates : 194
소포클레스 Sophokles : 144

속죄 : 154ff, 161, 163, 166
솔론 Solon : 입법, 289
수당제 : 212
수석 아르콘 eponymos archon : 82, 96, 137
술라 Sulla : 191
스킬라키오스 Skylakios : 95
스카만드로스 Scamandros : 181
스테파노스 Stephanos : 102f.
스트라테고스 strategos : 197[24]
스틸폰 Stilpon Megareus : 193
스파르타 Sparta : 106, 212, 259
시몬 Simon : 246
시민권 상실 → 권한 상실
시실리 Sicily : 22, 215, 232
신사 andres : 65, 251f.
신성모독 : 41, 47, 102, 112, 163, 192, 201, 282

[ㅇ]

아가멤논 Agamemnon : 145ff
아고라 agora : 207
아레스 Ares : 262
아레오파고스 Areopagos, 아레오파고스 의원 Areopagites : 창설시기, 50ff ; 의원의 구성, 73ff ; 외원, [귀족]의회의 명칭, 32ff, 40 [18], 42, 64f, 242, 251f, 263. 277f ; 에페타이와의 관계, 31ff, 61ff, 66f, 88f ; 여러가지 명칭, 273ff ; 소위원회, 90ff, 93, 194 ; 소극적 권력행

사, 26, 120f; 민주정 내의 한요소, 13ff, 26, 232; 과두적, 보수, 귀족적 요소, 14, 198, 232; 아레오파고스 재판소의 재판관, 61ff, 65, 68. 86ff, 252; 의회와 재판소의 구분, 49ff, 61ff, 68, 31, 88, 261ff; 민중과의 협조 → 민중; 아르콘과의 협조 → 아르콘.
아르고스 Argos : 57, 145, 147f, 151, 154, 160, 176, 181, 184f, 187, 259
아르기누사이 Arginusai : 144
아르케스트라토스 Archestratos : 189f, 271
아르콘 archon : 선출방법의 변화, 40, 77, 84; 1년 임기로의 변화, 35, 82; 아레오파고스 의원과의 관계, 73ff; 아레오파고스와의 협조, 203.
아르테미스 Artemis : 149
아리스타르코스 Aristagoras : 221, 223
아리스테이데스 Aristeides : 131
아리스토게이톤 Aristogeiton : 227, 231
아리스토니코스 Aristonikos : 218
아리스토텔레스 Aristoteles : 81
아리스토티모스 Aristotimos : 207
아스클레피아데스 Asklepiades : 202
아우톨리코스 Autolikos : 197, 224
아이기스토스 Aigisthos : 157ff, 163
아이스키네스 Aischines : 91, 197, 198, 216
아이스킬로스 Aischylos : 재판받는 아이스킬로스, 144; 「오레스테이아」에 보이는 그의 사상, 146ff.
아카데미아 Akademia : 192

아카이아 Achaia : 95
아크로폴리스 Akropolis : 111, 117
아테나 Athena, 아테나여신상 Palladion : 57, 145ff, 193, 195
아테노게네스 Athenogenes : 224
아티미아 atimia : 201, 210
아티스 Atthis : 78, 86
아티카 Attika : 40, 96, 223
아폴로도로스 Apollodoros : 193
아폴론 Apollon : 145ff, 151ff, 160, 162ff., 170ff.
악덕 : 282
악한 kakourgos : 203
안드로티온 Androtion : 78
안전 : 78
안티오코스 Antiochos : 259
안티파트로스 Antipatros : 219
안티폰 Antiphon : 197, 198f, 200
알렉산드로스 Alexandros : 218, 221
알크마이오니다이 Alkmaionidai : 52, 163, 266
알키비아데스 Alkibiades : 215
알키피스 Alkippis : 262[4]
암피크라테스 Amphikrates : 194
약물[사건] pharmaka : 63, 239, 250ff.
에리니에스 Erinyes : 34, 145ff.
에완드로스 Euandros : 150ff. 195
에우리클레이데스 Eurikleides : 194
에우리피데스 Euripides : 144
에우메네스테로이 eumenesteroi : 176, 184f, 187
에우메니데스 Eumenides : 145ff, 193

6. 찾아보기 **397**

에우불로스 Euboulos : 216, 218
에우크라테스 Eukrates : 203, 207ff, 272
에우파트리데스 eupatrides : 66, 76, 79, 92
에이산겔리아 eisangelia : 38, 47, 113, 114ff, 123ff, 138ff, 143, 209ff, 220ff, 230, 270
에페타이 ephetai : 아레오파고스 의원과의 관계, 31, 66ff, 89f 에페타이의 창설, 50ff, 57ff.
에피알테스 Ephialtes : 개혁, 14, 32ff, 146, 147; 테미스토클레스와의 일화, 124ff
엘레우시스 Eleusis : 144, 215, 281
여성법 gynaikonomoi : 206, 282
예비심사, 예심 probouleuma : 32, 43, 45
오레스테이아 Oresteia : 145ff.
오레스테스 Orestes : 65, 145ff, 237, 265
오로포스 Oropos : 223
오만 hybris : 152, 162, 164
오이노에 Oinoe : 221
오이디포스 Oidipos : 195
오천인 : 212, 215
올리브 : 90, 192, 192[8]
왕 basileus, 왕정 basileia : 17
우량한 사람들 beltistoi : 18, 20, 200
우연사 : → 비고의적 살인
위법고발제도 graphe paranomos : 142
유산자 kektemenoi : 20
유스티노스 Iustinos Martys : 193
이소크라테스 Isokrates : 78
이피게네이아 Iphigeneia : 149, 157
일리에아 Iliea : 212[69]
입법자 nomothetes : 112

[ㅈ]

[관리임용]자격심사 dokimasia : 14, 43f, 84, 96, 100ff, 114, 118[25]
장로 : 36f, 40[18], 52
전통적 권한 patria : 135ff, 143, 271
전통적 법 patrios nomos : 194, 213
전통적 정치체제 patrios politeia : 16f, 25 [→ 복합정체]
정체수호권 phylake tes politeias : 34ff, 46, 47, 110ff, 135ff, 283
제논 Zenon : 202
제우기타이 Zeugitai : 92
제우스 Zeus : 147, 149, 151
조령 psephisma : 18
종교 : 32ff, 113, 144[28], 149, 192, 271
중립금지법 : 227, 289ff.
죄인 : 155
집주 synoikismos : 40

[ㅊ]

참주 : 왕정의 타락한 형태, 17f ; 과두파와의 관계, 211ff ; 민주정과의 관계, 211ff, 229 ; 민중해체와의 관계, 115ff, 118 [25] ; 참주협의, 55, 68f, 128 ; → 30인
척도 metra : 203
청년 epheboi, 청년교육 : 112, 282
추첨[제] : 14, 42, 46, 96

[ㅋ]

카노노스 Kannonos : 129
카리노스 Charinos : 197
카리데모스 Charidemos : 200
카이로네이아 Chaironeia : 195, 200, 203, 207. 216ff, 219, 224, 232, 272
칼리메돈 Kallimedon : 222
칼키디케 Chalkidike : 181
케르소네소스 Chersonesos : 124
코린트 Korinthos : 217f.
콘논 Konon : 135
콘스크립티 conscripti : 98
콤모두스 Kommodus : 96
퀸틸리오스 Quintilius : 96
크라테로스 Krateros : 127
크리티아스 Kritias : 189, 213
클라우디우스 일리리우스 Claudius Illyrius : 95
클레안테스 Kleanthes : 202
클레온 Kleon : 19[14]
클레이스테네스 Kleisthenes : 14, 25, 32ff, 45, 115, 122ff, 139, 228, 270
클리타이메스트라 Klytaimestra : 145ff
키몬 Kimon : 40, 124, 126
키아스토 스케마 chiasto schema : 69
킬론 Kylon : 14, 37, 52, 117f, 117[23], 163, 210, 265

[ㅌ]

태만 : 47, 112, 200ff, 282
테베 Thebai : 198
테라메네스 Theramenes : 189. 213
테미스토클레스 Themistokles : 90. 125ff, 131
테오게네스 Theogenes : 102f, 192
테오도로스 Theodoros Kyrenaios : 194
테이사메노스 Teisamenos : 37, 39, 137, 190, 196. 271
테스모테타이 Thesmothetai : 81, 82, 97, 99, 100, 104ff, 141, 206, 210
테오도토스 Theodotos : 246
테제우스 Theseus : 21
테테스 Thetes : 92
트로이 Troy : 57, 149, 181
트로이젠 Troizen : 224
티마르코스 Timarchos : 197. 202

[ㅍ]

파노 Phano : 192
파로스 Paros : 124
파울 Paul : 108
파트레스 콘스크립티 patres conscripti : 97
파트로클레이데스 Patrokleides : 50[2]
팔라디온 Palladion : 50ff, 35ff, 237f, 244
페르샤 Persia, 페르샤전쟁 : 15, 25f, 39, 50[2], 121, 130f, 139, 144, 198, 218, 270, 273, 283
페리클레스 Perikles : 19[14], 32ff, 40, 44,

212
페이디아스 Pheidias : 193
페이시스트라토스 Peisistratos, 페이시스트라티다이 Peisistratidai : 14, 117, 122, 128, 139, 228, 270, 289
펜타코시오메딤노이 Pentakosiomedimnoi : 76, 84
펠로콘네소스 Peloponnesos 전쟁 : 33, 144, 189, 191, 271, 279, 212
포르미온 Phormion : 231
포세이돈 Poseidonos : 149, 157, 262
포키온 Phokion : 200. 218
폰토스 Pontos : 191[7]
폴레마르코스 polemarchos : 82, 100, 137
폴리스트라토스 Polystratos : 214
폴리에욱토스 Polyeuktos Kydantides : 198f.
폴리테이아 : 19[13], 26, 124, 126ff, 130, 135ff.
풍기[단속] eukosmia : 32ff, 206, 271, 282
프닉스 Pnyx : 202
프레아토 Phreatto : 50
프로콘술 proconsul : 95
프로세노스 proxenos : 197[24]
프록세니아 proxenia : 217
프리타네이스 prytaneis, 프리타네이온 prytaneion : 34, 38, 50f, 68f, 90, 109
프리니코스 Phrynichos : 126
프리아모스 Priamos : 157, 181

플라타에아 Plataea : 246
플라톤 Platon : 193
플레그라이아 Phlegraia : 181
피란드로스 Pyrrhandros : 108
피레우스 Piraius : 198, 200
필론 Philon : 223, 289
필리포스 Philippos : 208, 216ff.

[ㅎ]

하르모디오스 Harmodios : 197, 221f, 231
하르팔로스 Harpalos : 198, 221f, 231
할리로티오스 Halirrhotios : 262[9]
해방인 : 95
행정감사 euthyna : 37, 43f, 73ff, 100ff, 114, 121, 122[31, 32], 124, 137, 143, 200
헤라클레스 Herakles : 144
헤르메스 Hermes : 215
헬리아이아 Heliaia : 40f, 110, 126, 214
형리 desmophylakes : 204f
회계감사 logos : 114, 138, 199f
히메라이오스 Himeraios : 218
히파르코스 Hipparchos : 6세기 참주, 227, 231 ; 5세기 국가를 배반한 히파르코스, 124
히페레이데스 Hypereides : 91, 198, 216, 218, 232
히페이스 hyppeis : 84

4) 그리스 용어 찾아보기

aitias onoma αἰτίας ὄνομα : 241
akratos ἄκρατος: 119, 226
aneimi ἄνειμι, anabaino ἀναβαίνω, anabebekenai ἀναβεβηκέναι, anebainon ἀνέβαινον : 106
anypeuthynoi ἀνυπεύθυνοι : 17
apocheirotonia ἀποχειροτονία : 104
apographe ἀπογραφή : 143
apokteine ἀποκτείνη : 253
apophase ἀπόφαση : 139
aporrhetoi diathekai ἀπόρρητοι διαθῆκαι : 195
archai ἀρχαί : 78
astynomoi ἀστυνόμοι : 경찰관
ἀτιμία : 권한상실
atimoi ἄτιμοι : 권한상실자
beltistoi βέλτιστοι : 우량한 사람들
bouleusis βούλευσις : 252
bouleuterion βουλευτήριον : 265, 281,
demagogos δημαγωγός : 선동정치가
demarchos δήμαρχος : 193
diatereo διατηρέω, dieterei διετήρει : 113
dido δίδω : 253, 255
dike phonou δίκη φόνου : 240
dio διό : 81ff.
dio kai mone ton archon διὸ καὶ μόνη τῶν ἀρχῶν : 81f.
diomosia διωμοσία : 맹서
dokimasia δοκιμασία, dokimasthentes δοκιμασθέντες : 자격심사
dous δούς : 253
dynasty δυναστεία : 18
ean ἐάν : 255ff.
edei ἔδει : 89
eisangelia εἰσαγγελία, eisangellein εἰσαγγέλλειν : 111, cf. 고발
eniauton ἐνιαυτόν : 98ff. 99
epheboi ἔφηβοι : 47
ephesis ἔφεσις : 49, 59
ephethenai ἐφεθῆναι : 57
epheugon ἔφευγον : 51

eponymos archon ἐπώνυμος ἄρχον : 수석아르콘
eukosmia εὐκόσμια :
eukratos εὔκρατος : 226
eupatrides εὐπάτριδες : 에우파트리데스
euthyna εὐθύνα : 행정감사
gar γάρ : 80ff.
gnorimoi γνώριμοι : 117
graphe paranomos γραφή παράνομος : 위법고발제도
gynaikonomoi γυναικονόμοι : 여성법
haplographia ἁπλογραφία : 생략필법
healokos ἑαλοκός : 239
hieropoioi ἱεροποιοί : 193
hybris ὕβρις : 오만
isonomia ἰσονομία : 228
kakourgos κακοῦργος : 악한
kaloi kagathoi καλοί κἀγαθοί : 225
kat' etos κατ' ἔτος : 99
kathistemi καθίστημι, kathistanto καθίσταντο : 80, 80(19)
kektemenoi κεκτημένοι : 유산자
kyroo κυρόω : 191
logos λόγος : 회계감사
metecho μετέχω, meteichon μετεῖχον : 103
metoikoi μέτοικοι : 182
metra μήτρα : 척도
moira μοῖρα, moirai μοῖραι : 178
parakeimenos παρακείμενος : 86
patria πάτρια : 전통적 권한
peri ton archon περὶ τῶν ἀρχῶν, peri ton ennea archonton περὶ τῶν ἐννέα ἀρχόντων : 78
pharmaka φάρμακα : 약물
philtron φίλτρον : 마약
phonika φονικά, phonikoi nomoi φονικοί νόμοι : 242, 256
phonos φόνος : 252
phylake tes politeias φηλακή της πολιτείας : 정체수호권

pleionon gegonen πλειόνων γέγονεν : 90
politikon πολιτικόν : 113
probole προβολή : 143
probouleuma προβούλευμα : 예심
proskatestese προσκατέστησε : 60
prosodon poioumenos pros ton demon πρόσοδον ποιούμενος πρὸς τὸν δῆμον : 108
prostithemi προστίθημι, prosetithento προσετίθεντο : 94, 103
proxenos πρόξενος, proxnia προξενία : 217f.
psephisma ψήφισμα : 조령
pyrkaia πυρκαϊά : 불[에 탄 것]
rhathymia ῥαθυμία : 291
schema kata to nooumeno σχῆμα κατὰ τὸ νοούμενο : 80(18)
sophronistes σοφρονιστής : 91
spondai σπόνδαι : 184
stasis στάσις : 내란
stathma στάθμα : 무게
syndikos σύνδικος : 사신
synedreusantes συνεδρεύσαντες : 91
synedrion συνέδριον : 278
synestanai συνεστάναι : 86ff.
synoikismos συνοικισμός : 집주
systesamenos συστησάμενος : 83 ff.
tamiai ταμίαι : 78
thesmothetes θεσμοθέτης, thesmothetai θεσμοθέται : 테스모테테스
tina(s) τίνα(ς): 87
trauma ταύμα : 상해
trierarchia τριεραρχία : 230